"学过"智能职教系列

U0819843

# 商业银行综合柜台业务

孙丽俊　赵　晶　主　编
张　然　李松涛　李　波　王延朝　副主编

中国财经出版传媒集团
中国财政经济出版社
·北京·

**图书在版编目（CIP）数据**

商业银行综合柜台业务／孙丽俊，赵晶主编．--北京：中国财政经济出版社，2024.8

“学过”智能职教系列

ISBN 978－7－5223－2564－4

Ⅰ．①商…　Ⅱ．①孙…　②赵　Ⅲ．①商业银行－银行业务－高等职业教育－教材　Ⅳ．①F830.33

中国国家版本馆 CIP 数据核字（2023）第 208589 号

责任编辑：钱红叶　　　　　　特约编辑：李泊翰

责任校对：徐艳丽　　　　　　封面设计：卜建辰

商业银行综合柜台业务

SHANGYE YINHANG ZONGHE GUITAI YEWU

中国财政经济出版社 出版

**URL**：http：//www.cfeph.cn

E－mail：cfeph@cfeph.cn



社址：北京市海淀区阜成路甲 28 号　邮政编码：100142

营销中心电话：010－88191522

天猫网店：中国财政经济出版社旗舰店

网址：https：//zgczjjcbs.tmall.com

三河市宏图印务有限公司印刷　各地新华书店经销

成品尺寸：185mm×260mm　16 开　22.25 印张　460 000 字

2024 年 8 月第 1 版　2024 年 8 月河北第 1 次印刷

定价：59.80 元

ISBN 978－7－5223－2564－4

（图书出现印装问题，本社负责调换，电话：010－88190548）

本社质量投诉电话：010－88190744

**打击盗版举报热线：010－88191661　QQ：2242791300**

# 前　　言

党的二十大报告强调，高质量发展是全面建设社会主义现代化国家的首要任务。高质量发展离不开精准高效的金融支持。银行作为金融体系的关键，在服务实体经济、助力经济高质量发展方面的作用不可小觑。银行综合柜台业务是银行为客户提供的最直观和最综合的服务，优质的柜台服务是银行核心竞争力的重要表现。银行柜台人员的素质至关重要。

党的二十大报告指出，推进职普融通，坚持产教融合发展。本教材是在产教融合、科教融汇、校企合作基础上开发的，立足数字时代金融行业发展需求，对接银行人才需求，培养具备良好职业素养、娴熟职业技能和一定业务办理能力的高素质技术技能型人才。

《商业银行综合柜台业务》是校企合作的财经类专业核心课程活页式教材。本教材立足商业银行职业岗位实际，积极融入最新金融科技知识，坚持“课岗赛证”融通和落实课程思政。内容包括商业银行职业技能、商业银行核心岗位实务以及商业银行业务展望三个模块，14 个项目，59 个任务。本教材的编写突出以下特色：

第一，根据高等职业教育技术应用型人才的发展方向，对接岗位实际需要，融入智慧金融技能竞赛（原名：银行业务综合技能竞赛），结合银行专业人员、经济师等职业资格证书，家庭理财规划“1 + X”证书要求，将专业基础教育与行业职业发展要求有机结合，增强教材的职业性、实践性、实用性，实现“课岗赛证”融通。

第二，理实一体化。本教材根据银行典型工作任务和工作过程设计，采用任务导向模式。每个任务前明确学习目标，设置思维导图，任务开始后明确任务要求，文中配以必备知识、任务实训模块，以此强化学生对知识的理解和把握，并增加任务评价。文后有任务小结和课后习题，体现知识、技能和素质培养与学习并重的理念。

第三，结合课程特色及优势，提炼教材内容中蕴含的人文基因，将“课程思政”渗透到教材内容的各个项目任务和知识点，包括思政目标和任务评价思政环节，树立学生的社会主义核心价值观。培养学生的职业认同感和正确的金钱观、价值观。

第四，将行业最新元素融入教材。内容更注重时代性和新趋势、新变化。增加了数字普惠金融、区块链金融、数字人民币等内容，提高教材的实践性。

第五，体现数字化教学特色。为了满足数字化教学的需求，体现数字时代的教学改革特色，在教材中增加了知识拓展、知识链接、学习视频等二维码学习内容。学生可以通过扫描二维码进行碎片化学习，提高知识的可获得性，提升学习效率。

第六，校企合作共同编写教材。教材编写引入企业从业人员，由高职教师和企业从业人员共同研究、制订教材建设计划，参与编写教材，引入案例，提出编写建议等。教材内容与行业紧密联系，提高了教材的针对性和实用性。

本教材由高职院校一线教师及企业专家共同编写而成，江苏财会职业学院孙丽俊、赵晶担任主编，江苏财会职业学院张然、李松涛、李波和湖南典阅教育科技有限公司王延朝担任副主编，具体编写工作分工如下：项目 1、项目 8 由孙丽俊编写；项目 2、项目 7 由赵晶编写；项目 3 由孙丽俊、李波编写；项目 4、项目 6 由张然编写；项目 5 由孙丽俊、赵晶编写；项目 9 由孙丽俊、李松涛、李波编写；项目 10、11、12、13、14 由王延朝编写。各章节初稿完成之后，由孙丽俊、赵晶进行统稿，最终由孙丽俊审查定稿。

本教材采用活页式，可供职业院校经济管理类专业的学生使用，也可供金融业的从业人员初学使用，还可为非经济类专业的学生普及金融知识做参考。本教材配有习题答案，请读者以电子邮件形式向中国财政经济出版社索取（请注明：书名、ISBN、版次），E－mail：caijingjiaocai@ 163. com。

本教材在编写过程中参考借鉴了国内外大量文献，吸收了最新的研究成果，同时也查阅了各个政府部门和金融机构网站的相关数据，在此表示衷心的感谢。

虽然编者对教材进行了多次探讨和修改，但由于金融行业发展迅速以及编者水平所限，教材中仍存在一些不足，敬请批评指正。

编者

2024 年 6 月

目录

## 模块一 商业银行职业技能

# 模块一　商业银行职业技能

# 项目1 字符录入技能

## 学习目标

【知识目标】

1. 掌握汉字录入的基本知识；
2. 掌握数字等特殊字符录入的方法；
3. 掌握操作键盘的盲打指法。

【能力目标】

1. 能运用五笔字型进行汉字录入；
2. 能分析生僻字结构，进行拆字；
3. 理解笔画、字根、单字、词组的关系。

【素质目标】

1. 提高学生计算机操作技能；
2. 提高学生字符录入的能力；
3. 树立良好的思维，重视信息录入的效率。

【思政目标】

1. 提升学生吃苦耐劳的劳模精神；
2. 树立良好的思维；
3. 培养严谨科学、求真求实的学习态度和工作作风。

## 课程思维导图

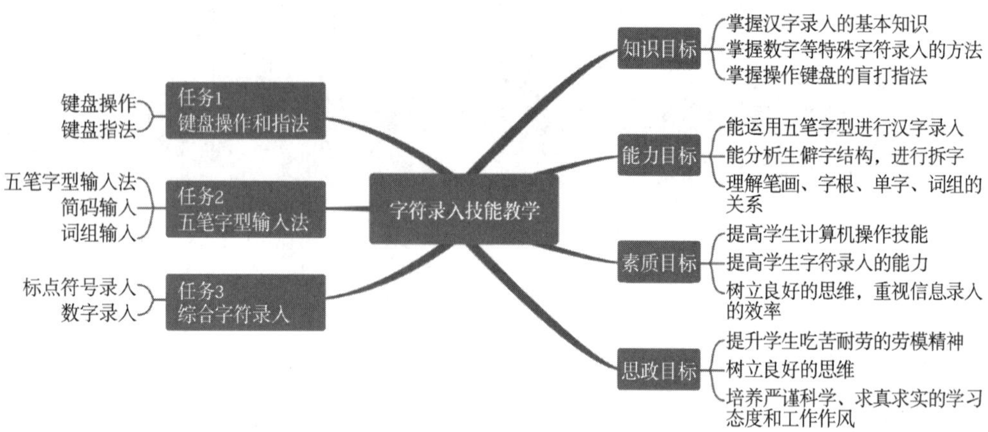


# 任务1　键盘操作和指法

## 任务要求

请同学们下载金山打字通，熟悉键盘分区，精通键盘操作，训练指法，做到准确高效盲打。进入“新手入门”进行字母键位、数字键位、符号键位、键位纠错模块训练（见图1－1）。

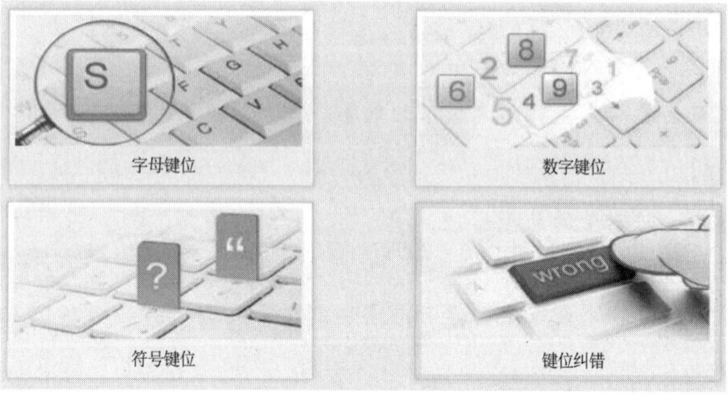


图1－1　金山打字通“新手入门”界面

## 必备知识

### 一、键盘操作

#### （一）键位分布

键盘主要由主键盘区、小键盘区、功能键区、编辑控制区、状态指示灯区等几部分组成，如图 1－2 所示。

**图 1－2　键盘分区**

**1. 主键区**

主键盘区也称打字键区，是字符录入最常用的区域，主要用于输入英文字母、数字和符号。主键盘区包括 26 个字母、21 个数字和符号键以及 14 个控制键，共 71 个键。

**2. 功能键区**

功能键区位于键盘的最上方，主要包括 Esc 键和 F1 － F12 键，共 13 个键。其中，Esc 键是最常用的键，在执行某些程序时单击此键可直接退出程序。

**3. 小键盘区**

小键盘区在键盘最右边，又称数字键区，包括 17 个键，主要用于快速输入数字和数字运算。其中 Number Lock 键为数字锁定键。此键灯亮，数字键才表示数字，否则下档字符起作用。

**4. 编辑控制区**

编辑控制区在键盘中间位置，包括 13 个键。

[Print Screen] 键：屏幕打印键。用于将当前屏幕的内容传送到打印机打印出来，或送入 Windows 的剪贴板。

[Pause] 键：用于控制正在执行的程序或命令，使它暂停执行，直到需要继续往下执行的时候，再按任意键，即可继续执行。

[Scroll Lock] 键：当显示长文件时，用于停止滚动。

[Home] 键：文件处理软件环境下，按 Home 键使光标回到一行的首行。

[End] 键：文件处理软件环境下，按 End 键使光标移到一行的行尾。

[Page Up] 键：将文档向前翻一页。

[Page Down] 键：将文档向后翻一页。

[Insert] 键：用于在光标位置前插入字符，第二次按 Insert 键，插入状态取消，返回替换状态。

[Delete] 键：用于删除当前光标位置的字符。

［↑］键：用于光标上移一行。

［↓］键：用于光标下移一行。

［←］键：用于光标左移一列。

［→］键：用于光标右移一列。

**5. 状态指示灯区**

状态指示灯区位于数字键区上方，用于提示键盘工作状态。

### （二）打字姿势

开始打字前一定要端正姿势，眼脑手同时使用，若姿势不正确，则容易导致疲劳，降低打字效率，长时间不良姿势还可能给你的身体带来极大的伤害。正确的姿势如图 1－3 所示。

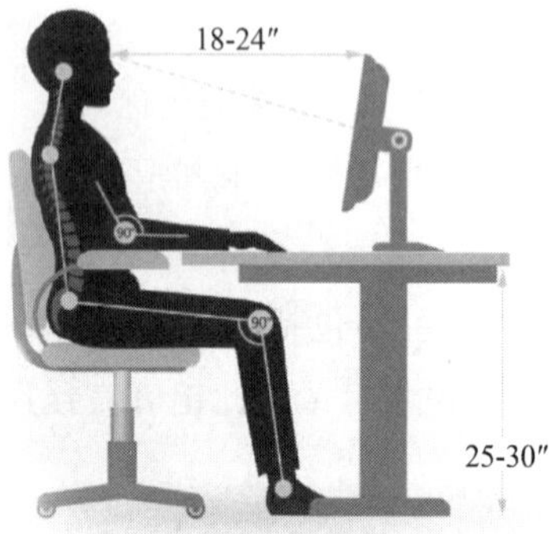


**图 1－3　打字姿势**

资料来源：https：//zhuanlan. zhihu. com。

坐姿端正，平坐在椅子上，腰部挺直，身体微前倾。头正、颈直、身体挺直、双脚平踏在地。身体正对屏幕，调整屏幕，眼睛平视屏幕，保持 30～40 厘米的距离，每隔 10 分钟视线从屏幕上移开一次。手肘高度和键盘平行，手腕不要靠在桌子上，双手要自然垂直放在键盘上。

手指与键盘的斜度平行，手指略弯曲，自然下垂，轻松放在键盘上，左右手拇指放在空格键上。两个手掌呈半圆形，仿佛手里握着一个小皮球，使你的指尖触碰到键盘上的键。

击键方法是敲击键，不是按键。击键要有力，速度要快，给人的感觉迅速反弹。以手指用力为主，腕力仅仅是辅助，这样才容易形成跳跃性的节奏，达到击和弹的效果。

## 二、键盘指法

正确的指法是提高速度的关键。掌握正确的指法，养成良好的习惯，才会有事半功倍的效果。正确的指法要求如下：

### （一）主键盘区对应指法

准备打字时，将两手八指轻放在第三排的基本键位上，即左手的食指、中指、无名指、小指分别放在 F、D、S、A 键上，右手食指、中指、无名指、小指分别放在 J、K、L 键上，双手拇指放在空格键上。

打字姿势要准确，手腕悬起不要压在键盘上，手指稍弯曲拱起，指尖后的第一关节微成弧形，轻放键位中央。如果姿势不正确容易疲劳，影响效率。

打字时用手指肚击键，不要用指尖或把手指伸直击键。手指应是轻击键而不是按键，击键要短促轻快，有弹性。左手右手指法分区如图 1－4 所示。

**图 1－4　左手右手指法分区**

无论哪一根手指击键，该手的其他手指也要一起提起上下活动，而另一只手则放在基本键上。

任一手指击键后，只要时间允许都应退回基准键位，不可长时间停留在击字键上，这样容易实现盲打。用拇指侧面击空格键，右手小指击回车键，击键力度要适当，节奏要均匀。

### （二）数字键区对应指法

对于数字键区，首先确定 Num Lock 键灯亮起，右手食指、中指、无名指放在小键盘基准键 4、5、6 上，图 1－5 是右手各手指分工情况。

**图 1－5　数字键区对应指法**

# 任务实训

## 一、任务说明

### （一）基准键位练习

基准键也叫基本键，是在键盘操作前双手十指应该放在键盘上的初始键位，击其他键都是以基准键来定位的，手指从基准键位出发，击完其他键后迅速回到基准键位上。

练习：输入以下大写字符，练习基准键的操作。可进入金山打字通，点击“新手入门”“字母键位”进行练习。

| | | | | | | | | | |
|---|---|---|---|---|---|---|---|---|---|
| AAAA | SSSS | DDDD | FFFF | GGGG | HHHH | JJJJ | KKKK | LLLL | ;;;; |
| ASDF | JKL; | ;LKJ | FDSA | ASDF | JKL; | ;LKJ | FDSA | ASDF | FDSA |
| JKL; | ;LKJ | ;LKJ | JKL; | FDSA | ASDF | ASDF | JKL; | ;LKJ | FDSA |

### （二）上下排键练习

从基准键上移手指去击打上排键位时或者下移去击打下排键位时，要注意两键之间的距离与键位角度。可根据手指负责的键位分工进行训练。

练习：左手食指负责击打 45RTFGVB，右手食指负责击打 67YUHJNM。

| | | | | | |
|---|---|---|---|---|---|
| RRRR | TTTT | FFFF | GGGG | VVVV | BBBB |
| YYYY | UUUU | HHHH | JJJJ | NNNN | MMMM |
| RTRT | TRTR | FGFG | GFGF | VBVB | BVBV |
| YUYU | UYUY | HJHJ | JHJH | NMNM | MNMN |
| 4545 | 5454 | 6767 | 7676 | 4567 | 7654 |

左手中指负责击打 3EDC 四个键，右手中指负责击打 8IK，四个键。击键过程要注意手指放到基准键位，一旦敲击完毕立马回到基准键位。

| | | | | | |
|---|---|---|---|---|---|
| EEEE | DDDD | CCCC | IIII | KKKK | ,,,, |
| 3EDC | 3EDC | CDE3 | CDE3 | DEC3 | 3CED |
| 8IK, | 8IK, | ,KI8 | ,KI8 | KI8, | ,8IK |
| EEEE | DDDD | CCCC | IIII | KKKK | ,,,, |
| 3EDC | 3EDC | CDE3 | CDE3 | DEC3 | 3CED |
| 8IK, | 8IK, | ,KI8 | ,KI8 | KI8, | ,8IK |

左手无名指负责击打 2WSX 键，右手无名指负责击打 9OL。键。击键过程要注意手指放到基准键位，一旦敲击完毕立马回到基准键位。

| | | | | | |
|---|---|---|---|---|---|
| WWWW | SSSS | XXXX | OOOO | LLLL | 。。。。 |
| 2WSX | 2WSX | 9OL。 | 9OL。 | S2WX | L9O。 |
| SWSW | WSWS | SXSX | XSXS | WXWX | XWXW |

LOLO　　OLOL　　L9L9　　9L9L　　LOL9　　L9LO

左手小拇指负责击打 1QAZ、Tab、Caps、Shift 键，右手小拇指负责击打 0P；/键。

AAAA　　QQQQ　　ZZZZ　　PPPP　　;;;;　　////

AQAQ　　AZAZ　　AQAZ　　；P；P　　L/L/　　LPL/

AAAA　　QQQQ　　ZZZZ　　PPPP　　;;;;　　////

AQAQ　　AZAZ　　AQAZ　　；P；P　　L/L/　　LPL/

#### （三）数字键位练习

123456789　　987654321　　147258369　　369258147　　456123789

159258357　　789456123　　417528639　　515357590　　525854565

#### （四）综合练习

结合任务要求完成任务，下载金山打字通软件，认识键盘，进入“新手入门”，进行字母键位、数字键位、符号键位、键位纠错四个板块的训练。

## 二、任务评价

任务评价见表 1－1。

**表 1－1**　　实训任务评价表

| 考核项目 | 考核标准 | 得分 |
|---|---|---|
| 职业素养（20 分） | 1. 按时出勤，课堂表现好（5 分） | |
| | 2. 仪容仪表规范（5 分） | |
| | 3. 具备一定的组织协调能力（5 分） | |
| | 4. 具备良好的团队合作精神（5 分） | |
| 思政建设（20 分） | 1. 具备吃苦耐劳的精神（10 分） | |
| | 2. 具备严谨科学、求真求实的学习态度和工作作风（10 分） | |
| 技能要求（60 分） | 能够使用正确指法字符录入，能够快速准确进行字母键位、数字键位、符号键位录入（60 分） | |
| 合计 | | |

### 任务小结

本任务首先认识了键盘，讲解了键盘分区，介绍了打字指法，同时提供了实时训练内容，帮助学生打好字符录入基础。

## 任务 2　五笔字型输入法

### 任务要求

一级、二级字库

进入金山打字通，了解字根分区和拆字原则，进入“五笔打字”

的“单字练习”模块，右上角选择“自定义课程”，点击“立即添加”，将智慧金融竞赛（原名：银行业务综合技能竞赛）业务技能之一“字符录入”赛项所涉及的一、二级字库（右侧二维码）汉字导入平台，进行练习。

## 必备知识

常见的中文录入方法包括拼音输入法和五笔输入法。拼音输入法常见有全拼法、双拼法、微软拼音法、智能 ABC、搜狗输入法等。拼音输入法对用户的识字量和发音准确度要求比较高，且同音字多，重码率高，输入效率不高。而银行从业人员尤其是银行柜台对于打字速度和精确度要求比较高，拼音输入法不能很好地满足从业需求。

五笔输入法是汉字形码的代表，能按汉字的字形和结构特征进行编码。最大的优点是重码少，输入速度快，不受识字量和发音的影响，能够满足打字速度和精确度的要求。本教材重点介绍五笔字型输入法。

### 一、五笔字型输入法

五笔字型输入法就是将单字拆分为若干字根，然后把每个字根对应到字母键位，根据字母键来输入中文的编码方法，因此五笔字型输入法在输入汉字时只需按书写笔画顺序依次按下这些字根所在键位即可。字根在键位上的分布是有规律的，其规律与单字笔画顺序有关，因此五笔字型输入法就是要将单字拆解，拆解过程就是构成汉字的逆过程，基本规则就是将汉字分解为字根，然后将字根根据笔画规则定位到键盘的不同键位，系统根据输入字根组成的代码输出相对应的汉字。拆借过程为：单字→字根→笔画。让我们从最小构成单位笔画出发，逐步认识五笔字型输入法。

#### （一）五种基本笔画

笔画是书写汉字时，一次写成的一个连续不断的线条。笔画一般分为横、竖、撇、捺、折五种。为了方便记忆和排序，根据使用频率的高低，依次用 1，2，3，4，5 作为代号来代表五种笔画，具体如表 1－2 所示。

表 1－2　五种笔画

| 笔画代号 | 笔画 | 笔画走向 | 笔画变形 |
|---|---|---|---|
| 1 | 横一 | 左→右 | ㇀（提） |
| 2 | 竖丨 | 上→下 | 亅 |
| 3 | 撇丿 | 右上→左下 | ㇒ |
| 4 | 捺㇏ | 左上→右下 | ㇔ |
| 5 | 折乙 | 带转折 | ㇖ㄥ㇈㇄㇋㇆ |

实际上汉字的笔画不仅这五种，除这五种笔画外还有 10 多种其他笔画。但根据汉字基本笔画的形态，我们可以将其他笔画都归结为上述五种。

## （二）字根

字根是汉字的组成部分，由若干笔画形成的一种相对固定的结构。一般将组字频度高、使用频度高的字根称为基本字根。而对于非基本字根部分就要按“单字结构拆字原则”将单字结构拆分为基本字根进行输入。

**1. 基本字根及键位**

基本字根共130种，其键位是按照其起笔代号并考虑键位设计的需要安排的，将130个基本字根安排在主键盘除Z外的25个英文字母键位上，形成“字根键盘”。字根键位见图1－6。

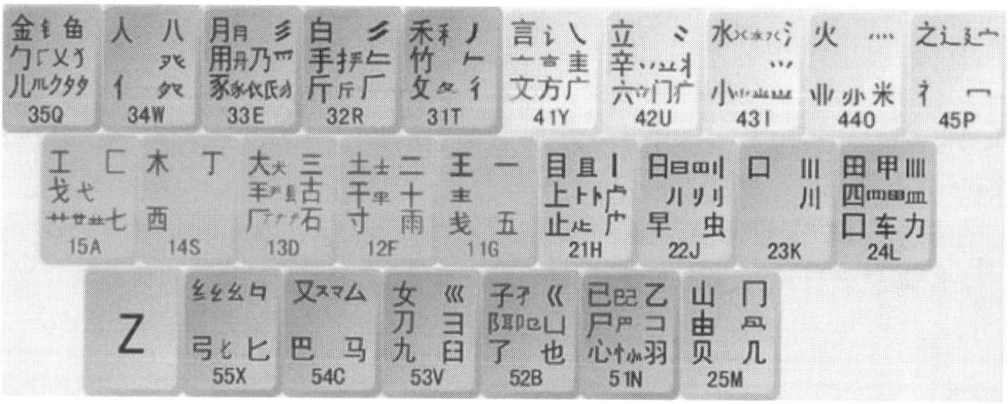


**图1－6 字根键位图**

**2. 字根分布规律**

记住基本字根及其所在键位是五笔字型输入法的基本功。那么如何快速记忆呢？初学者可了解字根分布规律，结合“五笔字根助记词”辅助记忆，达到事半功倍的效果。

字根分布规律主要和笔画有关，具体如下：

（1）字根首笔代号与区号一致，次笔代号与位号一致。区位决定了键位。字根区位如图1－7所示。

**图1－7 字根区位**

按照“横”“竖”“撇”“捺”、“折”五种笔画分为五个大区，在每个区，根据第二笔笔画“横”“竖”“撇”“捺”“折”五种笔画又划分为五个位。每个区中的位号都是按照字母在键盘上的位置由中间向两边排列的。命名方式为区号＋位号，即以11－55共25个代码表示。例如G键（11）表示位于一区的第一位置。每个区第一位置的键即G、H、T、Y、N键分别表示字根首笔笔画为横、竖、撇、捺/点、折。

书写字根时，我们根据汉字首笔笔画是“横”“竖”“撇”“捺”“折”哪一种，以此来确定区位。如“大”字的第一笔是横就归为横区，即第一区，代号为1；“日”字的第一笔是竖就归为竖区，即第二区；“月”字的第一笔是撇就归为撇区，即第三区；“床”字的第一笔是捺就归为捺区，即第四区；“又”字的第一笔是折就归为折区，即第五区。

字根第二笔代号与它的位号一致。例如，“大”第一笔为横，代号为1，区号为1；第二笔为撇，代号为3，它所处位号为3，合起来大这个字根在横区撇位，即1区3位的键——D键（13）。

（2）相似的字根在相同键位

例如，“王”“五”相近，都在G键（11），“已”“巳”“己”相似，都在N键（51）。

（3）基本笔画数与位号一致

同一笔画构成的字根，笔画类型决定了区号，笔画数决定了位号，从而决定了所处键位。比如“一”在G键（11），“二”在F键（12），“三”在D键（13）。字根、笔画数与区位对应关系如图1－8。

| 字根 | 笔画数 | 区位号 |
|---|---|---|
| 一 | 1 | 11 |
| 二 | 2 | 12 |
| 三 | 3 | 13 |
| 丨 | 1 | 21 |
| 〢 | 2 | 22 |
| 〣 | 3 | 23 |
| 〹 | 4 | 24 |

| 字根 | 笔画数 | 区位号 |
|---|---|---|
| 丿 | 1 | 31 |
| 〃 | 2 | 32 |
| 彡 | 3 | 33 |
| 丶 | 1 | 41 |
| 冫 | 2 | 42 |
| 氵 | 3 | 43 |
| 灬 | 4 | 44 |

| 字根 | 笔画数 | 区位号 |
|---|---|---|
| 乙 | 1 | 51 |
| 巜 | 2 | 52 |
| 巛 | 3 | 53 |

**图1－8 字根、笔画数与区位对应关系**

**3. 五笔字根助记词**

了解了字根分布规律，仍然需要结合五笔字根助记词进行辅助记忆，毕竟上述简单分布规律只能覆盖部分常用字根，其他字根仍需要特殊记忆。五个区字根助记词如下：

（1）第一区字根

G键（编码11）“王旁青头戋（兼）五一”（“兼”与“戋”同音，借音转义）

F 键（编码 12）“土士二干十寸雨”

D 键（编码 13）“大犬三羊古石厂”（“羊”指羊字底“手”）

S 键（编码 14）“木丁西”

A 键（编码 15）“工戈草头右框七”（“右框”即“匚”）

(2) 第二区字根

H 键（编码 21）“目具上止卜虎皮”（“具上”指具字的上部）

J 键（编码 22）“日早两竖与虫依”

K 键（编码 23）“口与川，字根稀”

L 键（编码 24）“田甲方框四车力”（“方框”即“口”）

M 键（编码 25）“山由贝，下框几”（“下框”指字根“冂”）

(3) 第三区字根

T 键（编码 31）“禾竹一撇双人立”（“双人立”即“彳”）、“反文条头共三一”（“条头”即“夂”）

R 键（编码 32）“白手看头三二斤”

E 键（编码 33）“月彡（衫）乃用家衣底”（“家衣底”即“豕、𧘇”）

W 键（编码 34）“人和八，三四里”

Q 键（编码 35）“金勺缺点无尾鱼”（指“勹、鱼字去掉一横”）、“犬旁留乂儿一点夕”（指“乂、儿、夕”）、“氏无七（妻）”（“氏”去掉“七”）

(4) 第四区字根

Y 键（编码 41）“言文方广在四一”“高头一捺谁人去”

U 键（编码 42）“立辛两点六门疒”

I 键（编码 43）“水旁兴头小倒立”（氵）

O 键（编码 44）“火业头，四点米”

P 键（编码 45）“之字军盖建道底”“摘礻（示）衤（衣）”（之字军盖建道底）

(5) 第五区字根

N 键（编码 51）“已半巳满不出己”“左框折尸心和羽”

B 键（编码 52）“子耳了也框向上”（“框向上”即“凵”）

V 键（编码 53）“女刀九臼山朝西”（“山朝西”即“彐”）

C 键（编码 54）“又巴马，丢矢矣”（“矣”去“矢”为“厶”）

X 键（编码 55）“慈母无心弓和匕”“幼无力”（“幼无力”即“幺”）

**4. 组成汉字的字根结构**

基本字根在组成汉字时。按照它们之间的位置关系也可以分为四种类型，即“单、散、连、交”。基本字根与单笔画之间按照这四种位置关系，则可组成所有的汉字。

(1)“单”指的是构成汉字的字根只有一个，基本字根单独成字。在将来的取码中有它专门的规定，因而不需要判断字型。比如水、小、力、五等。

（2）“散”指构成汉字的字根之间有明显距离，既不相连也不相交。例如，明、字等。属于“散”的汉字，才可以分为左右型和上下型。

（3）“连”指由一个普通字根与一个单笔画字根相连而构成的汉字。例如，“升”是由单笔画“丿”与字根“廾”相连而成的，“中”是由字根“口”与单笔画“丨”相连而成的。在区分“连”结构汉字时，应注意以下两点：若单笔笔画与基本字根有明显的距离，则不属于“连”结构。比如少、么等；若一个汉字是由一个基本字根与一个点组成，则它也属于“连”结构。如术、寸、勺等。

（4）“交”指由几个字根交叉相叠构成的汉字，字根间没有距离。例如，“串”由两个“口”字根与一个“丨”字根交叉而成，“里”由字根“曰”与“土”交叉而成。

在“单、散、连、交”四种结构中，除了“单”结构汉字外，其他类型汉字都要拆分为几个字根才能输入。

### （三）汉字拆分

熟悉了字根后，录入汉字之前要先学会拆分汉字。拆分汉字需要遵循以下拆分原则：

**1. 按书写顺序原则**

该原则是指按照正确书写汉字的顺序将汉字拆分成字根。书写顺序主要有从左到右、从上到下、从外到内几种。

**2. “取大优先” 原则**

取大优先是指在拆分汉字时，取笔画数量尽可能多的部分作为字根，拆分后的字根数量应尽可能少。例如，果：日、木（正确）；国：日、一、小（错误）。

**3. 能连不交原则**

能连不交原则是指在拆分汉字时，能拆分成“连”结构的字根就不要拆分成“交”结构的字根。例如，“天”字拆分成“一”和“大”而不能拆分成“二”和“人”。

**4. 能散不连原则**

能散不连是指在拆分汉字时若每个字根都不是单笔画，能拆分成“散”结构的字根就不要拆分成“连”结构的字根。字根之间的位置关系在“散”与“连”之间不好判断时，将“散”作为判断识别码的依据。如午：竹 、十（正确）；丿、干（错误）。

**5. 兼顾直观原则**

兼顾直观是指在拆分汉字时，为了使拆分出来的字根容易辨认，有时需要暂时牺牲“书写顺序”和“取大优先”原则，形成极个别的例外情况，尽量照顾到汉字的直观性。如困：口、木（正确）；困：丿、木、（错误）。

### （四）汉字录入

根据汉字是否在字根表上，可以把汉字分为键面汉字和键外汉字。已经在字根表里的汉字称为键面汉字，比如木、丁、西。其中键面汉字又分为键名汉字和成字字根汉字。字根表中不存在的汉字称为键外汉字。汉字分类见图1－9。

| 键面汉字<br>是指五笔字根中存在的汉字。键面汉字的输入分为以下几种情况： | |
|---|---|
| 1 | 键名汉字的输入 |
| 2 | 成字字根汉字的输入 |
| 3 | 基本笔画的输入 |

| 键外汉字<br>是指五笔字根中不存在的汉字。键外汉字的输入分为以下几种情况： | |
|---|---|
| 1 | 四个字根汉字的输入 |
| 2 | 超过四个字根汉字的输入 |
| 3 | 不足四个字根汉字的输入 |

**图1－9 汉字分类**

资料来源：金山打字通

**1. 键面汉字**

（1）键名汉字录入

键名汉字是指字根表中每个键位上的第一个字根，也就是字根助记口诀中每个键的第一个字。比如G就是“王”，F就是“土”。键名字的输入方法是将所在键连续击打4下。例如“工”——AAAA，“金”——QQQQ。详见图1－10所示。

**图1－10 键名字图**

（2）成字字根汉字录入

除了键名汉字外，在键位上还有一些字根同时也是汉字，如S键，除了键名汉字“木”外，还包括“丁”“西”等，这些称之为成字字根。

成字字根汉字的输入方法为：字根所在键位（俗称“报户口”）＋首笔码＋次笔码＋末笔码。例如：手——RTGH。对于成字字根不足四码的，击空格键即可。例如：“丁”——SGH＋空格输入。“辛”——UYGH。

（3）基本笔画录入

基本笔画的输入方式是：先按两次该单笔画所在的键位，再按两次“L”键。五种基本笔画的五笔编码分别为横、竖、撇、捺、折。见表1－3。

表 1-3　　五种基本笔画的五笔编码

| 横（一） | 竖（丨） | 撇（丿） | 捺（㇏） | 折（乙） |
|---|---|---|---|---|
| GGLL | HHLL | TTLL | YYLL | NNLL |

**2. 键外汉字**

键盘所包含字根之外的汉字称为“键外汉字”。“键外汉字”输入可分为两种类型：可拆为四个以上（包含四个）字根的键外字和不足 4 个字根的键外字。可拆分为四个或四个以上字根的键外汉字，根据书写顺序和拆分原则将汉字拆分成字根，即敲击汉字的第 1 个、第 2 个、第 3 个和最后一个字根所在的键位。常规取码规则见表 1-4。

表 1-4　　常规取码规则

| 取码顺序 | 第 1 码 | 第 2 码 | 第 3 码 | 第 4 码 |
|---|---|---|---|---|
| 取码规则 | 第 1 个字根 | 第 2 个字根 | 第 3 个字根 | 最后一个字根 |

若不足 4 个字根的键外字，则按书写顺序依次输入字根后，再添加识别码。比如由两个字根组成的汉字（二根字）其编码规则为：第 1 个字根码 + 第 2 个字根码 + 识别码 + 空格；由三个字根组成的汉字（三根字），其编码规则为：第 1 个字根码 + 第 2 个字根 + 第 3 个字根 + 识别码。那么识别码是如何确定的呢？

识别码由最后一个字根的最后一笔和该字的结构类型共同决定。即识别码 = 末笔笔画类型 + 汉字结构类型。末笔笔画类型决定区号，汉字结构类型决定位号，“区号 + 位号”确定某一个具体的键。比如 GFDSA 分别对应 11、12、13、14、15。

末笔笔画类型主要有五种：横、竖、撇、捺、折，对应键盘 1、2、3、4、5 五个区。汉字的结构类型主要分为左右型、上下型和杂合型三种类型。我们将左右型命名为 1 型，字型代号 1；将上下型命名为 2 型，字型代号 2；将杂合型命名为 3 型，字型代号 3。识别码键位表如表 1-5 所示。

表 1-5　　识别码键位表

| 区位 | 左右型（1 位） | 上下型（2 位） | 杂合型（3 位） |
|---|---|---|---|
| 1 区（横区） | G-11 | F-12 | D-13 |
| 2 区（竖区） | H-21 | J-22 | K-23 |
| 3 区（撇区） | T-31 | R-32 | E=33 |
| 4 区（捺区） | Y-41 | U-42 | I-43 |
| 5 区（折区） | N-51 | B-52 | V-53 |

- 左右型汉字

如果一个汉字能分成有一定距离的左右两部分或左、中、右三部分，则称这个汉字为左右型汉字，如对、错、肚、胡、咽、沐等。

- 上下型汉字

如果一个汉字能分成有一定距离的上下两部分或上、中、下三部分，则称这个汉字为上下型汉字。如早、类、字、节、意、型等。

- 杂合型汉字

如果组成一个汉字的各部分之间没有简单明确的左右型或上下型关系，则称这个汉字为杂合型汉字。这一类汉字主要有内外型汉字和单体汉字两种，也包括非上下型、非左右型汉字。一般组成汉字的各部分之间不能明显地分隔为上下两部分和左右两部分都属杂合型。

内外型汉字一律视为杂合型，如团、这、乘等，各部分之间的关系是包围与半包围的关系。

对于不足4个字根的键外汉字在用五笔打字时要补打末笔笔画。下表1－6为示例。

**表1－6　　不足4个字根在键外汉字编码示例**

| 汉字 | 字根 | 末笔 | 字型 | 末笔识别码 | 编码 |
|---|---|---|---|---|---|
| 码 | 石 马 | 一 | 左右型 | 11G | DCG |
| 早 | 日 干 | 丨 | 上下型 | 22J | JFJ |
| 闽 | 门 虫 | 、 | 杂合型 | 43I | UJI |

对于左右型（1型）汉字，输完字根后需要补打1个末笔笔画构成的“单笔画字根”。例如沐：氵＋木，最后一笔是捺，是4区，沐字结构是左右型，是1位。即识别码为Y键。

对于上下型（2型）汉字，输完字根后需要补打2个末笔笔画叠加而成的“两笔画字根”。例如芦：艹＋丶＋尸，最后一笔是撇，属于3区，结构是上下型，是2位，即识别码为R键。

对于杂合型（3型）汉字，当输完字根后需要补打3个末笔笔画叠加而成的“三笔画字根”。例如床：广＋木，最后一笔是捺，属于4区，结构是杂合型，是3位。即识别码为I键。

## 二、简码输入

前边介绍的键面汉字、键外汉字，取码长度均为4位。为简化输入，减少码长，提高输入速度，五笔字型设计了简码输入法，具体可分为一级简码、二级简码和三级简码。

### （一）一级简码

一级简码即“高频字”，共25个，分布在五个区的25个键位上，一级简码见图1－11。

图 1－11　一级简码图

资料来源：http：//xuguoping. net/wubijiaocheng/yijijianmabiao. html。

我们可以使用一级简码口诀来快速记忆一级简码，一级简码口诀见表 1－7。

表 1－7　一级简码口诀

| 一区 | 一地在要工 |
|---|---|
| 二区 | 上是中国同 |
| 三区 | 和的有人我 |
| 四区 | 生产不为这 |
| 五区 | 民了发已经 |

上述 25 个这类汉字的输入方法为：输入所在的键，再按空格键即可输入。如敲入 W＋空格，可以录入“人”字。敲入 E＋空格，可以录入“有”字。敲入 F＋空格，可以录入“地”字。

### （二）二级简码

二级简码是由单字全码的前两个字根代码组成，共 25×25＝626 个，扫描右侧二维码可查看二级简码表。此类汉字输入方法为：输入前两个字根代码，再单击空格键。例如，“晨”全码为 JDFE，二级简码为 JD。

二级简码表

### （三）三级简码

三级简码是由单字全码的前三个字根代码组成，有 4400 个，输入方法为：输入前三个字根代码，再单击空格键。

在五笔字型输入法中，有的字同时有几种简码，尽量采用击键次数少的简码为好。

## 三、词组输入

### （一）二字词组

二字词组的输入方法为：第一个字第一个字根编码、第二个字根编码＋第二字第一个字根编码、第二个字根编码。二字词组拆分编码示例见表 1－8。

表 1－8 二字词组拆分编码示例

| 二字词组 | 拆分方法 | 五笔编码 |
|---|---|---|
| 好运 | 女＋子＋二＋厶 | VBFC |
| 扩张 | 扌＋广＋弓＋长 | RYXT |
| 规则 | 夫＋见＋贝＋刂 | FWMJ |
| 相信 | 木＋目＋亻＋言 | SHWY |

## （二）三字词组

三字词组的输入方法为：第一个字第一个字根编码＋第二个字第一个字根编码＋第三个字第一个字根编码＋第三个字第二个字根编码。三字词组拆分编码示例见表 1－9。

表 1－9 三字词组拆分编码示例

| 三字词组 | 拆分方法 | 五笔编码 |
|---|---|---|
| 日记本 | 日＋讠＋木＋一 | JYSG |
| 动画片 | 二＋一＋丿＋丨 | FGTH |
| 宣传部 | 宀＋亻＋立＋口 | PWUK |
| 加工厂 | 力＋工＋厂＋一 | LADG |

## （三）四字词组

四字词组的输入方法为：依次输入四个字的第一个字根编码。四字词组拆分编码示例见表 1－10。

表 1－10 四字词组拆分编码示例

| 四字词组 | 拆分方法 | 五笔编码 |
|---|---|---|
| 旗开得胜 | 方＋一＋彳＋月 | YGTE |
| 缩手缩脚 | 纟＋手＋纟＋月 | XRXE |
| 空中楼阁 | 宀＋口＋木＋门 | PKSU |

## （四）多字词组

多字词组的输入方法为依次输入第一个字、第二个字、第三个字和最后一个字的第一个字根编码。比如：中华人民共和国，拆分方法为：口＋亻＋人＋口，五笔编码为：KWWL。

# 任务实训

## 一、任务说明

本任务模块共包括四大实训任务，分别为字根练习、单字练习和词组练习和文章练习。

### （一）字根练习

打开“金山打字通”，进入“五笔打字”，选择“字根分区及讲解”，可选择“跳过讲解”进入字根练习模块。右上角有一个“课程选择”，依次选择“横区字根”“竖区字根”“撇区字根”“捺区字根”“折区字根”进行分区字根训练，熟练后选择“综合练习”进行字根练习。坚持重复练习，直到输入速度达80字/分钟以上。注意：需将输入法调整至英文输入状态，且练习时注意键位和姿势，打完相应字键后，双手手指均要返回到基准键位上。

训练结束后，进入字根分区测试模式。

### （二）单字练习

**1. 一级简码练习**

打开“金山打字通”，进入“五笔打字”，选择“单字练习”，右上角有一个“课程选择”，依次选择“一级简码一区”“一级简码二区”“一级简码三区”“一级简码四区”“一级简码五区”进行分区一级简码训练，熟练后选择“一级简码综合1”“一级简码综合2”进行一级简码练习。坚持重复练习，直到输入速度达80字/分钟以上。

注意：练习状态下，会有五笔编码提示，训练时要盲打，眼睛尽量做到不看键盘，打完相应字键后，双手手指均要返回到基准键位上。

**2. 二级简码练习**

打开“金山打字通”，进入“五笔打字”，选择“单字练习”，右上角有一个“课程选择”，依次选择“二级简码1”“二级简码2”“二级简码3”“二级简码4”“二级简码5”进行二级简码训练。坚持重复练习，直到输入速度达80字/分钟以上。

训练结束后，进入单字测试模式。（此页面的右下角有“练习/测试”切换按钮）。

注：单字练习状态下有编码提示，在测试状态下，没有五笔编码提示。

**3. 单字练习**

打开“金山打字通”，进入“五笔打字”，选择“单字练习”，右上角有一个“课程选择”，可以由易到难的选择“常用字1-8”“难拆字1-5”“易错字1-5”三个部分进行练习。训练结束后，进入单字测试模式。（此页面的右下角有“练习/测试”切换按钮）。

围绕课前任务，对接智慧金融竞赛（银行业务综合技能大赛）字符录入赛项，对于生僻字拆字的录入提出更高的要求，需将银行业务综合技能大赛字符录入要求的一级字库和二级字库导入“金山打字通”进行练习。（右侧二维码已将技能竞赛一二级字库全部涵盖）。

一二级字库

打开“金山打字通”，进入“五笔打字”，选择“单字练习”，右上角有一个“课程选择”，选择右下角的“自定义课程”，点击“立即添加”，将一级字库和二级字库汉字复制到“课程编辑器”中，课程名称可自定义，点击“保存”即可。然后点击自定义课程，即可进行“单字练习”。熟练后可以切换为测试模式进行训练。

### （三）词组练习

打开“金山打字通”，进入“五笔打字”，选择“词组练习”，右上角有一个“课程选择”，依次选择“二字词组 1－20”“三字词组 1－20”“四字词组 1－20”“多字词组 1－20”进行分别训练。坚持重复练习，直到输入速度达 80 字/分钟以上。

训练结束后，进入词组测试模式。（此页面的右下角有“练习/测试”切换按钮）。

### （四）文章练习

打开“金山打字通”，进入“五笔打字”，选择“文章练习”，右上角有一个“课程选择”，可自行选择文章进行训练。

训练结束后，进入词组测试模式。（此页面的右下角有“练习/测试”切换按钮）。

## 二、任务评价

表 1－11　　实训任务评价表

| 考核项目 | 考核标准 | 得分 |
|---|---|---|
| 职业素养（20 分） | 1. 按时出勤，课堂表现好（5 分） | |
| | 2. 仪容仪表规范（5 分） | |
| | 3. 具备一定的组织协调能力（5 分） | |
| | 4. 具备良好的团队合作精神（5 分） | |
| 思政建设（20 分） | 1. 具备吃苦耐劳的精神（10 分） | |
| | 2. 具备严谨科学、求真求实的学习态度和工作作风（10 分） | |
| 技能要求（60 分） | 能够使用正确指法字符录入，能够快速准确进行字母键位、数字键位、符号键位录入（60 分） | |
| 合计 | | |

## 任务小结

本任务介绍了五笔字型输入法基础知识，剖析了字根及其分布规律，讲解了汉字拆分原则和录入方法。对于可以提高输入速度、减少击键次数的简码输入（一级简码、二级简码、三级简码）进行介绍，也对词组输入法进行分析。同时提供了实时训练内容，帮助学生更高质量完成文字录入。

# 任务3　综合字符录入

## 任务要求

打开金山打字通，进行标点符号和数字录入。进入“新手入门”，进行数字键位、符号键位两个板块训练，要求做到准确高效盲打。

## 必备知识

### 一、标点符号录入

标点符号主要分布在主键盘上。英文的标点符号输入可以在“金山打字通 2016”进行。在“金山打字通 2016”的练习界面，点击“新手入门”——“符号键位”即可练习。在练习过程中，手指在击键后要回归基准键位，要坚持眼睛不看键盘，做到盲打。同时，如果遇到上档键，可用另一只手的小拇指按住 shift 键，再单击相应的键位输入所需符号。

在英文状态下输入标点符号，要确认中文输入法为关闭状态。在输入中文标点符号时，要确认切换至中文输入状态。

### 二、数字录入

数字录入可以用主键盘输入，也可以利用数字键区进行输入。在技能竞赛字符录入项目中，数字录入主要采用主键盘输入数字。可借助“金山打字通 2016”—数字键位（主键盘）进行训练。

对于数字键区，首先确定 Num Lock 键灯亮起，在技能竞赛传票翻打中需要使用数字键区进行输入。可借助“金山打字通 2016”—数字键位（主键盘）—切换至“小键盘”界面进行练习。

## 任务实训

### 一、任务说明

#### （一）标点符号录入

打开“金山打字通 2016”，进入“新手入门”，进行“符号键位”板块进行过关训练。

### （二）数字录入

打开“金山打字通 2016”，进入“新手入门”，进行“数字键位”板块训练。“数字键位”训练包括主键盘训练和数字键区训练，重复练习。键位训练界面如图 1－12 所示。

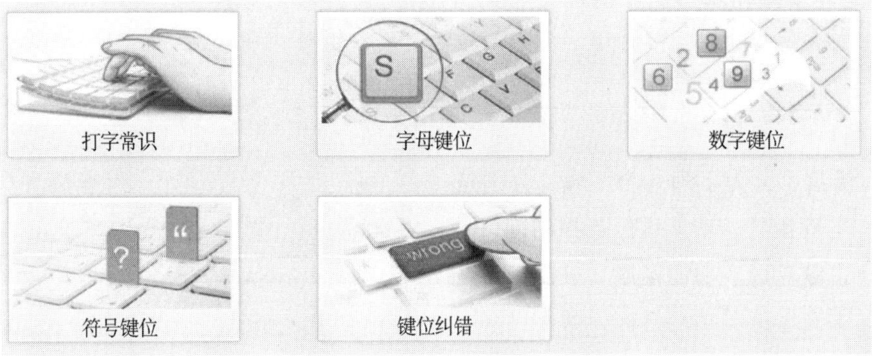


图 1－12　不同键位训练

## 二、任务评价

表 1－12　　实训任务评价表

| 考核项目 | 考核标准 | 得分 |
| --- | --- | --- |
| 职业素养（20 分） | 1. 按时出勤，课堂表现好（5 分） | |
| | 2. 仪容仪表规范（5 分） | |
| | 3. 具备一定的组织协调能力（5 分） | |
| | 4. 具备良好的团队合作精神（5 分） | |
| 思政建设（20 分） | 1. 具备吃苦耐劳的精神（10 分） | |
| | 2. 具备严谨科学、求真求实的学习态度和工作作风（10 分） | |
| 技能要求（60 分） | 能够快速高效进行数字录入和字符录入（60 分） | |
| 合计 | | |

### 任务小结

本任务中讲解了标点符号和数字字符录入，同时提供了实时训练内容，帮助学生打好综合字符录入基础。

### 拓展视野

技能拓展：智慧金融赛项（原名：银行业务综合技能赛项）——字符录入。

赛项为系统随机产生的 1600 字符，包括汉字、数字、标点符号。竞赛电脑预装极品五笔、搜狗五笔、微软全拼、万能五笔等输入法，系统根据参赛选手在 10 分钟内完成的数量和正确率评分。

评分要求：一个正确字符得 0.03 分。一个错误字符按该字符分值的 3 倍扣分。满分 50 分。

## 课后任务

### 一、单项选择题

1. 主键盘区除包括字母键、标点符号键、控制键外，还包括（　　）。

A. 功能键　　B. 数字键

C. 打印屏幕键　　D. 暂停键

2. 键盘可分为下列几个区域，分别是（　　）。

A. 主键盘区、功能键区、控制键区、数字键区

B. 主键盘区、功能键区、控制键区

C. 主键盘区、功能键区、数字键区

D. 主键盘区、控制键区、数字键区

3. 下列（　　）键称为基准键。

A. A、S、D、F、G、H、J、K、L　　B. S、D、F、G、H、J、K、L

C. A、S、D、F、J、K、L　　D. G、H

4. 下面不属于左手中指负责击键的是（　　）。

A. D　　B. C

C. S　　D. E

5. 五笔字型按照字根起笔笔画类型，将字根进行了分区，其中代号为 2 的是（　　）。

A. 横区　　B. 折区

C. 捺区　　D. 竖区

6. 分布在 Q、O、I、X、M 这五个键上的一级简码字（　　）。

A. 我、不、国、经、民　　B. 我、为、不、经、同

C. 我、产、发、在、同　　D. 我、为、经、以、同

7. 五笔字型中的字母键 M 对应的区位码是（　　）。

A. 52　　B. 25

C. 33　　D. 51

8. 当用小键盘输入数字时，应按下（　　）键。

A. NumLock　　B. Ctrl

C. Alt　　D. Shift

9. 删除光标右边字符应用（　　）键。

A. Enter　　B. CapsLock

C. BackSpace D. Delete

10. 正确的坐姿对于提高打字速度是必需的，人体与计算机键盘的距离应在（ ）左右。

A. 5～15cm B. 10～20cm

C. 15～30cm D. 30～40cm

11. 主键盘区按数字键2用（ ）按键。

A. 左手中指 B. 左手无名指

C. 左手食指 D. 右手食指

12. 小键盘区右手中指负责（ ）。

A. 0、1、4、7 B. 2、5、8、/

C. 3、6、9、* D. Enter、+、-

**二、判断题**

1. 字根的第一区用于放置捺起笔的字根，第二区用于放置横起笔的字根。（ ）

2. 五笔字型编码最多只能取4个。（ ）

# 项目2 点钞技能

## 学习目标

【知识目标】

1. 掌握点钞技能的基本知识；
2. 掌握各种点钞方法的要点；
3. 掌握捆扎钞票的要点。

【能力目标】

1. 能准确快速进行钞票的清点；
2. 能快速进行钞票的扎把；
3. 能连贯进行点钞技能的竞赛。

【素质目标】

1. 锻炼学生的协调能力；
2. 提高学生主动思考、探究问题的能力；
3. 培养学生持之以恒的耐力。

【思政目标】

1. 培养学生具备工匠精神；
2. 培养严谨科学、求真求实的学习态度和工作作风；
3. 培养做事细心，有耐心，坚持到底的好习惯。

## 课程思维导图

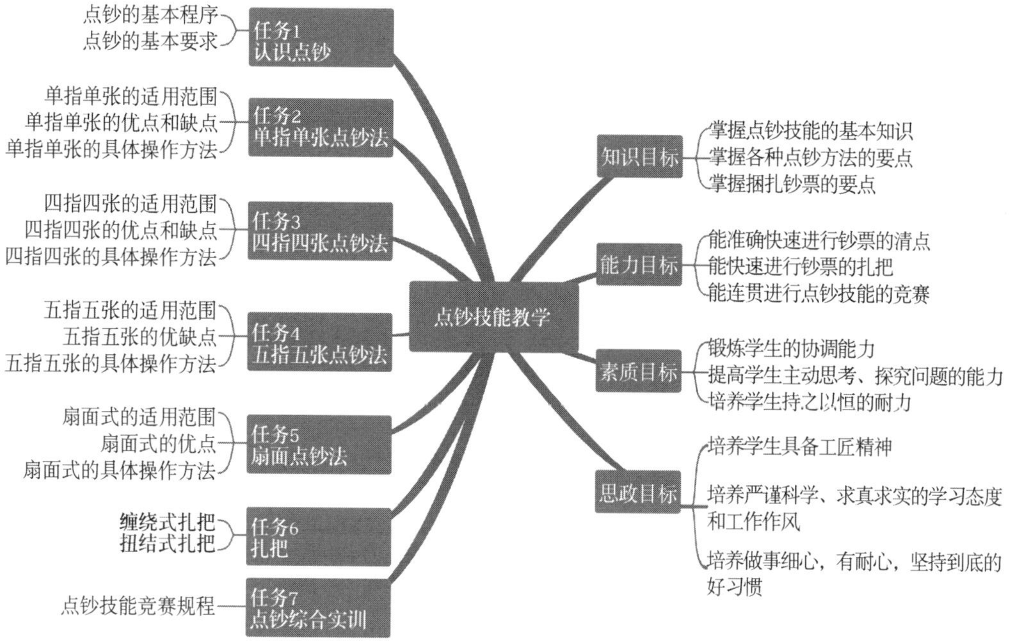


# 任务1 认识点钞

## 任务要求

点钞是银行柜员最基本的技能，点钞的快慢及准确度直接影响到客户对柜员及银行印象，快速流畅的点钞技能可以带给客户最直观的印象就是专业。

要想掌握点钞技能，首先要熟悉点钞的基本环节和基本要求，请同学们了解点钞基本环节和基本要求，掌握最基本的点钞方法。

## 必备知识

点钞指票币整点，是财经商贸类专业的学生应该学习的一项专业技术，也是从事财会、金融、商品经营等工作必须具备的基本技能。点钞作为整理、清点货币的一项专门技术，它对于为社会经济提供信用中介、支付中介以及各项金融服务的银行来说尤其重要。

### 一、点钞的基本程序

点钞是从拆把开始到扎把结束的一个连续、完整的过程，要加快点钞速度，提高点钞水平，必须把各个环节的工作做好。

点钞的基本程序包括：拆把→点数→扎把→盖章。

拆把：把待点的成把钞票的封条拆掉。

点数：手点钞，脑记数，点准一百张。

扎把：把点准的一百张钞票墩齐，用腰条扎紧。

盖章：在扎好的钞票的腰条上加盖经办人名章，以明确责任。

## 二、点钞的基本要求

在人民币的收付和整点中，要把混乱不齐、折损不一的钞票进行整理，使之整齐美观。

### （一）整理钞票的具体要求

平铺整齐，边角无折。同券一起，不能混淆。

券面同向，不能颠倒。验查真伪，去伪存真。

剔除残币，完残分放。百张一把，十把一捆。

扎把捆捆，经办盖章。清点结账，复核入库。

为达到上述具体要求，应做到以下几点：

**1. 操作定型，用品定位**

点钞时使用的印泥、图章、腰条等要按使用顺序固定位置放好，以便点钞时使用顺手。

**2. 点数准确**

点钞技术关键是一个“准”字，清点和记数的准确是点钞的基本要求。点数准确一要精神集中，二要定型操作，三要手点、脑记，手、眼、脑紧密配合。

**3. 钞票墩齐**

钞票点好后必须墩齐后（四条边水平，不露头，卷角拉平）才能扎把。

**4. 扎把捆紧**

扎小把，以提起把中第一张钞票不被抽出为准。按“#”字形捆扎的大捆，以用力推不变形，抽不出票把为准。

**5. 盖章清晰**

腰条上的名章，是分清责任的标志，每个人整点后都要盖章，图章要清晰可辨。

**6. 动作连贯**

动作连贯是保证点钞质量和提高效率的必要条件，点钞过程的各个环节（拆把、清点、墩齐、扎把、盖章）必须密切配合，环环相扣。清点中双手动作要协调，速度要均匀，要注意减少不必要的小动作。

### （二）点钞坐姿要求

点钞的坐姿会直接影响点钞技术的发挥和提高。正确的坐姿应该是：直腰挺胸，身体自然，肌肉放松，双肘自然放在桌上，持票的左手腕部接触桌面，右手腕部稍抬起，整点货币轻松持久，活动自如。

### （三）点钞的分类

点钞包括手工点钞（清点硬币、整点纸币）、机器点钞。其中手工点钞介绍如下：

**1. 清点硬币**

在没有工具之前，硬币全部用手工清点，这是清点硬币的一种基本方法，它不受客观条件的限制，只要熟练掌握，在工作中与工具清点速度相差不大。

**2. 整点纸币**

对于手工点钞，根据持票姿势不同，又可划分为手持式点钞方法和手按式点钞方法。手按式点钞方法，是将钞票放在台面上操作；手持式点钞方法是在手按式点钞方法的基础上发展而来的，其速度远比手按式点钞方法快，因此，手持式点钞方法在全国各地应用比较普遍。本课讲的也是手持式点钞。

手持式点钞可分为以下两个操作步骤：点钞、扎把。

手持式点钞根据指法不同又可分为：单指单张点钞法、多指多张点钞法、扇面点钞法。

## 任务实训

### 一、任务说明

将学生分成若干小组，以组为单位并设置组长，通过自主学习和观看视频，能够准确快速说出手工点钞的基本程序和要求并尝试练习。

### 二、任务评价

实训任务评价见表 2－1。

**表 2－1　实训任务评价表**

| 考核项目 | 考核标准 | 得分 |
| --- | --- | --- |
| 职业素养（20 分） | 1. 按时出勤，课堂表现好（5 分） | |
| | 2. 仪容仪表规范（5 分） | |
| | 3. 具备一定的组织协调能力（5 分） | |
| | 4. 具备良好的团队合作精神（5 分） | |
| 思政建设（20 分） | 1. 具备吃苦耐劳的精神（10 分） | |
| | 2. 具备严谨科学、求真求实的学习态度和工作作风（10 分） | |
| 技能要求（60 分） | 能够准确快速说出手工点钞基本程序和要求（60 分） | |
| 合计 | | |

## 任务小结

本任务主要讲解了点钞的基本程序、基本要求和基本分类，同时提供了实时训练任务要求，帮助学生打好点钞基础。

# 任务 2　单指单张点钞法

## 任务要求

请同学们观看各种点钞技能大赛节目了解单指单张点钞法，准备好练功券、点钞蜡等点钞道具，调整好点钞的正确坐姿，进行点钞的基本方法——单指单张点钞法的学习。

## 必备知识

用一个手指一次点一张的方法叫单指单张点钞法。这种方法是点钞中最基本也是最常用的一种方法，使用范围较广，频率较高。

### 一、单指单张的适用范围

它适用于收款、付款和整点各种新旧的大小钞票。

### 二、单指单张的优点和缺点

优点：速度快，持票所占面积小，清点时目视票面面积大，容易发现假钞，挑剔残损币，对票面没有特殊要求，新旧大小均可使用。

缺点：逐张清点，记数比较费力，记数容易出错。

### 三、单指单张的具体操作方法

#### （一）持票

左手横执钞票，下面朝向身体，左手拇指在钞票正面左端约四分之一处，食指与中指在钞票背面与拇指同时捏住钞票，无名指与小指自然弯曲并伸向钞票前左下方，与中指夹紧钞票，食指伸直，拇指向上移动，按住钞票侧面，将钞票压成瓦形，左手将钞票从桌面上擦过，拇指顺势将钞票向上翻成微开的扇形，同时，右手拇指、食指作点钞准备。

#### （二）清点

左手持钞并形成瓦形后，右手食指托住钞票背面右上角，用拇指尖逐张向下捻动钞票右上角，捻动幅度要小，不要抬得过高。要轻捻，食指在钞票背面的右端配合拇指捻动，左手拇指按捏钞票不要过紧，要配合右手起自然助推的作用。右手的无名指将捻起的钞票向怀里弹，要注意轻点快弹。左右手持钞动作见图 2 - 1（a）和图 2 - 1（b）。

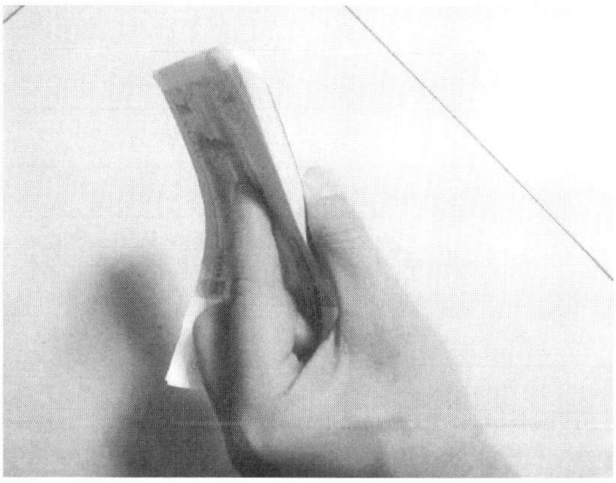

图 2 - 1（a） 左手持钞姿势

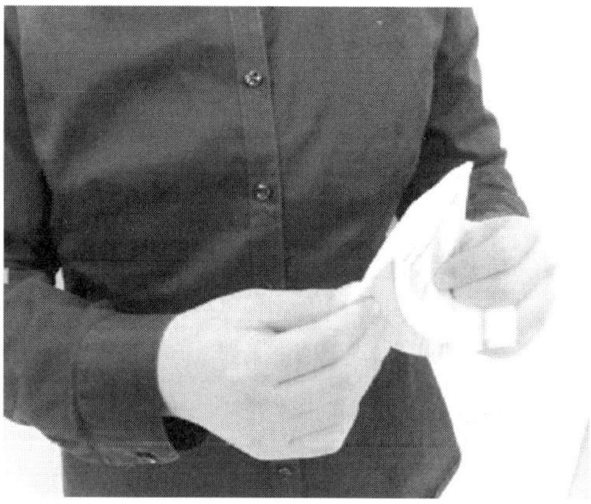

图 2 - 1（b） 右手持钞姿势

（三）记数

记数与清点同时进行。在点数速度快的情况下，往往由于记数迟缓而影响点钞的效率，因此记数应该采用分组记数法。把 10 作 1 记，即 1、2、3、4、5、6、7、8、9、1（即 10），1、2、3、4、5、6、7、8、9、2（即 20），以此类推，数到 1、2、3、4、5、6、7、8、9、10（即 100）。采用这种记数法记数既简单又快捷，省力又好记。但记数时要默记，不要念出声，做到脑、眼、手密切配合，既准又快。

## 任务实训

### 一、任务说明

（一）播放观看单指单张点钞法的视频

（二）左手持钞练习

左手持 100 张练功券的正确姿势练习，关键做到姿势正确，手指的位置准确，为后面的任务做好准备。

（三）右手清点练习

在（二）的基础上，加上右手的清点练习，首先要做到右手手指位置的正确，其次开始清点，清点过程中要注意无名指的使用。

（四）记数练习

在步骤二和步骤三都非常熟练的前提下，开始一边清点一边记数，刚开始不要太快，做到准确，配合协调；熟练之后，进行快速点钞练习。

## 二、任务评价

实训任务评价表见表 2－2。

表 2－2　　实训任务评价表

| 考核项目 | 考核标准 | 得分 |
| --- | --- | --- |
| 职业素养（20 分） | 1. 按时出勤，课堂表现好（5 分） | |
| | 2. 仪容仪表规范（5 分） | |
| | 3. 具备一定的组织协调能力（5 分） | |
| | 4. 具备良好的团队合作精神（5 分） | |
| 思政建设（20 分） | 1. 具备吃苦耐劳的精神（10 分） | |
| | 2. 具备严谨科学、求真求实的学习态度和工作作风（10 分） | |
| 技能要求（60 分） | 能够准确快速地进行单指单张点钞，符合其基本程序和要求（60 分） | |
| 合计 | | |

### 任务小结

本任务首先学习了单指单张点钞法的基本知识，然后学习了持钞、清点、记数的基本要求，最后进行分项及综合实训，以达到对单指单张点钞法的全面掌握。

# 任务 3　四指四张点钞法

### 任务要求

请同学们扫码观看四指四张点钞视频，准备好练功券、点钞蜡等道具，调整好点钞的正确坐姿，进行点钞的基本方法——四指四张点钞法的学习。

四指四张点钞

### 必备知识

四指四张点钞法是指：点钞时用小指、无名指、中指、食指，依次捻下一张钞票，一次清点四张钞票的方法。

## 一、四指四张的适用范围

这种点钞法适用于收款、付款和整点工作的复点。

## 二、四指四张的优点和缺点

优点：不仅省力、省脑，而且效率高，能够逐张识别假钞票和挑剔残破钞票。
缺点：算数速度慢。

## 三、四指四张的具体操作方法

### （一）起把

左手中指在前，食指、无名指、小指放于券后，将钞券夹紧；将钞券向左翻起，形成弧形。拇指轻轻按着钞券横侧面，食指抵住钞券外侧面。起把见图 2－2。

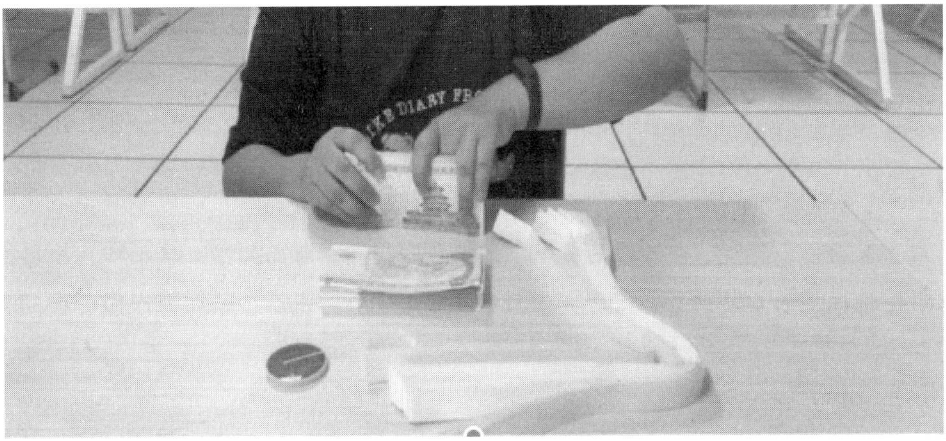

图 2－2　起把

### （二）持钞

用左手持钞，中指在前，食指、无名指、小指在后，将钞券夹紧，四指同时弯曲将钞券轻压成瓦形，拇指在钞券的右上角外面，将钞券推成小扇面，然后手腕向里转，使钞券的右里角抬起，右手五指准备清点。

钞券横立，左手持钞。持钞时，手心朝胸前，手指向下，中指在券前，食指、无名指、小指在后，将钞券夹紧；以中指为轴心五指自然弯曲，中指第二关节顶住钞券，向外用力，小指、无名指、食指、拇指同时向手心方向用力，将钞券压成“U”形，“U”口朝里；这里要注意食指和拇指要从右上侧将钞券往里下方轻压，打开微扇；手腕向里转动 90 度，使钞券的凹面向左但略朝里，凸面朝外向右；中指和无名指夹住钞券，食指移到钞券外侧面，用指尖管住钞券，以防下滑，大拇指轻轻按住钞券外上侧，既防钞券下滑又要配合右手清点。最后，左手将钞券移至胸前约 20 厘米的位置，右手五指同时沾水，作好清点准备。

持钞手法见图 2－3。

图 2－3　持钞

（三）清点

右手腕抬起，拇指贴在钞票的右里角，其余四指同时弯曲并拢，从小指开始每指捻动一张钞券，依次下滑四个手指，每一次下滑动作捻下四张钞券，循环操作，直至点完 100 张。清点手法见图 2－4。

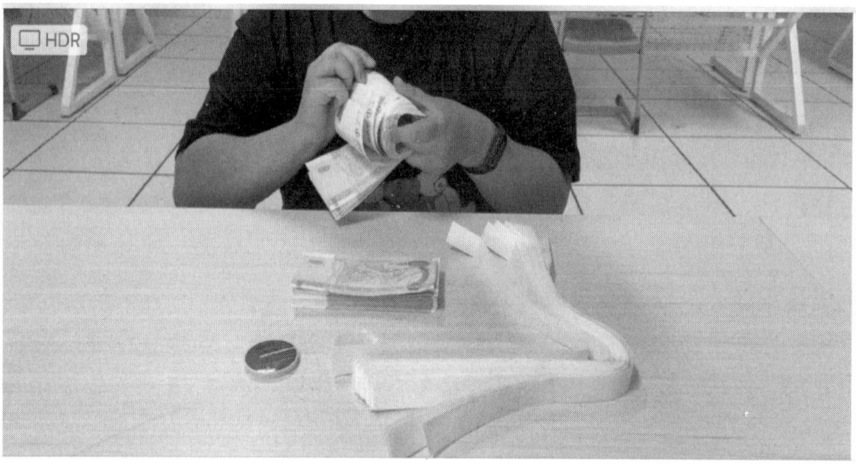


图 2－4　清点起步

（四）记数

采用分组记数法。每次点四张为一组，记满 25 组为 100 张。

用这种方法清点要注意以下几方面：

一是捻钞券时动作要连续，下张时一次一次连续不断，当食指捻下本次最后一张时，小指要紧紧跟上，每次之间不要间歇。

二是捻钞的幅度要小，手指离票面不要过远，四个指头要一起动，加快往返速度。

三是四个指头与票面接触面要小，应用指尖接触票面进行捻动。

四是右手拇指随着钞券的不断下捻向前移动，托住钞券，但不能离开钞券。

五是在右手捻钞的同时左手要配合动作，每当右手捻下一次钞券，左手拇指就要推动一次，二指同时松开，使捻出的钞券自然下落，再按住未点的钞券，往复动作，使下钞顺畅自如。

## 任务实训

### 一、任务说明

#### （一）播放观看四指四张点钞法的视频（见课前任务二维码）

#### （二）起钞及左手持钞练习

左手持100张练功券的正确姿势练习，关键做到姿势正确，手指的位置准确，为后面的任务做好准备。

#### （三）右手清点练习

在（二）的基础上，加上右手的清点练习，首先要做到右手手指位置的正确，其次开始清点，清点过程中要注意无名指的使用。

#### （四）记数练习

在（二）和（三）都非常熟练的前提下，开始一边清点一边记数，刚开始不要太快，做到准确，配合协调；熟练之后，进行快速点钞练习。

### 二、任务评价

实训任务评价见表2-3。

**表2-3　　实训任务评价表**

| 考核项目 | 考核标准 | 得分 |
|---|---|---|
| 职业素养（20分） | 1. 按时出勤，课堂表现好（5分） | |
| | 2. 仪容仪表规范（5分） | |
| | 3. 具备一定的组织协调能力（5分） | |
| | 4. 具备良好的团队合作精神（5分） | |
| 思政建设（20分） | 1. 具备吃苦耐劳的精神（10分） | |
| | 2. 具备严谨科学、求真求实的学习态度和工作作风（10分） | |

续表

| 考核项目 | 考核标准 | 得分 |
| --- | --- | --- |
| 技能要求（60分） | 能够准确快速地进行四指四张点钞，符合其基本程序和要求（60分） | |
| 合计 | | |

## 任务小结

本任务学习了四指四张点钞法，实训过程要注意右手四指的协调动作，四指要弯曲并拢，要练好依次下滑动作和手指关节的灵活性，尽量减少腕部动作，左手拇指和食指要配合密切。

# 任务4　五指五张点钞法

## 任务要求

请同学们观看各种点钞技能大赛节目。准备好练功券、点钞蜡等道具，调整好点钞的正确坐姿，进行点钞的基本方法——五指五张点钞法的学习。

五指五张点钞

## 必备知识

点钞时钞票要离开桌面，用五个手指一次点五张的方法叫手持式五指五张点钞法。

### 一、五指五张的适用范围

这种方法适用于收款、付款和整点工作，其优点是点钞速度快，记数省力。操作时主要用手指关节活动，动作范围小，可减轻劳动强度。

### 二、五指五张的优点和缺点

优点：它的优点是效率高、记数省力，可减轻动力强度。

缺点：这种方法要求五个手指依次动作，动作准度较大。

### 三、五指五张的具体操作方法

#### （一）持钞

钞券横立，用左手持钞。持钞时，左手小指、拇指放在票面前，其余三个手指放在票后，拇指用力把钞券压成瓦形，用右手退下腰条纸。左手将钞券右边向右手拍打一下，并用右手顺势将钞券推起。左手变换各手指位置，即用无名指、小指夹住钞券左下端，中指和食指按在钞券外侧，食指在上，中指在下，拇指轻压在钞券上外侧使钞券成瓦形。持钞正反面见图 2－5（a）和图 2－5（b）。

**图 2－5（a） 持钞正面**

**图 2－5（b） 持钞反面**

### （二）清点

右手点钞，先由拇指开始，从右上角向下拨起第一张，接着用食指、中指、无名指、小指依次从右上角向下方拨起第二张、第三张、第四张、第五张，即完成一次清点。然后再从拇指开始，循环操作，直到点完。清点手势见图 2－6。

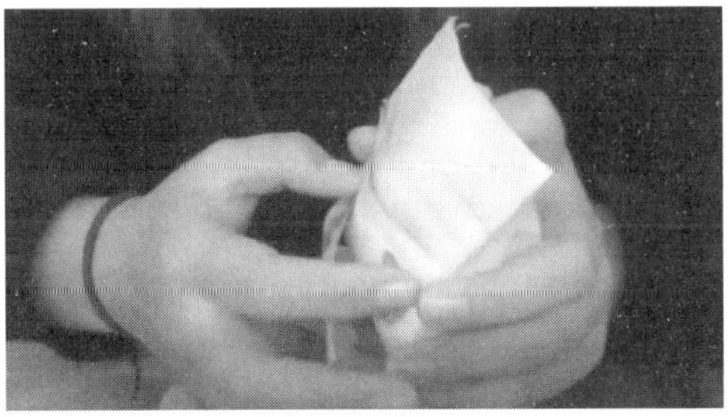

**图 2－6 清点（a）**

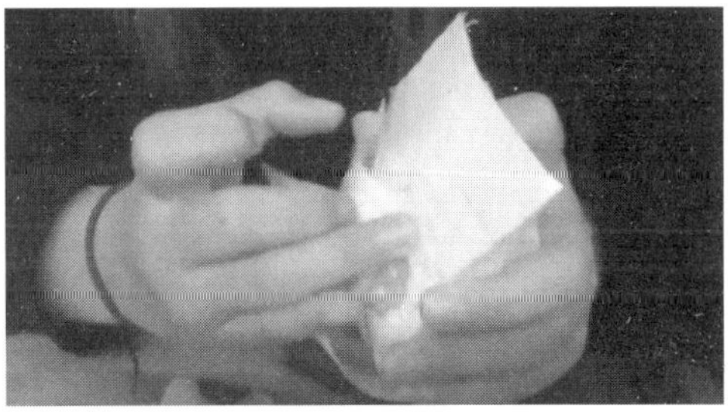

**图 2－6 清点（b）**

### （三）记数

采用分组记数，每 5 张为一组记一个数，记满 20 组即为 100 张。

技巧解析：

手持式五指五张点钞法主要靠五指拨钞，用力均匀，点钞速度较快较省力。技巧如下：

右手手腕要灵活，五指动作要协调，用力要均匀，用每个手指侧面捻钞。

左手食指要将钞票顶起，便于右手捻钞。

左手拇指和食指配合要默契，捏得过紧钞票不易捻起，过松钞票则容易脱落。

手眼要配合密切。

## 任务实训

### 一、任务说明

#### （一）播放观看五指五张点钞法的视频（视频见课前任务二维码）

#### （二）起钞及左手持钞练习

左手持100张练功券的正确姿势练习，关键做到姿势正确，手指的位置准确，为后面的任务做好准备。

#### （三）右手清点练习

在任务二的基础上，加上右手的清点练习，首先要做到右手手指位置的正确，其次开始清点，清点过程中要注意无名指的使用。

#### （四）记数练习

在实训任务（二）和（三）都非常熟练的前提下，开始一边清点一边记数，刚开始不要太快，做到准确，配合协调；熟练之后，进行快速点钞练习。

### 二、任务评价

实训任务评价见表2－4。

表2－4　实训任务评价表

| 考核项目 | 考核标准 | 得分 |
| --- | --- | --- |
| 职业素养（20分） | 1. 按时出勤，课堂表现好（5分） | |
| | 2. 仪容仪表规范（5分） | |
| | 3. 具备一定的组织协调能力（5分） | |
| | 4. 具备良好的团队合作精神（5分） | |
| 思政建设（20分） | 1. 具备吃苦耐劳的精神（10分） | |
| | 2. 具备严谨科学、求真求实的学习态度和工作作风（10分） | |
| 技能要求（60分） | 能够准确快速地进行五指五张点钞，符合其基本程序和要求（60分） | |
| 合计 | | |

## 任务小结

本任务介绍了五指五张点钞法，任务实训环节要注意右手五指的协调动作，五指动作要连贯，不能停顿，左手食指一定要发挥作用。

# 任务5 扇面点钞法

## 任务要求

请同学们扫描扇面点钞法二维码进行视频学习，并准备好练功券、点钞蜡等道具，调整好点钞的正确坐姿，进行点钞的基本方法——扇面点钞法的学习。

扇面点钞法

## 必备知识

把钞票捻成扇面状进行清点的方法叫扇面式点钞法。

### 一、扇面式的适用范围

它只适合清点新票币，不适于清点新、旧、破混合钞票。

### 二、扇面式的优点

优点：速度快，是手工点钞中效率最高的一种。

### 三、扇面式的具体操作方法

#### （一）持钞

钞票竖拿，左手拇指在票前下部中间票面约四分之一处。食指、中指在票后同拇指一起捏住钞票，无名指和小指拳向手心。右手拇指在左手拇指的上端，用虎口从右侧卡住钞票成瓦形，食指、中指、无名指、小指均横在钞票背面，做开扇准备。持钞手法见图2－7。

图2－7 持钞

### （二）开扇

开扇是扇面点钞的一个重要环节，扇面要开得均匀，为点数打好基础，做好准备。

开扇方法是以左手为轴，右手食指将钞票向胸前左下方压弯，然后再猛向右方闪动，同时右手拇指在票前向左上方推动钞票，食指、中指在票后面用力向右捻动，左手指在钞票原位置向逆时针方向画弧捻动，食指、中指在票后面用力向左上方捻动，右手手指逐步向下移动，至右下角时即可将钞票推成扇面形。如有不均匀的地方，可双手持钞抖动，使其均匀。

注意：打扇面时，左右两手一定要配合协调，不要将钞票捏得过紧，如果点钞时采取一按十张的方法，扇面要开小些，便于点清。

### （三）点数

左手持扇面，右手中指、无名指、小指托住钞票背面，拇指在钞票右上角 1cm 处，一次按下五张或十张；按下后用食指压住，拇指继续向前按第二次，以此类推。同时左手应随右手点数速度向内转动扇面，以迎合右手按动，直到点完 100 张为止。点数手法见图 2－8。

**图 2－8　点数**

### （四）记数

采用分组记数法。一次按 5 张为一组，记满 20 组为 100 张；一次按 10 张为一组，记满 10 组为 100 张。

### （五）合扇

清点完毕合扇时，将左手向右倒，右手托住钞票右侧向左合拢，左右手指向中间一起用力，使钞票竖立在桌面上，两手松拢轻墩，把钞票墩齐，准备扎把。

# 任务实训

## 一、任务说明

### （一）播放观看扇形点钞法的视频

### （二）起钞及开扇练习

手持100张练功券的正确姿势练习，关键做到姿势正确，手指的位置准确，为后面的开扇做好准备。练习开扇，开扇好坏是关键。

### （三）右手清点练习

在任务二的基础上，加上右手的清点练习，首先要做到右手手指位置的正确，其次开始清点，清点过程中要注意无名指的使用。

### （四）记数练习

在任务二和任务三都非常熟练的前提下，开始一边清点一边记数，刚开始不要太快，做到准确，配合协调；熟练之后，进行快速点钞练习。

## 二、任务评价

实训任务评价见表2-5。

表2-5 实训任务评价表

| 考核项目 | 考核标准 | 得分 |
|---|---|---|
| 职业素养（20分） | 1. 按时出勤，课堂表现好（5分） | |
| | 2. 仪容仪表规范（5分） | |
| | 3. 具备一定的组织协调能力（5分） | |
| | 4. 具备良好的团队合作精神（5分） | |
| 思政建设（20分） | 1. 具备吃苦耐劳的精神（10分） | |
| | 2. 具备严谨科学、求真求实的学习态度和工作作风（10分） | |
| 技能要求（60分） | 能够准确快速地进行扇形点钞，符合其基本程序和要求（60分） | |
| 合计 | | |

# 任务小结

本任务学习了扇面点钞法，点钞过程中要注意左右手的协调动作，做到开扇的连贯性，尽量做到少抖动，左右手同时发挥作用。

# 拓展视野

观看各种花式点钞手法的视频。

# 任务6　扎把

## 任务要求

请同学们准备好练功券、点钞蜡、捆扎条等道具，调整好点钞的正确坐姿，进行点钞完成后的扎把的学习。

## 必备知识

点钞完毕后需要对所点钞票进行扎把，通常是100张捆扎成一把。扎把方式主要分为缠绕式和扭结式两种方法。

### 一、缠绕式扎把

临柜收款通常采用此种方法，需使用牛皮纸腰条，其具体操作方法介绍如下：

第一步：将点过的钞票100张墩齐。

第二步：左手从长的方向拦腰握着钞票，使之成为瓦状（瓦状的幅度影响扎钞的松紧，在捆扎中幅度不能变）。

第三步：右手握着腰条头将其从钞票长的方向夹入钞票的中间（离一端1/3－1/4处），从凹面开始绕钞票两圈。

第四步：在翻到钞票原度转角处将腰条向右折叠90度，将腰条头绕捆在钞票的腰条转两圈打结。

第五步：整理钞票。

缠绕式扎把操作手法见图2－9（a）、图2－9（b）。

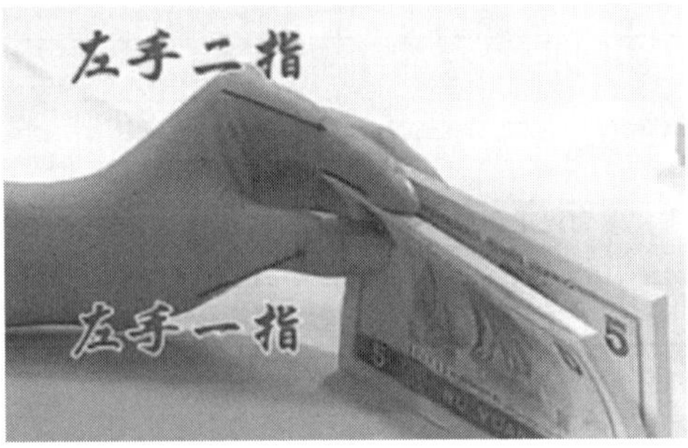


图2－9（a）　缠绕式扎把1

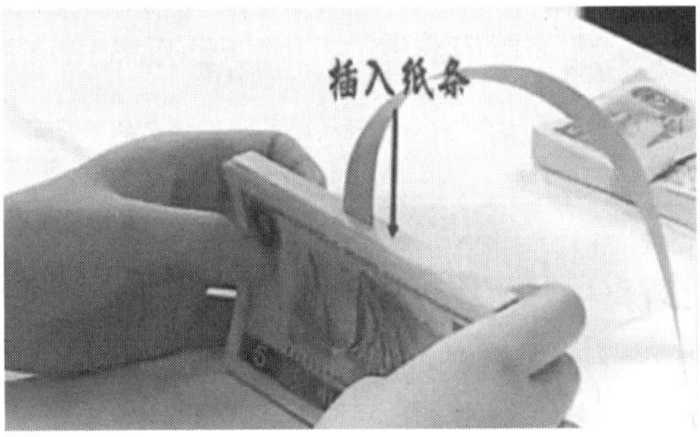


图2－9（b）　缠绕式扎把2

### 二、扭结式扎把

一般考核、比赛采用此种方法，需使用绵纸腰条，其具体操作方法介绍如下：

第一步：将点过的钞票 100 张墩齐。

第二步：左手握钞，使之成为瓦状。

第三步：右手将腰条从钞票凸面放置，将两腰条头绕到凹面，左手食指、拇指分别按住腰条与钞票厚度交界处。

第四步：右手拇指、食指夹住其中一根腰条头，中指、无名指夹住另一根腰条头，并合在一起，右手顺时针转 180 度，左手逆时针转 180 度，将拇指和食指夹住的那一头从腰条与钞票之间绕过、打结。

第五步：整理钞票。

扭结式扎把手法见图 2－10（a）、图 2－10（b）。

图 2－10（a） 扭结式扎把 1

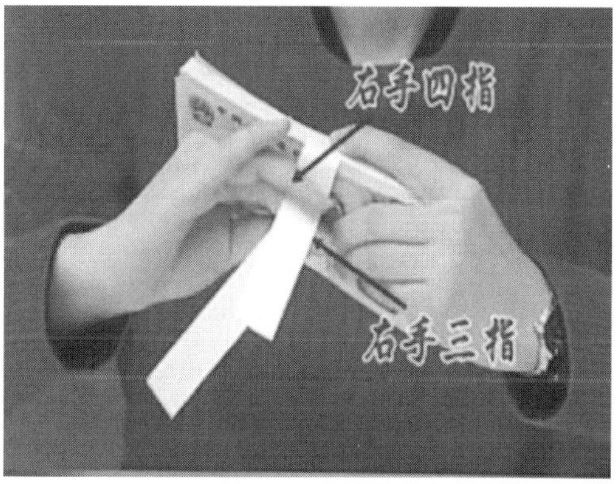


图 2－10（b） 扭结式扎把 2

## 任务实训

### 一、任务说明

#### （一）播放观看扎把的视频

#### （二）练习缠绕式扎把

学习正确扎把手法，熟练后，快速完成扎把。

#### （三）练习扭结式扎把

学习正确扎把手法，熟练后，快速完成扎把。

#### （四）练习竞赛扎把

快速扎把。

### 二、任务评价

实训任务评价见表 2－6。

表 2－6　　　　实训任务评价表

| 考核项目 | 考核标准 | 得分 |
| --- | --- | --- |
| 职业素养（20 分） | 1. 按时出勤，课堂表现好（5 分） | |
| | 2. 仪容仪表规范（5 分） | |
| | 3. 具备一定的组织协调能力（5 分） | |
| | 4. 具备良好的团队合作精神（5 分） | |
| 思政建设（20 分） | 1. 具备吃苦耐劳的精神（10 分） | |
| | 2. 具备严谨科学、求真求实的学习态度和工作作风（10 分） | |
| 技能要求（60 分） | 能够准确快速地进行扎把，符合其基本程序和要求（60 分） | |
| 合计 | | |

### 任务小结

本任务学习了扎把方式，要注意左右手的协调动作，越协调越快速。

### 拓展视野

观看各种钞票花式扎把的视频。

## 任务 7　点钞综合实训

### 任务要求

请同学们准备好练功券、点钞蜡、捆扎条等道具，调整好点钞的正确坐姿，按照竞赛要求完整地完成点钞的所有流程。

### 必备知识

赛前由系统随机确定每种面额点钞专用券的张数，各面值的数量为 300 ~ 320 张。选手自由选择点钞方法对 8 种面额的人民币点钞专用券进行清点、盖章和捆扎，将捆扎好的点钞专用券放入篮筐中，并将清点结果填入系统设定的“现金存款凭条”。系统对输入结果自动评分，每种钞票录入数量正确得 5 分，金额正确得 1.25 分。注意：选手清点完毕，必须将全部钞票整齐放入筐中。现场裁判对捆扎及盖章质量进行人工评分。评分要求：录入和提交正确但未完成捆扎的该面值不得分；已捆扎的点钞专用券质量不合格的每捆扣 1 分，最多扣 5 分；没有盖章或盖章不清楚的每把扣 0.5 分，最多扣 5 分；本项目最低为零分，不出现负分。

# 任务实训

## 一、任务说明

### （一）播放观看参赛选手的视频

### （二）练习点钞完整流程

点钞的每个环节、每个动作都要规范化，力求精准，保证动作的协调和流畅性，节省时间。

### （三）竞赛训练

按照比赛规程进行竞赛训练。

## 二、任务评价

点钞综合实训任务评价见表 2－7。

表 2－7　实训任务评价表

| 考核项目 | 考核标准 | 得分 |
|---|---|---|
| 职业素养（20 分） | 1. 按时出勤，课堂表现好（5 分） | |
| | 2. 仪容仪表规范（5 分） | |
| | 3. 具备一定的组织协调能力（5 分） | |
| | 4. 具备良好的团队合作精神（5 分） | |
| 思政建设（20 分） | 1. 具备吃苦耐劳的精神（10 分） | |
| | 2. 具备严谨科学、求真求实的学习态度和工作作风（10 分） | |
| 技能要求（60 分） | 能够准确快速地进行点钞所有流程，符合其基本程序和要求。（60 分） | |
| 合计 | | |

# 任务小结

本任务介绍了银行业务综合技能竞赛规程以及评分要求，要注意快速准确完成点钞所有流程并且要规范化。

# 课后任务

## 一、多项选择题

1. 点钞的基本程序包括（　　）。

A. 拆把　　B. 点数　　C. 扎把　　D. 盖章

2. 点钞的基本要求包括（　　）。

A. 平铺整齐，边角无折。同券一起，不能混淆。

B. 券面同向，不能颠倒。验查真伪，去伪存真。

C. 剔除残币，完残分放。百张一把，十把一捆。

D. 扎把捆捆，经办盖章。清点结账，复核入库。

3. 手持式点钞根据指法不同又可分为（　　）。

A. 单指单张点钞法　　B. 多指多张点钞法

C. 扇面点钞法　　D. 手揉式点钞

4. 单指单张点钞的具体操作方法（　　）。

A. 持票　　B. 清点　　C. 记数　　D. 捆扎

5. 单指单张点钞的优点包括（　　）。

A. 速度快，持票所占面积小

B. 清点时目视票面面积大，容易发现假钞，挑剔残损币

C. 对票面没有特殊要求，新旧大小均可使用

D. 逐张清点，记数比较轻松

6. 四指四张点钞的具体操作方法（　　）。

A. 起把　　B. 持钞　　C. 清点　　D. 记数

7. 四指四张点钞的优点包括（　　）。

A. 省力　　B. 省脑

C. 效率高　　D. 能够逐张识别假钞票和挑剔残破钞票

8. 五指五张点钞的具体操作方法（　　）。

A. 持钞　　B. 清点　　C. 记数　　D. 捆扎

9. 五指五张点钞的优点包括（　　）。

A. 记数省力　　B. 可减轻动力强度

C. 效率高　　D. 动作难度小

10. 扇面点钞的具体操作方法（　　）。

A. 持钞　　B. 开扇　　C. 点数

D. 记数　　E. 合扇

11. 扇面点钞开扇时应注意（　　）。

A. 以左手为轴，右手食指将钞票向胸前左下方压弯，然后再猛向右方闪动，同时右手拇指在票前向左上方推动钞票

B. 食指、中指在票后面用力向右捻动，左手指在钞票原位置向逆时针方向画弧捻动

C. 食指、中指在票后面用力向左上方捻动，右手手指逐步向下移动，至右下角时即可将钞票推成扇面形

D. 如有不均匀地方，可双手持钞抖动，使其均匀

12. 缠绕式扎把的操作方法（　　）。

A. 将点过的钞票100张墩齐

B. 左手从长的方向拦腰握着钞票，使之成为瓦状（瓦状的幅度影响扎钞的松紧，在捆扎中幅度不能变）

C. 右手握着腰条头将其从钞票的长的方向夹入钞票的中间（离一端1/3～1/4处），从凹面开始绕钞票两圈

D. 在翻到钞票原度转角处将腰条向右折叠90度，将腰条头绕捆在钞票的膘条转两圈打结

E. 整理钞票

13. 扭结式扎把的操作方法（　　）。

A. 将点过的钞票100张墩齐

B. 左手握钞，使之成为瓦状

C. 右手将腰条从钞票凸面放置，将两腰条头绕到凹面，左手食指、拇指分别按住腰条与钞票厚度交界处

D. 右手拇指、食指夹住其中一根腰条头，中指、无名指夹住另一根腰条头，并合在一起，右手顺时针转180度，左手逆时针转180度，将拇指和食指夹住的那一头从腰条与钞票之间绕过、打结

E. 整理钞票

**二、判断题**

1. 单指单张点钞记数分组法，例如1、2、3、4、5、6、7、8、9、1（即10），把10作1记。（　　）

2. 四指四张点钞记数分组法，每次点四张为一组，记满25组为100张。（　　）

3. 手持式五指五张点钞法主要靠五指拨钞，用力均匀，左手食指要将钞票顶起，便于右手捻钞。（　　）

4. 打扇面时，左右两手一定要配合协调，不要将钞票捏得过紧，如果点钞时采取一按十张的方法，扇面要开小些，便于点清。（　　）

5. 点钞完毕后需要对所点钞票进行扎把，通常是100张捆扎成一把。扎把方式主要分为缠绕式和扭结式两种方法。（　　）

**三、实务题**

选择自己最为擅长的点钞手法进行持续练习，做到准确又快速。

# 项目3 翻打传票技能

## 学习目标

【知识目标】

1. 认识传票翻打；
2. 传票翻打基本要领；
3. 翻打百张复式传票；
4. 票币计算。

【能力目标】

1. 掌握传票翻打基本要领；
2. 学习翻打百张复式传票；
3. 掌握票币计算。

【素质目标】

1. 提高学生操作技能；
2. 提高学生翻打传票的能力；
3. 树立良好数学思维，培养计算能力。

【思政目标】

1. 提升学生吃苦耐劳的劳模精神；
2. 树立良好的数学思维；
3. 培养严谨科学、求真求实的学习态度和工作作风。

## 课程思维导图

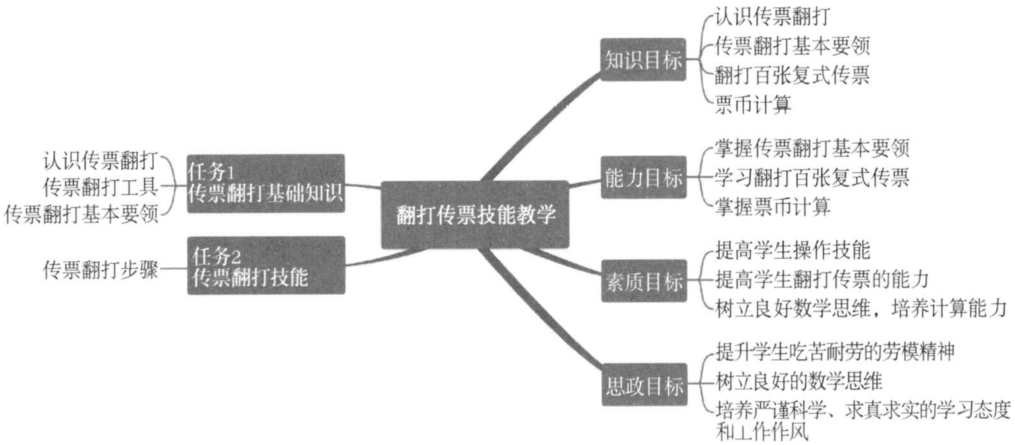


# 任务1　传票翻打基础知识

## 任务要求

传票翻打是银行柜员最基本的技能，传票翻打快慢以及准确度直接影响到客户对柜员及银行的印象，快速流畅可以带给客户最直观的印象就是专业。

要想掌握传票翻打技能，首先要熟悉传票翻打的基本环节和基本要求，请同学们了解翻打传票的基本环节和基本要求，掌握最基本的传票翻打方法。

## 必备知识

### 一、认识传票翻打

#### （一）传票翻打概述

传票翻打也称为传票算，是指在经济核算过程中，对各种单据、发票或凭证进行总计算的一种方法，一般采用加减运算。它是加减运算在实际工作中的具体应用，可以为会计核算、财务分析、统计报表提供及时、准确、可靠的基础数字，是财经工作者必备的一项基本功，并被列入全国职业技能大赛智慧金融的正式项目。

#### （二）传票种类

有订本式传票，在传票左上角装订成册，一般在比赛中使用，有活页式传票，全国职业技能大赛银行业务综合赛项手工技能项目采用。

### 二、传票翻打工具

传票翻打工具主要有两类：一类是电脑 Excel 进行录入，需要熟练小键盘数字录入指法；另一类是利用计算器录入，需要计算熟练计算器的使用。

### （一）电脑传票翻打

使用电脑 Excel 进行录入时需要使用键盘敲击，尤其是使用数字键区（小键盘的使用）。

**1. 了解键盘**

键盘分区见图 3－1。

**图 3－1　键盘分区**

**2. 数字键区基本指法**

对于数字键区，首先确定 NumLock 键灯亮起，右手食指、中指、无名指放在小键盘基准键 4、5、6 上，数字键对应指法见图 3－2。

**图 3－2　数字键对应指法**

各手指要放在基本键上，输入数字时，每个手指只负责相应的几个键，不要混淆。

手腕平直，手指弯曲自然，击键只限于手指指尖，身体其他部分不要接触工作台或键盘。

输入时，手稍微抬起，只有要击键的手指才伸出击键，击完后立即收回，停留在基准键上。

击键速度要均匀，用力要轻，有节奏感，不可用力过猛，造成误触。

在击键时，必须依靠手指和手腕的灵活运动，不能靠整个手臂的运动来打。

### （二）计算器

计算器靠手指击键输入各种信息，利用按键来进行各种操作。

**1. 了解计算器**

尽管不同的计算器按键的个数及排列的位置有所不同，但一般型计算器的外部结构都包括电源开关键、输入键、运算功能键、累计显示键、清除键等。

（1）电源开关键

“ON/C”：电源开关键及清屏键。按下此键即接通电源或清除屏幕上的内容，且显示屏显示出“0”。“OFF”：关闭电源键。其功能是切断电源。按下此键后，电源关闭，显示屏关闭。有的计算器是太阳能的，当计算器停止使用几分钟后，就自动关闭电源，因此没有此键。

（2）输入键

输入键用于输入各种数字符号，它是计算器上主要的键。“0”“1”“2”…“9”：数字键用来输入计算时需要的数字。输入顺序是从高位到低位依次输入，每按一键，输入一位。“00”：快速增“0”键。按一下，同时出现2个或3个“0”。“.”：小数点键用来输入小数点。“+/-”：正负数转换键。用来输入数字的符号，使输入的数字改变正负，输入负数时，先输入数字的绝对值，再按符号键即可。

（3）运算功能键

运算功能键是进行加、减、乘、除算术四则运算的按键。

“+”：加法键。进行基本加法和连加的运算。

“-”：减法键。进行基本减法和连减的运题。

“×”：乘法键。进行基本乘法和连乘的运算。

“÷”：除法键。进行基本除法和连除的运算。

注意，加、减、乘、除键在计算时都可以代替等号键。

开平方键。用来进行开平方运算，先输入数字，再按下此键，不必按等号键即可得出结果。

（4）等号键

“=”：在两项数字进行相加相减后按此健，可得出计算结果。

（5）清除键

“C”：清除键。在数字输入期间，第一次按此键将清除存储器内容外的所有数值。如果是太阳能计算器，在计算器关闭状态下，按此键表明开启电源，显示屏显示出“0”。

“AC”：全部清除键，也叫总清除键。其作用是将显示屏所显示的数字全部清除。

“→”：右移键。其功能是荧屏值向右位移，删除最右边尾数。

“CE”：部分清除键，也叫更正键，其功能是清除当前输入的数字而不清除以前输入的数。如刚输入的数字有误，立即按此键可清除，待输入正确的数字后，原运算继续进行。值得注意的是，在输入数字之后如果按了“+”“-”“×”“÷”“(/)”“*”键，再按“CE”键时，数字将不能清除。

“MC”：累计清除键，也叫记忆式清除键。其功能是清除累计数时，只清除存储器中的数字，而不清除显示屏上的数字。

(6) 累计显示键

“M+”：记忆加法键，也叫累加键。其功能是将输入的数或中间计算结果进行累加，可加上屏幕上数值并独立记忆。

“M-”：记忆减法键，也叫累减键。其功能是将输入的数或中间计算结果进行累减，可减去屏幕上数值并独立记忆。

(7) 存储读出键

“MR”：存储读出键。按下此键后，可使存储在“M+”或“M-”中的数字显示出来，或同时参加运算，数字仍保存在存储器中，在未按“MC”键以前有效。

“MR”：存储读出和清除键。按1次显示存储数，按第2次清除存储数。

“GT”：总和计算。按下“=”或“%”键，结果会累计在总和中，按1次可显示总和，如果连续按2次，可清除总和。

(8) 损益运算键

“MU”：损益运算键。按下该键完成利率和税率的计算。

(9) 显示屏（器）

显示屏在计算器的上方，一般为液晶显示，用于显示输入的数据、计算公式和运算结果。它说明计算器当前的工作状态和性质。由于各种功能融为一体，显示屏上除了显示各种数据和运算结果外，还显示有关符号所表示的状态记号。

“,”：分节号，表示3位数分离符，只对整数部分有效。

“GT”：总和记忆指示符。

“M”：独立记忆指示符（表示计算器内储存了一些数字）。

“E”：错误指示符。

“-”：负值指示符。

ERROR记号：当答案容量超过荧幕位数时，荧幕会出现ERROR记号。按AC键时，可清除所有数值，按C键时，清除ERROR记号，但荧幕上的数值仍可继续使用，且“MR”和“GT”值仍存在。

(10) 开关说明

“↑”：无条件进位键。

“5/4”：四舍五入键。

"↓"：无条件舍去键。

小数位数选择：单组开关除置于"F"位置外均设定为2位小数。

"F"：代表浮动小数。

"4、3、2、0"：代表小数点以后取4位数、3位数、2位数、0位数。

"A（ADD2）"：当开关设定于"A"时，表示小数已自动设定为2位数。如输入"＊9"，显示结果为"0.09"，可作加、减法之连算，但对乘、除法无效。若输入小数点"."键，则以该小数点指示位置为准。

"GT."：总和记忆开关。将总和记忆开关设定在"GT"位置上，即可开启总和记忆。将其移至"."的位置上，即可关闭总和记忆。

**2. 基本指法**

右手放在计算器键盘上，主要是食指、中指、无名指定位。

食指控制1、4、7键。

中指控制2、5、8键。

无名指控制3、6、9键。

小指控制+键。

拇指控制C键。

## 三、传票翻打基本要领

传票日常教学要点：坐姿端正、正确指法、翻页快速准确，眼手脑相互协调配合。

### （一）坐姿端正

正确的坐姿，能使操作者肌肉放松，活动自如，动作协调，减轻劳动强度，不断调整自己的坐姿，如图3－3所示。

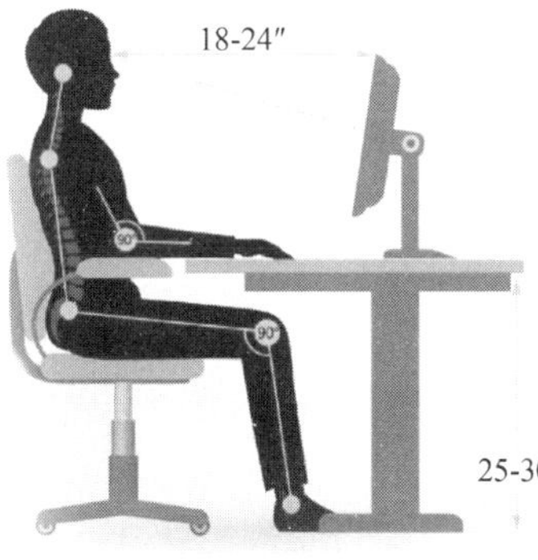


图3－3 传票翻打坐姿

### （二）指法正确

各手指要放在基本键上，输入数字时，每个手指只负责相应的几个键，不要混淆。手腕平直，手指弯曲自然，击键只限于手指指尖，身体其他部分不要接触工作台或键盘。输入时，手稍微抬起，只有要击键的手指才能伸出击键，击完后立即收回，停留在基准键上。击键速度要均匀，用力要轻，有节奏感，不可用力过猛。

初学者要特别重视指法的重要性。在击键时，必须依靠手指和手腕的灵活运动，不能靠整个手臂的运动来打。

### （三）翻页快速准确

**1. 传票摆放合适**

为了便于运算，传票应摆放在适当位置，可放于主键盘上与数字键盘同水平线位置或者放于桌面与计算器同个水平线位置，便于实现集中，快速数数。

**2. 整理传票**

传票在翻打前，首先要检查传票是否有错误，如有无缺页、重页、数码不清、错行、装订方向错误等，一经发现，应及时更换传票。待检查无误后，方可整理传票。整理传票即将传票捻成扇形。使每张传票自然松动，不会出现粘在一起的情况。传票整理过程包括：墩齐、开扇、固定环节。

墩齐：双手拿起传票侧立于桌面墩齐。

开扇：左手固定传票左上角，右手沿传票边沿轻折，打开成扇形，扇形角度为20°至25°。

传票开扇的方法具体如下：

两手拇指放在传票封面上，两手的其余四指放在背面上，左手捏住传票的左上角，右手拇指放在传票封面的右下方。

右手拇指向顺时针方向捻动，左手配合右手向反方向用力，轻轻捻动即成扇形、扇形幅度不宜过大，只要把传票封面向下突出，背面向上突出，便于翻页即可。

用夹子将传票的左上角夹住，再用一个较小的票夹夹在传票最后一页的右角。

将传票架起，使扇形同定，防止错乱。

传票开扇如图 3－4 所示。

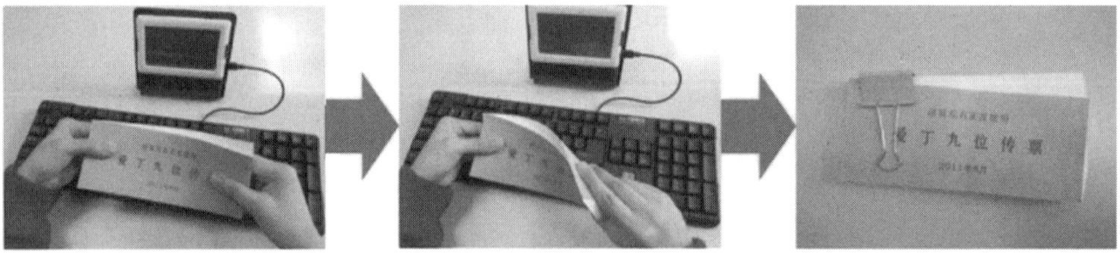

捏　　折　　夹

**图 3－4　传票开扇**

固定：右手用夹子固定左上角，防止翻打时散乱。

**3. 找页**

在传票翻打手工技能竞赛项目中，设置题目是随即连续的 30 页，比如从第 16 页至第45页。在运算中找页动作速度快慢、准确与否，直接影响传票运算的准确和速度，是传票翻打的基本功之一，需要反复来练习，掌握手感，凭手感掌握传票厚度，最好能一次翻到位。

**4. 翻页**

传票翻打核心为左手翻传票，右手录入，双手同时进行，同时要求左手要先翻一步，右手迅速录入。眼比手快，手脑并用。

注意：票页不宜翻得过高，角度适宜，以能看清数据为准。左手翻页应保持连贯。

翻页的方法是：左手的小指、无名指放在传票封面的左下方，拇指翻动钞票，食指挡在翻过传票页背面，并用中指夹住已运算过的传票，拇指翻一页，食指立即挡在一页，这样反复地翻、接、夹。翻页见图3－5。

| | | |
|---|---|---|
| 将左手中指、无名指、小指放置在传票中间偏左的位置，拇指准备翻页 | 用拇指指肚凸出部分在传票的边沿掀起传票，拇指第一节指节弯曲将传票向左侧翻压 | 食指弯缩接过传票并用中指夹住，拇指下至下一页传票边沿重复第一步动作 |

**图3－5　翻页**

左手连贯、快速、准确翻页、提高翻页技巧。传票找页翻页见图3－6。

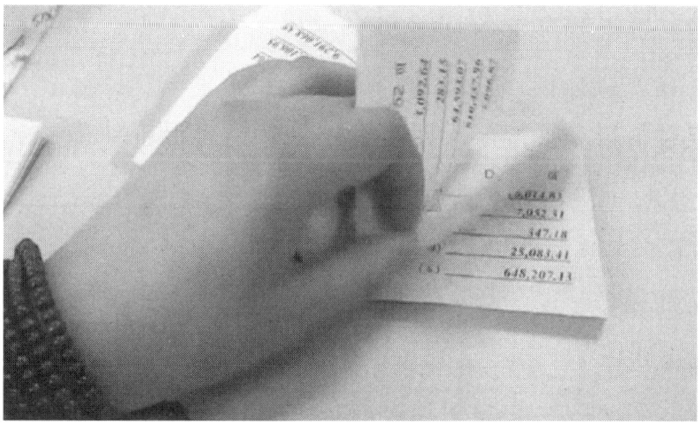

**图3－6　传票找页翻页**

**5. 记页**

记页就是在传票运算中记住终止页。为了避免在计算中过页或不够页，必须在计算过程中采用记页的方法。当估计快要运算完的时候用眼睛的余光扫视传票页码，以防过页。

**6. 眼、 脑、 手协调**

翻打传票要左手翻传票眼睛看数，右手录入传票上的数据，要做到眼、脑、手协调配合，运算快速准确。

注：左手翻传票时，眼睛要迅速看完上面的数字，大脑同步记住数字，右手连续不断录入数字，确保右手未录入完当页数字时，左手已经翻到下一页，保持动作流畅。

**7. 盲打**

盲打是翻打传票最基础、最重要的部分，训练的目的是使选手能够在翻打传票的过程中腾出眼睛不看键盘，强调手、眼、脑的协调配合，以此来提高传票翻打的速度和效率。

数字盲打有三点要求：

一是盲打指法要分配准确；

二是键盘盲打定位准确，也是训练需要达到的目的；

三是掌握好节奏，不要时快时慢甚至停顿，要动作连贯，一气呵成。

## 任务实训

### 一、任务说明

#### （一）本任务需要同学们训练翻页找页、传票整理和数字盲打

**1. 翻页找页任务流程**

（1）熟悉传票，首先进行找页练习。找页关键是练手感，能准确把握纸页的厚度。如：10 页、20 页、30 页、50 页等的厚度。

（2）用左手迅速准确找到起始页数。

（3）先采取看着传票翻页，熟练后再练习盲翻。

（4）翻页训练时，可先采用一次一页翻打，熟练后也可进行一次两页翻打。

训练时间：本项目训练时间不少于 1 周。

形式：训练形式灵活多样，进行竞赛、测试均可。

**2. 翻页找页实训任务**

练习：单页翻找训练

（1）由教师报起始页数，学生快速翻找。

（2）由学生相互之间报起始页数，进行翻找训练。

练习：多页翻找训练

教师给出一组起始页数，要求学生连续进行翻打。

每组数量由少至多（5 题、10 题、20 题……），循序渐进。

此项练习可以采取限量不限时和限时不限量两种形式。

### （二）传票翻打训练

**1. 传票翻打注意事项**

（1）翻打传票需要眼手脑协调。

（2）左右手协调：左手翻传票时，右手直接将传票上的数字敲入计算器。

（3）眼脑手协调：左手翻开传票时，眼睛应迅速看完上面的数字，大脑同步记住数字，右手连续不断地将此行数字敲入计算器。确保右手未打完当页数时，左手已经翻到下一页，保持动作流畅。

**2. 传票翻打实训任务**

练习：从基本键位4、5、6练习起，再延展到其他键位，每一次打完数字后食指、中指、无名指都要回到4、5、6基本键位上。

手掌上下浮动带动手指敲击键位，手指微贴键盘有节奏地敲击，为了能够快速的击键，指尖抬起幅度控制在1厘米以内，幅度不要过大，养成良好的指法对以后各阶段大幅度提速极为重要。逐渐掌握不同键的位置，直到可以不用眼看就能准确无误地找准键位为止。

注：按键时用力要轻重适度，动作幅度不应太大，手指尽量贴在键面上，也不要久按一个键不放，不能用于指或钢笔敲击键盘，以防止计算器的键损坏和数据丢失。当基本指法练熟后，操作人员应逐步从左看数据、右看键盘（即“左顾右看”）变为尽量只看数据，少看或不看键盘，实现“盲打”。灵活使用清除键，因为它在修改时起很大作用，避免重新输入，从而节省时间。

## 二、任务评价

实训任务评价见表3－1。

**表3－1　　实训任务评价表**

| 考核项目 | 考核标准 | 得分 |
| --- | --- | --- |
| 职业素养（20分） | 1. 按时出勤，课堂表现好（5分） | |
| | 2. 仪容仪表规范（5分） | |
| | 3. 具备一定的组织协调能力（5分） | |
| | 4. 具备良好的团队合作精神（5分） | |
| 思政建设（20分） | 1. 具备吃苦耐劳的精神（10分） | |
| | 2. 具备严谨科学、求真求实的学习态度和工作作风（10分） | |
| 技能要求（60分） | 能够准确快速地进行传票翻打，符合其基本程序和要求。(60分) | |
| 合计 | | |

## 任务小结

本任务首先认识了传票与键盘，讲解了键盘分区，计算器键位功能，介绍了传票翻打指法，同时提供了实时训练内容，帮助学生打好传票翻打基础。

# 任务2　传票翻打技能

## 任务要求

参照智慧金融赛项（原名为银行业务综合技能竞赛）要求进行训练，学生随机抽取不同传票型号（AB、CD、EF 型）和页码范围的赛题，页码范围为连续 30 页。学生选取计算器或 Excel 表中任意一种工具进行计算，并将计算结果输入竞赛平台，系统据以自动评分。

## 必备知识

### （一）电脑 Excel 传票翻打

**1. 传票摆放**

在翻打传票之前，按要求取出传票（AB、CD、EF 型）进行检查是否缺页、漏页等。没问题可以将传票摆放至合适的位置，等确定抽取哪本传票再进行整理。

**2. 登录竞赛平台，传票翻打平台见图 3－7。**

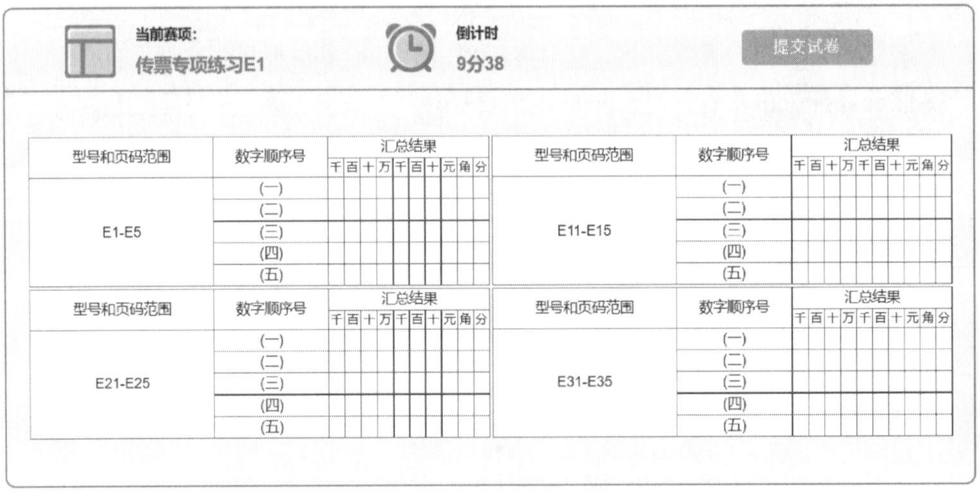


图 3－7　传票翻打平台

**3. Excel 设置**

打开 Excel 平台，设置 Excel 表格。设置方法如下：

（1）首先选中 5 行 30 列，即通过鼠标框选，选中 A1：E30。

（2）鼠标右键—设置单元格格式—保护—取消锁定中的“√”—确定。

（3）设置求和。先设置 A 行求和，即在 A31 求和（点 fx—sum，求和范围是 A1：A30）点击“确定”。然后在 A31 位置横拉至 E31，设置 5 行求和。

（4）设置 ENTER 键从左至右。即点击“文件”—“选项”—“高级”—“方向”设置成向右。

（5）锁定 5 行 30 列区域，确保传票翻打完 30 页（每页 5 行传票）后，可自动回跳至首行进行第二组传票翻打，实现高效快速。即点击“审阅”—“保护工作表”—“取消选定”锁定单元格中的“√”。

**4. 传票整理**

确定传票型号后，迅速整理传票。传票整理过程包括：墩齐、开扇、固定环节（见任务）。同时迅速翻到指定页面，放置与数字键盘同水平高度位置，做好输入准备。

**5. 传票翻打**

手脑眼配合，左手翻页，脑子记数，右手迅速输入，完成传票翻打工作。

**6. 上传平台结果**

完成一组 30 页 5 行录入后，迅速将求和结果输入平台。同时左手开始下一组翻页，右手迅速切换回 Excel 界面准备下一组传票录入工作。限时 10 分钟，比赛系统自生成成绩。

## （二）计算器传票翻打

**1. 传票摆放**

在翻打传票之前，按要求取出传票（AB、CD、EF 型）进行检查是否缺页、漏页等。没问题可以将传票摆放至合适的位置，等确定抽取哪本传票再进行整理。同时放置好计算器，一般计算器应放在右手边，传票及夹子放在左手边。

**2. 登录竞赛平台 （同图 3 –7）**

**3. 设置计算器**

计算器界面如图 3 –8 所示。

**图 3 –8 SHARP 计算器界面**

按“C”键计算器屏幕归零。

数字输错需要修改，错某一个数字，按退格键“→”，如需清除本次输入的数据（一行数字），按“CE”键。

**4. 传票整理**

确定传票型号后，迅速整理传票。传票整理过程包括：墩齐、开扇、固定环节（见上一任务）。同时迅速翻到指定页面，放置与数字键盘同水平高度位置，做好输入准备。

**5. 传票翻打**

手脑眼配合，左手翻页，脑子记数，右手迅速输入，完成传票翻打工作。因计算器翻打传票只能一行一行翻打，比如打1～30页的第一行。求和输入平台后才能继续再次输入1～30页的第二行。对于翻页要求比较高。提醒学生打至元位时默记角分位数字，左手在右手按角分数字时迅速翻页。

每次运算前，要清除计算器里的数据，按一下清除键“ON/C”。有的计算器把这个键记作“AC”或“C”。在计算过程中，如发现刚输入的一个数字有误，可按右移键“→”清除；发现刚输入的数据有误，在没有按运算符以前，可按局部清除键“CE”，这时显示屏上的显示为“0”，而先前输入的数据和运算仍保持有效，然后再输入正确数据。

**6. 上传平台结果**

完成一组30页1行录入后，迅速将求和结果输入平台，同时左手开始翻页完成30页第二行录入。限时10分钟，比赛系统自动生成成绩。

## 任务实训

### 一、任务说明

传票翻打对准确度、速度、耐力要求都很高。

#### （一）速度练习

**1. 分组定量训练**

登录BSI金融综合实训平台，网址如下：http：//bsi. occupationedu. com/Home，进行传票翻打练习，一次性打30组，对比学生用时，提升学生传票翻打速度。

**2. 分组定时训练**

参照银行业务综合技能竞赛传票翻打规则和要求，在平台设置竞赛。小组PK，限时10分钟，记录翻打成绩。

#### （二）准确度练习

基于给定传票类型，限时5分钟从第一页往后翻打，查看错误数字个数多少，记录翻打成绩。

### （三）耐力练习

加长一次训练时间，设置20分钟一次传票翻打，记录翻打成绩。锻炼学生耐力。

## 二、任务评价

实训任务评价见表3－2。

表3－2　　任务评价表

| 考核项目 | 考核标准 | 得分 |
|---|---|---|
| 职业素养（20分） | 1. 按时出勤，课堂表现好（5分） | |
| | 2. 仪容仪表规范（5分） | |
| | 3. 具备一定的组织协调能力（5分） | |
| | 4. 具备良好的团队合作精神（5分） | |
| 思政建设（20分） | 1. 具备吃苦耐劳的精神（10分） | |
| | 2. 具备严谨科学、求真求实的学习态度和工作作风（10分） | |
| 技能要求（60分） | 能够准确快速进行百张复式传票翻打与票币计算（60分） | |
| 合计 | | |

## 任务小结

本任务重点介绍了使用电脑Excel和计算器翻打传票的步骤和要点，同时提供了实时训练内容，帮助学生更高质量完成传票翻打。

## 课后任务

### 一、单项选择题

使用电脑Excel进行录入时需要使用键盘敲击，对于数字键区，以下不属于食指负责的键位是（　　）。

A. 1　　B. 4　　C. 7　　D. 5

### 二、多项选择题

1. 利用计算器输入各种信息，基本的指法为（　　）。

A. 食指控制1、4、7键　　B. 中指控制2、5、8键

C. 无名指控制3、6、9键　　D. 小指控制＋键

2. 传票翻页时应注意（　　）。

A. 将左手中指、无名指、小指放置在传票中间偏左的位置，拇指准备翻页

B. 用拇指指肚凸出部分在传票的边沿掀起传票，拇指第一节指节弯曲将传票向左侧翻压

C. 食指弯缩接过传票并用中指夹住，拇指下至下一页传票边沿重复第一步动作

D. 左手连贯、快速、准确翻页、提高翻页技巧

**三、判断题**

1. 使用计算器传票翻打传票时，将键位钮调制“GT”处，启用计算器的数字累计功能。 (　　)

2. 每次运算前，要清除计算器里的数据，按一下清除键“ON/C”即可。 (　　)

3. 在翻打传票之前，按要求取出传票（AB、CD、EF 型）进行检查是否缺页、漏页等。 (　　)

# 项目 4 鉴别假币技能

## 学习目标

【知识目标】

1. 掌握假币的种类；
2. 掌握真假币识别辨别方法；
3. 掌握第五套人民币防伪特征。

【能力目标】

1. 运用真假币识别辨别方法进行人民币鉴别；
2. 掌握假币辨别的操作步骤。

【素质目标】

1. 培养学生严谨以及团结协作的精神；
2. 提高学生操作技能；
3. 提高学生辨别假币的能力；
4. 树立良好数学思维，培养计算能力。

【思政目标】

1. 提升人民币鉴伪意识；
2. 提升学生自觉爱护人民币、反假货币意识；
3. 维护人民币制度的观念。

## 课程思维导图

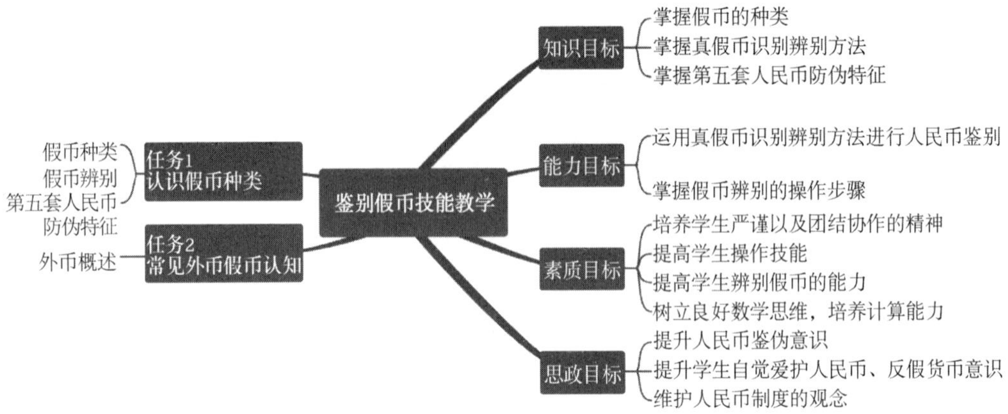


# 任务 1　认识假币种类

## 任务要求

请同学们扫描二维码观看第五套人民币防伪特征。

第五套人民币防伪

## 必备知识

### 一、假币种类

#### （一）伪造币

伪造的人民币是指仿造人民币的图案、形状、色彩等，采用各种手段制作的假人民币，主要有机制假币、拓印假币、彩色复印假币、手工描绘和手工刻板印制的假币。其中，电子扫描分色制版印刷的机制假币数量最多，伪造水平较高，危险性最大。市面上常见的伪造币种类主要以第五套人民币 50 元和 100 元面额假币为主。伪造币的典型特征有：重号率高，1999 年版横竖双号码不统一，人像水印与高光水印浮在表面不透明，光变油墨不变色，纸质差，表面光滑无凹凸感，图像、字迹边缘不清晰等。

#### （二）变造币

2015 年新版百元人民币防伪技术

变造的人民币是指在真币的基础上或以真币为基础材料，通过挖补、剪接、涂改、拼凑、移位、揭层、重印等方法加工处理，使原币改变数量、形态，达到以少变多的目的，实现升值的假人民币。变造币主要有拼凑变造币、揭页变造币等。

**1. 真假拼凑“变造币”**

不法分子将一张真币一分为二，并通过粘补的方式，将一半真的和一半假的拼凑在一起。不仔细辨别，很容易将其当成真币。遇到这类假币，可注意其左右两边的编号，如果不同，肯定是假币。

**2. 真币拼接“变造币”**

比真币尺寸略小，较难鉴别。不法分子将多张真币进行裁剪，从中抽条，再重新拼接，可能是将 9 张真币变成 10 张或 11 张“变造币”，这种“变造币”几乎可以乱真，但尺寸肯定比正常同面值币种小。因此，拼接边黏合痕迹明显且显破旧的纸币要引起注意，这种假钞验钞机可能都验不出来。

**3. 挖补“变造币”**

不少不法分子，通过将真币上的变色荧光数字挖剪，再粘补在假币的同一位置上，以图蒙混过关。因此，观察变色荧光数字真假的同时，也要配合其他鉴别方式。

**4. 两面拼揭“变造币”**

不法分子会将一张真币正反面撕开，将一张假币的正反面分别与其组合，从而制造出两张半真半假的“变造币”。对于这种类型的假币，一定要正反面同时鉴别，放在水中漂一段时间可以两面分开者，大多是两面拼接的“变造币”。

《中华人民共和国人民币管理条例》（2018 年修正本）第三十二条第二款规定：“工作人员当面予以收缴，加盖假币字样的戳记，登记造册，向持有人出具中国人民银行统一印制的收缴凭证，并告知持有人可以向中国人民银行或者向中国人民银行授权的国有独资商业银行的业务机构申请鉴定。对伪造、变造的人民币收缴及鉴定的具体办法，由中国人民银行制定。”

## 二、假币辨别

识别人民币纸币真伪，通常采用“一看、二摸、三听、四测”的方法，后来也有人总结出六个字的识假方法“看、摸、撕、照、比、晃”。我们学习时最好提前准备好一张假的人民币、一张真的人民币以及紫外线灯、放大镜等工具。

具体操作步骤如下：

一看，是指靠肉眼仔细观察钞票的颜色、图案、花纹等外观情况。观察票面颜色、具体操作步骤如下：白水印、固定人像水印、安全线、胶印缩微文字、隐形面额数字、光变油墨面额数字和阴阳互补对印图案等特征。

人民币真假币的识别

二摸，是指依靠手指触摸钞票的感觉来分辨人民币的真假。真人民币纸张手感光洁、厚薄均匀、坚挺有韧性；假人民币用普通商业用纸制造，厚薄不一，手感粗糙、松软、挺度差，还有的表面涂有蜡状物，手摸发滑。

三听，是指根据抖动钞票发出的声音来判别人民币的真伪。真人民币是由专用特制纸张制成的，具有挺韧、耐折、不易撕裂的特点，手持抄票用力凌空抖动，手指轻弹，或用两手一张一弛轻轻对称拉动钞票，均能发出清脆而响亮的声音；假币声音发闷，并且易撕断。

四测，是指借助一些简单的工具和专用仪器来辨别人民币的真伪。可以借助放大镜来观察票面线条的清晰度、胶印微缩文字、胶印对印图案等；用紫外灯光照射钞票，观察有色和无色荧光油墨印刷图案；用磁性检测仪检测横号码的磁性。

后来又延伸出“五擦”和“六泡”两种识别人民币真伪的方法。

五擦，是指准备一张白纸，将人民币往白纸上摩擦。真币摩擦后在白纸上有色彩残留，假币没有。

六泡，是指将钞票泡在水里，若能从钞票边角揭开一分为二，则为假币。

另外，按照假钞的造假质量的从低到高，可以将其分为以下四种：

第一种，手工描绘或刻版印刷的假钞。这种假钞的质量非常粗糙、低劣，比较容易识别。

第二种，用复印机复印后上了颜色的假钞。这种假钞的特点是：使用的是墨粉，与印钞使用的油墨完全不同，而且复印出来的线条不光洁、不整齐，用放大镜观察就会发现有毛边，而且在空白位置上通常有少量的墨粉。

第三种，机制假钞。这种假钞利用现代化的印刷机械伪造，其特点是：采用普通的胶版纸，在紫外线下整个票面有明显的荧光反映，票面上的水印是采用浅色油墨在背面或正面印上去的，在紫外线灯下观察就可以发现这种水印发暗，和纸张本身的荧光相比显得发黑。

第四种，变造印假钞。这种假钞是将真钞经过剪贴、拓印等方法加工取得的假钞。

对于前两种假钞，我们只需将真假纸币作对比，就可以正确识别，而后两种假钞的辨别就较为复杂，需要仔细、有序地观察。

下面介绍几种肉眼鉴别假钞的基本方法：

一是观察印刷特征。人民币纸币是采用手工雕刻的方法制版，以凸版和凹版印刷，具有版纹深、油层厚、字迹粗、头像逼真等特点，用手摸票面字样、数码、图像等有明显的凹凸感。而机制假钞大多是用平版印刷，票面全胶印，手感光滑，线条模糊，无凹凸感。

二是观察颜色特征。人民币纸币采用特殊油墨印刷，因而颜色鲜亮，纹路清晰，光变油墨面额数字随视角变化，颜色变化明显，横号码为黑色，竖号码为蓝色。而假钞则颜色灰暗不匀，图标模糊，变色无规律或无变色效果，号码颜色与真币有差异。

三是观察纸钞特征。人民币用纸选用优质棉短绒加木浆，具有纤维长、强度高、耐用等特点，因而显得挺括、耐磨，手感厚实、不易折断，纸张在制造过程中把红蓝彩色纤维施放在纸浆里，随机分布；而假币则采用普通纸印刷，因而纸质较软、较脆，易折且没有韧性，红蓝彩色纤维印刷于纸张表面。

四是观察水印。面值5元以上的人民币都有水印，透过光线观察时图形清晰，人像生动逼真，立体感很强；而假钞一般都没有水印，有的看起来也有类似图案，但不是水印，这些图案无论与水印多么相似，但在逆光下一照就都没有了，图形模糊，缺乏立体感。观察水印是识别真假人民币的主要方法。

五是观察胶印缩微文字和文字安全线。在放大镜下，真币字形清晰，磁性缩微文字安全线嵌于纸张内部，仪器检测有磁性，假币字形模糊，无磁性或磁性特征不稳定。

六是观察阴阳互补对印图案。真币的正背图案重合，组成完整的古钱币图案，而假币的正背图案错位。

此外，还可以通过票面的大小、宽窄，以及不同钞票数码是否相同等特征来识别真假人民币，特别是真币纸钞上一般都有供盲人识别的盲文（黑色小点），具有凹凸感；而假钞的制作工艺达不到。特别注意，假钞决不允许继续流通，如知道是假钞仍故意继续使用，则属于违法行为，将依法追究刑事责任。

## 三、第五套人民币防伪特征

请同学们扫描右侧二维码观看视频，了解第五套人民币防伪特征。

### 拓展视野

请同学们扫描右侧二维码观看视频，了解第一到第五套人民币。

第五套人民币防伪特征合集

第一套到第五套人民币合集

# 任务实训

## 一、任务说明

将学生分成若干小组，以组为单位并设置组长，通过自主学习和观看视频，能够准确快速说出假币的种类和假币识别方法并进行练习。

## 二、任务评价

任务实训见表4-1。

表 4－1　　任务评价表

| 考核项目 | 考核标准 | 得分 |
|---|---|---|
| 职业素养（20 分） | 1. 按时出勤，课堂表现好（5 分） | |
| | 2. 仪容仪表规范（5 分） | |
| | 3. 具备一定的组织协调能力（5 分） | |
| | 4. 具备良好的团队合作精神（5 分） | |
| 思政建设（20 分） | 1. 具备吃苦耐劳的精神（10 分） | |
| | 2. 具备严谨科学、求真求实的学习态度和工作作风（10 分） | |
| 技能要求（60 分） | 能够准确快速说出人民币假币的种类和识别方法（60 分） | |
| 合计 | | |

## 任务小结

本节任务学习了人民币假币种类和识别方法，同学们需要了解我国目前共有过五版人民币，能够通过本任务学习的方法完成第五版人民币真伪币的识别。

# 任务 2　常见外币假币认知

## 任务要求

请同学们扫描二维码观看外币的类型，了解各种外币。

常见外币认知

## 必备知识

根据中国银行官方网站公布，目前我国予以兑换的币种仅有 17 种，分别是英镑、港币、美元、瑞士法郎、新加坡元、瑞典克朗、挪威克朗、日元、丹麦克朗、加拿大元、澳大利亚元、欧元、菲律宾比索、泰国铢、韩国元、澳门元和新台币。

### （一）美元

#### 1. 美元的定义

美元是美利坚合众国的官方货币，货币代码为 USD，美元的发行主管部门是美国国会，具体发行业务由美国联邦储备银行负责办理。目前流通的美元纸币是自 129 年以来发行的各版钞票，美元纸币正面主景图案为人物头像，主色调为黑色。背面主景图案为建筑，主色调为绿色，签名是财政部长的签名，不同发行年代是不同的财政部长。所有面额纸币尺寸均为 156mm ×66mm。

**2. 美元的基本特征**

100 美元正反面见图 2 －1，下面以 100 美元为例来介绍美元的基本特征：

（1）券种名称：联邦储备券（FEDERAL RESERVE NOTE）。

（2）国家名称：美利坚合众国（THE UNITED STATES OF AMERICA）。

（3）钞票面额：英文、阿拉伯数字两种表示方法。

（4）兑付保证，1928 年版美钞上的兑付保证是一种表述，1934 年至 1963 年是另一种表述，1963 年至今一直未变，精简为“THIS NOTE IS LEGAL. TENDER FOR AL, LDEBTS, PUBLIC AND PRIVATE”。

（5）钞主景：美钞正面肖像是美国历史上的著名人物，背面是相关的建筑物或面值等。1 －100 美元的美钞正背面主景见表 4 －2。

表 4 －2　　美钞正背面主景

| 面额（美元） | 正面主景（人物） | 背面主景 |
|---|---|---|
| 1 | 乔治·华盛顿 | 美国国玺两面图案 |
| 2 | 托马斯·杰斐逊 | 《独立宣言》签字会场 |
| 5 | 亚伯拉罕·林肯 | 林肯纪念堂 |
| 10 | 亚历山大·汉密尔顿 | 美国财政部大楼 |
| 20 | 安德鲁·杰克逊 | 白宫 |
| 50 | 尤利西斯·格兰特 | 美国国会大楼 |
| 100 | 本杰明·富兰克林 | 独立纪念堂 |

（6）行印：美元的联邦储备券是由美国 12 家联邦银行所共同发行的。它由英文“FEDERAL RESERVE BANK”（联邦储备银行）、银行所在州名、城市名及一个英文字母代号组成，该英文字母代号以 A 到 L 这 12 个英文字母的其中一个来代表该钞票是由哪个银行所发行的（早期有用阿拉伯数字来表示的）。1934 年以前的行印的直径为 19 毫米，而 1934 年以后发行的钞票行印端小为 16 毫米。从外形上看，1934 年及以前的行印为圆形，而 1934 年以后的行印为齿轮型图案。

（7）库印：国库库印是齿轮型图案，1963 年以前在圈内印有“THESAUR AMER SEPTENT SIGIL”拉丁文的文字字样，1963 年以后改为“THE DEPARTMENT OF THE TREASURE”1789 英文字样，齿轮中间为一个盾形图案。盾的上半部分为天平，下半部分为一把朝匙。1934 年以前的库印直径为 20 毫米，而 1934 年以后发行的库印直径缩小为 16 毫米。100 美元正反面见图 4 －1。

图 4-1　100 美元正反面

**3. 美元纸币的防伪特征**

（1）专用纸张

美钞的纸张主要是由棉、麻纤维抄造而成。纸张坚韧、挺括，在紫外线下无荧光反应。

（2）固定人像水印

1996 年版美元纸张加入了与票面人物头像图案相同的水印。

（3）红、蓝彩色纤维

从 1885 年版起，美钞纸张加入了红、蓝彩色纤维丝。从 1885 年版到 1928 年版美钞的红、蓝彩色纤维是采用定向施放，即红、蓝纤维丝分布在钞票的正中间，由上至下形成两条狭长条带。1929 年版以后各版中的红、蓝彩色纤维丝则随机分布在整张钞票中。

（4）文字安全线

从 1990 年版起，50 美元至 100 美元各面额纸币中加入了一条全埋文字安全线。安全线上印有“USA”及阿拉伯或英文单词面额数字字样。1996 年版的 50 美元、20 美元安全线上还增加了美国国旗图案，安全线还是荧光安全线，在紫外光下呈现出不同的颜色，100 美元、50 美元、20 美元、10 美元、5 美元安全线分别为红、黄、绿、棕和蓝色。

（5）雕刻凹版印刷

美元正背面的人像、建筑、边框及面额数字等均采用雕刻凹版印刷。用手触摸有明显的凹凸感。1996 年版美元的人像加大，形象也更生动。

（6）凸版印刷

美元纸币上的库印和冠字号码是采用凸版印刷的，在钞票背面的相应部位用手触摸可以感到有凹凸感。

（7）细线印刷

1996 年版美元在正面人像的背景和背面建筑的背景采用细线设计，该设计可有效防复印。

（8）凹印缩微文字

1990 年版起在美元人像边缘中增加一条由凹印缩微文字组织的环线，缩微文字为“THE UNITED STATES OF AMERICA”。1996 年版 100 美元和 20 美元还分别在正面左下角面额数字中增加了“USA100”和“USA20”字样缩微文字，50 美元则在正面两侧花边中增加“FIFTY”字样缩微文字。

（9）冠字号码

美元纸币正面均印有两组横号码，颜色为翠绿色。1996 年版以前的美元冠字号码由一位冠字、8 位数字和一个后缀字母组成，1996 年版美元增加了一位冠字，用以代表年号。

（10）光变面额数字

1996 年版 100 美元、50 美元、20 美元、10 美元正面左下角面额数字是用光变油墨印刷的，在与票面垂直角度观察时呈绿色，将钞票倾斜一定角度则变为黑色。

（11）磁性油墨

美元正面凹印油墨带有磁性，用磁性检测仪可检出磁性。

**4. 美元的真伪鉴别方法**

（1）看

首先看票面的颜色。真钞正面主色调为深黑色，背面为墨绿色（1963 年版以后版），冠字号码和库印为翠绿色，并都带有柔润光泽；假钞颜色相对不够纯正，色泽也较暗淡。其次，是看票面图案、线条的印刷效果。真钞票票面图案均是由点、线组成，线条清晰、光洁（有些线条有轻微滋墨现象，属正常），图案层次即人物表情丰富，人物目光有神。

假钞票线条发虚，发花，有丢点、线的情况，图案缺乏层次，人物表情呆滞，眼睛无神。再次，看光变面额数字，1996 年版 10 美元以上真钞均采用光变面额数字，变换观察角度，可看到由绿变黑；假钞或者没有变色效果，或者变色效果不够明显，颜色与真钞也有差异。最后，透光看纸张、水印和安全线，美元纸张有正方形的网纹，纹路清晰，纸中有不规则分布的彩色纤维；假钞纸张上或者没有网纹，或者网纹比较凌乱，水印图案缺乏层次和立体感，安全线上文字线条精细不匀，字体变形。

（2）摸

一是摸纸张。真钞纸张挺括，光滑度适宜，有较好的韧性。而假钞纸相对绵软，挺度较差，有的偏薄、有的偏厚，光滑度或者较高，或者较低。二是摸凹印手感。真钞正背面主景图案及边框等均采用凹凸版印刷，手摸有明显的凹凸感。假钞或者采用平板胶印，根本无凹印手感，即使采用凹版印刷，其版纹比真钞要浅，凹印手感与真钞相比仍有一定差距。

（3）听

用手抖动或者手指弹动纸张，真钞会发出清脆的声响，假钞的声响则较为沉闷。

（4）测

一是用放大镜观察凹印缩微文字。从 1990 年版起，5 美元以上面额纸币加印了凹印缩微文字，在放大镜下观察，文字清晰可辨。假钞的缩微文字则较为模糊。二是用磁性检测仪检测磁性。真钞的黑色凹印油墨含有磁性材料，用磁性检测仪可检测出磁性。假钞或者没有磁性，或者磁性强度与真钞有别。三是用紫外光照射票面。真钞纸张无荧光反应，假钞有的会有明显的荧光反应；1996 年版美元安全线会有明亮的荧光反应，假钞安全线有的无荧光反应，有的即使有荧光反应，但亮度较暗，颜色也不正。

## （二）欧元

### 1. 欧元钞票

欧元钞票上的图案表现了欧洲文化史上 7 个不同时期不同建筑风格的桥梁、大门和窗户的造型，分别代表欧盟之间开放、合作与沟通的精神。2013 版欧元见表 4－3。

**表 4－3　　　　欧元（2013 年版）**

| 面值 | 正面 | 背面 | 发行时间 | 印刷截止时间 |
|---|---|---|---|---|
| 5 欧元 |  |  | 2002/01/01 | 2013/05/01 |
| 10 欧元 |  |  | | 2014/09/22 |
| 20 欧元 |  |  | | 2015/11/24 |
| 50 欧元 |  |  | | 2017/04/03 |
| 100 欧元 |  |  | | 2019/05/27 |

纸币面额有5欧元（灰色）、10欧元（红色）、20欧元（蓝色）、50欧元（橘黄色）、100欧元（绿色）、200欧元（黄色）和500欧元（紫红色）。

**2. 欧元纸币的主要防伪特征**

第一版欧元纸币在应用水印、安全线、凹印等传统防伪技术的基础上，注重油墨、全息、防复印等新型技术的应用，第二版欧元纸币新增镂空视窗、光彩光变油墨防伪，并提升全息特征。荧光特征有紫外长波和紫外短波两种效果，无色荧光纤维由一根一色升级为一根多色，整体防伪水平显著提高。

纸张：欧元钞纸为棉质纸，清脆挺括。5欧元和10欧元是使用频率较高的小面额纸币，这两个面额的第二版在钞纸表面覆盖了一层很薄的涂层保护票面，钞纸手感略显厚实。应用这一技术可以提高纸币的耐用性。

水印：位于正面左边空白水印窗处，透光观察，由水印图案和水印数字组成，第一版水印图案是与正面主景图案风格相同的门窗图案，下方为白水印面额数字，右侧为若干条条形水印。第二版水印在相同部位，图案为欧罗巴头像和门窗图案，白水印数字移至欧罗巴头像右上方。

安全线：第一版、第二版安全线位置相同，都在纸币（正面）中间略偏左。透光观察，为全埋式镂空安全线。不同的是第一版安全线上的镂空文字是几组交替出现的欧元名称“EURO”和面额数字，第二版安全线上的镂空文字是几组交替出现的欧元符号和面额数字。

无色荧光纤维：在纸币正背面随机分布，常光下不可见，紫外光下可见。第一版每根纤维呈现红、绿或蓝任一种颜色，第二版在同一根纤维上呈现红、黄、蓝三种颜色。

光变油墨面额数字：第一版50欧元、100欧元、200欧元、500欧元背面右下角面额数字用光变油墨印刷，晃动观察，颜色由紫色变为橄榄绿色。

光彩光变油墨面额数字：第二版欧元所有面额新增防伪特征，位于正面左下角，十分醒目。晃动观察，面额数字的颜色从翠绿变为深蓝，并且有动感效果。100欧元和200欧元的这一特征除变色外，还可以观察到面额数字上出现多个小的欧元符号“€”。

珠光油墨图案：位于第一版5欧元、10欧元和20欧元背面正中，第二版位于所有面额的背面偏左部位。晃动观察，一条金色条带上面显示欧元符号和面额数字，两版的文字排列方向不同。

荧光油墨图案：第一版和第二版欧元都具有可以在长波紫外光下观察的特征，但应用的部位和呈现出的荧光颜色有所不同。此外，第二版欧元还有短波紫外荧光特征，在短波紫外光（波长280纳米以下）照射下，纸币上应用荧光油墨印刷的部位呈现的颜色与长波紫外光下有所不同。

红外油墨特征：第一版和第二版欧元纸币各面额正面的部分图文使用红外油墨印制，在红外视频检测设备下呈现特有的红外吸收特征：主景建筑图案的左半部消失，右半部可见。

凹印图文：第一版欧元正面上端 5 种文字行名、主景图案、正面右上方大面额数字、右下方（200 欧元）和右侧（500 欧元）的手感线均为凹印。第二版欧元正面左边多种文字行名缩写、主景图样、左右两侧手感线、中间上方大面额数字等，手摸有明显的凹凸感。

对印图案：位于第一版欧元纸币正面左上角，欧盟旗旁边的不规则图形与背面对应处，迎光观察，互补成面额数字，对接准确，无错位。第二版欧元的对印图案相对较为隐蔽，在水印区域的右下方。

缩微文字：第一版欧元正面货币名称缩写，底纹中的空心欧盟星，主景建筑下缘，背面桥梁图案、底纹。第二版欧元正面空心欧盟星、背面桥梁图案等多处印有缩微文字，须借助放大镜观察。

全息条（标）：全息条，在第一版 5、10、20 欧元和第二版所有面额正面右侧。晃动观察，第一版全息条上可见欧元符号和面额数字，应用了缩微文字技术。第二版全息条上图案较为丰富，可见欧罗巴头像、建筑图案、欧元名称及符号、面额数字，应用了缩微文字技术。100 欧元和 200 欧元全息条上部的全息图案，晃动观察时可见有小的欧元符号环绕中间面额数字，如同星际一样旋转。全息标，第一版 50 欧元、100 欧元、200 欧元、500 欧元正面右下角有应用呈块状的全息标，晃动观察，可见明亮的主景图案、欧元符号和面额数字，也应用了缩微文字技术。

全息人像镂空视窗：应用于第二版欧元 20 欧元、50 欧元、100 欧元和 200 欧元，全息条上部设置了透明视窗，透光观察，纸币正背面均可见欧罗巴头像；晃动纸币观察，正背面视窗则显示彩虹色线条和面额数字。

防复印标记：在第一版和第二版欧元正背面都分布有若干组黄色小圆圈，能防范彩色复印机复印纸币。

### （三）港币

#### 1. 港币的概念

港元或称港币，是中华人民共和国香港特别行政区的法定流通货币。按照《中华人民共和国香港特别行政区基本法》的规定，香港特别行政区立法的自治权包括自行发行货币的权力。其正式的 ISO 4217 简称为 HKD（Hong Kong Dollar）；标志为 HK$ 。

10 元钞票和各种硬币由香港金融管理局发行，20 元及以上港币纸币由中国银行、汇丰银行及渣打银行发行。现行流通的钞票面额为 10 元、20 元、50 元、100 元、500 元和 1000 元，硬币面额为 10 元、5 元、2 元、1 元、5 毫、2 毫和 1 毫。1 元 = 10 毫 = 100 分。在香港，“毫”是“角”的意思。

#### 2. 港元钞票的主要防伪特征

除香港政府发行的 10 元券外，由三家发钞行发行的港元钞票，尽管图样特征各不相同，但同一版的票幅、主色调和防伪特征设置高度一致，避免了因版别多、面额多给使用者带来识别记忆上的不便。下面以2010年版、2018年版港元、10元券以及港元塑料钞分析其主要防伪特征。

（1）2010年版港元的主要防伪特征

2010年版港元增加了一些新的防伪特征，同时沿用了前一版使用过的部分防伪特征，但在技术上进行了改进升级，或增加了图样设计的复杂性，或提高工艺制作的难度，或在一个图案里融合两种防伪效果。

水印：统一设置在正面右侧空白水印窗，透光观察，多层次水印图案一律为紫荆花及网点图案，白水印为面额数字。

变色开窗安全线：属于此版港元新增防伪特征，统一设置在钞票正面中间偏左位置，在背面开窗。它是融合视读与机读两种功能于一体的新型安全线，一是开窗部位用高倍放大镜观察，可见缩微镂空英文字母“H”和“K”，这些极为细小的字母又组成较大的“HK”字样和面额数字等；二是具有光变效果，晃动观察开窗部位，呈现紫红色与绿色的交替转换效果；三是具有磁性特征，可以被安装有识别模块的现金自动处理机具识读。

光彩光变油墨图案：统一设置在正面右上角，汇丰银行券改为狮首和面额数字，中国银行券为紫荆花和面额数字，渣打银行券为面额数字。晃动钞票观察，上述图案和数字由金色变为绿色，并有流光溢彩的视觉效果。

珠光油墨图案：统一设置在正面中间面额的左下方，强光下观察可见金色油墨印制的图案，汇丰银行券为行标，中国银行券为中银大厦，渣打银行券为祥云。

隐形面额数字：设置在正面主景图案下部，视线与票面平行，转动观察时可见相应的面额数字，较上一版钞票这一特征更加便于观察。中国银行券在背面右侧又增设了这一特征，从不同角度观察分别为“1000”“壹仟”。

荧光对印标记：均位于正面右下角、背面左下角，融合了对印与荧光特征，在可见光与紫外光下观察呈现不同的效果。在可见光下透视观察，钞票正背两面分别印制的部分图案组合为一个完整的图案，汇丰银行券为行标，中国银行券为面额数字，渣打银行券为一个圆角矩形。2010年版港元纸币的对印图案同时具有有色荧光特征，在紫外光下观察，呈现出红、黄两种颜色。

荧光异形横竖双号码：在钞票正面统一设置一组横竖双号码，无论横竖号码，字体大小均从首至尾递增。竖号码具有有色荧光特征，在紫外光下呈现黄色。

（2）2018年港元的主要防伪特征

2018年版港元统一了防伪技术的分布区域，重视视觉识别，显著提高了港元的防伪性能。

水印：三家银行的所有面额钞票均使用统一的紫荆花多层次水印，并根据相应面额的不同，在主水印下设有面额数字白水印。

动感光变镂空开窗安全线：三家银行的所有面额钞票均使用统一光变特征，以及根据不同面额设置镂空面额数字的开窗安全线，晃动票面可见安全线颜色在绿色和蓝色之间转换，且有光圈移动效果。

光彩光变油墨图案：三家银行的所有面额钞票，均使用统一光变图案。晃动票面可见该处图案颜色在绿和蓝之间转换，且有光圈移动特征。

珠光油墨图案：汇丰银行券在正面使用行徽组成不规则的菱形珠光油墨图案；中国银行券在正面使用相应票面面额数字的珠光油墨图案；渣打银行券在正面使用相应票面面额数字，并配以行徽的珠光油墨图案。

凹印隐形面额数字：均位于票面正面的主景图案中，转动票面可见相应面额数字。

荧光对印标记：均位于票面正面右下角、背面左下角。迎光观察可见正背面图案重叠，形成完整的面额数字；紫外光下观察具有荧光反应。

凹版印刷：票面行名、主景、面额数字、手感线均使用凹版印刷，用手触摸有凹凸感。

凹印接线：票面正面、背面的左上角以及部分主景，均为两色组成的凹印接线图案。

荧光底纹：紫外光下可见所有面额港元的票面正面、背面部分底纹具有荧光特征。

（3）香港政府发行的10元券防伪特征

香港政府发行的10元券有纸币和塑料钞两种，防伪特征既有相似之处，也有一定区别。

水印：透光观察，可看到紫荆花图案及数字白水印“10”。

开窗式安全线：位于正面中部偏右，开窗在正面。

无色荧光纤维：在紫外光下，可见红、蓝、绿三色纤维不规则地分布在钞票上。

珠光油墨图案：位于背面左侧，在强光下倾斜观察钞票时，会看到反光色带上有紫荆花图案及“HK10”字样。

无色荧光面额数字：位于正面对印图案右下方，紫外光下可见“10”字样。

凹版印刷：正面左上角面额数字和中间部分图案，手摸有明显的凹凸感。

对印图案：透光观察，可看到正背两面图形拼合成完整的骏马图。

隐形面额数字：位于正面中间下部。当视线与票面成一定角度时，可看见“10”字样。

缩微文字：在正面两处设置有缩微文字，一处在正面右上，“香港法定货币”英文下方，有两行缩微文字“HONG KONG 10”；另一处在正面左下角发行日期上方，有一行更为细小的缩微文字“TEN · HONG · KONG · DOLLARS”。

（4）港元塑料钞防伪特征

透明视窗：位于正面左部、背面右部，呈椭圆形。

透明视窗内阴影图案：塑料钞的这个特征近似纸币的水印，紫荆花透光图像与透明窗口结合成完整的图案。

透明视窗内阴影数字（白水印）：塑料钞的这个特征近似纸币的白水印，透光观察，可看到面额数字“10”的透光图像。

珠光油墨图案：位于背面中间偏右，倾斜转动钞票时，可看到反光色带上有紫荆花图案及“HK10”字样。

变色特征：倾斜或在深色的背景下移动钞票时，透明窗口上丝带的颜色会由粉红色变为紫色。

凹版印刷：正面左上角面额数字由凹版印刷而成，且较纸币 10 港元放大，有明显的凹凸手感。

对印图案：透光观察，可看到正背两面图形拼合成完整的骏马图案。

隐形面额数字：倾斜转动钞票时，可看见面额数字“10”。

## 任务实训

### 一、任务说明

将学生分成若干小组，以组为单位并设置组长，通过自主学习和观看视频，能够准确快速说出外币的种类和外币假币识别方法并进行练习。

### 二、任务评价

实训任务评价见表 4 -4。

**表 4 -4　　实训任务评价表**

| 考核项目 | 考核标准 | 得分 |
| --- | --- | --- |
| 职业素养（20 分） | 1. 按时出勤，课堂表现好（5 分） | |
| | 2. 仪容仪表规范（5 分） | |
| | 3. 具备一定的组织协调能力（5 分） | |
| | 4. 具备良好的团队合作精神（5 分） | |
| 思政建设（20 分） | 1. 具备吃苦耐劳的精神（10 分） | |
| | 2. 具备严谨科学、求真求实的学习态度和工作作风（10 分） | |
| 技能要求（60 分） | 能够准确快速说出外币的种类和防伪特征、鉴伪方法（60 分） | |
| 合计 | | |

## 任务小结

本任务帮助同学们认知了常见外币美元、欧元、港币的常见币种，并学习了此类外币的鉴伪方法，同学们需要能够通过理论知识的学习从而具备所学外币的假币识别能力。

## 课后任务

**单项选择题**

1. 出售、购买假币或者明知是假币而运输，明知是假币而持有、使用，总面额在（　　）属于“数额巨大”。

A. 50000－200000　B. 50000－300000　C. 50000－400000　D. 50000－500000

2. 冠字号码再查询受理单位收到查询人提交的书面冠字号码再查询申请后，应当自受理之日起（　　）个工作日内，开展调查与处理工作。

A. 10　B. 15　C. 20　D. 25

3.《人民币鉴别仪通用技术条件》(GB 16999－2010）于（　　）年发布。

A. 2010　B. 2012　C. 2013　D. 2015

4. 发行基金是指中国人民银行人民币（　　）保存的未进入流通的人民币。

A. 中国印钞造币总公司　B. 发行库

C. 业务库　D. 中国人民银行

5. 港币2003系列汇丰银行各券别的正面图案为（　　）。

A. 飞龙　B. 铜狮头像　C. 麒麟　D. 玄武

6. 第一版欧元纸币在紫外光下，可以看到纸张中有（　　）荧光纤维。

A. 红、蓝、绿三色　B. 红、蓝双色

C. 红、黄、蓝三色　D. 黄、绿双色

7. 彩钞版100美元迎光透视，可见安全线位于肖像左侧4号位，上面交替压印有字母“USA”和数字“100”，在钞票两面均可看到，仪器检测安全线有磁性。紫外光下观察，100美元的安全线会发出（　　）色的荧光，是一条荧光安全线。

A. 红　B. 绿　C. 蓝　D. 紫

# 项目5 商业银行从业人员礼仪

## 学习目标

【知识目标】

1. 掌握基本的礼仪规范；
2. 掌握仪容仪表仪态、语言、称呼、接待及拜访礼仪规范；
3. 掌握银行礼仪实践中需要把握的原则。

【能力目标】

1. 能运用礼仪规范进行岗位实践；
2. 能根据不同场景恰当展开实践训练；
3. 理解银行基本服务礼仪。

【素质目标】

1. 提升工作人员个人素质；
2. 提高学生职业素养和职业规范。

【思政目标】

1. 培养学生善于沟通和团队合作的品质；
2. 培育学生爱岗敬业、诚实守信、以人为本的理念和原则；
3. 培养严谨科学、求真求实的学习态度和工作作风。

## 课程思维导图

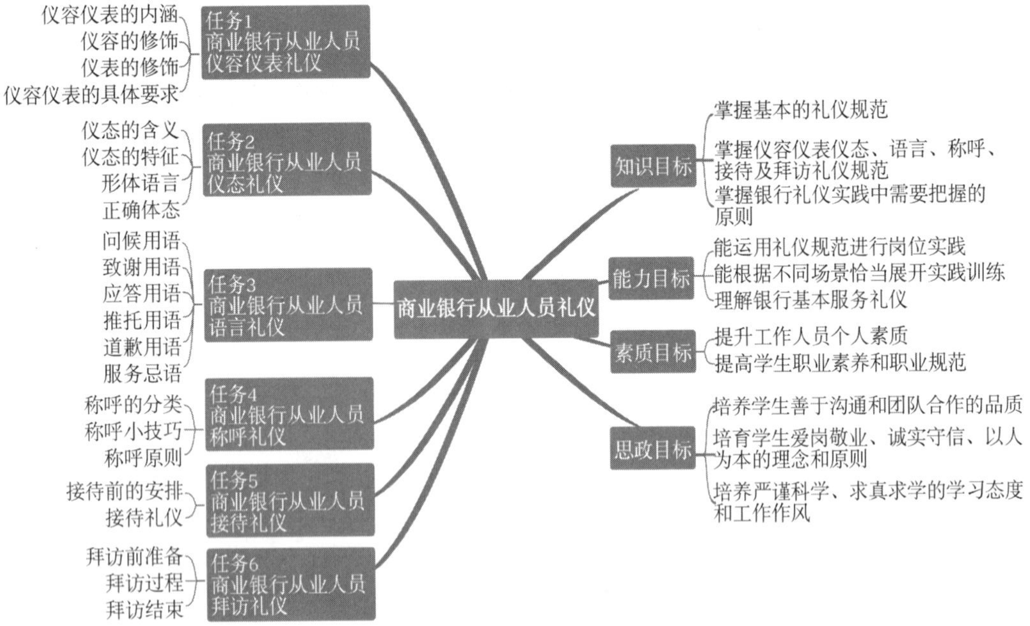


# 任务1　商业银行从业人员仪容仪表礼仪

## 任务要求

南方某市五年前与国外的一座城市结为“友好城市”。值五周年之际，该市被邀请前去参观。为了此次出国参观能顺利进行，该市指派一位副市长专门负责组织这项参观活动。

这位副市长很有经验。他首先提出参观人员名单，并对全体参观人员进行有针对性的培训，学习参观城市政治、经济、文化、习俗等方面的知识。此外，他还对全体参观者进行了分工，把领队、接洽、翻译、食宿、安全等工作落实到个人，同时也把提问、记录、录音、拍照等任务分配到个人。最后，他还请礼仪专家给全体团员讲授出国参观的礼仪规范，对团员的着装、交际应酬等方面做了具体的规定。

该团出国参观结束后，外国朋友对团员在参观时的表现十分赞赏。

小组讨论：请就礼仪，仪容仪表，谈谈你的感受。

## 必备知识

### 一、仪容仪表的内涵

仪容和仪表是实施个人礼仪的第一步。仪容，通常是指人的外观、外貌。在人际交往中，每个人的仪容都会引起交往对象的特别关注，并将影响到对方对自己的整体评价。仪表主要包括人的形体、容貌、健康状况、姿态、举止、服饰、风度等方面，是人举止风度的外在体现。

仪容仪表对人们的形象起到自我标识、修饰弥补和包装外表的作用。这是由于人的形象是内在气质和外在形象的结合。具有完美形象的人不仅应该有美好的内心，而且也应该有美好的外表。

如果说，我们把一个人的思想感情、性格品质、心理状态、道德情操、文化修养看作一个人的内在美的话，那么包括仪容、表情、姿态等因素在内的仪表则是一个人的外在美。

显然仪容仪表美是物质躯体的外壳，它也从一个侧面反映出人的思想修养、精神气质，甚至反映社会文明发展的水平。心灵美与仪表美不是对立的，而是不可分割的，只有它们互为表里，相得益彰，才是完善的美。诚然，人对自己的长相虽然无法选择，但是可以通过努力加以弥补，仪表美所强调的就是这种“弥补”，即人们可以通过对仪容的适度修饰，对表情和姿态的合理选择，从而使自己的仪表给人以审美上的愉悦。

仪容仪表美对人们参与社交的作用是不可轻视的，它在很大程度上影响着一个人社交活动的效果。心理学研究表明，人们比较重视与不相识的人第一次见面后所形成的直观感觉，而这种感觉的效果的优劣直接影响到交往的继续进行。因此，端庄、整洁、美好的仪表，可以使人产生好感，留下深刻而美好的首次印象，从而为交际活动打下基础。

## 二、仪容的修饰

为了维护自我形象，有必要修饰仪容。在仪容的修饰方面要注意以下五点事项：第一，是仪容要干净，要勤洗澡、勤洗脸，脖颈、手都要干干净净，并经常注意去除眼角、口角及鼻孔的分泌物。要换衣服，消除身体异味，有狐臭要搽药品或及早治疗。第二，是仪容应当整洁。整洁，即整齐洁净、清爽。要使仪容整洁，重在重视持之以恒，这一条，与自我形象的优劣关系极大。第三，是仪容应当卫生。讲究卫生，是公民的义务，注意口腔卫生，早晚刷牙，饭后漱口，不能当着客人面嚼口香糖；指甲要常剪，头发按时理，不得蓬头垢面，体味熏人，这是每个人都应当自觉做好的。第四，是仪容应当简约。仪容既要修饰，又忌讳标新立异，“一鸣惊人”，简练、朴素最好。第五，是仪容应当端庄。仪容庄重大方，斯文雅气，不仅会给人以美感，而且易于使自己赢得他人的信任。相形之下，将仪容修饰得花里胡哨、轻浮怪诞，是得不偿失的。

## 三、仪表的修饰

生活中人们的仪表非常重要，它反映出一个人的精神状态和礼仪素养，是人们交往中的“第一形象”。天生丽质、风仪秀整的人毕竟是少数，我们可以靠化妆修饰、发式造型、着装佩饰等手段，弥补和掩盖在容貌、形体等方面的不足，并在视觉上把自身较美的方面展露、衬托和强调出来，使形象得以美化。成功的仪表修饰一般应遵循以下原则：

适体性原则：要求仪表修饰与个体自身的性别、年龄、容貌、肤色、身材、体型、个性、气质及职业身份等相适宜和相协调。

时间（time）、地点（place）、场合（occasion）原则；简称 T. P. O 原则，即要求仪表修饰因时间、地点、场合的变化而相应变化，使仪表与时间、环境氛围、特定场合相协调。

整体性原则：要求仪表修饰先着眼于人的整体，再考虑各个局部的修饰，促成修饰与人自身的诸多因素之间协调一致，使之浑然一体，营造出整体风采。

适度性原则：要求仪表修饰无论是修饰程度，还是在饰品数量和修饰技巧上，都应把握分寸，自然适度，追求虽刻意雕琢而又不露痕迹的效果。

## 四、仪容仪表的具体要求

银行业是一个窗口行业，所以银行从业人员要做到仪容仪表规范具体表现在以下几点：

### （一）服装

银行工作人员的服装不仅代表了个人形象，更是银行整体形象的展示，所以银行工作人员上班前要整理检查好自己的工装是否整洁，工牌是否佩戴等。

男装：春秋冬季节套装，包括衬衣、裤子、领带、外套。夏季为短袖衬衣、裤子、领带。

女装：春秋冬季节套装衬衣、裤子、外套、领带。夏季为短袖衬衣、裤子、裙子。

着装要求：各银行服装订制形式不同，无论是量身定做还是依据大、中、小码尺寸批量生产，一般都应选择自己合适的尺寸，要注意四围、四长。四围，即领围以入一手指大小为宜，胸围、腰围、臀围应松紧适度为宜。四长即袖长、衣长、裤长、裙长。袖长（在手的虎口关节处，穿西装款的制服以衬衣袖长抬手时比西装袖长长出 1.5 至 2 厘米左右为宜）；衣长（约盖过臀部的 4/5 为宜）；裤长（以盖过鞋跟的 2/3 为宜）；裙长（约在膝盖上下 10 厘米为宜）。衬衣不能掉扣；男员工佩戴的领带、女员工穿有领衬衫所佩戴的领花或丝巾，都应与衬衫衣领口吻合、紧凑而不系歪；工牌、行徽要全部佩戴整齐，固定牢固，不能松垮、歪斜、左右晃动。

银行制服应保持洁净、清爽、挺括，衣裤不起皱，应经常熨烫，包括领带、领花、丝巾清洗后一定要熨烫整齐。不应出现油渍、污垢、异味，特别是衣领、袖口尤其要保持干净。银行制服应上班穿戴整齐，下班后脱下挂在衣架上，很好地养护。而不应该下班后也穿，甚至逛商场、买菜、干家务、拖地板都穿着制服，使行服真的成了名副其实的“工作服”。不能很随意地把领带、领花或丝巾握成一团装在裤子的口袋里，上班佩戴时皱皱巴巴，显得很不整洁、很不规范。

### （二）发型

头发无味、无屑、无发痕，不染发，造型不古怪。

男士要经常检查自己的头发是否过长或整洁，不能有头皮屑，不可以漂染和焗异色头发，发长不超过一寸，发尾不触及衣领，鬓角不遮耳线。

女士也要经常检查自己的头发是否整洁，女士刘海不能遮眉，侧发不能掩耳，应该整齐梳于脑后。长发，必须盘起，尽量将刘海梳起，不允许在工作时梳披肩发，刘海不可遮住眉毛。

### （三）化妆

银行从业人员应该淡妆上岗，以塑造银行职业的美好形象，展示银行从业人员的整体素质和美感。

女士妆以淡雅为主。具有比较强的包容性，它将与服饰和办公环境巧妙地融为一体。自然而然，没有明显的痕迹。女士化妆三原则．自然、美化、避人。适宜化淡妆、施薄粉、描轻眉，唇浅红。及时补妆。

男士剃须修面，保持面部洁净清爽，使用基本的护肤品。

### （四）饰品

首饰品：银行工作人员基本上要求不能佩戴太夸张的饰品，耳环最好戴耳钉，项链的坠子不要太大的，戒指最好不戴，手链手镯之类禁止佩戴。

男士饰品：手表佩戴稳重、大方、不张扬、轻便款型的腕表。

银行人员银行徽标要佩戴在正确的位置：佩戴工牌的位置应在左胸上侧，男员工佩戴在左胸口袋的上侧中间位置，于口袋上侧边沿保持0.2至0.5厘米距离，而不适宜直接佩戴在口袋上；女员工应佩戴在左胸上侧三至四厘米为宜，而不应佩戴在左胸的至高点上。

### （五）仪表

眼睛：平视。视线水平表示可观和理智。视线向下表现权威和优越感，视线向上变现服从与任人摆布。

目光：亲切自然。注视范围应处于双目至唇心的小三角区，额头至双肩的大三角区。注视时间是整个交谈时间的30%~60%。切记眼神飘忽不定，频繁眨眼，不敢目视对方。

微笑：你的第一张名片，自信和礼貌的表现。放松脸部肌肉，嘴角上扬，漏出上下八颗牙齿。切记牵动鼻子、发出笑声、漏出牙龈。

口腔：注意牙齿清洁，少抽烟、少喝浓茶，少吃味重的食物。嚼口香糖或含片，保持口气清新。

手：清洁，经常修剪指甲，女士适宜涂抹透明或淡粉系列的指甲油。

## 拓展视野

### 中国传统文化与礼仪（思政）

君子不失足于人，不失色于人，不矢口于人。是故君子貌足畏也，色足惮也，言足信也。——《礼记·表记》

孔子说："君子的举止要不失体统，仪表要保持庄重，言语要谨慎。所以，君子的外貌足以使人敬畏，仪表足以使人感到威严，言语足以使人信服。"用今天的话说，就是君子要注意自己的形象，一举手一投足都要有分寸，举止要得体，仪表要庄重，言语要慎重。步从容，立端正，揖深圆，拜恭敬。勿践阈，勿跛倚，勿箕踞，勿摇髀。——《弟子规》

《弟子规》对仪态的要求．走路步伐从容稳重，站立要端正；上门拜访他人时，拱手鞠躬，真诚恭敬。不要踩在门槛上，站立不要歪斜，不要依靠在墙上；坐的时候不可以伸出两腿，腿不可乱抖动。

## 任务实训

### 一、任务说明

#### （一）个人演练

观看相关视频，整体感知穿着技巧和化妆步骤，并形成印象。对自身进行个人演练。

#### （二）小组点评

以小组为单位，根据自身特点设计服装搭配，如根据肤色、高矮、胖瘦、个人气质等搭配，并进行银行从业人员的淡妆演练，开展服饰表演活动，培养学生的审美情趣。

小组互相点评。

### 二、任务评价

实训任务评价见表 5－1。

表 5－1　　实训任务评价表

| 考核项目 | 考核标准 | 得分 |
|---|---|---|
| 职业素养（20分） | 1. 按时出勤，课堂表现好（5分） | |
| | 2. 仪容仪表规范（5分） | |
| | 3. 具备客户服务管理能力（5分） | |
| | 4. 具备良好的团队合作精神（5分） | |

续表

| 考核项目 | 考核标准 | 得分 |
|---|---|---|
| 思政建设<br>（20分） | 1. 坚持以人为本的原则，培养人际交往的自信心（10分） | |
| | 2. 弘扬爱岗敬业的工匠精神（10分） | |
| 技能要求<br>（60分） | 能够适时称呼客户，能运用得体的称呼，建立良好的社交形象（60分） | |
| 合计 | | |

## 任务小结

本任务围绕商业银行从业人员仪容仪表，男士与女士的区别，了解着装、化妆等具体要求。实训任务通过创设情景，将学生个人演练与小组点评进行任务实训，培养学生正确的塑造良好形象的能力，以及学生的审美情趣。

# 任务2 商业银行从业人员仪态礼仪

## 任务要求

有位企业经理讲过这样一件事情："有一回，我同某销售公司经理共进午餐。每当一位漂亮的女服务员走到我们桌子旁边，他总是目送她走出餐厅。我对此感到很气愤，我感到自己受到了侮辱。心里暗想，在他看来，女服务员比我要对他讲的话更重要。他并没有听我讲话，他简直不把我放在眼里。"

小组讨论：如果你是这位企业经理，你会怎么想？这位销售公司经理有什么不当之处呢？

## 必备知识

### 一、仪态的含义

仪态，是人的姿势、举止和动作。不同国家，不同民族，以及不同的社会历史背景，对不同阶层，不同特殊群体的仪态都有不同标准或不同要求。

### 二、仪态的特征

#### （一）仪态是一种"无声的语言"

在日常交往中，人们能通过语言交流信息，但在说话的同时，你的面部表情、身材的姿态、手势和动作也在传递着信息。对方在接受信息时，不仅"听其言"，而且也在"观其行"。仪态语言是一种极其丰富、极其复杂的语言。信息的传递与反馈，从表面上看，主要是嘴、耳、眼的运用。事实上，表情、姿态等所起的作用远远超过自然语言交流的本身。仪态是一种很广泛、很实用的语言，往往比有声语言更富有魅力，可以达到“此处无声胜有声”的效果。

### （二）仪态是内在素质的真实表露

仪态在表情达意方面也许不像有声语言那么明确和完善，但它在表露人的性格、气质、态度、心理活动方面却更真实可靠。一个人所说的话可能是真实的，也可能是虚假的，语言可以言不由衷，而人的仪态却总是真实的。也许你嘴上在说着欢迎客人到来的话语，可你的表情、手势、动作却流露出了你的厌倦、无奈，这才是你真实的态度。

在社会交往中，仪态还是一种无形的“名片”，人们可以通过你的一举一动、一笑一颦来判断你的身份、地位、学识、能力，因而影响对你信任的程度、交往的深度等。那些受过良好教育并且在各方面都很出色的人，大多举止得体、风度优雅。相比之下，穿着时髦、浓妆艳抹、矫揉造作、刻意表现出来的那种美就肤浅得多。

### （三）仪态的习惯性

仪态是人们在成长和交往的过程中逐步形成的，因而具有习惯性的特点。首先，仪态的习惯性是指人们对某一动作理解的习惯性。它一方面表现在某些动作表情达意的一致性，比如人们总是用笑容来表现欢乐、友好、喜欢等感情；另一方面，也表现在同一动作由于地域和文化环境的不同而具有不同的含义，比如，点头在中国和西方人是表示肯定，而在印度、土耳其等国却表示否定。其次，仪态的习惯性是指每个人的仪态都是在成长过程和生活环境中长期形成的，这种习惯性并不都是先天的，也可以通过后天的生活和训练形成，一旦形成，就很难改变。人们的仪容美会随着时间的流逝而失色，而仪态的美却能够随着年龄的增长而增添几分。

## 三、形体语言

形体语言是指以动作示范来表达。形体动作可用于表达情感、态度、意向等或传递知识、技能及信息等。了解常见的示意动作，可以辨别什么是粗俗的，什么是得体的。

### （一）目光（用眼睛说话）

在公事活动中，用眼睛看着对话者脸上的三角区部分，这个三角区以双眼为底线，上顶角到前额。洽谈业务时，如果你看着对方的这个部位，会显得很严肃认真，别人会感到你有诚意。在交谈过程中，你的目光如果总是落在这个三角区部位，你就会把握谈话的主动权和控制权。

在社交活动中，也是用眼睛看着对方的三角区部位，这个三角区是以两眼为上线，嘴为下顶角，也就是双眼和嘴之间，当你看着对方这个部位时，会营造出一种社交气氛。

### （二）微笑

微笑能有效地缩短双方的距离，给对方留下美好的心理感受，从而形成融洽的交往氛围，可以反映本人的修养，待人的至诚。真诚的微笑有一种魅力，它可以使强硬者变得温柔，使困难变得容易。微笑是人际交往中的润滑剂，是广交朋友、化解矛盾的有效手段。

### （三）握手

握手是一种常见的“见面礼”，貌似简单，却蕴涵着复杂的礼仪细节，承载着丰富的交际信息。比如与成功者握手，表示祝贺；与失败者握手，表示理解；与同盟者握手，表示期待；与对立者握手，表示和解；与悲伤者握手，表示慰问；与欢送者握手，表示告别等。

标准的握手姿势应该是平等式，即大方地伸出右手用手掌和手指用一点力握住对方的手掌。

在社交场合，行握手礼时应注意以下几点：

上下级之间，上级伸手后，下级才能伸手相握。

长辈与晚辈之间，长辈伸出手后，晚辈才能伸手相握。

男女之间，女士伸出手后，男士才能伸手相握。

人们应该站着握手，不然两个人都坐着。如果你坐着，有人走来和你握手，你必须站起来。

握手的时间通常是 3 ~ 5 秒钟。匆匆握一下就松手，是在敷衍；长久地握着不放，又未免让人尴尬。

别人伸手同你握手，而你不伸手，是一种不友好的行为。

握手时应该伸出右手，决不能伸出左手。握手时不可以把另一只手放在口袋里。

## 四、正确体态

优雅的体态使人有教养，是充满自信的完美表达。美好的体态，会使你看起来年轻得多，也会使你看着更精神。常见体态包括站姿、坐姿、行姿、蹲姿等。

### （一）站姿

女士的站姿与男士的站姿是有区别的，而且有多种站姿。

**1. 女士站姿**

第一种：双脚八字步或丁字步，双手虎口相交叠放于脐下三指处，手指伸直但不要外翘，上身正直，头正目平，微收下颌，面带微笑。挺胸收腹，腰直肩平，双臂自然下垂，两腿相靠站直，肌肉略有收缩感。在银行工作及社交场合中可采用这种站姿。

第二种：双脚八字步或丁字步，双手虎口相交叠放于腰际，用拇指可以顶到肚脐处，手指伸直但不要外翘，在迎宾或是颁奖等重大场合中可以采用这种站姿。

第三种：双手轻握放在腰际，手指可自然弯曲，在银行与客户或同事交流时采用这种站姿。

**2. 男士站姿**

第一种：双腿并拢，两手放在身体两侧，手的中指贴于裤缝。这适合比较庄重严肃的场合。

第二种：双脚平行不超过肩宽，以20厘米为宜，左手在腹前握住右手手腕或右手握住左手手腕。这种站姿适合在银行与客户或同事交流时使用。

第三种：双脚平行不超过肩宽，以20厘米为宜，双手在背后腰际相握，左手握住右手手腕或右手握住左手手腕。这种站姿适合在迎宾时使用。

### （二）坐姿

正确的坐姿是你的腿处于基本站立的姿态，后腿能够碰到椅子，轻轻坐下，两个膝盖并起来，不可以分开，腿可以放中间或放两边。如果你要跷腿，两条腿是合并的；如果你的裙子很短，一定要小心盖住。

### （三）行姿

正确的行姿是抬头，挺胸，收腹，肩膀往后垂，手要轻轻地放在两边，轻轻地摆动，步伐也要轻轻地，不要拖泥带水。

### （四）蹲姿

正确的方法应该弯下膝盖，两个膝盖应该并起来，不应该分开的，臀部向下，上体保持直线，这样的蹲姿就显得典雅优美了。

# 任务实训

## 一、任务说明

### （一）个人演练

每位学生将各种仪态礼仪进行个人演练，练到没有问题为止。

### （二）小组点评

以小组为单位，组内进行个人的仪态展示并纠正错误，小组间进行PK，互相点评。

## 二、任务评价

实训任务评价见表5－2。

表 5－2　　实训任务评价表

| 考核项目 | 考核标准 | 得分 |
|---|---|---|
| 职业素养（20分） | 1. 按时出勤，课堂表现好（5分） | |
| | 2. 仪态规范（5分） | |
| | 3. 具备客户服务管理能力（5分） | |
| | 4. 具备良好的团队合作精神（5分） | |
| 思政建设（20分） | 1. 坚持以人为本的原则，培养人际交往的自信心（10分） | |
| | 2. 弘扬爱岗敬业的工匠精神（10分） | |
| 技能要求（60分） | 能够适时称呼客户，能运用得体的称呼，建立良好的社交形象（60分） | |
| 合计 | | |

## 任务小结

本任务围绕商业银行从业人员仪态礼仪，各种仪态的具体要求与展示。实训任务通过创设情景，将学生个人演练与小组点评进行任务实训，培养学生良好的仪态，以及服务精神。

# 任务3　商业银行从业人员语言礼仪

## 任务要求

某局新任局长宴请退居二线的老局长。席间端上一盘油炸田鸡，老局长用筷子点点说："喂，老弟，青蛙是益虫，不能吃。"新局长不假思索，脱口而出："不要紧，都是些老田鸡，已退居二线，不当事了。"老局长闻听此言，顿时脸色大变，连问："你说什么？你刚才说什么？"新局长本想开个玩笑，不料说漏了嘴，触犯了老局长的自尊，顿觉尴尬万分。席上的友好气氛尽被破坏，幸亏秘书反应快，连忙接着说："老局长，他说你已退居二线，吃田鸡不当什么事。"气氛才有点缓和。

小组讨论：语言艺术的重要性。

## 必备知识

每一个人都需要语言的沟通，作为金融机构从业人员，掌握语言礼仪至关重要。

### 一、问候用语

标准式问候用语的常规做法是在问好之前，加上适当的人称代词，或者其他尊称。如"你好！""您好""大家好"等。

欢迎用语常见的有："欢迎""欢迎光临""欢迎您的到来""见到您很高兴""恭

候您的光临”等，往往离不开“欢迎”一词。但在客人再次到来时，可在欢迎用语之前加上对方的尊称，如“先生，真高兴再次见到您”“欢迎您再次光临”等，以表明自己尊重对方，使对方产生被重视之感。

送别用语常见的主要有“再见”“慢走”“走好”“欢迎再来”“一路平安”等。需要注意的是，送别乘飞机的客人忌讳说“一路顺风”。

请托用语是指在请求他人帮忙或是托付他人代劳时，照例应当使用的专项用语。比如我们在向客户提出某项具体要求或请求时，都要加上一个“请”字。

## 二、致谢用语

致谢用语一般为“谢谢”“感谢您的帮助”等。

致谢的几种情况：一是获得他人帮助时，二是得到他人支持时，三是赢得他人理解时，四是感到他人善意时，五是婉言谢绝他人时；六是受到他人赞美时。

## 三、应答用语

常用的应答用语主要有“是的”“好”“很高兴能为您服务”“好的，我明白您的意思”“我会尽量按照您的要求去做”等。重要的是，一般不允许对客户说一个“不”字，更不允许对其置之不理。

## 四、推托用语

拒绝别人也是一门艺术。在工作中有时也需要拒绝他人，此时必须语言得体，态度友好，不能直言“不知道”“做不到”“不归我管”“问别人去”等。

## 五、道歉用语

常用的道歉用语主要有：“抱歉”“对不起”“请原谅”等。

## 六、服务忌语

在服务中我们必须杜绝以下四类服务忌语：

不尊重之语。比如，面对残疾人时，切忌使用“残废”“瞎子”“聋子”等词。对体胖之人的“肥”，个矮之人的“矮”，都不应当直言不讳。

不友好之语。即不够友善，甚至满怀敌意的语言。

不耐烦之语。在服务工作中要表现出应有的热情与足够的耐心，要努力做到有问必答，答必尽心；百问不烦，百答不厌；不分对象，始终如一。

不客气之语。如在劝阻服务对象不要动手乱摸乱碰时，不能够说：“别乱动”“弄坏了你得赔”等。

## 任务实训

### 一、任务说明

#### (一) 个人演练

每位学生进行普通话练习，并观看视频，模拟在各种情境下的语言技巧。

#### (二) 小组游戏

以小组为单位，讨论容易让人发火的话语，并进行记录。然后开始模拟表演，小组点评。

### 二、任务评价

实训任务评价见表5-3。

表5-3　实训任务评价表

| 考核项目 | 考核标准 | 得分 |
|---|---|---|
| 职业素养（20分） | 1. 按时出勤，课堂表现好（5分） | |
| | 2. 仪态规范（5分） | |
| | 3. 具备客户服务管理能力（5分） | |
| | 4. 具备良好的团队合作精神（5分） | |
| 思政建设（20分） | 1. 坚持以人为本的原则，培养人际交往的自信心（10分） | |
| | 2. 弘扬爱岗敬业的工匠精神（10分） | |
| 技能要求（60分） | 能够适时称呼客户，能运用得体的称呼，建立良好的社交形象（60分） | |
| 合计 | | |

## 任务小结

本任务围绕商业银行从业人员仪态礼仪，各种仪态的具体要求与展示。实训任务通过创设情景，将学生个人演练与小组点评进行任务实训，培养学生良好的仪态，以及服务精神。

# 任务4　商业银行从业人员称呼礼仪

## 任务要求

创设情景，使得学生能根据不同客户、不同交际场合、情境，在交往中恰当地称呼他人。能应用得体称呼，建立良好的社交形象。

**案例：**小王今年刚参加工作，年轻的她工作干劲十足，待人也很真诚，对每个同事前辈都很友善。某一天，小王陪同客户经理张经理参加了公司同客户的见面会。小王第一次见客户，热情地称呼王经理为“王姐”，忙前跑后，自认为称呼得当，圆满完成了任务。但事后被批评了，指出她在客户面前表现欠妥，小王疑惑不解。

小组讨论：小王称呼哪里不妥当？应该如何正确称呼？

## 必备知识

称呼礼仪是在人们日常交往应酬中所采用的规范性礼貌称谓语，选择正确、恰当地称呼是对他人的尊重，尤其是商务会面过程中初次见面的称呼尤为重要。

### 一、称呼的分类

称呼是沟通人际关系的信号和表达情意的手段，因此，要根据对方的身份、地位、职业、年龄、性别以及对方所处场合来选择恰当的称呼。在商务活动中，称呼的要求是要庄重、正式、规范。具体称呼有以下几种类型。

#### （一）职务性称呼

在工作中最常见的称呼方式是以客户的职务相称，以示身份有别、敬意有加。以职务相称，具体来说又分为三种情况：一是仅称呼职务。例如“部长”“经理”“主任”“局长”“处长”“主管”等。二是在职务之前加上姓氏。例如“王处长”“马委员”“张董事长”。三是在职务之前加上姓名，这适用极其正式的场合。例如“刘某某部长”等。

在使用职务性称呼时，对带有“总”字的头衔可用简称，如“李总”。如果是副职，在称呼时一般可去掉“副”字，如称“王副经理”为“王经理”。但在特别正式的场合不使用简称。

#### （二）职称性称呼

对于具有职称者，尤其是具有高级、中级职称者，可以在工作中直接以其职称相称。以职称相称，下列三种情况较为常见：一是仅称呼职称。例如对工程师、医生、教授、法官等人士，均可单独称其职称。二是在技术职称前加上姓氏。例如“许教授”“张律师”“孙研究员”等，多用于一般场合。有时，这种称呼也可以进行约定俗成的简化，例如可将“王工程师”简称为“王工”。但使用简称应以不发生误会、歧义为限。三是在职称前加上姓名，这种情况适用于十分正式的场合。如“高某某教授”“谢某某主任医师”“郭某某主任编辑”等。

#### （三）学衔性称呼

在一些必要强调科技或知识含量的场合，可以学衔作为称呼，以示对对方学术水平的认可和对知识的强调。大体分为以下四种情况：一是仅称呼学衔，例如，博士。常用于熟人之间。二是在学衔前加上姓氏，例如：王博士。常用于一般性交往。三是在学衔前加入姓名，例如孙某某博士，仅用于较为正式的场合。四是在具体学衔之后加上姓名，即明确其学衔所属学科，例如，经济学博士孙某某，法学硕士张某某，此称呼显得很正式。

#### （四）行业性称呼

在工作中，若不了解客户具体职务、职称、学衔，可以直接以其所在行业的职业性称呼或约定俗成的称呼相称。具体分为两种情况：

以其职业性称呼相称。例如教师、司机、警官等，此类称呼前一般均可加上姓氏或姓名。

以约定俗成的称呼相称。例如对公司、商店以及其他人服务行业从业人员，人们一般按其性别不同，分别被称之为小姐、女士或先生。小姐和女士的区别在于：未婚女性称之为“小姐”，已婚者或不明确其婚否则称“女士”。在这类称呼前，也可冠以姓氏或姓名。

### 二、称呼小技巧

#### （一）职务就“高”不就“低”

称呼别人的职务时，尽量往“高”里称呼，而别“实打实”地叫人家真实的职务或把职务叫“低”了。比如带“副”字的领导可以去掉副字。李副总叫他“李总”。

#### （二）辈分就“长”不就“平”

对那些比自己大十几岁，没什么具体职务的客户，宁可“高看”他们，把他们以“长辈”来称呼比较好。例如叫“王叔”“张阿姨”等。

#### （三）男就“大”女就“小”

男性客户一般喜欢被人称呼得“大”一些，以显示成熟。而女性客户则喜欢把自己叫得小一些，过四十再叫“阿姨”，四十以下还是叫“姐”，这样她们比较高兴。

#### （四）就“尊称”不就“绰号”

当然，职场称呼不是一成不变的，要根据自己的年龄、职务、在公司里的资历以及和客户的关系不断发生变化，自己要留心揣摩和把握。

### 三、称呼原则

商务人员在称呼他人时应遵守有礼有序、入乡随俗的原则。

#### （一）有礼有序

称呼他人应当按照一定的顺序进行，通常的顺序是先职位高者后职位低者、先长辈后同辈、先陌生人后熟人。

### （二）入乡随俗

由于称谓可能会因国情、民族、宗教、文化背景的不同而不同，因而，称呼他人时应当照顾客户所在地的习俗。例如对于德国人，初次见面一定要称呼其职衔等。

涉外客户交往过程中，通常称呼对方为小姐、女士或先生。对于政界人士，可以称呼行政职务，比如市长先生。也可称呼职务较高者为阁下，例如总理先生阁下，大使阁下等。对于军界人士，习惯称呼其军衔而不称呼其职务。对于宗教界人士，一般称呼其神职。

## 四、称呼禁忌

### （一）错误性称呼

常见的错误称呼是误读或者误会。第一，误读，原因在于不认识被称呼者的姓名，或者念错了对方的姓名。为避免这种情况发生，对于不认识的字事先要做好准备；如果临时遇到，需谦虚请教。第二，误会，是指对被称呼者的职务、职称、学衔、辈分、婚否做出了错误的判断。例如，把一名未婚女性称作夫人，显然就属于重大的失误。

### （二）不适当称呼

称呼客户不要有套近乎之嫌，不可擅自以绰号性称呼来称呼客户，刚认识客户不要随意称兄道弟。另外与他人打交道时，不使用任何称呼也不礼貌。

### （三）不通行称呼

有一些称呼，仅仅适用于某一地区或者仅仅适用于国内。

# 任务实训

## 一、任务说明

以小组为单位进行分情景角色扮演，应用所学的称呼礼仪正确称呼客户。

情景一：某银行职员小王刚参加工作，需要拜访某公司市场部经理孙晓雪及其助理张三进行营销推广，要求学生运用称呼礼仪规范练习得体的称呼。

情景二：各小组自行创设社交、工作情景（服务客户、营销推广、签订合同等），模拟称呼训练。

## 二、任务评价

实训任务评价见表 5 - 4。

表 5-4　实训任务评价表

| 考核项目 | 考核标准 | 得分 |
| --- | --- | --- |
| 职业素养（20 分） | 1. 按时出勤，课堂表现好（5 分） | |
| | 2. 仪容仪表规范（5 分） | |
| | 3. 具备客户服务管理能力（5 分） | |
| | 4. 具备良好的团队合作精神（5 分） | |
| 思政建设（20 分） | 1. 坚持以人为本的原则，培养人际交往的自信心（10 分） | |
| | 2. 弘扬爱岗敬业的工匠精神（10 分） | |
| 技能要求（60 分） | 能够适时称呼客户，能运用得体的称呼，建立良好的社交形象（60 分） | |
| 合计 | | |

## 任务小结

本任务围绕商业银行从业人员称呼礼仪，分不同场合正确称呼，了解称呼原则和称呼禁忌。实训任务通过创设情景，以学生角色扮演的方式进行任务实训，培养学生树立服务意识，形成职业行为，养成职业素养。

# 任务5　商业银行从业人员接待礼仪

## 任务要求

创设不同情景，学生以小组为单位进行分情景角色扮演，培养学生服务意识，具备成功接待不同客户的能力，能够迎接客户、引导客户、接待客户、送别客户等。

## 必备知识

商业银行从业人员的工作离不开接待客户，接待客户一定要遵循平等、热情、礼貌、友善的原则。

### 一、接待前的安排

为妥善安排接待工作，接待客户之前银行职员需要与客户充分沟通，提前了解客户基本信息。安排好接待日期、接待流程、会谈内容、宴请、食宿等，一切以客户为中心，及时告知客户。接待前提前准备好接待室并精心准备，按照接待标准准备好办公用品、相关资料、食物等，准备工作要遵循整洁、美观、方便的原则，给客户留下良好印象。

## 二、接待礼仪

### （一）迎接客户

做好接待前准备工作后，等待客户到来，接待工作便开始了。首先第一步为迎接客户。

接待客户时，应提前在指定地点等候，如有需要做好接车准备。“出迎三步，身送七步”是我国迎接客人的传统风俗。见到客户时，应面带微笑，快步迎上去，握手或者微笑点头表示欢迎，欢迎客户的到来。并亲切地说出：“您好，我是某银行的某某，欢迎您的光临。”

### （二）引导客户

在引导客户时，如两人同行，要尽量站在客户左侧，距离客户 1 米或者 1.5 米的距离，并伸出左手，五指相贴，角度适中。如三人同行，中为尊，尽可能让客户走中间。四人同行时，分两排，前排为尊。引路时，与客户基本保持步伐一致，可以在客户左前方 2～3 步。

如果需要走楼梯，引导客户上楼时，应让客户走在前面，接待工作人员走在后面。如是下楼时，应该由接待工作人员走在前面，客户走在后边，因为上下楼梯时，应注意客户安全。

如果是电梯，需遵循乘电梯礼仪。首先伴随客户来到电梯前，先按电梯；电梯来时，可先行进入电梯，站在靠电梯按钮位置，一手按电梯开关，另一手按住电梯侧门，并说“请进”，请客户进入电梯；进入电梯后，按下客户要去的楼层，电梯内可视状况确定是否寒暄，电梯内尽量侧身面对客人；到达目标楼层，一手按住“开”，另一手并做出“请出”动作，口中可说“到了，您先请!”客人走出电梯后，自己随后走出电梯并快步向前，引导客户到目的地。

陪同客户乘坐自动扶梯时应在客户先踏上自动扶梯之后再紧跟着上去，以示对客户的尊重。

引导客户至会议室，要走在客人前面，但距离客户不要太远。引导过程要“口”“手”并用且到位，运用手势要规范，同时要说“你请”“请走这边”“请各位小心”等语言。

### （三）接待过程

当客户走入会客厅时，接待人员用手指示，引领客户入座。安排客户上座。待客户入座后要根据客户喜好提供茶水饮料，双手将茶水逐一端送给客户，端茶顺序是先提供给坐在上座的重要宾客端茶，依次进行，并微笑说声：“请喝茶。”一切准备就绪后再行点头礼后离开。

### （四）送客礼仪

当客户辞行时，应起身与客户握手道别，陪同送行至本单位楼下或大门口，送客户坐上车，再与其握手言别，并使用谦辞“请慢走”“再见”等词语与其告别，目送客户远去。如果当客户辞行时，应起身与客户握手道别，陪同送行至本单位楼下或大门口，送客户坐上车，再与其握手言别，并使用谦辞“请慢走”“再见”等词语与其告别，目送客户远去。如果与其握手言别，并使用谦辞“请慢走”“再见”等词语与其告别，目送客户远去。如果客户是外地来的，应提前为之预定返程车票等，送行时可陪同其一同前往机场、码头或车站。如有需要可以向客户赠送礼品，礼品最好能体现出“礼轻情意重”。

## 任务实训

### 一、任务说明

教师做好示范，指导学生以小组为单位进行分情景角色扮演，使得学生具备成功接待不同客户的能力。

情景一：王先生计划购置一套学区房，咨询贷款信息，作为银行职员如何接待客户？

情景二：一位企业家到银行谈业务，客户经理提前安排他与行长当天下午三点见面，客户经理应如何接待？

情景三：各小组创设情景进行客户接待角色扮演。

### 二、任务评价

实训任务评价见表5－5。

**表5－5　　实训任务评价表**

| 考核项目 | 考核标准 | 得分 |
|---|---|---|
| 职业素养（20分） | 1. 按时出勤，课堂表现好（5分） | |
| | 2. 仪容仪表规范（5分） | |
| | 3. 具备客户服务管理能力（5分） | |
| | 4. 具备良好的团队合作精神（5分） | |
| 思政建设（20分） | 1. 坚持以人为本、团结协作、诚实守信的原则（10分） | |
| | 2. 弘扬爱岗敬业的工匠精神（10分） | |
| 技能要求（60分） | 能够正确使用接待礼仪，尊重客户，提高客户满意度（60分） | |
| 合计 | | |

## 任务小结

本任务围绕商业银行从业人员接待礼仪，理论知识分接待前准备工作、接待过程两个环节展开。接待过程包括迎接客户、引导客户、接待客户、送别客户等。实训任务通过创设情景，以学生角色扮演的方式进行任务实训，培养学生树立服务意识，形成职业行为，养成职业素养。

# 任务6　商业银行从业人员拜访礼仪

## 任务要求

银行工作职员小孙今天要去客户王先生家里拜访。请你模拟小孙的此次拜访。

要求：分组由学生饰演里面的角色，抽选准备较好的小组上台表演。表演结束后由全班同学进行讨论，最后得出最佳的结论。

## 必备知识

商业银行从业人员在拜访客户时，一定要注重礼仪，尊重客户。在拜访前、拜访过程、拜访结束都应该严格按照拜访礼仪进行拜访，给客户留下良好的银行形象。

### 一、拜访前准备

#### （一）事先约定拜访时间

与客户约定好拜访的时间是第一步，不能贸然拜访，要以客户的时间为准，充分尊重客户。在见面前给客户留下较好的印象，有助于拜访顺利进行。

#### （二）准备好完整的资料和名片

拜访客户前，一定要核对好需要携带的资料是否齐全，然后按顺序将资料整理好，以免需要时手忙脚乱，这会给客户留下不够专业的印象。名片要放在最方便拿出的位置以便递给客户。

#### （三）注意个人形象

去见客户时穿着要大方得体，注意仪容仪表礼仪，给客户留下良好的印象。

#### （四）遵守时间观念

一定要在与客户约定好的时间内到达指定地点，可以提前几分钟到达，给客户留下好印象。

## 二、拜访过程

### （一）握手礼仪

在见到客户时，应主动与客户握手，注意双手的清洁，握手时把握好力度，不应太用力，也不能显得软弱无力，力度要恰到好处。如果客户是女性，银行员工是男性，就不能主动与客户握手，而应等客户先伸手，在这之前可以用微笑代替。

### （二）谈话技巧

注意谈话技巧可以起到事半功倍的效果，在交谈过程中，银行工作人员应使自己的谈话内容和方式合理，让客户感到舒服，这样，客户才会愿意交谈下去。否则，客户会很快觉得厌烦。因此，作为银行工作人员，要注意语言艺术。

### （三）拜访时间

拜访时应简单明了说明来意，逗留时间不宜过长，一般以不超过半小时为宜。

## 三、拜访结束

拜访结束时，应起身感谢客户，走出客户门外时，再次向客户挥手告别。

# 任务实训

## 一、任务说明

教师做好示范，指导学生以小组为单位进行角色扮演，使得学生具备拜访客户的能力。

情景一：作为某银行职员，即将要去拜访一位重要的新客户吴先生。请问在拜访客户前要做哪些准备？在拜访过程中应遵循什么礼仪？应注意哪些问题？

要求：针对此情景，分小组角色扮演。

情景二：某银行客户经理张先生，准备去拜访某公司经理王先生。事先约定拜访时间是本周三上午十点。事先准备好了有关的资料、名片，并对该公司及王先生进行了解。拜访前银行工作人员对自己的仪容、仪表进行了精心、得体的修饰。到了周三，张经理提前五分钟到达该公司。在与王先生的交谈过程中，张经理简明扼要地表达了拜访的来意，交谈中能始终紧扣主题，给王先生留下了很好的印象，最终促成了合作。

要求：分小组讨论银行客户经理张先生哪些方面做得比较成功，最终促成合作？

## 二、任务评价

实训任务评价见表 5－6。

表 5－6　　实训任务评价表

| 考核项目 | 考核标准 | 得分 |
|---|---|---|
| 职业素养（20 分） | 1. 按时出勤，课堂表现好（5 分） | |
| | 2. 仪容仪表规范（5 分） | |
| | 3. 具备客户服务管理能力（5 分） | |
| | 4. 具备良好的团队合作精神（5 分） | |
| 思政建设（20 分） | 1. 坚持以人为本、诚实守信的原则（10 分） | |
| | 2. 弘扬爱岗敬业的工匠精神（10 分） | |
| 技能要求（60 分） | 能够掌握恰当的拜访时机，能以正确的言谈举止拜访客户（60 分） | |
| 合计 | | |

## 任务小结

本任务围绕商业银行从业人员拜访礼仪，拜访客户前事先预约，不做不速之客；约好时间如期而至，不做失约之客；做好拜访前准备，不做仓促之客；衣冠整洁，不做邋遢之客；举止文明、谈吐得体，不做粗俗之客；惜时如金，适时告辞，不做难辞之客。

## 课后任务

### 一、单项选择题

1. 拜访客户与客户交流时，男性的不正确坐姿是（　　）。

A. 两膝平整　　B. 膝顶部分开 1～2 个拳头的距离

C. 两手在膝上轻轻地重叠　　D. 脚尖与脚跟齐平一致

2. 拜访客户与客户交流时，女性的坐姿要求是（　　）。

A. 背不要靠紧座背，要保持一个拳头的距离

B. 挺起脊背，两手在膝上轻轻地重叠

C. 把靠内侧的腿稍微向后略偏

D. 以上全是

3. 拜访的合宜时间是在（　　）。

A. 刚上班时　　B. 午休时

C. 下班时　　D. 工作告一段落，休息时间

4. 以下不符合递名片的方法是（　　）。

A. 以双手递名片

B. 递名片时字体要向着自己

C. 要主动介绍名字中的生僻字

D. 站立交换名片，把名片放在左手心置于腰际边缘

5. 拜访时要注意仪容形象的修饰，其中特别强调的是（　　）。

A. 对衣着的修饰　B. 对头发的修饰　C. 对装容的修饰　D. 对佩饰的修饰

二、多项选择题

1. 整个客户接待流程是银行从业人员初次接触客户和贯穿整个业务拓展的必要环节，客户接待流程的实施要达到以下目的？（　　）

A. 充分展现“客户第一”的服务理念

B. 要从建立客户信心入手，为销售服务奠定基础

C. 通过专业热情服务消除客户的疑虑，为接待客户做好准备

D. 通过良好的沟通，争取客户业务拓展和提高客户转介绍成功率

2. 客户来到银行大厅咨询业务，银行大堂职员应该如何接待客户？（　　）

A. 热情迎接客户，询问客户来访目的

B. 及时递上名片，简短自我介绍并请教客户尊姓大名，询问客户来访目的

C. 与客户同行人员一一打招呼

D. 引导客户就座

3. 客户离开时，银行从业人员应如何应对？（　　）

A. 放任客户自行离开

B. 放下手中其他事务，送客户至大厅门外

C. 感谢客户光临，并诚恳邀请再次惠顾

D. 目送客户离开，直至客户走出视线范围，挥手告别

4. 客户提问时，银行从业人员应如何回应？（　　）

A. 用心倾听客户问题，以保证正确理解

B. 耐心解答，提供客户所需信息

C. 询问客户对自己的回复是否满意

D. 对客户的疑问点进行补充完善

5. 下列哪些倾听属于真正意义上的倾听？（　　）

A. 听而不闻　B. 有选择的倾听

C. 专注的倾听　D. 积极的倾听

三、判断题

1. 商务场合称呼要庄重、正式、规范、得体。（　　）

2. 银行客户为某局副局长张三，去拜访时候称呼人家为“张局长”较为合适。（　　）

3. 称呼女客户为女士或小姐均可，没什么区别。（　　）

4. 合理的称呼能表现礼仪，当不知道对方性别时，不能乱喊，可用职业称呼。（　　）

5. 知道客户职务，在正式场合可以称呼其职务，可以在职务前加姓氏或职务前加

入姓名。 （ ）

**四、实务题**

1. 实训同学分组结对，分别互相指导、互相检查对方的着装、化妆、服饰等仪容仪表，并按规定要求评定。

2. 学习男士领带的打法。

3. 每位同学对着镜子进行微笑演练，直到自己最满意为止。

4. 每位同学自学鞠躬礼仪，相互之间进行点评。

5. 同学之间互相演练各种场合下的语言技巧。

# 模块二　商业银行核心岗位业务实务

# 项目6 大堂经理业务实务

## 学习目标

【知识目标】

1. 掌握商业银行发展历程；
2. 掌握商业银行从业人员行为准则；
3. 掌握大堂经理接待和送别客户的操作；
4. 掌握大堂经理引导客户的方法；
5. 掌握大堂经理营销转介的方法；
6. 掌握智慧银行机具操作技巧。

【能力目标】

1. 能应用所学知识完成引导客户业务处理；
2. 能完成营销转介绍业务受理等工作；
3. 能熟练操作智慧银行机具。

【素质目标】

1. 提高学生计算机操作技能；
2. 提高学生的业务处理能力；
3. 树立良好的思维，重视服务营销的好习惯。

【思政目标】

1. 培养学生职业生涯发展自我意识；
2. 树立良好的职业理想和道德操守观念；
3. 培养积极自觉的学习态度和脚踏实地的工作作风。

## 课程思维导图

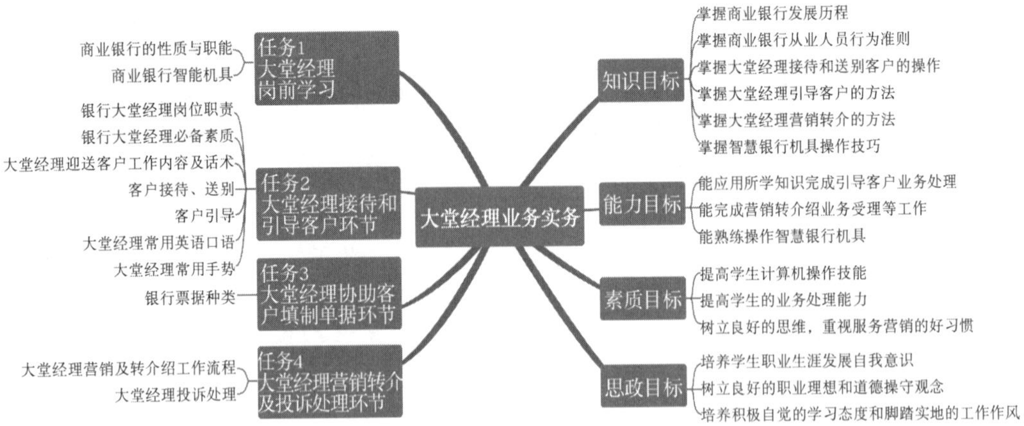


# 任务1 大堂经理岗前学习

## 任务要求

大堂经理是商业银行的基础核心岗位，掌握大堂经理岗位职业能力，首先要熟悉商业银行基础知识、从业人员行为准则以及商业银行智能机具的操作方法，请同学们了解商业银行的性质与职能和商业银行智能机具的种类及操作。

银行从业人员
职业操守与行为

## 必备知识

### 一、商业银行的性质与职能

#### （一）商业银行的性质

**1. 商业银行是企业**

商业银行与一般工商企业一样以营利为目的。商业银行具有从事业务经营所需要的自有资本，它依法自主经营、自负盈亏，以利润为目标，并以其全部法人财产对外承担责任。商业银行以利润最大化为目的。

**2. 商业银行是特殊企业**

商业银行又是不同于一般工商企业的特殊企业，其特殊性具体表现为经营对象的差异。工商企业经营的是具有一定使用价值的商品，从事商品生产和流通；而商业银行是以金融资产和金融负债为经营对象，经营的是特殊商品——货币和货币资本，经营内容包括货币收付、借贷以及各种与货币运动有关的或者与之相联系的金融服务。从社会再生产过程看，商业银行的经营是工商企业经营的条件。与一般工商企业的区别使商业银行成为一种特殊的企业——金融企业。

**3. 商业银行是特殊的金融企业**

商业银行既有别于国家的中央银行，又有别于专业银行和非银行金融机构。中央银行是国家的金融管理和金融体系的核心，具有很高的独立性，不对客户办理具体的信贷业务，不以营利为目的。专业银行和各种非银行金融机构只限于办理某一种和几种特定的金融业务，业务经营具有明显局限性。而商业银行的业务经营则具有广泛性和综合性，既经营“零售”业务，又经营“批发”业务，已成为业务触角延展广泛的“金融百货公司”和“万能银行”。

### （二）商业银行的职能

商业银行主要有四大基本职能：信用中介、支付中介、信用创造、金融服务。

**1. 信用中介**

信用中介是商业银行最基本、最能反映其经营活动特征的职能。该职能实质是通过银行的负债业务集中社会上的各种闲散货币，再通过资产业务把它投向经济各部门。商业银行作为货币资本的贷出者与借入者的中介人来实现资本的融通，并从吸收资金的成本与发放贷款的利息收入、投资收益的差额中获取利益收入，形成银行利润。商业银行通过信用中介的职能实现资本盈余和短缺之间的融通，并不改变货币资本的所有权，改变的只是货币资本的使用权。

**2. 支付中介**

商业银行执行着货币经营业的职能。通过存款在账户上的转移，代理客户支付，在存款的基础上，为客户兑付现款等，成为工商业团体和个人的货币保管者、出纳和支付代理人。以商业银行为中心，形成经济过程中无始无终的支付链条和债权债务关系。

**3. 信用创造**

商业银行在信用中介职能和支付中介职能的基础上，产生了信用创造职能。商业银行是唯一能够吸收各种存款和用其所吸收的各种存款发放贷款的金融机构，在支票流通和转账结算的基础上，贷款又转化为存款，在这种存款不提取现金或不完全提现的基础上，就增加了商业银行的资金来源，最后在整个银行体系，形成数倍于原始存款的派生存款。商业银行以信贷活动创造和收缩活期存款，而活期存款是构成货币供给量的主要部分，因此，商业银行就可以把自己的负债作为货币来流通，具有了信用创造功能。

**4. 金融服务**

商业银行由于联系面广，信息比较灵通，特别是科技在银行业务中的广泛应用，使其具备了为客户提供信息服务的条件，企业“决策支援”等服务应运而生。工商企业生产和流通专业化的发展，又要求把许多原来的属于企业自身的货币业务转交给银行办理，如发放工资、代理支付其他费用等。个人消费也由原来的单纯钱物交易，发展为转账结算和个人金融服务，如银行卡消费、个人理财服务等。现代化的社会生活，从多方面给商业银行提出了金融服务的要求。在激烈的业务竞争下，各商业银行也不断开拓服务领域，通过金融服务业务的发展，进一步促进资产负债业务的扩大，并把资产负债业务与金融服务结合起来，开拓新的业务领域。因此，在现代经济生活中，金融服务已成为商业银行的重要职能。

## 二、商业银行智能机具

目前在商业银行中使用比较广泛的智能机具是 VTM 和 STM，分别为远程视频智慧柜员机和可移动智慧柜员机。智慧柜员机几乎已成为众多银行的标配，是银行网点智能化改造的重要产物，智慧柜员机在提高服务效率方面发挥了重大作用。

# 任务实训

## 一、任务说明

大堂经理协助客户自助开卡环节需要引导客户至自助开卡区域，完成现场核查、身份核验、卡种选择、留存影像、写卡信息、设置密码、提示客户取卡工作。要求按步骤开启任务并完成业务。

## 二、任务实操

第一步，引导客户至自助开卡区域后，现场核查客户的开卡需求。见图6－1。

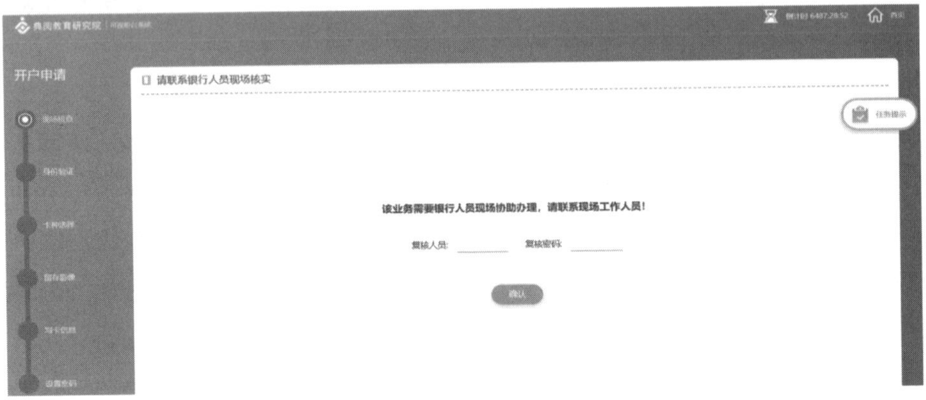


图 6－1　自主开卡区

第二步，身份核验，以防他人代开银行。见图 6－2。

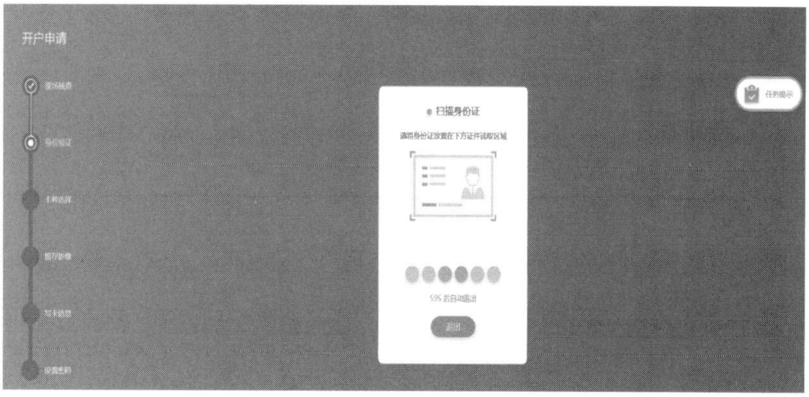


图 6－2　身份核验

第三步，卡种类型选择及对应功能开通。见图 6－3。

图 6－3　卡种类型选择

第四步，远程柜员进行身份核实并留存影像。

第五步，填写银行卡信息。见图 6－4。

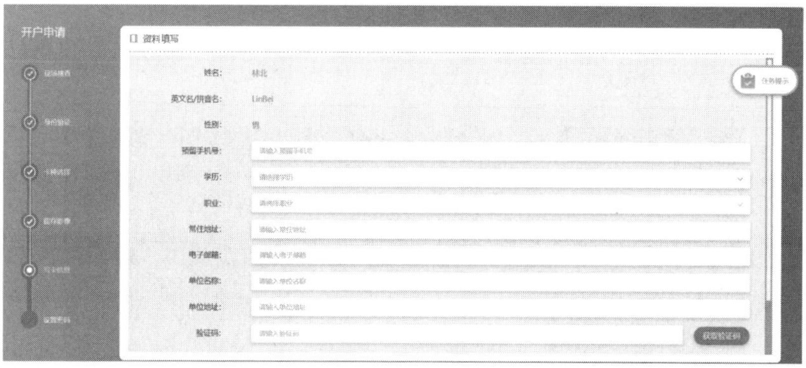


图 6－4　信息填写

第六步，设置银行卡密码。

第七步，开卡成功，提示客户取走卡片。

## 三、任务评价

实训任务评价见表 6－1。

表 6－1　　实训任务评价表

| 考核项目 | 考核标准 | 得分 |
|---|---|---|
| 职业素养（20 分） | 1. 按时出勤，课堂表现好（5 分） | |
| | 2. 仪容仪表规范（5 分） | |
| | 3. 具备客户服务管理能力（5 分） | |
| | 4. 具备良好的团队合作精神（5 分） | |
| 思政建设（20 分） | 1. 坚持以人为本、诚实守信的原则（10 分） | |
| | 2. 弘扬爱岗敬业的工匠精神（10 分） | |
| 技能要求（60 分） | 能够掌握商业银行基础知识和银行从业人员行为准则以及银行智慧机具操作方法（60 分） | |
| 合计 | | |

### 任务小结

本任务介绍商业银行基础知识和银行从业人员行为准则以及银行智慧机具的种类和功能，课后同学们在掌握理论知识的前提下，可以通过角色扮演、实景演练、实训练习的方式掌握银行智慧机具操作方法。

# 任务 2　大堂经理接待和引导客户环节

### 任务要求

请登录银行业务综合技能仿真实训平台（见图 6－5），完成大堂经理接待、引导客户环节实训。

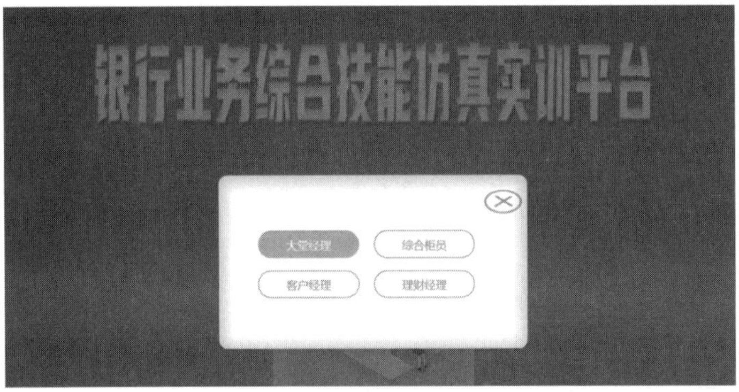


图 6－5　大堂经理登录界面

## 必备知识

### 一、银行大堂经理岗位职责

银行大堂经理的重要作用主要表现在建立和维护客户关系上，如接待引导客户、解答客户咨询、了解客户特殊需求、注意目标客户、留意客户交易习惯、满足重点客户特殊需求、处理客户不满以及为客户办理离柜业务等。

具体而言，大堂经理的岗位职责包括如下11方面内容：

一是服务管理。严格按照规定，协助网点负责人对本网点的优质服务情况进行管理和督导，及时纠正违反规范化服务标准的现象。

二是迎送客户。热情、文明地对进出网点的客户迎来送往，从客户进门时起，大堂经理应主动迎接客户，询问客户需求，对客户进行相应的业务引导。

三是业务咨询。热情、诚恳、耐心、准确地解答客户的业务咨询。

四是差别服务。识别高、低端客户，为优质客户提供贵宾服务，为一般客户提供基础服务。

五是产品推介。根据客户需求，主动客观地向客户推介、营销我行先进、方便、快捷的金融产品和交易方式、方法，为其当好理财参谋。

六是低柜服务。有条件的营业网点依据个人客户提供的有关证明资料，办理个人客户的冻结、解冻和挂失、解挂等非现金业务。

七是收集信息。利用大堂服务阵地，广泛收集市场信息和客户信息，充分挖掘重点客户资源，记录重点客户服务信息，用适当的方式与重点客户建立长期稳定的关系。

八是调解争议。快速妥善地处理客户提出的批评性意见，避免客户与柜员发生直接争执，化解矛盾，减少客户投诉。对客户意见和有效投诉的处理结果在规定时间内及时回复。

九是维持秩序。保持整洁的卫生环境；负责对网点的标识、利率牌、宣传牌、告示牌、机具、意见簿、宣传资料、便民设施等整齐摆放和维护；维持正常的营业秩序，提醒客户遵守“一米线”，根据柜面客户排队现象，及时进行疏导，减少客户等候时间；密切关注营业场所动态，发现异常情况及时报告，维护银行和客户的资金及人身安全。

十是工作要求。大堂经理必须站立接待客户（可坐下与客户谈业务），做到眼勤、口勤、手勤、腿勤，穿梭服务于客户之间；要记载好工作日志（履行基本职责情况）和客户资源信息簿（重点客户情况）；因故请假，各行应安排称职人员顶替，不得空岗。

十一是定期报告。定期归纳分析市场信息、客户信息、客户需求及客户对本网点产品营销、优质服务等方面的意见，提出改进的建议，以书面形式每月向主管行长和网点负责人报告一次（遇重大问题随时报告）。对大堂经理反映的问题，行领导和网点负责人应及时研究，并采取有针对性的措施加以解决。

## 二、银行大堂经理必备素质

要有很高的工作热情，能爱岗敬业，要熟练掌握各种业务，要有亲和力，具备处理应急事件、调节内外的能力以及与客户沟通的能力。必须具备一定的文化修养，懂得业务知识。最关键的是要懂得理解客户的需求，处理好柜员与各个部门、客户之间的矛盾，要把柜台矛盾在第一时间处理到位。

## 三、大堂经理迎送客户工作内容及话术

迎接客户并主动帮助客户刷卡取号，客户没有携带相关证件或不愿意刷卡，大堂经理可代为人工取号。话术：“您好，欢迎光临，请问您要办理什么业务……我来帮您取号。”

客户离开时，微笑，目光注视客户，道别。对 VIP 客户，要送至网点大门口并道别：“谢谢！欢迎再来，再见！”

## 四、客户接待、送别

一楼大堂经理 2 人，互为 A、B 角。二楼大堂经理 2 人，互为 A、B 角。

当每层楼一名大堂经理引导客户办理业务时，另一名大堂经理应迅速补充至迎接客户的第一接待位。客户数量较多时，应根据实际情况与相关客户经理或柜台人员进行互动。必须时刻保证在每层楼的第一接待位，有人值守。

一楼接待位为进门大堂台前，两名大堂经理同时就位，同时该处为第一接待位。见图 6－6。

图 6－6　大堂经理接待位

客户接待流程如图 6 –7 所示：

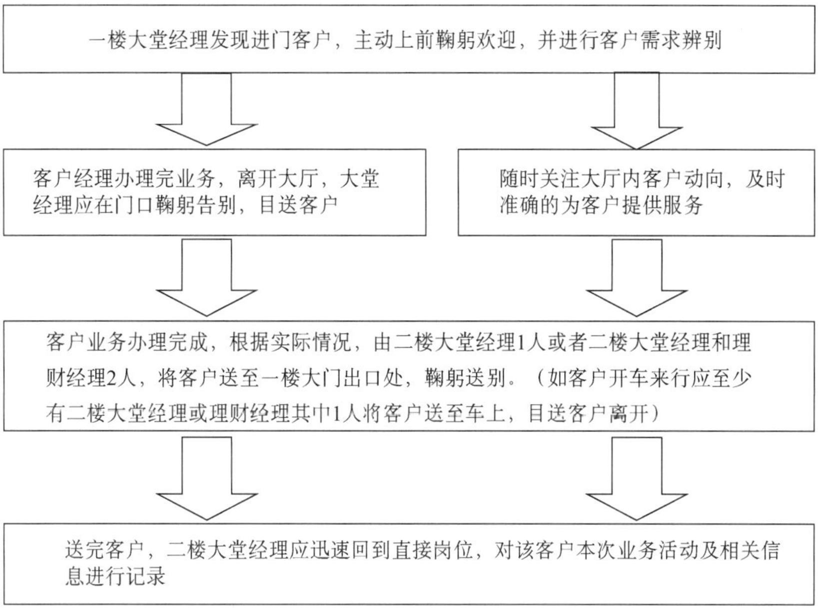


图 6 –7 客户接待流程

## 五、客户引导

### （一）快速查看客户卡/折/身份证信息

帮助客户取号过程中，快速浏览客户提供的卡/折/身份证等显示的客户主要信息，对于持卡存取现客户，尽可能分流至自助渠道办理。

### （二）识别客户

手持 PDA 终端会提示客户相关信息（部分银行没有此设备），大堂经理根据提示信息及时识别客户类别，关注中高端客户需求，实施分层服务。对于没有开立账户的客户，注意观察客户的交通工具、衣着言行举止，结合客户办理的业务种类等识别低、中、高端客户。

### （三）引导分流

引导客户至相关预处理终端，管理并维护“网点客户信息预处理终端”，指导客户填写相关电子表格或纸质凭证，预先办理相关业务。引导和分流客户至相关柜台、理财经理办公室、自助服务区办理业务。

## 六、大堂经理常用英语口语

大堂经理常用英语

大堂经理常用英语包括日常接待、开立账户、办理存取款、货币兑换以及如何使用自助柜员机等。详见右侧二维码。

## 七、大堂经理常用手势

大堂经理常用手势

手语指用手势比量动作，根据手势的变化模拟形象或者音节以构成一定意思或词语。

# 任务实训

## 一、任务说明

大堂经理接待环节需要完成客户接待、协助取号、回答客户质询、接待引导工作。要按步骤开启任务并完成业务。

## 二、任务实操

第一步，接待客户。见图 6－8、6－9。

图 6－8　客户接待－了解客户需求

图 6－9　客户接待－办理客户业务

第二步，协助取号。

第三步，引导客户。

第四步，回答质询。见图 6－10。

**图 6－10　回答质询**

## 二、任务评价

实训任务评价见表 6－2。

**表 6－2　实训任务评价表**

| 考核项目 | 考核标准 | 得分 |
|---|---|---|
| 职业素养（20 分） | 1. 按时出勤，课堂表现好（5 分） | |
| | 2. 仪容仪表规范（5 分） | |
| | 3. 具备一定的组织协调能力（5 分） | |
| | 4. 具备良好的团队合作精神（5 分） | |
| 思政建设（20 分） | 1. 具备吃苦耐劳的精神（10 分） | |
| | 2. 具备严谨科学、求真求实的学习态度和工作作风（10 分） | |
| 技能要求（60 分） | 熟悉大堂经理迎送客户内容及工作话术，能熟练掌握大堂经理常用英语口语及常用手语（60 分） | |
| 合计 | | |

## 任务小结

本任务介绍了大堂经理接待引导工作流程及该环节所需要的专业知识和素养，同学们在掌握理论知识的前提下可通过角色扮演、实景演练、顶岗实习的方式实操接待、引导业务流程。

# 任务3　大堂经理协助客户填制单据环节

## 任务要求

了解银行大堂经理工作常见单据类型，掌握单据填制要点及注意事项。

## 必备知识

### 一、银行票据种类

#### （一）银行汇票

银行汇票是出票银行签发的，由出票行在见票时按照实际结算金额无条件支付给收款人或者持票人的票据。银行汇票的出票银行为银行汇票的付款人。

汇票根据承兑人不同可分为银行承兑汇票和商业承兑汇票。

**1. 银行承兑汇票**

银行承兑汇票是由出票人签发的，由银行承兑的，委托付款人在指定日期无条件支付确定的金额给收款人或者持票人的票据。

银行承兑汇票的出票人必须具备下列条件：

（1）在承兑银行开立存款账户的法人以及其他组织；

（2）与承兑银行具有真实的委托付款关系；

（3）资信状况良好，具有支付汇票金额的可靠资金来源。

**2. 商业承兑汇票**

商业承兑汇票是由出票人签发的，由银行以外的付款人承兑，委托付款人在指定日期无条件支付确定的金额给收款人或者持票人的票据。

#### （二）银行本票

银行本票是银行签发的，承诺自己在见票时无条件支付确定金额给付款人或者持票人的票据。单位和个人在同一票据交换区域（通常说的同城）需要用以支付各种款项的，均可以使用银行本票。银行本票可以用以转账，注明“现金”字样的银行本票可以用于支取现金。

银行本票见票即付，可以用来支取现金，也可以用于转账，但银行本票仅限于在同城范围的商品交易、劳务供应及其他款项结算。

#### （三）支票

支票是出票人签发的，委托办理支票存款业务的银行或者其他金融机构在见票时无条件支付确定的金额给收款人或者持票人的票据。

支票上印有“转账”字样的为转账支票，转账支票只能用于转账；支票上印有“现金”字样的为现金支票，现金支票只能用于支取现金；支票上未印有“现金”或“转账”字样的为普通支票，普通支票可以用于支取现金，也可以用于转账，在普通支票左上角划两条平行线的，为划线支票，划线支票只能用于转账，不得支取现金。

## 任务实训

### 一、任务说明

大堂经理协助客户填制单据环节需要完成引导客户至填制单据区域、填制单据、审核单据业务，要按步骤开启任务并完成业务。

### 二、任务实训

第一步，引导客户至填制单据区域，询问客户需求及引导。见图 6－11 和 6－12。

图 6－11 询问客户需求

图 6－12 引导客户至填单区域

第二步，填制单据。见图 6－13～6－17。

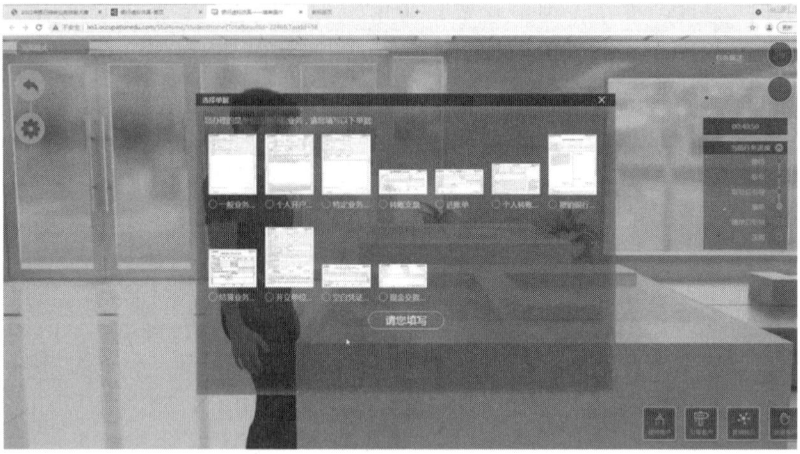


图 6－13　具体业务填单清单

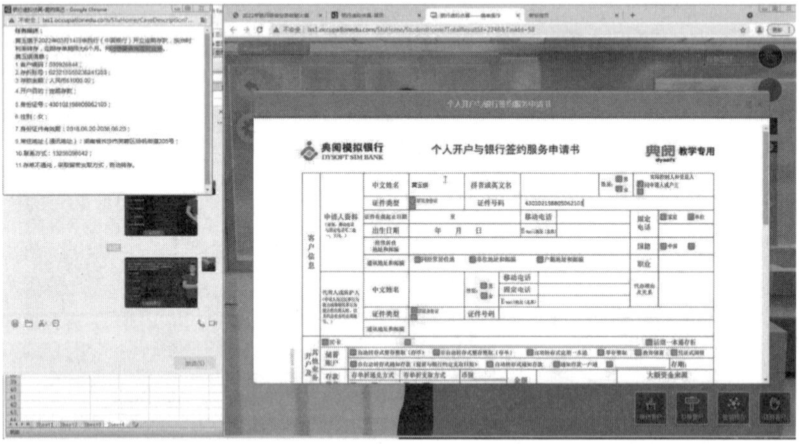


图 6－14　填单—个人开户与银行签约服务申请书

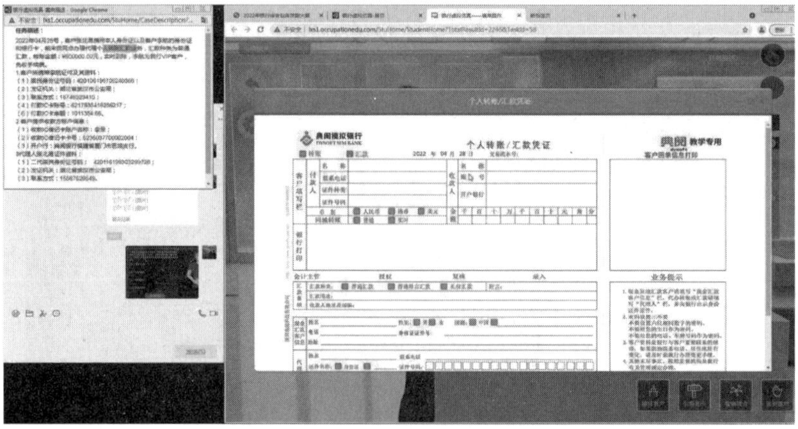


图 6－15　填单—个人转账/汇款凭证

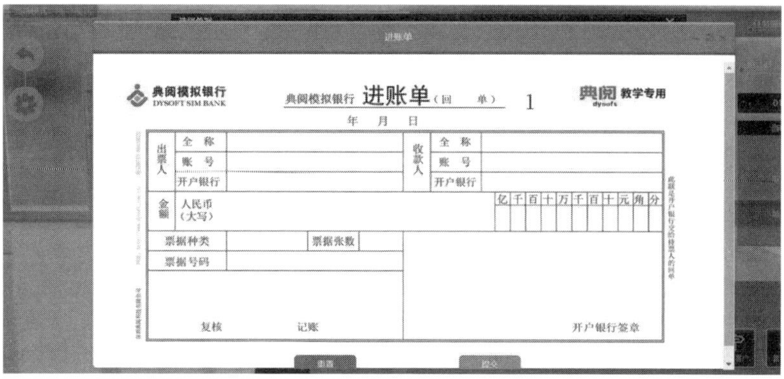


图 6－16 填单—进账单

图 6－17 填单 转账支票

此外还需填写开立单位银行结算账户申请书。

第三步，审核单据。

## 三、任务评价

实训任务评价见表 6－3。

表 6－3 实训任务评价表

| 考核项目 | 考核标准 | 得分 |
|---|---|---|
| 职业素养（20 分） | 1. 按时出勤，课堂表现好（5 分） | |
| | 2. 仪容仪表规范（5 分） | |
| | 3. 具备一定的组织协调能力（5 分） | |
| | 4. 具备良好的团队合作精神（5 分） | |

续表

| 考核项目 | 考核标准 | 得分 |
|---|---|---|
| 思政建设（20 分） | 1. 具备吃苦耐劳的精神（10 分） | |
| | 2. 具备严谨科学、求真求实的学习态度和工作作风（10 分） | |
| 技能要求（60 分） | 熟悉单据填写规范，能够熟练引导客户填写单据，并独立完成单据审核（60 分） | |
| 合计 | | |

### 任务小结

本节内容帮助学生了解银行常见单据类型及填制注意事项，学生需结合实训平台任务要求巩固各类单据填写方法和要点。

## 任务 4　大堂经理营销转介及投诉处理环节

### 任务要求

了解银行大堂经理营销转介和投诉处理的工作流程，进入实训平台完成相关实训任务。

请同学们分组，扮演大堂经理和客户角色，演练大堂经理迎送客户、引导及营销转介客户和处理客户投诉的流程。

### 必备知识

#### 一、大堂经理营销及转介绍工作流程

##### （一）发现客户

通过客户信息以及营销信息发布区的停留客户等，快速发现营销目标客户。

##### （二）介绍产品

向客户递送产品宣传折页，站在客户的角度向客户介绍产品的特点及优势，实现产品销售。

##### （三）协助完成业务办理

对于成功挖掘产品需求的客户，引领至相关业务柜台，办理产品购买手续。对于成功分流到自助服务区的客户，大堂经理协助或指导客户完成业务办理。

对于新开通网上银行、手机银行服务的客户，引导客户至网上银行、手机银行自助服务体验区进行首次登录、修改密码，帮助客户熟悉和使用网上银行、手机银行服务

功能。

### （四）介绍电子渠道

向客户递送自助设备、网上银行、手机银行宣传折页，介绍电子渠道的快捷、便利、费率优惠等优势，推荐客户通过电子渠道办理业务。

### （五）个人中高端客户转介

对资产量达到中高端客户标准的客户，及时向理财经理转介。

### （六）公司金融客户转介

话术："您好，让我为您介绍我们的 ** 公司理财经理，他曾经帮助很多像您这样的企业主，满足他们的业务需求，您看可以吗？"

## 二、大堂经理投诉处理

### （一）接待客户

大堂经理应第一时间报出自己的姓名及工号，然后尽量引导客户离开现场到休息室、理财服务区或比较安静的地方，并适时有主管人员接洽，以示重视和尊重。

### （二）聆听

耐心聆听客户陈述，并详细记录客户投诉内容。

### （三）确认投诉内容

当客户讲完后，先对未能满足客户要求以及产生的误会表示歉意，减少客户的怨气。

### （四）提供解决方案

在了解客户意图后，以最快的速度为客户解决烦恼，让客户随时知道投诉处理工作进展情况。如不能马上解决，要告知客户原因，并将自己的名片递交客户，告诉客户会尽快给予回复。

# 任务实训

## 一、任务说明

大堂经理营销及转介环节还需要完成客户风险评估、资产保全管理等业务。

## 二、任务实训

根据客户兴趣和偏好向客户推荐个人贷款、理财产品、信用卡、贵金属、ETC 安装等业务，根据业务类别不同将客户引导至相应业务办理区域。

## 三、任务评价

实训任务评价见表6－4。

表6－4　　实训任务评价表

| 考核项目 | 考核标准 | 得分 |
| --- | --- | --- |
| 职业素养（20分） | 1. 按时出勤，课堂表现好（5分） | |
| | 2. 仪容仪表规范（5分） | |
| | 3. 具备一定的组织协调能力（5分） | |
| | 4. 具备良好的团队合作精神（5分） | |
| 思政建设（20分） | 1. 具备吃苦耐劳的精神（10分） | |
| | 2. 具备严谨科学、求真求实的学习态度和工作作风（10分） | |
| 技能要求（60分） | 熟悉大堂经理营销及转介工作内容，能熟练完成大堂经理客户营销和转介流程以及演示如何应对客户投诉的处理（60分） | |
| 合计 | | |

## 任务小结

本任务帮助同学们了解了大堂经理营销及转介绍工作内容，在进行大堂经理业务过程中需要掌握职业礼仪，做好日常交际礼仪、客户接待礼仪和客户服务礼仪以及投诉处理。

## 课后任务

### 一、单项选择题

1. 根据填写出票日期的基本规定，1月15日的正确写法为（　　）。

A. 零壹月壹拾伍日　　B. 壹月壹拾伍日

C. 壹月拾伍日　　D. 壹月零拾伍日

2. 根据填写出票日期的基本规定，11月30日的正确写法为（　　）。

A. 壹拾壹月零叁拾日　　B. 拾壹月零叁拾日

C. 拾壹月叁拾日　　D. 零壹拾壹月叁拾日

### 二、多项选择题

1. 银行凭证填写规范包括哪些？（　　）

A. 金额大、小写不准更改　　B. 大写金额前面不留空白

C. 金额小写前加“￥”符号封头　　D. 金额大写后面加“整”字

2. 大堂经理营销及转介绍工作流程（　　）。

A. 发现目标客户　　B. 介绍产品

C. 协助完成业务办理　　D. 介绍电子渠道的益处

E. 个人中高端客户转介　　F. 公司金融客户转介

# 项目7 综合柜员业务实务

## 学习目标

【知识目标】

1. 了解综合柜员基本素质和基本规范；
2. 掌握综合柜员各项业务专业知识；
3. 熟悉综合柜员各项业务规定。

【能力目标】

1. 能熟练准确操作综合柜员各项业务；
2. 能理解综合柜员所需具备的综合素质。

【素质目标】

1. 培养学生细心、耐心的工作态度；
2. 提高学生的业务处理能力；
3. 提高学生的工作效率及时间分配能力。

【思政目标】

1. 提升学生吃苦耐劳的劳模精神；
2. 树立良好的职业道德操守和风险防范意识；
3. 培养严谨科学、求真求实的学习态度和工作作风。

## 课程思维导图

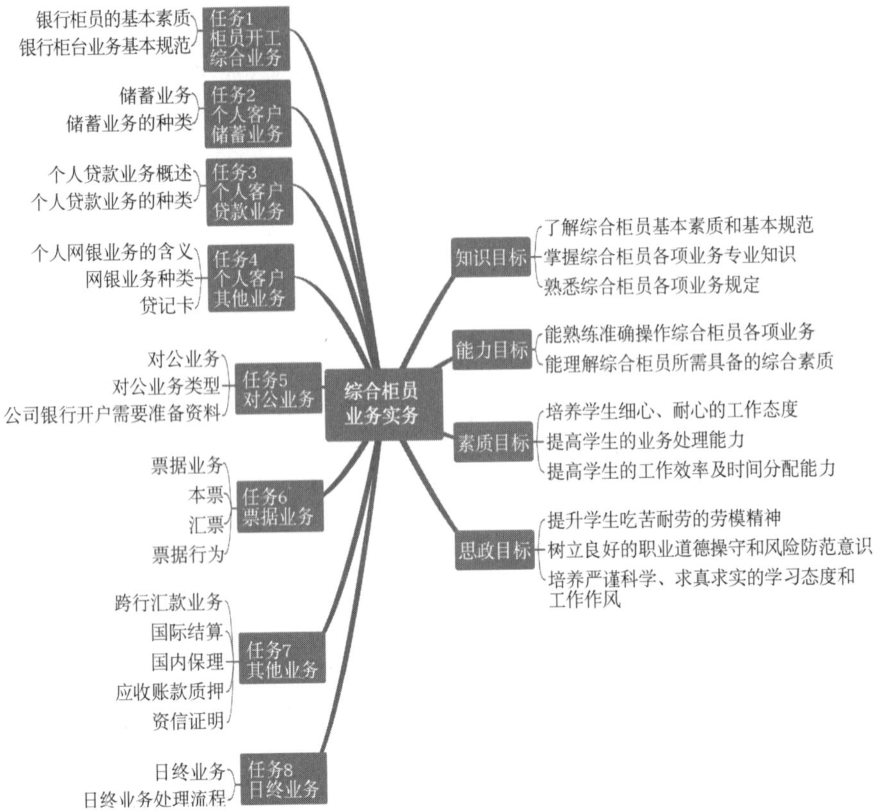


# 任务1　柜员开工综合业务

## 任务要求

请同学们登录综合柜员平台见图 7－1，完成综合柜员岗位开工综合业务。

图 7－1　综合柜员登录

# 必备知识

## 一、银行柜员的基本素质

### （一）银行柜员的基本素质要求

银行柜员要具备学习能力、工作速度与准确性、沟通与表达、吃苦耐劳和抗压力、服务意识和诚实守信等素质。

### （二）银行柜员素质的具体要求

1. 品德素质：忠于职守；严守信用；廉洁守法；竭诚服务；顾全大局。

2. 业务素质：银行专业基础知识；柜台业务基本知识和基本规定；专业基础技能（数字书写、点钞、传票、五笔、货币反假）；临柜营销能力；良好的效益观念与风险意识。

3. 心理素质：能从失败中迅速恢复；心理平衡；自信、自夸、自贬；感悟、感恩。

4. 礼仪规范：着装整洁、发型大方、装饰得体、仪容整洁、行为文明、举止端庄。

## 二、银行柜台业务基本规范

**案例：中国银行业柜面服务规范**

2009年7月7日，中国银行业协会为了进一步规范银行柜面的服务，制定了《中国银行业柜面服务规范》，并下发到各家银行。根据该规范，银行要设立大堂服务人员，客户到来时，应站于岗位，微笑迎接客户。做到“来有迎声，问有答声，走有送声”。柜员在接待客户时，应面带微笑，主动向前倾身或站立，规范接交客户的单据、证件、现金等物品，并要求双手接递。尤其是为了能够使得客户等待时间缩短，要求银行利用间歇才能处理轧账，且柜员轧账须在柜台无客户情况下进行，不应出现柜员为轧账或处理内部事务而随意停办业务的现象。

思考：银行柜台业务要遵循哪些规范？

### （一）一般柜台业务处理应遵循的基本规定

柜员必须根据合法、有效的原始凭证按照系统操作规定输入业务信息；柜员根据每笔业务的类型和核算要求必须选择正确交易码进行账务处理；每笔业务的办理，必须有账有据；一般业务先记账后复核，超过柜员操作限额的须当场授权；遵循业务处理顺序；柜员不得擅自取消和中断记账交易中正在打印的凭证，对柜面记账后产生的凭证、回单或文本进行妥善保管，并按不同用途及时分发处理；办理业务必须坚持一笔一清、台面理清、内外分清。

### （二）现金收付业务基本规范

（1）现金业务必须坚持“当日核对、双人管库、双人守库、双人押运、离岗必须查库”的原则，做到内控严密、职责分明。

（2）现金收付必须坚持“收入现金先收款后记账，付出现金先记账后付款”的原则。

（3）现金收付坚持收款当面点清、金额当面问清、钞券当面交清。

（4）现金清点必须在有效监控和客户视线以内进行。

（5）现金清点按“三先三后”程序操作，先点大数（卡捆卡把），后点细数；先点主币，后点辅币；先点大面额票币，后点小面额票币。

（6）柜员必须坚持“一日三碰库”制度。

（7）每日平账后，库房管理员应清点、核对各币种的库房现金。

（8）反洗钱。

## 任务实训

## 一、任务说明

认识平台界面和功能，并操作银行柜员开工综合业务。作为一名银行柜员，每日营业开始前必须进行日出业务处理后，方能进入其他零售业务处理。

## 二、任务实操

### （一）认识平台界面和功能

首先认识平台界面和任务界面，需要操作的任务都在任务界面里开启，点击绿色开锁图标，表示任务开启。平台界面见图7－2。

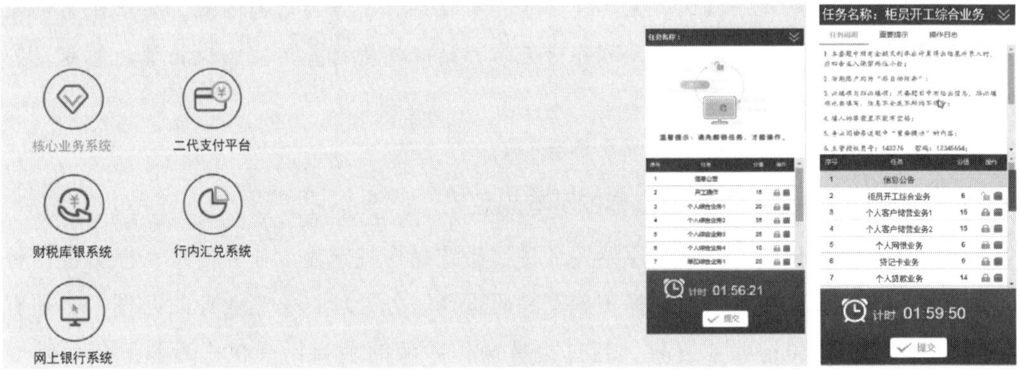


图7－2　平台界面和任务界面

在任务界面里查看任务说明以及重要提示见图7－3，每项任务都要查看是否有重要提示。

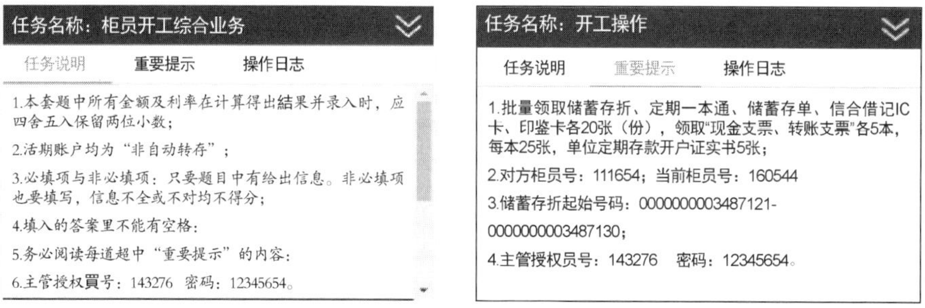


图 7-3 任务说明和重要提示

## （二）柜员开工综合业务

柜员开工操作是每日营业开始前需进行的准备操作，主要是现金及重要凭证出库。这一业务操作是在核心业务系统里。先点击“柜员现金调剂”，填写相关内容；然后进入凭证管理，凭证批量调剂进行相关操作，注意点击加号新增凭证类型；最后点击“提交”。现金出库和凭证出库见图 7-4 和图 7-5。

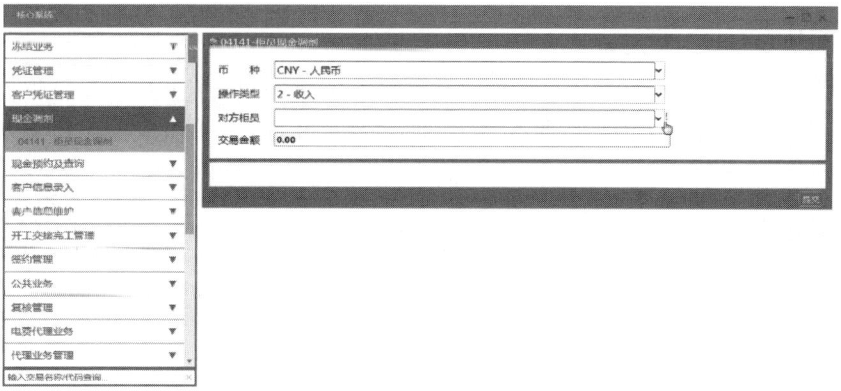


图 7-4 现金出库

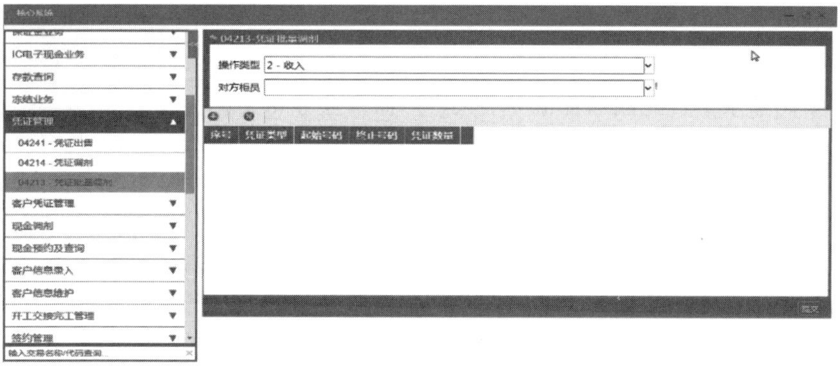


图 7-5 凭证出库

## 三、任务评价

实训任务评价见表 7－1。

表 7－1　实训任务评价表

| 考核项目 | 考核标准 | 得分 |
| --- | --- | --- |
| 职业素养（20 分） | 1. 按时出勤，课堂表现好（5 分） | |
| | 2. 仪容仪表规范（5 分） | |
| | 3. 具备一定的组织协调能力（5 分） | |
| | 4. 具备良好的团队合作精神（5 分） | |
| 思政建设（20 分） | 1. 具备吃苦耐劳的精神（10 分） | |
| | 2. 具备严谨科学、求真求实的学习态度和工作作风（10 分） | |
| 技能要求（60 分） | 熟悉银行综合柜员的综合素质要求和岗位基本规定，能熟练掌握银行柜员开工综合业务操作，准确无误的将现金及重要空白凭证进行出库操作（60 分） | |
| 合计 | | |

### 任务小结

本任务主要是银行柜员的开工综合业务操作。必备知识部分介绍了银行柜员的综合素质和岗位基本规定。实训环节要准确无误的将现金及重要空白凭证进行出库操作，这是柜员一天工作的开始。

### 拓展视野

柜员开工前的晨会。见右侧二维码。

用手机扫一扫了解更多信息

# 任务 2　个人客户储蓄业务

### 任务要求

请同学们登录平台完成综合柜员个人客户储蓄业务相关操作。

### 必备知识

## 一、储蓄业务

储蓄是指每个人或家庭把节约的钱存到银行的经济活动，是居民将暂时不用或结余的货币收入存入银行或其他金融机构的一种存款活动。它是信用机构的一项重要资金来源。

《商业银行法》第29条规定："商业银行办理个人储蓄存款业务，应当遵循存款自愿、取款自由、存款有息、为存款人保密的原则。"

## 二、储蓄业务的种类

个人储蓄业务包括：活期储蓄、整存整取定期储蓄、零存整取定期储蓄、存本取息定期储蓄、定活两便储蓄、个人通知存款、教育储蓄等类别。

### （一）人民币活期储蓄

人民币活期储蓄是指不规定存期，客户可随时存取、存取金额不限的一种储蓄方式。活期储蓄存款起存金额为1元。

### （二）人民币整存整取定期储蓄

人民币整存整取定期储蓄是指在存款时约定存款期限，一次存入本金，整笔支取存款本金和利息的储蓄方式。50元起存，多存不限，存款期限分为三个月、半年、一年、两年、三年和五年六个档次。

### （三）人民币零存整取定期储蓄

人民币零存整取定期储蓄是指在存款时约定存期，每月存入固定金额，到期支取本息的一种定期储蓄方式。存款起存金额为5元，每月存入一次，中途漏存，次月补齐。零存整取存款期限分为一年、三年和五年三个档次。

### （四）存本取息定期储蓄

存本取息定期储蓄是指一次存入本金，分次支取利息，到期支取本金的一种储蓄存款。起存金额为5000元，存款期限分为一年、三年和五年三个档次，客户凭存款凭证按约定的时间到银行支取利息，如客户需要提前支取本金，银行将扣回多支付的利息。

### （五）定活两便储蓄存款

定活两便储蓄存款是一种不确定存款期限，利率随存期长短而变动的一种介于活期和定期之间的储蓄方式，起存金额为50元。

### （六）个人通知存款

个人通知存款是指存款人在存入款项时不约定存期，支取时需提前通知营业机构，约定支取存款日期和金额方能支取的存款方式。本产品按存款人提前通知的期限长短分为一天通知存款和七天通知存款两个品种。一天通知存款必须提前一天通知约定支取存款，七天通知存款必须提前七天通知约定支取存款。个人通知存款的最低起存金额为5万元，款项需一次性存入，可以一次或分次支取，最低支取金额为5万元，账户最低余额为5万元。

### （七）教育储蓄

教育储蓄是根据国家的有关规定，开办的一种新型储蓄品种。教育储蓄为零存整取定期储蓄，凡在校小学四年级（含）以上的学生都可参加，采用实名制，到期支取时需提供学生所在学校开出的正在接受义务教育的证明。存期分为一年、三年和六年三个档次，起存金额为 50 元，每一账户本金合计最高限额 2 万元，每月存入固定金额，分月存入，中途漏存，应在次月补齐。

# 任务实训

## 一、任务说明

为个人客户进行相关储蓄业务操作，包括开户、存现、取现、销户等。有些客户需要核验身份后再进行业务办理，并不是所有客户都需要，要看清任务说明。

## 二、任务实操

第一步，核验身份。

首先开启任务，在核心业务系统里点击“客户信息维护”，点击“个人客户联网核查”。见图 7－6。

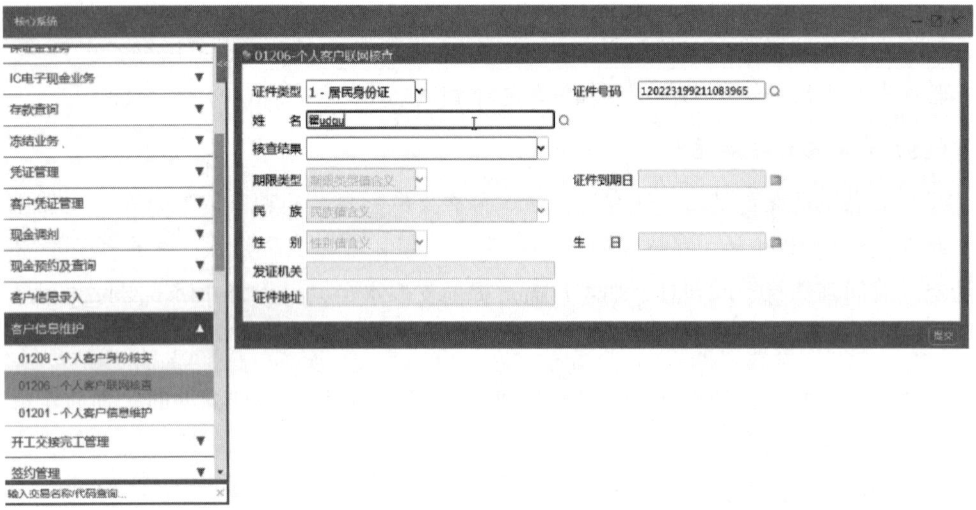


图 7－6　个人客户联网核查

第二步，开立账户。

根据任务说明进行账户开户，开立账户类型有可能不同，请根据任务说明操作。见图 7－7。

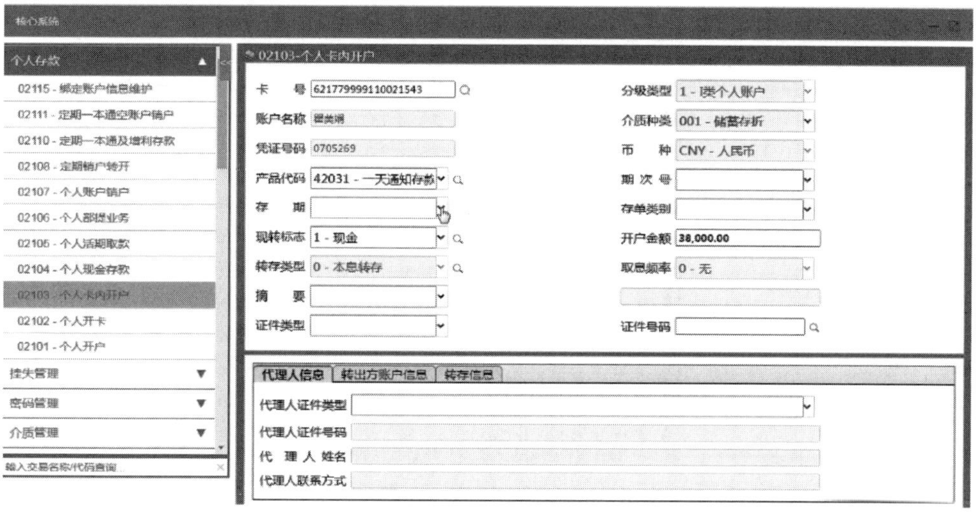


图 7－7　开立账户

第三步，开户并存现。

根据任务说明，在个人存款里进行个人开户并存现金操作。注意信息不能漏填。见图 7－8。

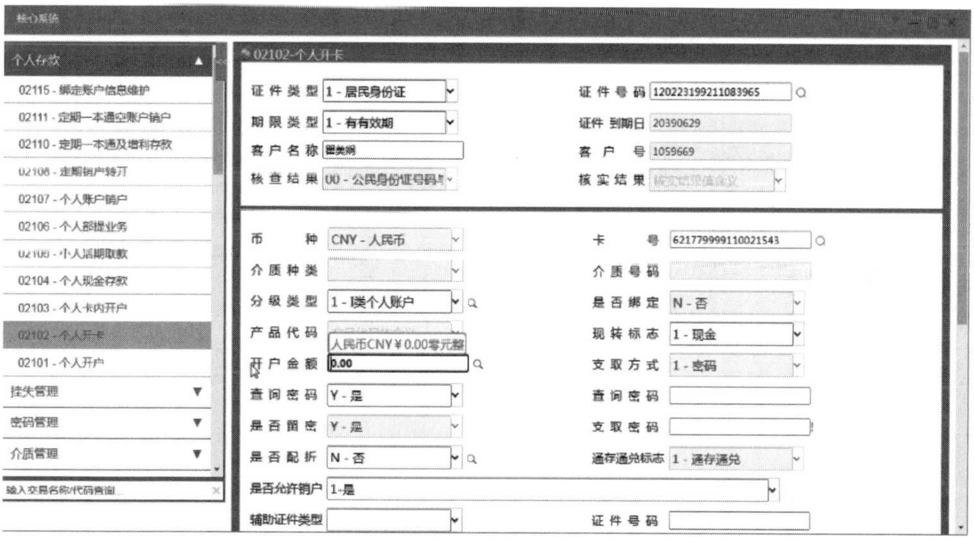


图 7－8　开户存现

第四步，个人部提业务。

个人定期存款未到期，可以部分提前支取，按照任务说明，为客户进行部提操作。见图 7－9。

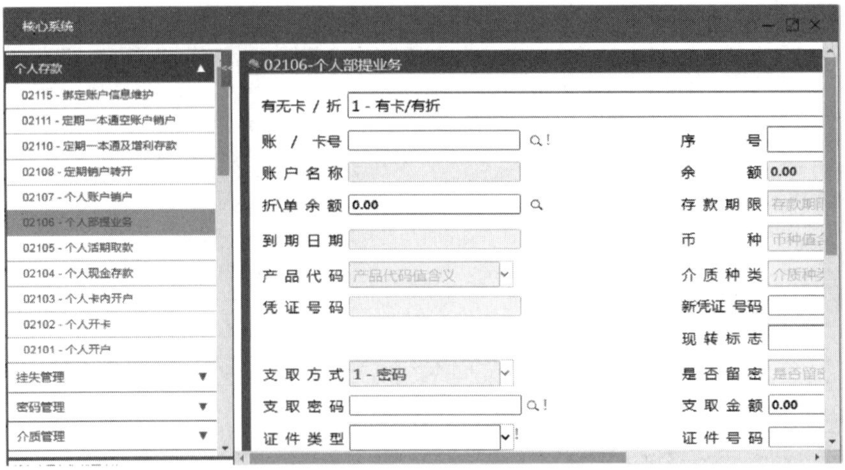


图 7－9　存款部提

第五步，账户销户。

根据任务说明，将客户已有账户进行销户。点击“个人存款”—“个人账户销户”。见图7－10。

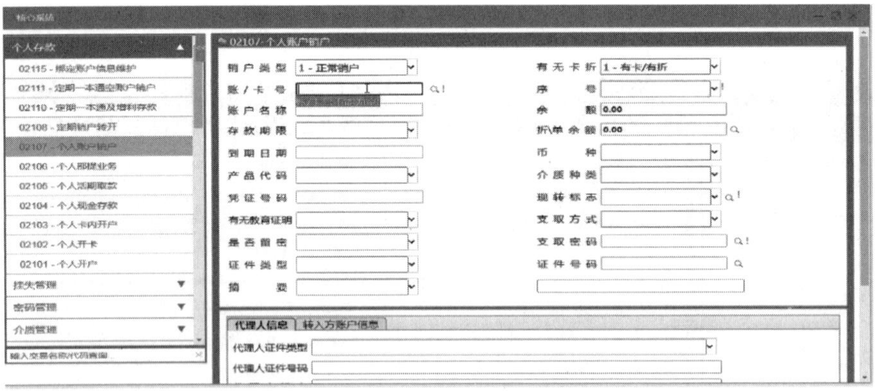


图 7－10　销户

## 三、任务评价

实训任务评价见表 7－2。

**表 7－2**　　　　实训任务评价表

| 考核项目 | 考核标准 | 得分 |
| --- | --- | --- |
| 职业素养（20 分） | 1. 按时出勤，课堂表现好（5 分） | |
| | 2. 仪容仪表规范（5 分） | |
| | 3. 具备一定的组织协调能力（5 分） | |
| | 4. 具备良好的团队合作精神（5 分） | |

续表

| 考核项目 | 考核标准 | 得分 |
|---|---|---|
| 思政建设（20分） | 1. 具备吃苦耐劳的精神（10分） | |
| | 2. 具备严谨科学、求真求实的学习态度和工作作风（10分） | |
| 技能要求（60分） | 熟悉银行个人储蓄业务的概念、原则和种类，能熟练掌握银行柜面个人客户储蓄业务操作，准确无误的将任务说明及重要提示中的信息填完整（60分） | |
| 合计 | | |

## 任务小结

本任务主要是银行柜员进行个人客户储蓄业务操作。必备知识部分介绍了银行个人储蓄业务的概念、原则和种类。本任务实训环节要注意认真仔细，准确无误地将任务说明及重要提示中的信息填完整准确，不能有遗漏，且空格后方的查询按钮也要注意点击。

# 任务3 个人客户贷款业务

## 任务要求

请同学们登录平台完成综合柜员个人客户贷款业务相关操作。

## 必备知识

### 一、个人贷款业务概述

#### （一）个人贷款业务的概念

个人贷款，又称零售贷款业务，是指银行或其他金融机构向符合贷款条件的自然人发放的用于个人消费、生产经营等用途的本、外币贷款。贷款人发放个人住房贷款时，借款人必须提供担保。借款人到期不能偿还贷款本息的，贷款人有权依法处理其抵押物或质物，或由保证人承担偿还本息的连带责任。

个人贷款业务的特点包括：利率水平高；规模呈现周期性；借款人缺乏利率弹性。

#### （二）中国个人贷款的现状及其前景展望

个人贷款的品种还不丰富，不能满足不同收入水平个人的融资需要；

传统的消费观念是个人贷款发展的一大障碍；

社会保障体系尚不完善，抑制了人们对个人贷款的需求；

有效的风险管理机制尚未建立；

缺乏帮助银行控制、化解个人贷款风险的外部机制；

个人贷款前途光明、道路曲折。

## 二、个人贷款业务的种类

### （一）个人住房贷款

**1. 个人住房商业性贷款**

个人住房商业性贷款，是银行信贷资金所发放的自营贷款，指具有完全民事行为能力的自然人，购买本市城镇自住住房时，以其所购产权住房为抵押物，作为偿还贷款的保证而向银行申请的住房商业性贷款。

**2. 个人住房公积金贷款**

个人住房公积金贷款，是政策性的住房公积金所发放的委托贷款，指缴存住房公积金的职工，在本市城镇购买，建造、翻建、大修自住住房时，以其所拥有的产权住房为抵押物，作为偿还贷款的保证而向银行申请的住房公积金贷款。

**3. 个人住房组合贷款**

凡符合个人住房商业性贷款条件的借款人同时缴存住房公积金，在办理个人住房商业性贷款的同时还可向银行申请个人住房公积金贷款，即借款人以所购本市城镇自住房作为抵押物可同时向银行申请个人住房公积金贷款和个人住房商业性贷款（这种贷款方式简称个人住房组合贷款）。

### （二）个人汽车消费贷款

个人汽车贷款又称个人汽车消费贷款，是商业银行向购置自用车或商用车的个人发放的用于购买汽车的贷款。贷款对象为 18～60 周岁的具有完全民事行为能力的自然人。

### （三）个人耐用消费品贷款

个人耐用消费品贷款指银行为借款人发放的用于购买耐用消费品的贷款。一般耐用消费品是指单价在 2000 元以上，正常使用寿命在二年以上的家庭耐用商品（住房、汽车除外）。

### （四）个人经营性贷款

个人经营贷款是指银行等金融机构向借款人发放的用于合法生产经营活动的贷款，比如流动资金周转、购置或更新经营设备支付租金、装修等。

### （五）个人有价单证质押贷款

个人有价单证质押贷款是指银行向借款人发放的以个人有价单证作为质押物的贷

款。是一种有抵押贷款产品，贷款额度和期限根据抵押物的性质有关。

### （六）个人小额信用贷款

个人小额信用贷款是银行或其他金融机构向资信良好的借款人发放的无须提供担保的人民币信用贷款。以个人信用及还款能力为基础，额度一般不会超过 10 万 ~20 万，借款期是 1 ~2 年不等。

## 任务实训

### 一、任务说明

为个人客户进行相关贷款业务操作，包括新增个人贷款合同、个人贷款发放、全部提前还贷等。

### 二、任务实操

第一步，新增个人贷款合同。

个人贷款业务为新业务的时候需要新增贷款合同，点击“核心业务系统”，然后点击“个人贷款业务”，新增个人贷款合同。根据任务说明进行填写。其中的每期还款金额要进行计算，可能是等额本息还款法，也可能是等额本金还款法。新增贷款合同见图7 －11。

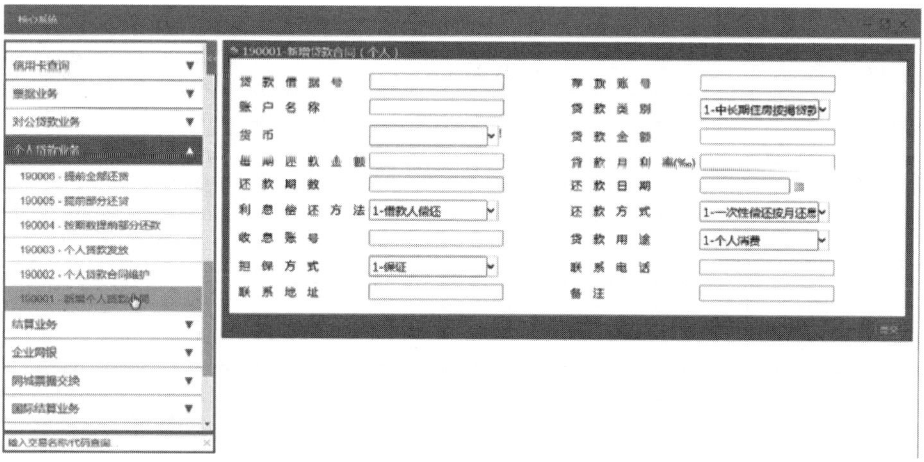


图 7 －11　新增个人贷款合同

第二步，个人贷款发放。

个人贷款发放业务需要在个人贷款业务下的个人贷款发放处填写信息。见图 7 －12。

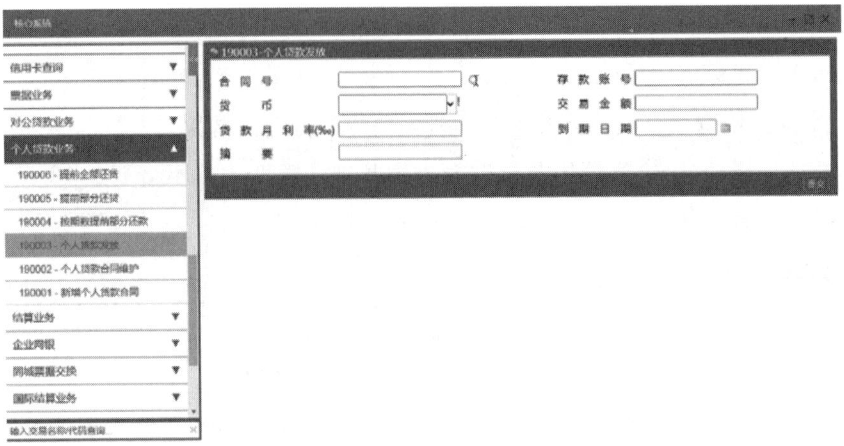


**图 7－12　个人贷款发放**

第三步，提前全部还贷。

第四步，提前部分还贷。

客户也可以先进行提前部分还贷，操作和提前全部还款类似。

## 三、任务评价

实训任务评价见表 7－3。

**表 7－3　　实训任务评价表**

| 考核项目 | 考核标准 | 得分 |
|---|---|---|
| 职业素养（20 分） | 1. 按时出勤，课堂表现好（5 分） | |
| | 2. 仪容仪表规范（5 分） | |
| | 3. 具备一定的组织协调能力（5 分） | |
| | 4. 具备良好的团队合作精神（5 分） | |
| 思政建设（20 分） | 1. 具备吃苦耐劳的精神（10 分） | |
| | 2. 具备严谨科学、求真求实的学习态度和工作作风（10 分） | |
| 技能要求（60 分） | 熟悉银行个人贷款业务的概念、背景和现状、特点和种类，能熟练掌握银行柜面个人贷款业务操作，准确无误的将任务说明及重要提示中的信息填写完整准确，不能有遗漏（60 分） | |
| 合计 | | |

## 任务小结

本任务主要是银行柜员进行个人客户贷款业务操作。必备知识部分介绍了银行个人贷款业务的概念、我国产生的背景及现状、特点和种类。实训环节要注意认真仔细，准确无误的将任务说明及重要提示中的信息填写完整准确，不能有遗漏，且空格后方的查询按钮也要注意点击。要会计算等额本金和等额本息的还款。

## 任务4 个人客户其他业务

### 任务要求

请同学们登录平台完成综合柜员个人客户其他相关业务（网银业务和贷记卡业务）操作。

### 必备知识

#### 一、个人网银业务的含义

个人网上银行是指银行通过互联网，为个人客户提供账户查询、转账汇款、投资理财、在线支付等金融服务的网上银行服务。该业务使客户可以足不出户就能够安全便捷地管理活期和定期存款、支票、信用卡及个人投资等。

#### 二、网银业务种类

##### （一）基本网银业务

基本网上银行服务包括：在线查询账户余额、交易记录、下载数据、转账和网上支付等。

##### （二）网上投资

由于金融服务市场发达，可以投资的金融产品种类众多，国外的网上银行一般提供包括股票、期权、共同基金投资和CDs买卖等多种金融产品服务。

##### （三）网上购物

商业银行在网上银行设立的网上购物协助服务，大大方便了客户网上购物，为客户在相同的服务品种上提供了优质的金融服务或相关的信息服务。

##### （四）个人理财助理

个人理财助理是国外网上银行重点发展的一个服务品种。各大银行将传统银行业务中的理财助理转移到网上进行，通过网络为客户提供理财的各种解决方案，提供咨询建议，或者提供金融服务技术的援助，从而极大地扩大了商业银行的服务范围，并降低了相关的服务成本。

##### （五）企业银行

企业银行服务一般提供账户余额查询、交易记录查询、总账户与分账户管理、转账、在线支付各种费用、透支保护、储蓄账户与支票账户资金自动划拨、商业信用卡等服务。此外还包括投资服务等。部分网上银行还为企业提供网上贷款业务。

### （六）其他网上金融服务

除了银行服务外，大商业银行的网上银行均通过自身或与其他金融服务网站联合的方式，为客户提供多种金融服务产品，如保险、抵押和按揭等，以扩大网上银行的服务范围。

## 三、贷记卡

贷记卡一般指信用卡，是指记录持卡人账户相关信息，具备银行授信额度和透支功能，并为持卡人提供相关银行服务的各类介质。可实现先消费后还款，享有免息还款期的优势。

贷记卡按使用对象分为：单位卡和个人卡；按信誉等级分为：白金卡、金卡和普通卡；按币种分为：人民币卡、国际卡或兼有两种功能的双币种卡。

# 任务实训

## 一、任务说明

为个人客户进行相关网银业务和贷记卡业务操作，包括个人网银签约、个人贷记卡开立并激活、建立自扣还款代理关系等。

## 二、任务实操

第一步，个人网银签约。

点击“网上银行系统”，再点击“个人网银”，再点击“个人网银维护”，根据任务说明和重要提示填写相关内容。

第二步，贷记卡开立并激活。

点击“核心系统”找到“信用卡管理”，点击“开立并激活信用卡”，根据任务说明及重要提示填写。

第三步，建立自扣还款代理关系。

点击核心系统里的“信用卡管理”，点击“信用卡还款代理”，根据任务说明及重要提示填写。

第四步，信用卡密码更改。

点击核心系统里的“信用卡管理”，点击“信用卡还款代理”，根据任务说明及重要提示填写。

## 三、任务评价

实训任务评价见表7-4。

表7-4 实训任务评价表

| 考核项目 | 考核标准 | 得分 |
|---|---|---|
| 职业素养（20分） | 1. 按时出勤，课堂表现好（5分） | |
| | 2. 仪容仪表规范（5分） | |
| | 3. 具备一定的组织协调能力（5分） | |
| | 4. 具备良好的团队合作精神（5分） | |
| 思政建设（20分） | 1. 具备吃苦耐劳的精神（10分） | |
| | 2. 具备严谨科学、求真求实的学习态度和工作作风（10分） | |
| 技能要求（60分） | 熟悉银行个人网银业务的概念和种类，贷记卡业务的起源、透支和期限问题、申请流程，能熟练掌握银行个人客户网银业务和贷记卡业务操作，准确无误的将任务说明及重要提示中的信息填写完整准确，不能有遗漏（60分） | |
| 合计 | | |

## 任务小结

本任务主要围绕银行柜员个人客户网银业务和贷记卡业务操作。必备知识部分介绍了银行个人网银业务的概念和种类，贷记卡的含义及类型。本任务实训环节要注意认真仔细，准确无误的将任务说明及重要提示中的信息填完整准确，不能有遗漏，且空格后方的查询按钮也要注意点击，要注意点击“保存”或“提交”按钮。

# 任务5 对公业务

## 任务要求

请同学们登录平台完成综合柜员对公业务的操作。

## 必备知识

### 一、对公业务

对公业务即对单位的业务，包括企业电子银行、单位存款业务、信贷业务、机构业务、国际业务、委托性住房金融、资金清算、中间业务、资产推介、基金托管等。

## 二、对公业务类型

### （一）对公存款业务

单位活期存款、单位定期存款、单位通知存款、单位协定存款等。

### （二）公司贷款业务

短期贷款、中长期贷款、贸易融资贷款。

### （三）资金业务

与企业有关的：公司债、企业债、金融债。

### （四）票据业务

承兑、贴现。

### （五）支付结算业务

三票一汇（汇票、本票、支票、汇款）。

### （六）银行卡

信用卡中的单位卡。

### （七）担保业务

银行保函、备用信用证。

## 三、公司银行开户需要准备资料

公司银行开户需要准备资料包括：营业执照正本原件、组织机构代码证正本原件、税务登记证正本原件、信用证原件、开户许可证原件、公章、法人章、财务章、法人身份证原件、经办人身份证原件以及带少部分现金，可能会需要。

注意：如需要挂密码器则要携带银行密码器。没有密码器可以办理一个，密码器可以各家银行通用。如果需要开通网银则要把开户资料多准备一套。

以上证件都需要带原件去银行，为了开户节省时间，复印件可以在公司提前复印出来。部分银行需要工作人员自己复印。提前和客户经理沟通好，提前预约，避免等待时间过长。

在办理之前，需要填写部分表格，如《开户风险告知书》《开户申请书》《密码器申请书》《对账协议》《收费申请书》等。

## 任务实训

## 一、任务说明

为公司客户进行相关业务操作，包括公司客户开户并存现、公司贷款业务等。

## 二、任务实操

第一步，公司客户开户。

对于新客户，首先要录入新客户相关信息，点击“核心系统”，点击“客户信息录入”，建立单位客户信息，根据任务说明及重要提示填写。录入信息见图 7－13。

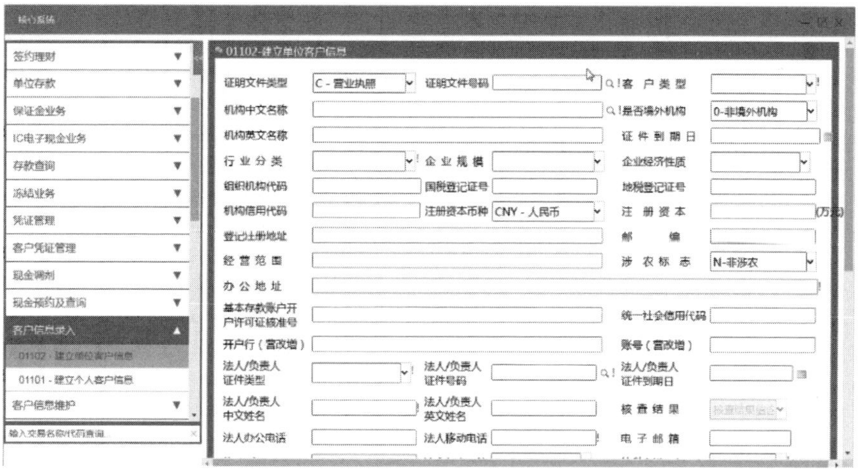


**图 7－13　客户信息录入**

然后为公司客户开户并存入现金，依然在核心系统里，点击“单位存款”，找到单位活期开户，根据任务说明及重要提示填写。再点击单位“活期存款”，根据任务说明及重要提示填写。见图 7－14 和图 7－15。

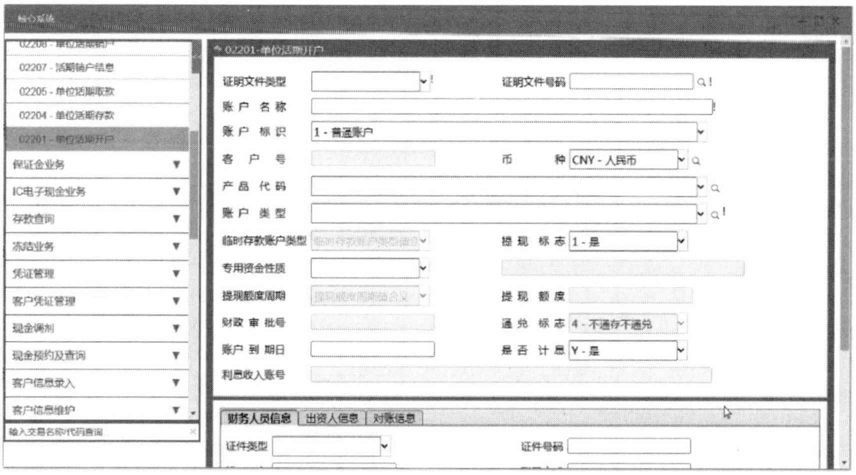


**图 7－14　公司客户开户**

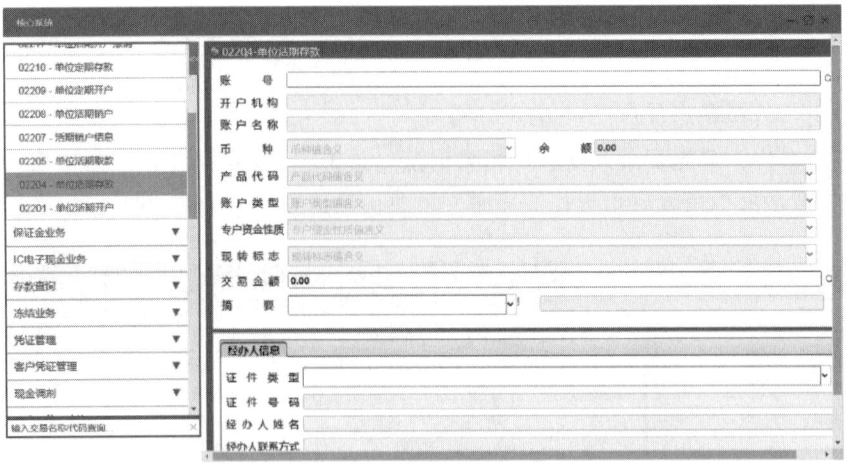


图 7－15 账户存现

第二步，新增对公贷款合同。

点击“核心系统”找到“对公贷款业务”，点击“新增对公贷款合同”，根据任务说明及重要提示填写。

第三步，贷款发放。

点击核心系统里的“对公贷款业务”，点击“贷款发放”，根据任务说明及重要提示填写。要注意利率的转换。

第四步，对公贷款其他业务。

对公贷款其他业务例如展期、提前还款等，均在核心系统里的对公贷款业务，点击相应按钮，根据任务说明及重要提示填写。

## 三、任务评价

实训任务评价见表 7－5。

表 7－5 实训任务评价表

| 考核项目 | 考核标准 | 得分 |
|---|---|---|
| 职业素养（20 分） | 1. 按时出勤，课堂表现好（5 分） | |
| | 2. 仪容仪表规范（5 分） | |
| | 3. 具备一定的组织协调能力（5 分） | |
| | 4. 具备良好的团队合作精神（5 分） | |
| 思政建设（20 分） | 1. 具备吃苦耐劳的精神（10 分） | |
| | 2. 具备严谨科学、求真求实的学习态度和工作作风（10 分） | |
| 技能要求（60 分） | 熟悉银行对公业务的概念和种类，公司客户开户需提供的资料，能熟练掌握银行柜面对公客户相关业务操作，准确无误的将任务说明及重要提示中的信息填写完整准确，不能有遗漏（60 分） | |
| 合计 | | |

## 任务小结

本任务主要是银行柜员进行对公客户相关业务操作。必备知识部分介绍了对公业务的概念和种类，公司客户开户需提交的资料等。本任务实训环节要注意认真仔细，准确无误的将任务说明及重要提示中的信息填完整准确，不能有遗漏，且空格后方的查询按钮也要注意点击，要注意点击“保存”或“提交”按钮。同时要注意年利率与月利率的转换。

# 任务6 票据业务

## 任务要求

请同学们登录综合柜员岗平台完成综合柜员票据业务的操作。

## 必备知识

### 一、票据业务

银行机构按照一定的方式和要求为票据的设立、转移和偿付而进行的日常营业性的业务活动。主要包括票据贴现、票据转贴现、票据再贴现业务。

票据贴现业务是指银行承兑汇票的持票人在汇票到期前，为取得资金而贴付一定利息将票据权利转让给银行类金融机构的票据行为，是银行向持票人融通资金的一种方式。

票据转贴现业务是指商业银行将已贴现或已转贴现、尚未到期的商业汇票，向其他商业银行进行贴现的资金融通行为。

票据再贴现业务是银行将持有的已贴现但尚未到期的商业汇票出售给人民银行，进行融资的业务。

### 二、本票

本票，是指发票人自己于到期日无条件支付一定金额给收款人的票据。这种票据只涉及出票人和收款人两方。出票人签发本票并自负付款义务。本票一般应载明“本票”字样，无条件支付承诺，收款人或其指定人（无收款人名字则以持票人为收款人），支付金额，签发日期和地点，付款日期和地点，发票人签名等。

按票面是否载明受款人姓名，本票可分为记名本票和不记名本票。按票面有无到期日期可分为定期本票和即期本票。本票不需经承兑，出票人出票后即负付款责任。

### 三、汇票

汇票（Money Order）是最常见的票据类型之一，我国的《票据法》第十九条规定：

"汇票是出票人签发的，委托付款人在见票时，或者在指定日期无条件支付确定的金额给收款人或者持票人的票据。"汇票是一种无条件支付的委托，有三个当事人：出票人、受票人、收款人。

## 四、票据行为

汇票使用过程中的各种行为，都由《票据法》加以规范，主要有出票、提示、承兑和付款。如需转让，通常应经过背书行为。如汇票遭拒付，还需做成拒绝证书和行使追索权。

### （一）出票（Draw/Issue）

出票是出票人签发汇票并交付给收款人的行为。出票后，出票人即承担保证汇票得到承兑和付款的责任。如汇票遭拒付，出票人应接受持票人的追索，清偿汇票金额、利息和有关费用。

### （二）提示（Presentation）

提示是持票人将汇票提交付款人要求承兑或付款的行为，是持票人要求取得票据权利的必要程序。提示又分付款提示和承兑提示。

### （三）承兑（Acceptance）

承兑指付款人在持票人向其提示远期汇票时，在汇票上签名，承诺于汇票到期时付款的行为。具体做法是付款人在汇票正面写明"承兑（Accepted）"字样，注明承兑日期，于签章后交还持票人。付款人一旦对汇票作承兑，即成为承兑人以主债务人的地位承担汇票到期时付款的法律责任。

### （四）付款（Payment）

付款是付款人在汇票到期日，向提示汇票的合法持票人足额付款。持票人将汇票注销后交给付款人作为收款证明。汇票所代表的债务债权关系即告终止。

### （五）背书（Endorsement）

根据我国《票据法》规定，除非出票人在汇票上记载"不得转让"，否则汇票的收款人可以以记名背书的方式转让汇票权利，即在汇票背面签上自己的名字并记载被背书人的名称，然后把汇票交给被背书人即受让人，受让人成为持票人，是票据的债权人。受让人有权以背书方式再行转让汇票的权利。在汇票经过不止一次转让时，背书必须连续，即被背书人和被背书人名字前后一致。对受让人来说，所有以前的背书人和出票人都是他的"前手"，对背书人来说，所有他转让以后的受让人都是他的"后手"，"前手"对"后手"承担汇票得到承兑和付款的责任。

### （六）贴现（Discount）

贴现是指远期汇票经承兑后，汇票持有人在汇票尚未到期前在贴现市场上转让，受让人扣除贴现息后将票款付给出让人的行为。一般而言，票据贴现可以分为三种，分别是贴现、转贴现和再贴现（见 6.1）。

**（七）拒付和追索（Dishonour&Recourse）**

持票人向付款人提示，付款人拒绝付款或拒绝承兑，均称拒付。另外，付款人逃匿、死亡或宣告破产，以致持票人无法实现提示，也称拒付。出现拒付，持票人有追索权，即有权向其“前手”（背书人、出票人）要求偿付汇票金额、利息和其他费用的权利。在追索前必须按规定做成拒绝证书和发出拒付通知。（拒绝证书用以证明持票已进行提示而未获结果，由付款地公证机构出具，也可由付款人自行出具退票理由书或有关的司法文书。拒付通知用以通知“前手”关于拒付的事实，使其准备偿付并进行再追索。）

## 任务实训

### 一、任务说明

银行柜员进行相关票据业务操作，包括电子商业汇票签约解约业务、本票业务、银行承兑汇票业务、其他票据业务等。

### 二、任务实操

第一步，电子商业汇票签约、解约业务。

点击“核心系统”，再点击“电票业务”，可以看见电子银行承兑汇票、电子商业承兑汇票、电子商业汇票的相关业务，这里以电子商业汇票为例进行讲解。首先点击“电子商业汇票签约”，根据任务说明和重要提示进行填写。电子商业汇票签约见图 7－16。

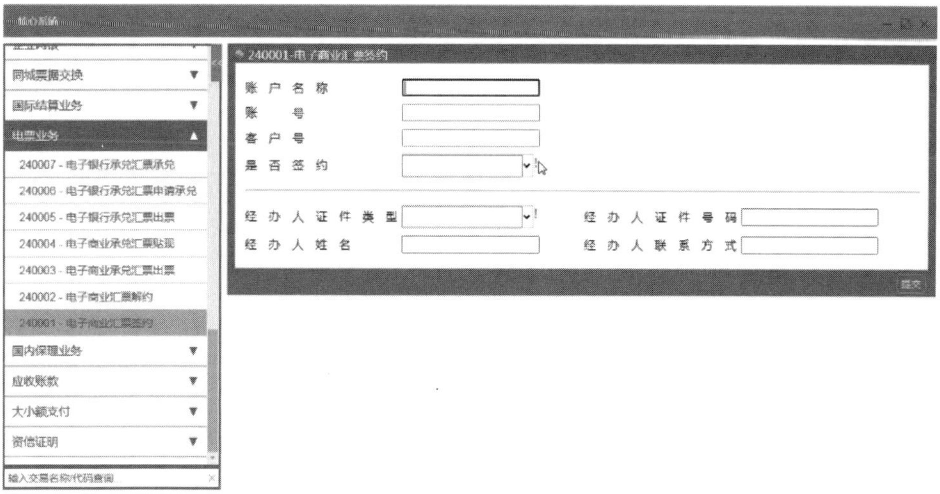


图 7－16　电子商业汇票签约

点击“电子商业汇票解约”，进行解约操作。见图 7－17。

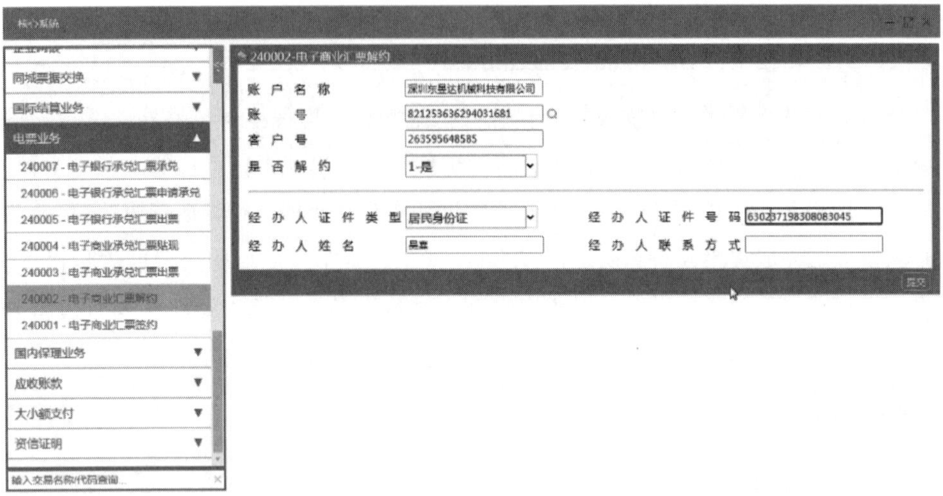


图 7－17　电子商业汇票解约

第二步，本票业务。

点击“核心系统”，找到“票据业务”，点击“本票”，根据任务说明及重要提示进行填写，见图 7－18。

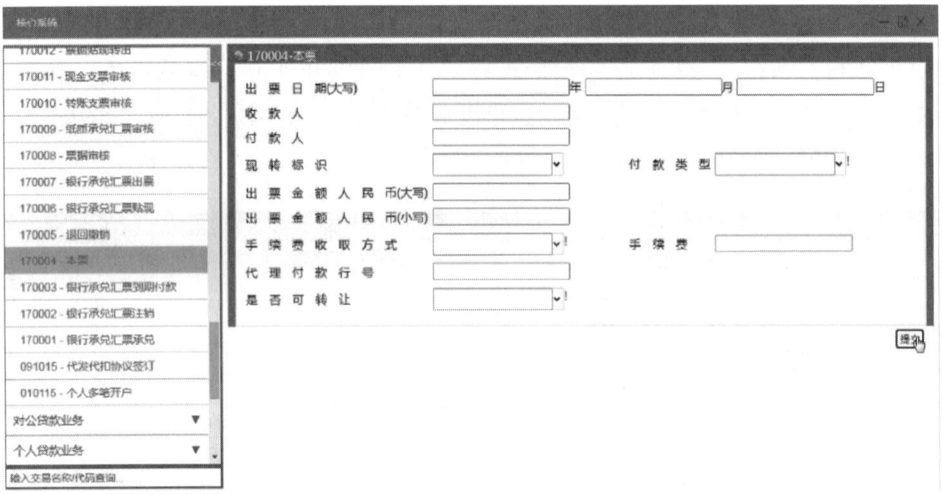


图 7－18　本票业务

第三步，银行承兑汇票业务。

在核心系统的票据业务，点击银行承兑汇票出票，根据任务说明及重要提示填写，填好后再点击银行承兑汇票承兑进行承兑。承兑界面见图 7－19。

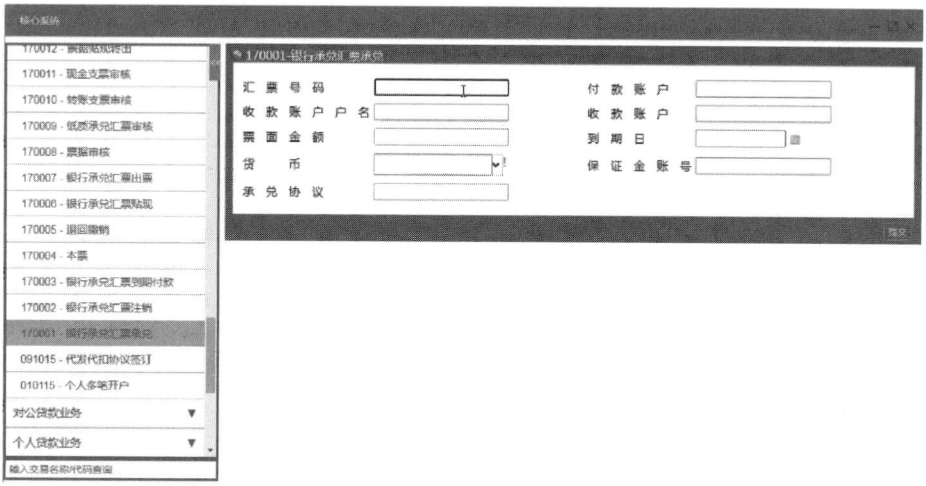


图 7－19　银行承兑汇票承兑

再根据任务说明进行银行承兑汇票贴现。注意贴现利息按照重要提示中的公式进行计算。

第四步，其他票据业务。

核心系统里的凭证管理，点击“凭证出售”，进行支票出售操作，见图 7－20。像现金支票、转账支票等凭证需要先出售再使用。注意纸皮都是正本出售，一本 25 张。

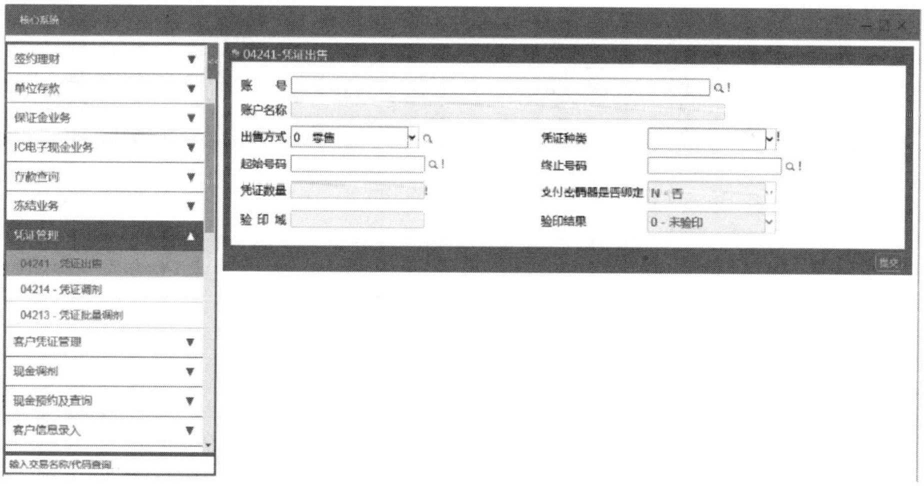


图 7－20　凭证出售

再回到票据业务，找到票据签发进行填写；填好后进行票据背书操作，点击“票据背书”；最后根据任务要求，进行票据委托收款，见图 7－21。

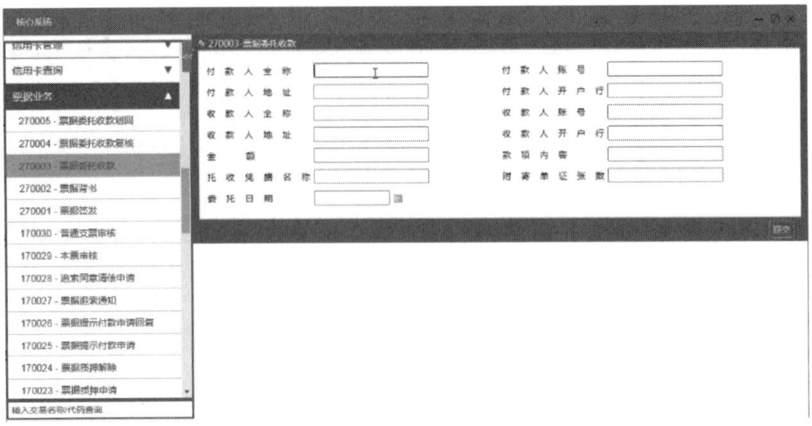


图 7－21　票据委托收款

第五步，纸质承兑汇票审核。

找到票据业务里的纸质承兑汇票审核，根据任务说明和重要提示进行填写，见图 7－22。在这里同学们需要掌握相关票据的填写要求。

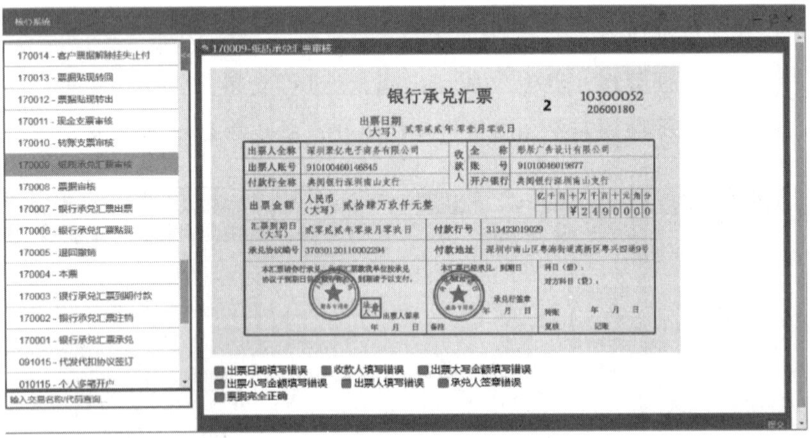


图 7－22　纸质承兑汇票审核

## 三、任务评价

实训任务评价见表 7－6。

表 7－6　　实训任务评价表

| 考核项目 | 考核标准 | 得分 |
|---|---|---|
| 职业素养（20 分） | 1. 按时出勤，课堂表现好（5 分） | |
| | 2. 仪容仪表规范（5 分） | |
| | 3. 具备一定的组织协调能力（5 分） | |
| | 4. 具备良好的团队合作精神（5 分） | |

续表

| 考核项目 | 考核标准 | 得分 |
|---|---|---|
| 思政建设（20分） | 1. 具备吃苦耐劳的精神（10分） | |
| | 2. 具备严谨科学、求真求实的学习态度和工作作风（10分） | |
| 技能要求（60分） | 熟悉银行票据业务的概念，本票和汇票的概念，汇票的种类以及票据行为，能熟练掌握银行柜面票据业务操作（60分） | |
| 合计 | | |

### 任务小结

本任务主要是银行柜员进行票据相关业务操作。必备知识部分介绍了票据业务的概念，本票和汇票的概念，汇票的种类以及票据行为。本任务实训环节要注意认真仔细，准确无误的将任务说明及重要提示中的信息填完整准确，不能有遗漏，要注意点击“保存”或“提交”按钮。同时需要会计算贴现利息，掌握正确填写相关票据的要求。

## 任务7 其他业务

### 任务要求

请同学们登录综合柜员岗平台完成综合柜员其他业务的操作。

### 必备知识

#### 一、跨行汇款业务

跨行汇款是指向不同于自己银行卡发行银行的其他银行账户进行转账汇款的业务操作。跨行汇款分为同城跨行汇款和异地跨行汇款。

#### 二、国际结算

国际结算亦称“国际清算”。通过国际货币收付，对国与国之间由于经济、政治和文化往来而发生的债权债务予以了结清算。由国际贸易及其从属费用引起的货币收付称贸易结算；由贸易以外的往来，如侨民汇款、劳务供应、出国旅游、利润转移、资金调拨、驻外机构费用等引起的货币收付，称非贸易结算。贸易结算是国际结算的主要内容。

按照使用工具、支付手段的不同，大体可分四类：

一是现金/货币结算。这是原始结算方式，就是买方一手交钱，卖方一手交货，钱货两清，通常称为现金交货（Cash on Delivery），现较少采用。

二是票据结算。

三是凭单结算。

四是电讯结算。

## 三、国内保理

国内保理是指保理商为国内贸易中以赊销的信用销售方式销售货物或提供服务而设计的一项综合性金融服务。卖方（国内供应商）将其与买方（债务人）订立的销售合同所产生的应收账款转让给保理商，由保理商为其提供贸易融资、销售分户账户管理、应收账款的催收、信用风险控制与坏账担保等综合性金融服务。

按是否可以向供应商追索，保理业务可分为有追索权保理和无追索权保理两种。有追索权保理是指应收账款到期后买方没有履行付款义务，保理商可向供应商追索的保理；无追索权保理是指应收账款到期买方没有履行付款义务，保理商不能向供应商追索的保理。但买方以商业纠纷为由拒绝付款的，保理商仍可向供应商追索。

## 四、应收账款质押

### （一）应收账款质押的定义

在法律上，应收账款是一种债权，应收账款质押是一种权利质押。就担保法第七十五条承认的可以用于质押的权利品种看，汇票、支票、本票、债券、存款单所代表的也是一种债权。

这些债权与普通应收账款债权的区别在于，这些债权由于有一定的书面凭证作为记载而表征化和固定化了，一定程度上已经具备了物化的性质。而普通应收账款债权由于不具备类似的权利凭证作为表征，在权利的公示、权利的期限及金额以及支付方式等要素方面仍存在不确定性，从而在作为质押的标的方面存在一定的不足。但担保法第七十五条第四款关于“依法可以质押的其他权利”之规定，给普通应收账款债权质押的合法性地位留下了空间。从国外的立法来看，应收账款作为一种普通债权来设定质押，也得到许多国家如德国、瑞士等的立法承认。

### （二）应收账款质押的特征

不是所有应收账款都可以成为质押的标的，用于质押的应收账款必须具备以下特征：

**1. 可转让性**

可转让性指用于设立质押的应收账款必须依照法律和当事人约定允许转让的。如当事人在产生应收账款的基础贸易或者服务合同中明确约定，基于该基础合同所产生的一切权利是不可以转让的，基础合同的权利义务只及于合同双方。则履行这样的合同产生的应收账款债权就不能作为质押标的。此外，基于特定的与人身性质不能分割的缘由产生的应收账款债权，也不适宜作为质押标的。

**2. 特定性**

特定性指用于设立质押的应收账款的有关要素，包括金额、期限、支付方式、债务人的名称和地址、产生应收账款的基础合同、基础合同的履行程度等必须明确、具体和固定化。由于应收账款作为普通债权没有物化的书面记载来固定化作为权利凭证，质权人对于质物主张质权的依据主要依靠上述要素来予以明确。为此，承认应收账款质押的各国家立法中，都对质押合同关于用于质押的应收账款的描述，做出尽可能详尽的要求，否则在面临诉讼时，就可能得不到法院的支持。

**3. 时效性**

时效性指用于设定质押的应收账款债权必须尚未超过诉讼时效。诉讼时效超过，便意味着债权人的债权从法律权利已蜕变为一种自然权利。因此，从保障银行债权的角度出发，一方面，银行在选取用于质押的应收账款时应确保该应收账款债权尚未超过诉讼时效；另一方面，在融资期限内也要对应收账款债权的时效予以充分关注，及时督促出质人中断诉讼时效。

## 五、资信证明

资信证明是指银行应申请人申请或要求，向申请人指定对象提供其资金状况及信用状况等相关资料的一种银行书面证明。一般包括：存款、贷款、结算和授信证明。银行接受客户申请，在银行记录资料的范围内，通过对客户的资金运动记录及相关信息的收集整理，以对外出具资信证明函件的形式，证明客户信誉状况的一种咨询类中间业务。

# 任务实训

## 一、任务说明

银行柜员进行跨行汇款业务、国际结算业务、国内保理业务、应收账款质押业务的操作。

## 二、任务实操

第一步，跨行汇款业务。

点击“核心系统”，再找到跨行汇款业务，也可通过搜索框搜索相关业务进行填写，见图7-23。

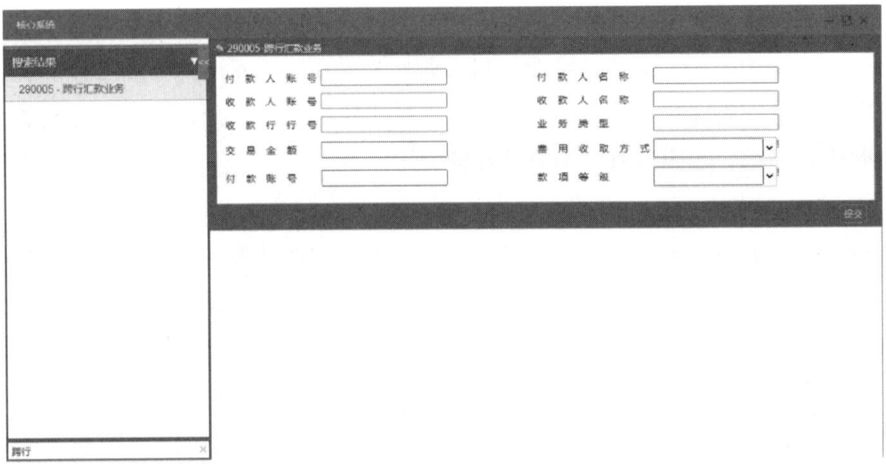


图 7－23　跨行汇款业务

第二步，国际结算业务。

点击“核心系统”，找到“国际结算业务”，根据任务说明及重要提示点击“信用证开证”—“跟单申请证书”，进行填写，见图 7－24。在这里要有一定的英语基础，且遇到外币不要遗漏外币符号。

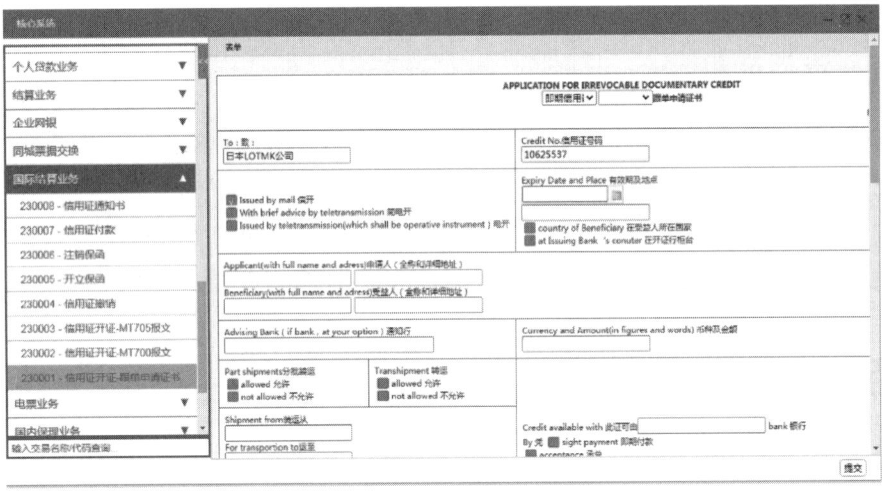


图 7－24　信用证开证业务

第三步，国内保理业务。

核心系统里的国内保理业务，点击“业务申请”进行填写，填写好后再点击国内保理合同签订完成相应业务进行填写。国内保理合同签订见图 7－25。

再根据任务说明填写应收账款转让申请核准书，见图 7－26。

最后根据任务说明进行逾期催收，见图 7－27。

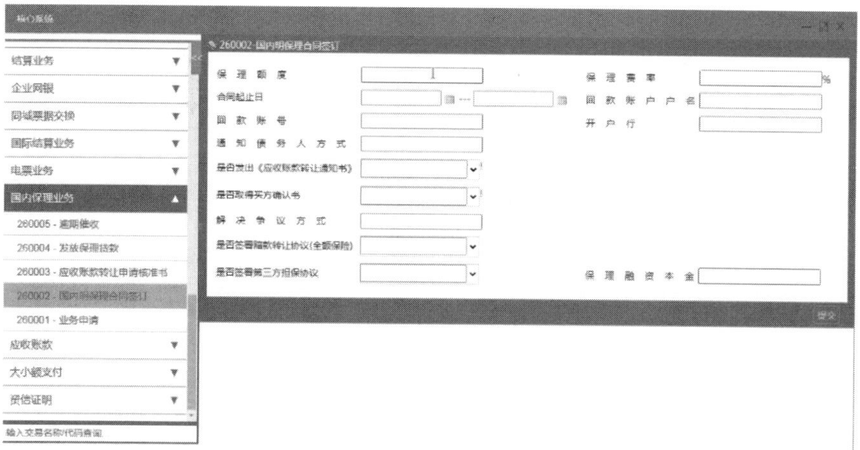


图 7－25　国内保理合同签订

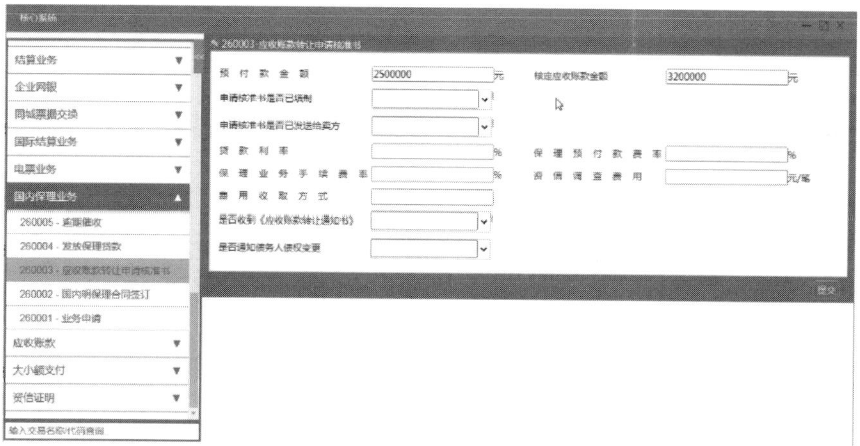


图 7－26　应收账款转让申请核准书

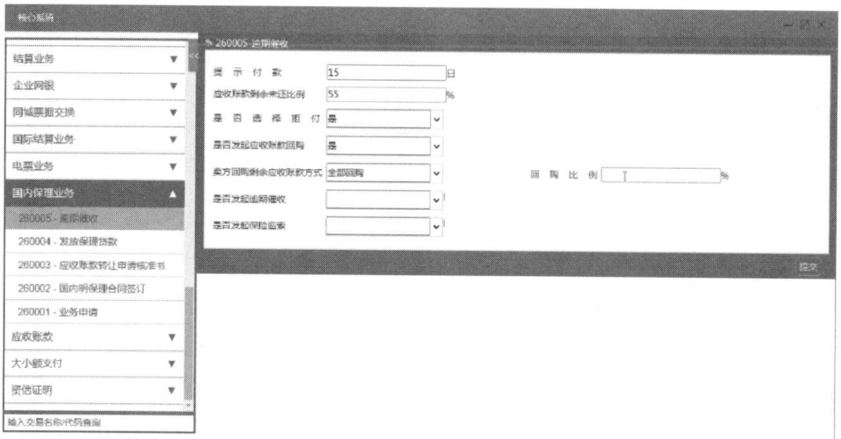


图 7－27　逾期催收

第四步，应收账款质押业务。

点击应收账款质押进行填写，注意点击提交、审核，最后确认签署。

第五步，资信证明。

核心系统里的资信证明，点击资信证明单即可。

## 三、任务评价

实训任务评价见表 7 –7。

表 7 –7　　实训任务评价表

| 考核项目 | 考核标准 | 得分 |
|---|---|---|
| 职业素养（20 分） | 1. 按时出勤，课堂表现好（5 分） | |
| | 2. 仪容仪表规范（5 分） | |
| | 3. 具备一定的组织协调能力（5 分） | |
| | 4. 具备良好的团队合作精神（5 分） | |
| 思政建设（20 分） | 1. 具备吃苦耐劳的精神（10 分） | |
| | 2. 具备严谨科学、求真求实的学习态度和工作作风（10 分） | |
| 技能要求（60 分） | 熟悉银行跨行汇款、国际结算、国内保理、应收账款质押、资信证明的概念，能熟练掌握银行柜面其他业务操作（60 分） | |
| 合计 | | |

### 任务小结

本任务主要是银行柜员进行其他相关业务操作。必备知识部分介绍了跨行汇款、国际结算、国内保理、应收账款质押和资信证明相关内容。本任务实训环节要注意认真仔细，准确无误的按任务说明及重要提示填写信息，不能有遗漏，要注意点击保存或提交按钮。

# 任务 8　日终业务

### 任务要求

请同学们登录综合柜员岗平台完成综合柜员的日终业务。

# 必备知识

## 一、日终业务

日终业务是指银行各营业网点结束营业时，柜员完成现金及凭证的实物清点、账务的核对、传票的整理以及轧账、签退等处理，结束一日正常营业的过程。

## 二、日终业务处理流程

第一步清点现金凭证并办理入库手续，第二步柜员轧账、核对账务并整理传票，第三步金库主管接收现金及尾箱后“柜员轧账”并整理传票，第四步机构轧账，检查网点当日交易。

# 任务实训

## 一、任务说明

进行银行柜员一日营业终了的业务操作，与日初工作相对应。

## 二、任务实操

第一步，凭证轧账。

核心系统里的开工交接完工管理，点击凭证轧账进行操作，见图 7－28。

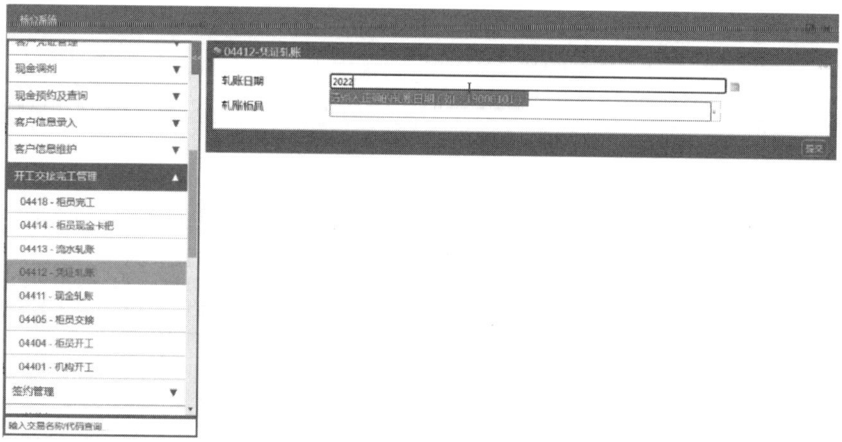


图 7－28　凭证轧账

第二步，现金轧账。

在核心系统里的开工交接完工管理，点击现金轧账进行操作。

第三步，柜员现金卡把。

在核心系统里的开工交接完工管理，点击柜员现金卡把。点击加号新增，按照任务说明进行操作，现金卡把见图 7－29。

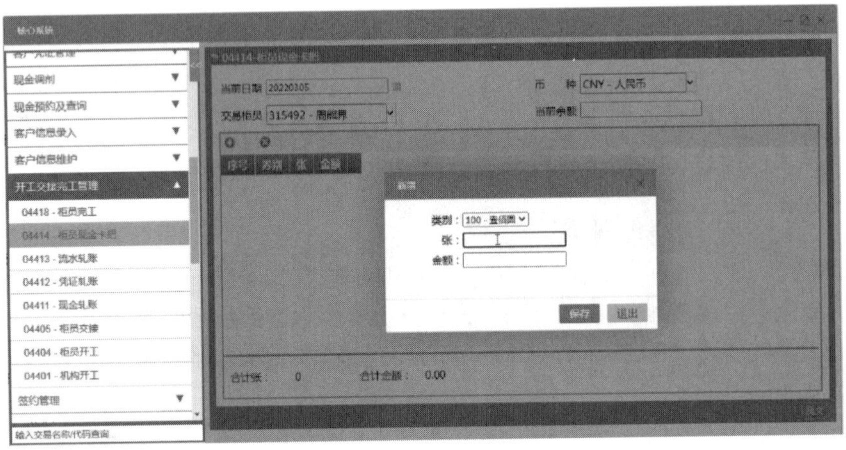


图 7－29　柜员现金卡把

## 三、任务评价

实训任务评价见表 7－8。

表 7－8　实训任务评价表

| 考核项目 | 考核标准 | 得分 |
| --- | --- | --- |
| 职业素养（20 分） | 1. 按时出勤，课堂表现好（5 分） | |
| | 2. 仪容仪表规范（5 分） | |
| | 3. 具备一定的组织协调能力（5 分） | |
| | 4. 具备良好的团队合作精神（5 分） | |
| 思政建设（20 分） | 1. 具备吃苦耐劳的精神（10 分） | |
| | 2. 具备严谨科学、求真求实的学习态度和工作作风（10 分） | |
| 技能要求（60 分） | 熟悉银行综合柜员的日终业务的概念和业务流程，能熟练掌握银行柜员日终业务操作，准确无误的将现金及重要空白凭证进行轧账操作（60 分） | |
| 合计 | | |

## 任务小结

本任务主要是银行柜员的日终业务操作。必备知识部分介绍了银行柜员日终业务的概念和业务流程。本任务实训环节要注意认真仔细，准确无误的将现金及重要空白凭证进行轧账操作。

## 课后任务

### 一、多项选择题

1. 个人储蓄业务包括（　　）。

A. 活期储蓄　　B. 整存整取定期储蓄
C. 零存整取定期储蓄　　D. 存本取息定期储蓄
E. 定活两便储蓄　　F. 个人通知存款
G. 教育储蓄

2. 商业银行办理个人储蓄存款业务，应当遵循（　　）的原则。
A. 存款自愿　　B. 取款自由　　C. 存款有息　　D. 为存款人保密

3. 个人贷款业务的特点包括（　　）。
A. 利率水平高　　B. 规模呈现周期性
C. 借款人缺乏利率弹性

4. 个人贷款业务的种类包括（　　）。
A. 个人住房贷款　　B. 个人汽车消费贷款
C. 个人经营性贷款　　D. 个人小额信用贷款

5. 网上银行的业务品种主要包括（　　）。
A. 基本网银业务　　B. 网上投资
C. 个人理财　　D. 企业银行及其他金融服务
E. 网上购物

6. 商业银行提供的基本网上银行服务包括（　　）。
A. 在线查询账户余额　　B. 交易记录数据下载
C. 转账和网上支付

7. 对公存款业务包括（　　）。
A. 单位活期存款　　B. 单位定期存款
C. 单位通知存款　　D. 单位协定存款

8. 公司银行开户需要准备资料包括（　　）。
A. 营业执照正本原件　　B. 组织机构代码证正本原件
C. 税务登记证正本原件　　D. 信用证原件
E. 开户许可证原件　　F. 公章、法人章、财务章
G. 法人身份证原件、经办人身份证原件

9. 汇票的票据行为包括（　　）。
A. 出票　　B. 提示　　C. 承兑　　D. 付款

10. 国际结算基本方包括（　　）。
A. 国际汇兑结算　　B. 信用证结算
C. 托收结算

11. 日终业务处理流程包括（　　）。
A. 清点现金凭证并办理入库手续

B. 柜员轧账、核对账务并整理传票

C. 金库主管接收现金及尾箱后“柜员轧账”并整理传票

D. 机构轧账，检查网点当日交易

**二、判断题**

1. 柜员如需要轧账或者处理内部事务，可以暂时停办业务。（ ）

2. 柜员在接交客户办理业务所需资料时，必须双手接递。（ ）

3. 日终业务是指银行各营业网点结束营业时，柜员完成现金及凭证的实物清点、账务的核对、传票的整理以及轧账、签退等处理，结束一日正常营业的过程。（ ）

4. 本票，是指发票人自己于到期日无条件支付一定金额给收款人的票据。（ ）

5. 汇票是出票人签发的，委托付款人在见票时，或者在指定日期无条件支付确定的金额给收款人或者持票人的票据。（ ）

6. 国内保理是指保理商（通）为国内贸易中以赊销的信用销售方式销售货物或提供服务而设计的一项综合性金融服务。（ ）

7. 资信证明是指本行应申请人申请或要求，向申请人指定对象提供其资金状况及信用状况等相关资料的一种银行书面证明。（ ）

# 项目8 客户经理业务实务

## 学习目标

【知识目标】

1. 掌握信贷专员客户信息导入的操作；
2. 掌握信贷客户分析的方法；
3. 掌握客户授信的相关知识。

【能力目标】

1. 能应用所学知识完成信贷专员岗位业务处理；
2. 能完成客户信息导入、客户分析、客户授信、客户业务受理等业务。

【素质目标】

1. 提高学生计算机操作技能；
2. 提高学生的业务处理能力；
3. 树立良好的思维，重视信息录入效率的好习惯。

【思政目标】

1. 提升学生吃苦耐劳、脚踏实地的职业精神；
2. 树立良好的职业道德操守和风险防范意识；
3. 培养严谨科学、求真求实的学习态度和工作作风。

## 课程思维导图

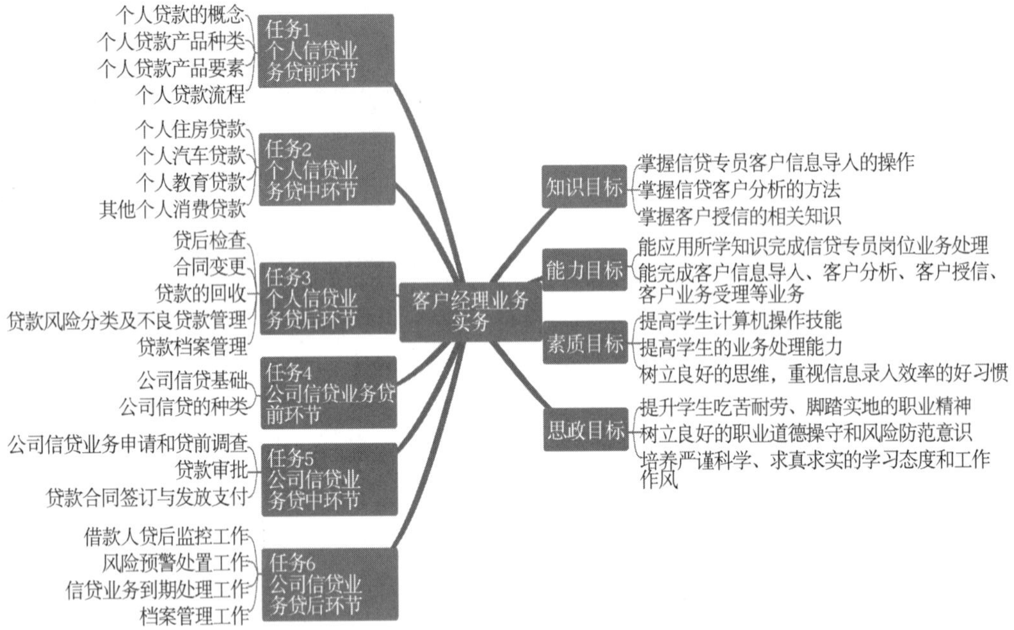


# 任务1　个人信贷业务贷前环节

## 任务要求

请同学们登录平台见图 8－1，完成客户经理个人信贷业务贷前环节实训任务。

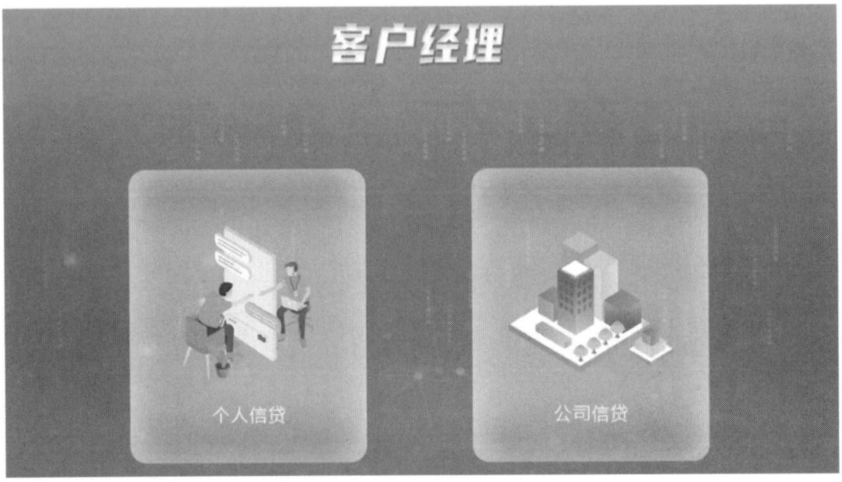


图 8－1　客户经理贷款登录界面

# 必备知识

## 一、个人贷款的概念

个人贷款是指贷款人向符合条件的自然人发放的用于个人消费、生产经营等用途的本外币贷款。个人贷款合同关系的一方主体是银行，另一方主体是自然人，这也是和公司贷款业务相区别的重要特征。

## 二、个人贷款产品种类

个人贷款产品种类见表 8－1。

**表 8－1　个人贷款产品种类**

| 分类标准 | 种类 | 细分 | |
|---|---|---|---|
| 按产品用途分类 | 个人消费类贷款 | 个人住房贷款 | 自营性个人住房贷款 |
| | | | 公积金个人住房贷款 |
| | | | 个人住房组合贷款 |
| | | 个人汽车贷款 | 自用车贷款 |
| | | | 商用车贷款 |
| | | | 新车贷款 |
| | | | 二手车贷款 |
| | | 个人教育贷款 | 国家助学贷款 |
| | | | 商业助学贷款 |
| | | 个人住房装修贷款 | |
| | | 个人耐用消费品贷款 | |
| | | 个人旅游消费贷款 | |
| | | 个人医疗贷款 | |
| | 个人经营类贷款 | 个人商用房贷款 | |
| | | 个人经营贷款 | |
| | | 农户贷款 | |
| | | 下岗失业小额担保贷款 | |
| 按有无担保分类 | 有担保贷款 | 个人抵押贷款 | |
| | | 个人质押贷款 | |
| | | 个人保证贷款 | |
| | 无担保贷款（即个人信用贷款） | | |
| 按贷款是否可循环分类 | 个人单笔贷款 | | |
| | 个人授信额度 | 可循环使用的授信额度 | |
| | | 不可循环使用的授信额度 | |

## 三、个人贷款产品要素

个人贷款产品要素包括贷款对象、贷款利率、贷款期限、还款方式、担保方式和贷款额度。

### （一）贷款对象

个人贷款的对象仅限于自然人，不包括法人。合格的个人贷款申请人必须是具有完全民事行为能力的自然人。

### （二）贷款利率

贷款利率是借款人为取得货币资金的使用权而支付给银行的价格。利率是衡量利息高低的指标，有时也称为货币资本的价格。利率通常分为年利率、月利率和日利率，分别用百分比、千分比、万分比表示。

### （三）贷款期限

贷款期限是指从具体贷款产品发放到约定的最后还款或清偿的期限。不同的个人贷款产品的贷款期限各不相同。比如个人住房贷款的期限最长可达 30 年，而个别贷款的期限仅为 6 个月。

经贷款人同意，个人贷款可以展期。1 年以内（含）的个人贷款，展期期限累计不得超过原贷款期限；1 年以上的个人贷款，展期期限累计与原贷款期限相加，不得超过该贷款品种规定的最长贷款期限。

### （四）个人信贷还款方式

个人贷款还款方式包括：到期一次还本付息法、等额本息还款法、等额本金还款法、等比累进还款法、等额累进还款法、组合还款法和按月还息、到期一次性还本还款法。

### （五）担保方式

个人贷款可采用有担保的抵押、质押、保证以及无担保的信用方式。

### （六）贷款额度

贷款额度是指银行向借款人提供的以货币计量的贷款数额。

## 四、个人贷款流程

个人贷款业务贷款流程包括贷款的受理与调查、审查与审批、签约与发放、支付管理与贷后管理五个环节。

### （一）贷款的受理与调查

**1. 贷款的受理**

贷款的受理涉及贷前咨询环节和贷款受理程序。

（1）贷前的受理

银行通过现场咨询、窗口咨询、电话银行、网上银行、业务宣传手册等渠道和方式，向拟申请个人贷款的个人提供有关信息咨询服务。

贷前咨询的主要内容包括：个人贷款品种介绍、申请个人贷款应具备的条件、申请个人贷款需提供的资料、办理个人贷款的程序、个人贷款合同中的主要条款、获取个人贷款申请书、申请表格及有关信息的渠道、个人贷款经办机构的地址及联系电话以及其他相关内容。

（2）贷款受理程序

第一步，接受申请。

贷款受理人应要求借款申请人以书面形式提出个人贷款申请，并按要求提交能证明其符合贷款条件的相关申请材料。对于有共同申请人的，应同时要求共同申请人提交有关申请材料。

第二步，初审。

贷款受理人应对借款申请人提交的借款申请书及申请材料进行初审，主要审查借款申请人的主体资格及借款申请人所提交材料的完整性与规范性。如果借款申请人提交材料不完整或不符合材料要求规范，应要求申请人补齐材料或重新提供有关材料。如果不予受理，应退回贷款申请并向申请人说明原因。

经初审符合要求后，贷款受理人应将借款申请书及申请材料交由贷前调查人进行贷前调查。

**2. 贷前调查**

贷款调查应以实地调查为主，间接调查为辅，采取现场核实、电话查问以及信息咨询等途径和方法，贷款人应建立并严格执行贷款面谈、面签和居访制度。

贷前调查包括但不限于以下内容：借款人基本情况、借款人收入情况、借款用途、借款人还款来源、借款人还款能力及还款方式、保证人担保意愿、担保能力或抵（质）押物价值及变现能力。

贷前调查的主要内容有：审核贷款申请材料，确保材料一致性。审核借款申请人（包括代理人）身份证明。对借款申请人的信用情况进行调查。审核借款申请人偿还能力证明，比如有稳定的工资收入证明、投资经营收入证明、财产情况证明以及其他收入证明材料。审核担保材料以及审核贷款真实性。

### （二）贷款的审查与审批

**1. 贷款审查**

贷款审查应对贷款调查内容的合法性、合理性、准确性进行全面审查，重点关注调查人的尽职情况和借款人的偿还能力、诚信状况、担保情况、抵（质）押比率、风险程度等。

贷款风险评价应以分析借款人现金收入为基础，采取定量和定性分析方法，全面、动态地进行贷款审查和风险评估。贷款人应建立和完善借款人信用记录和评价体系。

**2. 贷款审批**

贷款人应根据审慎性原则，完善授权管理制度，规范审批操作流程，明确贷款审批权限，实行审贷分离和授权审批，确保贷款审批人员按照授权独立审批贷款。个人贷款审批流程包括：

组织报批材料——审批——提出审批意见——审批意见落实。

### （三）贷款的签约与发放

**1. 贷款的签约**

贷款人应与借款人签订书面借款合同，需担保的应同时签订担保合同。贷款人应要求借款人当面签订借款合同及其他相关文件，电子银行渠道办理的贷款除外贷款人应健全合同管理制度，有效防范个人贷款法律风险。借款合同采用格式条款的，应当维护借款人的合法权益，并予以公示。贷款人应依照《物权法》《担保法》等法律的规定规范担保流程与操作。按合同约定办理抵押物登记的，贷款人应当参与借款且合同应符合《中华人民共和国合同法》（以下简称《合同法》）的规定，明确约定各方当事人的诚信承诺和贷款资金的用途、支付对象（范围）、支付金额、支付条件、支付方式等。借款合同应设置相关条款，明确借款人不履行合同或怠于履行合同时承担的违约责任。贷款的签约流程如下：填写合同——审核合同——签订合同。

**2. 贷款的发放**

贷款人应加强对贷款的发放管理，遵循审贷与放贷分离的原则，设立独立的放宽管理部门或岗位，落实放款条件，发放满足约定条件的个人贷款。

贷款发放的具体流程：出账前审核——开户放款——放款通知。

### （四）支付管理

贷款人应按照借款合同约定，通过贷款人受托支付或借款人自主支付的方式对贷款资金的支付进行管理与控制。

### （五）贷后管理

个人贷款的贷后与档案管理是指贷款发放后到合同种植期间对有关事宜的管理，包括贷后检查、合同变更、本息回收、贷款的风险分类与不良贷款管理以及贷款档案管理等工作。该环节关系到信贷资产能否安全收回。

## 任务实训

### 一、任务说明

个人信贷业务贷前环节需要完成客户基本信息管理、担保品信息管理、资信评估。

要按步骤开启任务并完成业务。

## 二、任务实操

第一步，客户基本信息管理。

查阅信息公告，开启第一个任务“客户基本信息”，阅读任务说明和重要提示。见图 8－2。

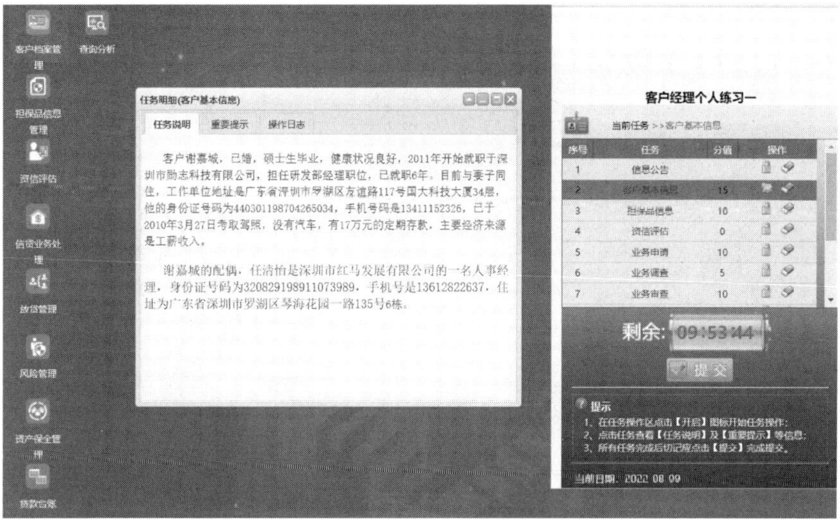


**图 8－2 客户基本信息任务说明**

双击“客户档案管理”，点击“个人客户”，依次双击“锁定客户”和“个人基本信息列表”完成任务。

首先点击“锁定客户”后，点击“新增客户”，根据任务说明的信息填写。完成新增客户后，点击“锁定客户”。见图 8－3。

**图 8－3 客户基本信息新增**

然后双击“个人基本信息列表”，根据任务说明完成信息新增。主要包括个人及配偶、孩子等基本信息，直系亲属信息和个人重大事项信息，新增完毕后“保存”即可。

第二步，担保品信息管理。

开启第二个任务“担保品信息”，阅读任务说明和重要提示。首先双击“担保品信息管理”，从导航菜单选择“抵质押品信息录入列表”，新增抵质押品。然后有针对性填写具体抵质押品信息列表，本例填写“车辆工具情况列表”见图 8－4。

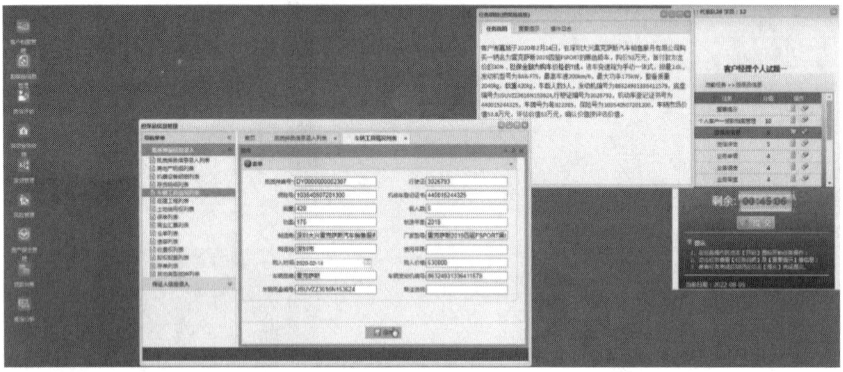

图 8－4　具体抵质押品信息列表

第三步，资信评估。

开启第三个任务“资信评估”，阅读任务说明并完成客户资信评估。

双击“资信评估”，打开“个人信用等级评分表列表”，点击“新增”，完成个人客户自然情况、职业情况、家庭情况、财产保障和修正项的填写，见图 8－5。最后提交后得出个人信用等级评分，见图 8－6。

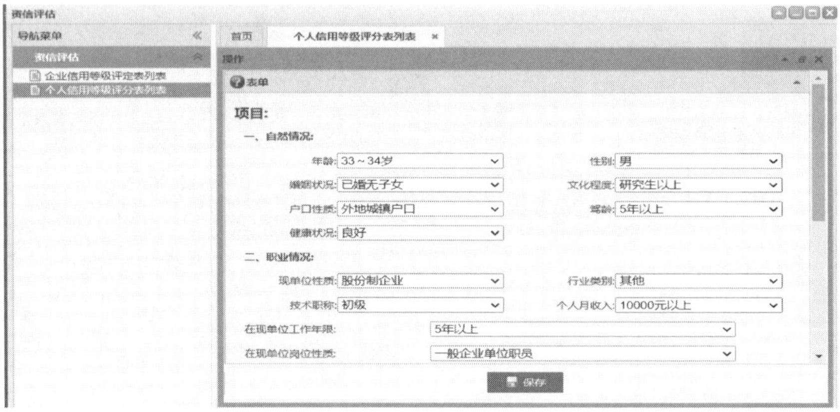


图 8－5　个人信用等级评分信息填写

图 8－6　个人信用等级综合评分

## 三、任务评价

实训任务评价见表 8－2。

表 8－2　　实训任务评价表

| 考核项目 | 考核标准 | 得分 |
|---|---|---|
| 职业素养（20 分） | 1. 按时出勤，课堂表现好（5 分） | |
| | 2. 仪容仪表规范（5 分） | |
| | 3. 具备一定的组织协调能力（5 分） | |
| | 4. 具备良好的团队合作精神（5 分） | |
| 思政建设（20 分） | 1. 具备吃苦耐劳的精神（10 分） | |
| | 2. 具备严谨科学、求真求实的学习态度和工作作风（10 分） | |
| 技能要求（60 分） | 熟悉银行个人贷款的概述，包括个人贷款的概念、个人贷款产品的种类以及个人贷款产品的要素，以及个人贷款业务流程，能熟练掌握银行个人贷款业务业务操作流程，客户基本信息、担保品信息输入平台，完成对客户个人信用等级评分（60 分） | |
| 合计 | | |

## 任务小结

本任务主要是个人信贷业务的贷前环节。必备知识部分介绍了个人贷款的概述，包括个人贷款的概念、个人贷款产品的种类以及个人贷款产品的要素；梳理了个人贷款业务流程。本任务实训环节要注意认真仔细，准确无误的将客户基本信息、担保品信息输入平台，完成对客户个人信用等级评分。

# 任务2　个人信贷业务贷中环节

## 任务要求

请同学们了解个人信贷业务类型并登录网址完成客户经理个人信贷业务贷中环节实训任务。

## 必备知识

常见个人贷款类型有个人住房贷款、个人汽车贷款、个人教育贷款及其他个人消费类贷款。

### 一、个人住房贷款

#### （一）个人住房贷款的概念

个人住房贷款是指银行向自然人发放的，用于购买、建造和大修理各类型住房的贷款。

#### （二）个人住房贷款的特征

**1. 贷款期限长**

相对于其他个人贷款而言，金额大，期限长，通常为10～20年，最长可达30年，绝大多数采取分期还本付息的方式。

**2. 大多以抵押为前提建立借贷关系**

**3. 风险具有系统性特点**

#### （三）贷款流程

个人住房贷款的贷款流程包括五个阶段：贷款的受理与调查、贷款审查与审批、贷款签约与发放、支付管理和贷后管理。

**1. 贷款受理与调查**

借款人在向贷款银行进行咨询后，根据要求填写贷款申请书，并提供以下申请材料：

合法有效的身份证件；

借款人还款能力证明材料，包括收入证明材料和有关资产证明等；

合法有效的购房合同；

涉及抵押担保的，需提供抵押物的权属证明文件以及有处分权人同意抵押的书面证明；

涉及保证担保的，需保证人出具同意提供担保的书面承诺，并提供能证明保证人保证能力的证明材料；

购房首付款证明材料，包括借款人首付款交款单据（如发票、收据、银行进账单、现金交款单等），首付款尚未支付或者首付款未达到规定比例的，要提供用于购买住房的自筹资金的有关证明。

个人住房贷款贷前调查环节，除了参照个人贷款贷前调查内容外，还应对开发商及住房楼盘项目材料的真实性、合法性、完整性、可行性等进行调查。

**2. 贷款审查与审批**

（1）贷款审查

贷款审查人负责对借款申请人提交的材料进行合规性审查，对贷前调查人提交的个人住房贷款调查审批表、面谈记录以及贷前调查的内容是否完整进行审查。

贷款审查人认为需要补充材料和完善调查内容的，可要求贷前调查人进一步落实。贷款审查人对贷前调查人提交的材料和调查内容的真实性有疑问的，可以进行重新调查。

（2）贷款审批

个人住房贷款审批的报批材料包括个人信贷业务报批材料清单、个人信贷业务申报审批表、个人住房借款申请书以及个人住房贷款办法及操作规程规定需提供的材料等。

**3. 贷款签约与发放**

（1）贷款签约

经审批同意的，贷款银行与借款人、开发商签订个人住房贷款合同，明确各方权利和义务。借款合同应符合法律规定，明确约定各方当事人的诚信承诺和贷款资金的用途、支付对象、支付金额、支付条件、支付方式等。

（2）贷款发放

贷款发放之前，贷款发放人应落实有关贷款发放条件。

**4. 支付管理**

贷款人可以采用受托支付或借款人自主支付的方式对贷款资金的支付进行管理与控制。

**5. 贷后管理**

（1）贷后检查

除参照个人贷款贷后检查内容外，还应对开发商和项目以及合作机构进行调查，调查的要点有：开发商的经营状况及账务状况；项目资金到位及使用情况；项目工程形象进度；项目销售情况及资金回笼情况；产权证办理情况；履行担保责任的情况；开发商履行商品房销售贷款合作协议的情况；合作机构的资信情况、经营情况及财务情况等；其他可能影响借款人按时、足额还贷的因素。

（2）合同变更

经审批同意变更借款合同主体后，贷款银行与变更后的借款人、担保人重新签订有关合同文本。

(3) 贷款的回收

借款人与银行应在借款合同中约定借款人归还借款采取的支付方式、还款方式和还款计划等。借款人按借款合同约定偿还贷款本息，银行则将还款情况定期告知借款人。

贷款的还款方式有委托扣款和柜面还款两种方式。借款人要按照借款合同中规定的还款方式进行还款。常用的个人住房贷款还款方式包括等额本息还款法和等额本金还款法两种。

(4) 贷款风险分类和不良贷款的管理

贷款风险分类指按规定的标准和程序对贷款资产进行分类，商业银行按《贷款风险分类指引》将贷款划分为正常、关注、次级、可疑和损失五类（见表8－3）。

**表8－3　　贷款风险分类**

| 类别 | 定义 |
|---|---|
| 正常贷款 | 借款人一直能正常还本付息，不存在任何影响贷款本息及时、全额偿还的不良因素，或借款人未正常还款属偶然性因素造成的 |
| 关注贷款 | 借款人虽能还本付息，但已存在影响贷款本息及时、全额偿还的不良因素 |
| 次级贷款 | 借款人的正常收入已不能保证及时、全额偿还贷款本息，需要通过出售、变卖资产、对外借款、保证人、保险人履行保证、保险责任或处理抵（质）押物才能归还全部贷款本息 |
| 可疑贷款 | 贷款银行已要求借款人及有关责任人履行保证、保险责任，处理抵（质）押物，预计贷款可能发生一定损失，但损失金额尚不能确定 |
| 损失贷款 | 借款人无力偿还贷款<br>履行保证、保险责任和处理抵（质）押物后仍未能清偿的贷款及借款人死亡，或依照《民法通则》的规定，宣告失踪或死亡，以其财产或遗产清偿后，仍未能还清贷款 |

按照五级分类方式，不良个人贷款包括五级分类中的后三类贷款，即次级、可疑和损失类贷款。银行应按照银行监管部门的规定定期对不良个人贷款进行认定。银行要适时对不良贷款进行分析，建立不良个人贷款台账，落实不良贷款清收责任人，实时检测不良贷款回收情况。

对拖欠期限不同的不良个人贷款的催收可采取多种方式如电话催收、信函催收、上门催收、通过中介机构催收，以及采取法律手段，如律师函、司法催收等方式督促借款人按期还本付息，最大限度地降低贷款损失，有担保的要向担保人通知催收。同时应利用信息技术对不良贷款催收情况进行登记管理，实现不良贷款催收管理的自动化。

(5) 贷款档案管理

一般档案材料需要退还借款人的，档案管理员将材料复印后退还借款人或委托人，复印件归档进行有关信息登记。

## 二、个人汽车贷款

个人汽车贷款的贷款流程具体包括。贷款的受理与调查、贷款的审查与审批、贷款的签约与发放、支付管理以及贷后管理五个环节。

### （一）贷款的受理与调查

个人汽车贷款的受理是指从客户向银行提交借款申请书、银行受理到上报审核的全过程，主要包括贷款的受理和贷前调查两部分。具体内容如下（见表8－4）。

表8－4 贷款的受理与调查

| 流程 | | 内容 |
| --- | --- | --- |
| 贷款的受理 | 银行提供信息咨询 | 个人汽车贷款咨询的主要内容包括：<br>个人汽车贷款品种介绍<br>申请个人汽车贷款应具备的条件<br>申请个人汽车贷款需提供的资料<br>办理个人汽车贷款的程序<br>个人汽车贷款借款合同中的主要条款<br>与个人汽车贷款有关的保险、抵押登记和公证等事项<br>获取个人汽车贷款申请书、申请表格及有关信息的渠道<br>个人汽车贷款经办机构的地址及联系电话<br>其他相关内容 |
| | 申请人书面申请材料 | 合法有效的身份证件，包括居民身份证、户口本或其他有效身份证件，借款人已婚的还需要提供配偶的身份证明材料<br>贷款银行认可的借款人还款能力证明材料，包括收入证明材料和有关资产证明<br>有汽车经销商出具的购车意向证明<br>以所购车辆抵押以外的方式进行抵押或质押担保的，需提供抵押物或质押权力的权属证明<br>涉及保证担保的，需保证人出具同意提供担保的书面承诺，并提供能证明保证人保证能力的证明材料<br>购车首付款证明材料<br><br>如借款所购车辆为二手车，还需提供购车意向证明、贷款银行认可的评估机构出具的车辆评估报告书、车辆出卖人的车辆产权证明、所交易车辆的机动车登记证和车辆年检证明等<br>如借款所购车辆为商用车，还需提供所购车辆可合法用于运营的证明，如车辆挂靠运输车队的挂靠协议和租赁协议等<br>贷款银行要求提供的其他文件、证明和资料 |

续表

| 流程 | | 内容 |
| --- | --- | --- |
| 贷前调查 | 调查方式 | 贷前调查应以实地调查为主、间接调查为辅<br>贷前调查可以采取审查借款申请材料、面谈借款申请人、查询个人信用、实地调查和电话调查及委托第三方调查等多种方式进行 |
| | 调查内容 | 贷前调查人在调查申请人基本情况、贷款用途和贷款担保等情况时，应重点调查以下内容：<br>（1）判断借款申请人购车行为的真实性、了解借款申请人购车动机是否正常<br>（2）通过与借款人的交谈、电话查询、审查借款人提供的收入材料等方式，核实借款人收入情况，判断借款人支出情况，了解借款人正常的月均消费支出，除购车贷款以外的债务支出情况等 |
| | 贷前调查完成后，贷前调查人应对调查结果进行整理、分析，提出是否同意贷款的明确意见及贷款额度、贷款期限、贷款利率、担保方式、还款方式、划款方式以及其他情况等方面的调查意见，连同申请资料等一并送交贷款审核人进行贷款审核 | |

### （二）贷款的审查与审批

关于个人汽车贷款的审查与审批可参照个人住房贷款部分。

### （三）贷款的签约与发放

经审批同意的贷款，应确认签约时间，签署《个人汽车贷款借款合同》和相关担保合同；签订有关合同文本前应履行充分告知义务，告知借款人、保证人等合同签约方关于合同内容、权利义务、还款方式以及还款过程中应该注意的问题等。

贷款发放指贷款发放人应按照合同约定将贷款发放、划付到约定账号。

### （四）支付管理

个人汽车贷款可采取受托支付和借款人自主支付两种方式发放贷款资金。

### （五）贷后管理

表 8－5　　贷后管理相关内容

| 项目 | | 内容 |
| --- | --- | --- |
| 贷后检查 | 借款人情况检查 | 借款人是否按期足额归还贷款；<br>借款人工作单位、收入水平是否发生变化；<br>借款人的住所、联系电话有无变动；<br>有无发生可能影响借款人还款能力或还款意愿的突发事件，如卷入重点经济纠纷、诉讼或仲裁程序，借款人身体状况恶化或突然死亡等；<br>对于经营类车辆应检测其车辆经营收入的实际情况 |

续表

| 项目 | 内容 | |
|---|---|---|
| | 担保情况检查 | 保证人的经营状况和财务状况；<br>抵押物的存续状况、使用状况和价值变化情况等；<br>质押权利凭证的时效性和价值变化情况；<br>经销商及其他担保机构的保证金情况；<br>对以车辆抵押的、对车辆的使用情况及其车辆保险有效性和车辆实际价值进行检查评估；<br>其他可能影响担保有效性的因素 |
| 合同变更 | 提前还款 | 期限调整包括延长期限和缩短期限等。延长期限即展期，银行通常规定每笔贷款可以展期一次，展期期限不得超过一年，展期周前部打开期限不得超过银行规定的最长期限 |
| | 还款方式变更 | 借款人变更还款方式，需满足如下条件：<br>应向银行提交还款方式变更申请书；<br>借款人的打开账户中没有拖欠本息及其他费用；<br>借款人在变更还款方式前应归还当期的贷款本息 |
| | 借款合同的变更与解除 | 借款合同依法需要变更或解除的，必须经借贷双方协商同意，协商未达成之前借款合同继续有效；<br>当发生保证人失去保证能力或保证人破产、分立、合并等情况时，借款人应及时通知贷款银行，并重新提供贷款银行认可的担保；<br>借款人在还款期限内死亡、宣告死亡、宣告失踪或丧失民事行为能力后，如果没有财产继承人和受遗赠人，或者继承人、受遗赠人，或者继承人、受遗赠人拒绝履行借款合同的，贷款银行有权提前收回贷款，并依法处分抵押物或质物，用以归还未清偿部分 |
| 贷款回收 | 贷款的支付方式有委托扣款和柜台还款两种方式；<br>贷款回收的原则是先收息、后收本，全部到期、利随本清 | |
| 贷款风险分类与不良贷款管理 | 银行要按照贷款风险五级分类法对不良个人汽车贷款进行认定，认定之后要适时对不良贷款进行分析，建立个人汽车贷款的不良贷款台账，落实不良款清收责任人，实时监测不良贷款回收情况；<br>对未按期还款的借款人，应采用电话催收、信函催收、上门催收、律师函和司法催收等方式督促借款人按期偿还贷款本息，以最大限度地降低贷款损失，有担保的要向担保人通知催收 | |
| 贷后档案管理 | 贷后档案管理是指个人汽车贷款发放后有关贷款资料的收集整理、归档登记、保存、借（查）阅管理、移交及管理、退回和销毁全过程 | |

## 三、个人教育贷款

个人教育贷款是银行向借款人本人或其直系亲属、法定监护人发放的用于满足其就学资金需求的贷款。根据贷款性质的不同，个人教育贷款分为国家助学贷款和商业助学贷款。

### （一）国家助学贷款

**1. 定义**

国家助学贷款是由政府主导、财政贴息、财政和高校共同给予银行一定风险补偿金，银行、教育行政部门与高校共同操作的，帮助高校家庭经济困难学生支付在校学习期间所需的学费、住宿费及生活费的信用贷款，是我国普通高校家庭经济困难学生资助政策体系的重要组成部分。

**2. 分类**

国家助学贷款包括生源地信用助学贷款与校园地国家助学贷款。

生源地信用助学贷款按年度申请、审批和发放。学生在新学期开始前，向家庭所在县（市、区）的学生资助管理中心提出贷款申请（有的地区直接到相关金融机构申请）。县级学生资助管理中心负责对学生提交的申请进行资格初审。金融机构负责最终审批并发放贷款。

校园地国家助学贷款是学生须在新学年开学后（具体时间由各校规定）通过培养单位向银行提出贷款申请。经办银行原则上每年集中受理一次国家助学贷款申请。

学生申请校园地国家助学贷款需要提供以下材料：

借款学生：身份证、户口本、录取通知书（或学生证）、申请表（网上申请导出打印）；

共同借款人：身份证、户口本。

**3. 原则**

国家助学贷款采取“借款人一次申请、贷款银行一次审批、单户核算、分次发放”的方式，实行“财政贴息、风险补偿、信用发放、专款专用和按期偿还”的原则。

**4. 贷款流程**

（1）首次申请办理流程见图 8 – 7。

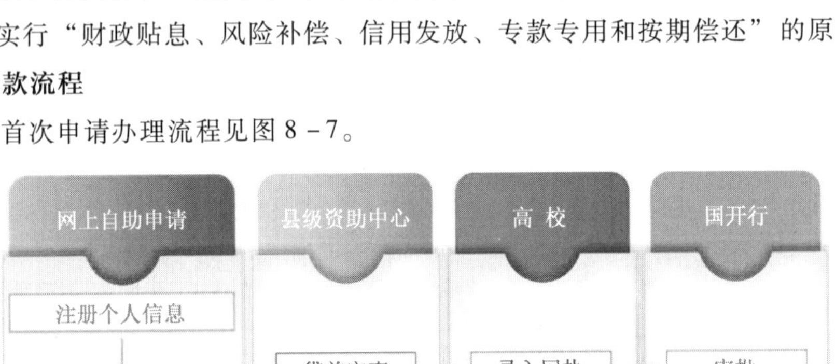


**图 8 – 7　首次贷款流程**

资料来源：http：//www. puning. gov. cn。

（2）续贷流程

续贷流程和首贷流程大致相同，区别在于网上自助申请环节流程为录入申请信息，填写续贷声明，导出申请表并签字。

### （二）商业助学贷款

**1. 定义**

商业助学贷款是贷款银行对正在接受非义务教育学习的学生或直系家属或法定监护人发放的商业性贷款，贷款只能用于学生的学杂费、生活费以及其他与学习有关的费用支出。

**2. 原则**

商业助学贷款实行“部分自筹、有效担保、专款专用和按期偿还”的原则。商业助学贷款财政不贴息，各商业银行、城市信用社和农村信用社等金融机构均可开办。

**3. 办理流程**

商业助学贷款办理流程包括：受理、贷前调查、审批、发放、贷后管理、贷款回收。

## 四、其他个人消费贷款

其他个人消费类贷款是银行向借款人发放的用于装修、耐用品消费、旅游、医疗等消费用途的贷款。具体内容如表 8－6 所示。

表 8－6　其他个人消费贷款

| 项目 | 内容 | |
|---|---|---|
| 分类 | 个人住房装修贷款 | 个人住房装修贷款是指银行向自然人发放的、用于装修自用住房的人民币担保贷款 |
| | 个人耐用消费品贷款 | 个人耐用消费品贷款是指银行向自然人发放的、用于购买大额耐用消费品的人民币担保贷款。所谓耐用消费品通常是指价值较大、使用寿命相对较长的家用电器，包括除汽车、住房外的家用电器、电脑、家具、健身器材、乐器等 |
| | 个人旅游消费贷款 | 个人旅游消费贷款是指银行向自然人发放的、用于借款人个人及其家庭成员（包括借款申请人的配偶、子女及其父母）参加银行认可的各类旅行社（公司）组织的国内、外旅游所需费用的贷款 |
| | 个人医疗贷款 | 个人医疗贷款是指银行向自然人发放、用于解决市民及其配偶或直系亲属伤病就医时的资金短缺问题的贷款 |

# 任务实训

## 一、任务说明

个人信贷业务贷中环节需要完成信贷相关业务和放贷管理业务。信贷业务包括业务申请、业务调查、业务审查、业务审批。放贷管理包括合同登记、放贷审核、贷款发放和贷款归档工作。要按步骤开启任务并完成业务。

## 二、任务实操

### （一）信贷业务处理

第一步，业务申请。

阅读任务说明并完成任务。双击“信贷业务处理”，进入“业务申请”栏目。根据题目要求进行对应业务申请。本案例要进入“个人汽车消费贷款申请列表”点击保存和提交完成业务申请。见图 8 – 8。

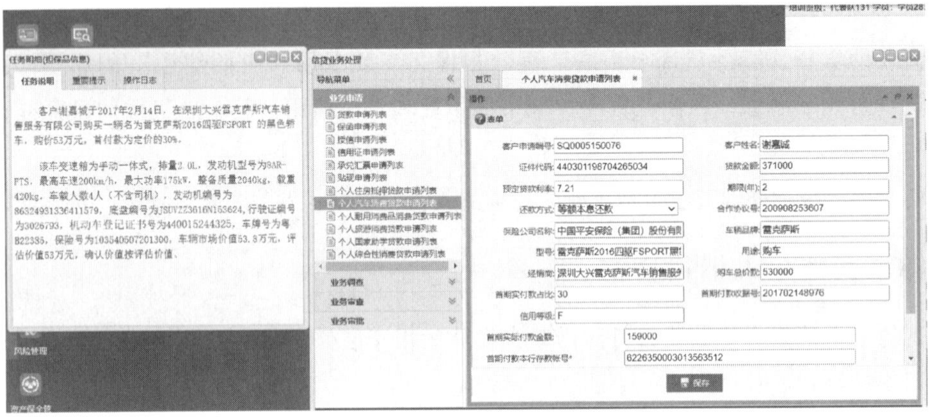


图 8 – 8　个人汽车消费贷款申请列表

第二步，业务调查。

完成业务申请后，进入下一环节“业务调查”。从“业务调查”菜单中找到“个人汽车消费贷款调查”，完成“调查”操作。在业务意见部分填写调查结论和结论理由即可。

第三步，业务审查。

开启“业务审查”任务。本案例需完成“个人汽车消费贷款审查”。见图 8 – 9 和图 8 – 10。

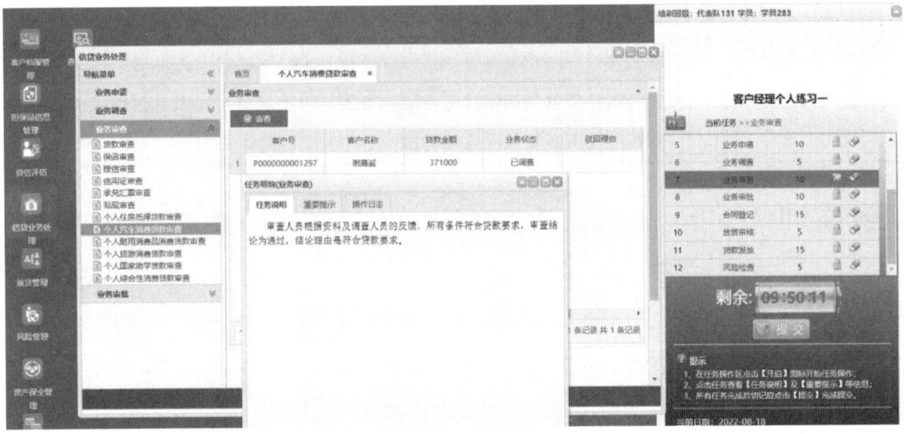


图 8 – 9　个人汽车消费贷款审查业务说明

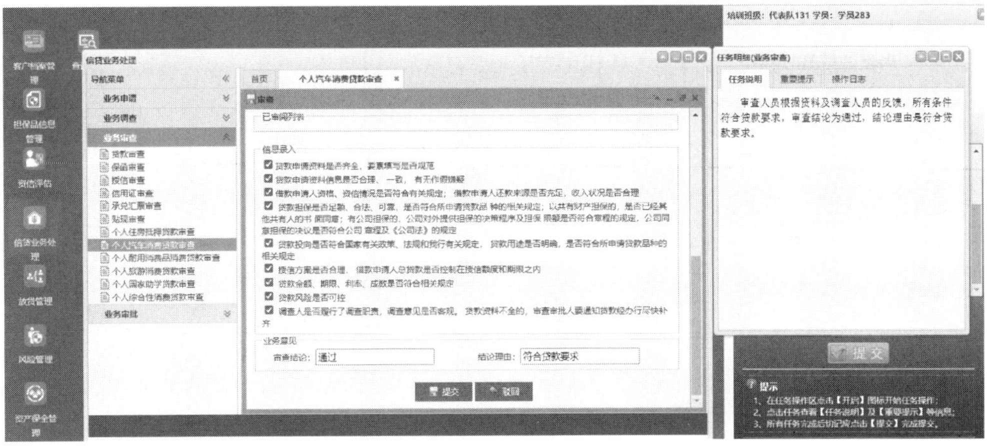


图 8－10　个人汽车消费贷款审查业务操作

第四步，业务审批。

开启“业务审批”任务。本案例需要完成“个人汽车消费贷款业务审批”，见图 8－11。注意：审批录入信息要准确无误完整，给出业务意见要符合任务说明，最后记得提交。

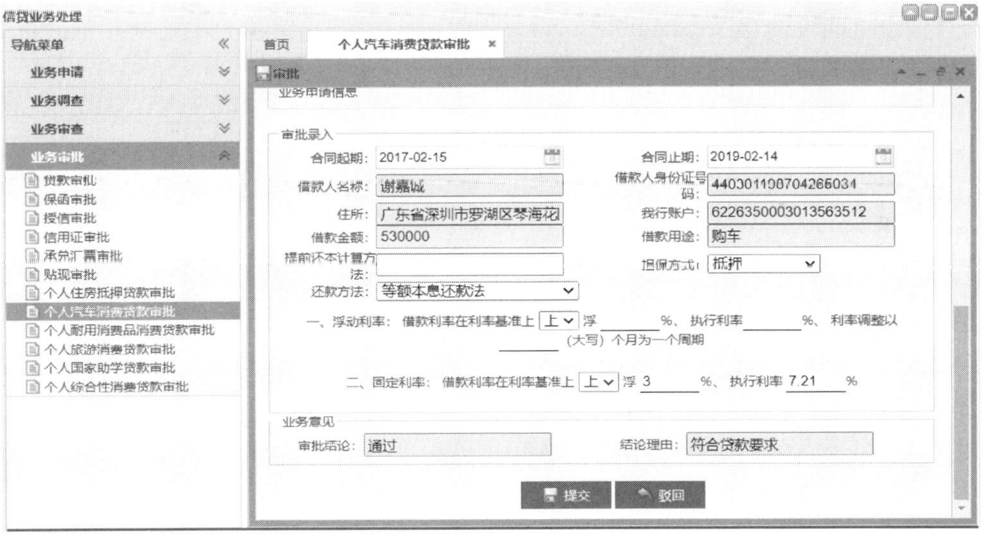


图 8－11　业务审批

## （二）放贷管理

第一步，合同登记。

开启“合同登记”任务，根据客户信息和任务提示，完成主合同登记和担保合同登记。

第二步，放贷审核。

完成信息录入并给出放贷审核意见。

第三步，贷款发放。

开启“贷款发放”任务，完成信息录入，同时给出业务发放意见。见图 8－12。

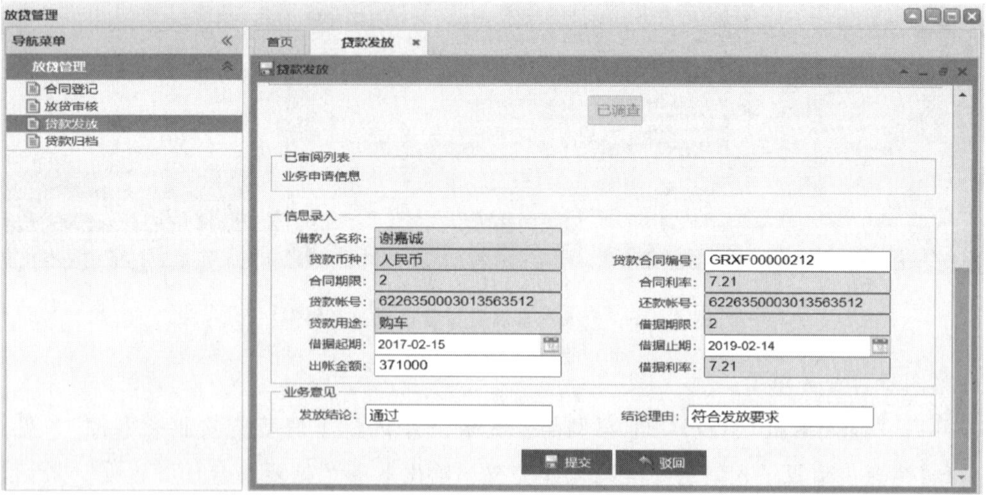


图 8－12　贷款发放业务

第四步，贷款归档。

根据业务要求，完成业务归档工作。

## 三、任务评价

实训任务评价见表 8－7。

表 8－7　　实训任务评价表

| 考核项目 | 考核标准 | 得分 |
|---|---|---|
| 职业素养（20 分） | 1. 按时出勤，课堂表现好（5 分） | |
| | 2. 仪容仪表规范（5 分） | |
| | 3. 具备一定的组织协调能力（5 分） | |
| | 4. 具备良好的团队合作精神（5 分） | |
| 思政建设（20 分） | 1. 具备吃苦耐劳的精神（10 分） | |
| | 2. 具备严谨科学、求真求实的学习态度和工作作风（10 分） | |
| 技能要求（60 分） | 熟悉银行个人贷款的概述，包括个人住房贷款、个人汽车贷款、个人教育贷款和其他个人消费类贷款的概念，以及贷款业务流程，能熟练掌握银行个人贷款业务业务贷中环节操作流程，完成信贷相关业务和放贷管理业务（60 分） | |
| 合计 | | |

### 任务小结

本任务主要是个人信贷业务的贷中环节。必备知识部分主要分析个人贷款类型，包括个人住房贷款、个人汽车贷款、个人教育贷款和其他个人消费类贷款。本任务实训环节主要完成信贷相关业务和放贷管理业务。按步骤完成业务即可。

## 任务3 个人信贷业务贷后环节

### 任务要求

请同学们登录相应实训平台完成客户经理个人信贷业务贷后环节实训任务。

### 必备知识

个人信贷业务的贷后管理是信贷管理的最终环节，对于确保银行贷款安全和案件防控具有至关重要的作用。

个人贷款的贷后与档案管理是指贷款发放后到合同终止期间对有关事宜的管理，包括贷后检查、合同变更、本息回收、贷款的风险分类与不良贷款管理以及贷款档案管理等工作。

#### 一、贷后检查

贷后检查是以借款人、抵（质）押物、担保人、担保物为对象，通过客户提供、访谈、实地检查、行内资源查询等途径获取信息，对影响贷款资产质量的因素进行持续跟踪调查、分析，并采取相应补救措施的过程，从而可以判断借款人的风险状况，提出相应的预防或补救措施。

#### 二、合同变更

合同履行期间，有关合同内容需要变更的，必须经当事人各方协商同意，并签订变更协议。在担保期内的，根据合同约定必须事先征得担保人书面同意。如需办理抵押变更登记的，还应到原抵押登记部门办理变更抵押登记手续及其他相关手续。

合同变更可能涉及合同主体变更、借款期限调整、分期还款额的调整、还款方式变更以及担保变更等。

#### 三、贷款的回收

贷款的回收指借款人按借款合同约定的还款计划和还款方式及时、足额地偿还贷款本息。贷款本息到期足额收回是贷后管理的最终目的。

### （一）贷款支付方式

贷款的支付方式有委托扣款和柜面还款两种方式。借款人可在合同中约定其中一种方式也可以根据情况在贷款期间进行变更。

### （二）贷款还款方式

借款人要按照借款合同中规定的还款方式进行还款。

### （三）贷款回收原则

贷款回收的原则是先收息、后收本，全部到期、利随本清。

## 四、贷款风险分类及不良贷款管理

### （一）贷款风险分类

商业银行按照《贷款风险分类指引》至少将贷款划分为正常、关注、次级、可疑和损失五类，并及时根据其风险变化情况调整分类结果，准确反映贷款质量状况。

### （二）不良贷款管理

**1. 不良贷款的认定**

按照五级分类方式，不良个人贷款包括五级分类中的后三类贷款，即刺激、可疑和损失类贷款。银行要适时对不良贷款进行分析，建立不良个人贷款台账，落实不良贷款清收责任人，实时监测不良贷款回收情况。

**2. 不良贷款的催收**

不良个人贷款的催收可根据实际情况采取不同方式。如电话催收、信函催收、上门催收、通过中介机构催收以及采取法律手段，如律师函、司法催收等方式。

一旦个人贷款出现违约，银行经办人员或相关管理人员应该按照规定程序，对未按期还款的借款人发出催收提示和催收通知，督促借款人按期足额清偿违约贷款。

**3. 不良贷款处置**

抵押物处置可采取与借款人协商变卖、向法院提起诉讼或申请强制执行依法处分。

## 五、贷款档案管理

个人贷款档案管理是指个人贷款发放后有关贷款资料的收集整理、归档登记、保存、借（查）阅管理、移交及管理、退回和销毁的全过程。

贷款档案可以是原件，也可以是具有法律效力的复印件。

# 任务实训

## 一、任务说明

个人信贷业务贷后环节需要完成风险管理、资产保全管理业务。要按步骤开启任务并完成业务。

## 二、任务实操

第一步，风险管理。

开启“风险检查”任务，查看任务说明，完成任务。任务贷款用途检查报告见图 8－13。

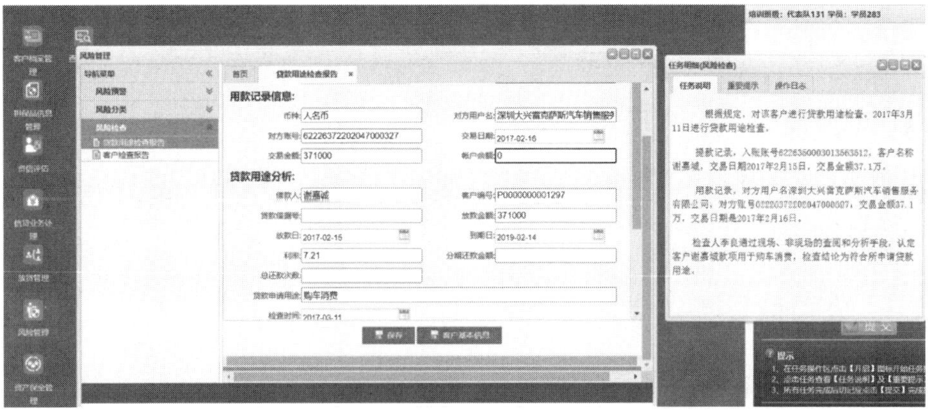


**图 8－13 贷款用途检查报告**

第二步，资产保全管理。

有的项目增加了资产保全管理业务，按要求完善账款催收、不良资产管理以及呆账核销等业务即可。

## 三、任务评价

实训任务评价见表 8－8。

**表 8－8 实训任务评价表**

| 考核项目 | 考核标准 | 得分 |
|---|---|---|
| 职业素养（20 分） | 1. 按时出勤，课堂表现好（5 分） | |
| | 2. 仪容仪表规范（5 分） | |
| | 3. 具备一定的组织协调能力（5 分） | |
| | 4. 具备良好的团队合作精神（5 分） | |
| 思政建设（20 分） | 1. 具备吃苦耐劳的精神（10 分） | |
| | 2. 具备严谨科学、求真求实的学习态度和工作作风（10 分） | |
| 技能要求（60 分） | 熟悉银行个人贷款的贷后与档案管理的概念和工作内容，能熟练掌握银行个人贷款中贷后业务操作流程，完成风险理、资产保全管理业务（60 分） | |
| 合计 | | |

### 任务小结

本任务主要是个人信贷贷后业务操作。必备知识部分介绍了个人贷款贷后检查、合同变更、本息回收、贷款的风险分类与不良贷款管理以及贷款档案管理、风险管理等工作。本任务实训环节完成风险管理、资产保全管理业务，填写时要注意认真仔细。

## 任务4 公司信贷业务贷前环节

### 任务要求

请同学们登录项目实训平台完成客户经理公司信贷业务贷前环节实训任务。

### 必备知识

#### 一、公司信贷基础

##### （一）公司信贷的概念

公司信贷是指商业银行为法人和其他经济组织等非自然人开展的资金借贷或信用支持活动。

##### （二）公司信贷的基本要素

公司信贷的基本要素主要包括交易对象、信贷产品、信贷金额、信贷期限、贷款利率和费率、清偿计划、担保方式和约束条件等。

**1. 交易对象**

公司信贷业务的交易对象包括银行和银行的交易对手，其中银行的交易对手主要是经工商行政管理机关（或主管机关）核准登记，拥有工商行政管理部门颁发的营业执照的企（事）业法人和其他经济组织等。

**2. 信贷产品**

信贷产品主要包括贷款、担保、承兑、保函、信用证和承诺等。

**3. 信贷金额**

信贷金额是指银行承诺向借款人提供的以货币计量的信贷产品数额。

**4. 信贷期限**

广义的信贷期限是指从签订合同到合同结束的整个期间。

狭义的信贷期限指从具体信贷产品发放到约定的最后还款或清偿的期限。

**5. 贷款利率和费率**

（1）贷款利率

贷款利率按贷款币种不同分为本币贷款利率和外币贷款利率；按借贷期内利率水平

是否变动分为固定利率和浮动利率；按利率的决定方式不同分为法定利率、行业公定利率和市场利率。

（2）费率

费率是指利率以外的银行提供信贷服务的价格，一般以信贷产品金额为基数按一定比率计算，主要包括担保费、承诺费、承兑费、银团安排费、开证费等。

**6. 清偿计划、担保方式及约束条件**

清偿计划分为一次性还款和分次还款，分次还款又有定额还款和不定额还款两张方式。定额还款包括等额还款和与约定还款，其中等额还款中包括等额本金还款和等额本息还款等方式。

担保方式包括保证、抵押、质押、定金和留置五种方式，经常使用的主要是前三种。

约束条件主要包括提款条件和监管条件。提款条件包括合法授权、政府批准、资本金要求、监管条件落实、其他提款条件。监管条件包括财务维持、股权维持、信息交流、其他监管条件。

## 二、公司信贷的种类

公司信贷不同分类见表8－9。

**表8－9　公司信贷种类**

| 分类标准 | 种类 |
|---|---|
| 按货币种类划分 | 人民币贷款 |
| | 外汇贷款 |
| 按贷款期限划分 | 短期贷款 |
| | 中期贷款 |
| | 长期贷款 |
| 按贷款用途划分 | 固定资产贷款 |
| | 流动资金贷款 |
| | 并购贷款 |
| | 房地产贷款 |
| | 项目融资 |
| 按贷款经营模式划分 | 自营贷款 |
| | 委托贷款 |
| | 特定贷款 |
| 按贷款偿还方式划分 | 一次还清贷款 |
| | 分期偿还贷款 |
| 按贷款利率划分 | 固定利率贷款 |
| | 浮动利率贷款 |

续表

| 分类标准 | 种类 |
| --- | --- |
| 按贷款担保方式划分 | 抵押贷款 |
| | 质押贷款 |
| | 保证贷款 |
| | 信用贷款 |
| 按表内业务和表外业务划分 | 表内业务 |
| | 表外业务 |

## 任务实训

### 一、任务说明

公司信贷业务贷前环节需要完成客户基本信息管理、担保品信息管理、资信评估。要按步骤开启任务并完成业务。

### 二、任务实操

第一步，完成客户基本信息管理。

首先查阅信息公告，开启第一个任务“客户基本信息”，阅读任务说明和重要提示。

双击“客户档案管理”，点击“公司客户”，新增客户、双击“锁定客户”和“个人基本信息列表”完成任务。注意根据任务说明内容填写完整，认真细心不出错。

双击“个人基本信息列表”，根据任务说明完成信息新增。主要包括个人及配偶、孩子等基本信息，直系亲属信息和个人重大事项信息，新增完毕后“保存”即可。见图 8－14。

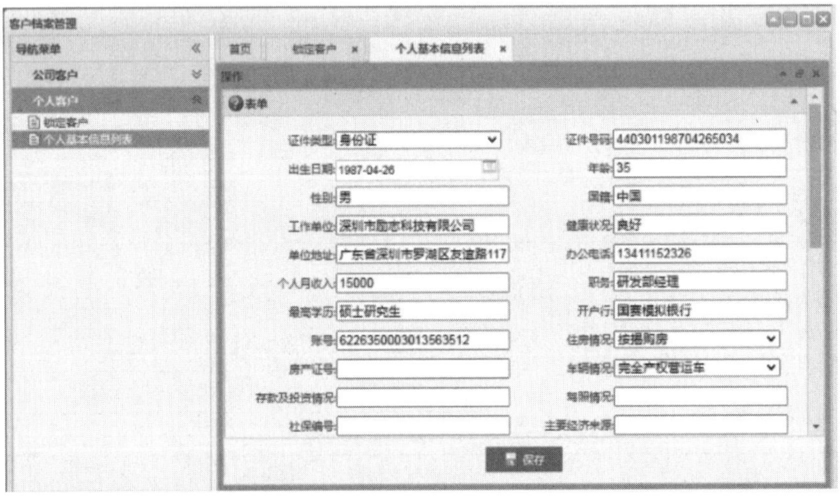


图 8－14　客户基本信息新增

第二步，借款人大事记。

开启第二个任务“借款人大事记”，阅读任务说明和重要提示。然后点击左侧“客户档案管理”下的“借款人大事记”，填写借款人起诉情况、欠息情况、逃废债情况等。见图 8－15。

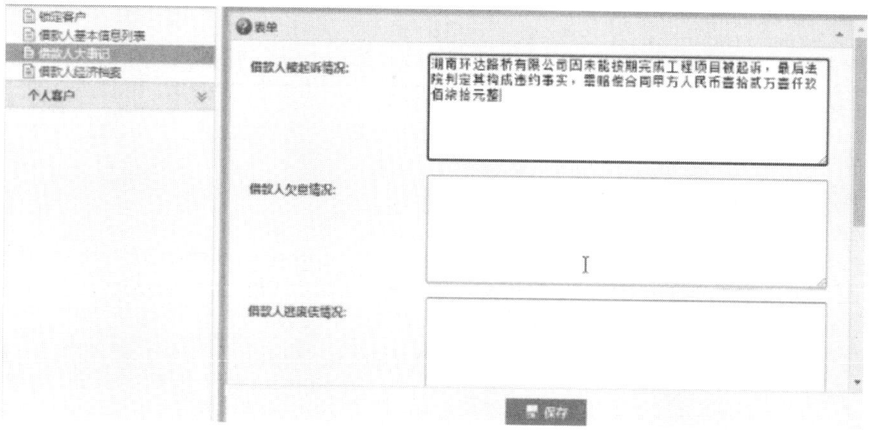


图 8－15　借款人大事记

第三步，担保品信息管理。

开启第三个任务“担保品信息”，阅读任务说明和重要提示，双击“担保品信息管理”，从导航菜单选择“抵质押品信息录入列表”，新增抵质押品。

第四步，资信评估。

开启第四个任务“资信评估”，阅读任务说明并完成客户资信评估。

双击“资信评估”，打开“企业信用等级评分表列表”，点击“新增”，完成企业定性分析、业务合作情况、经济实力、偿债能力、经营效益、信誉状况、发展前景的填写。最后提交后得出企业信用等级评分。企业信用等级评分信息填写见图 8－16。

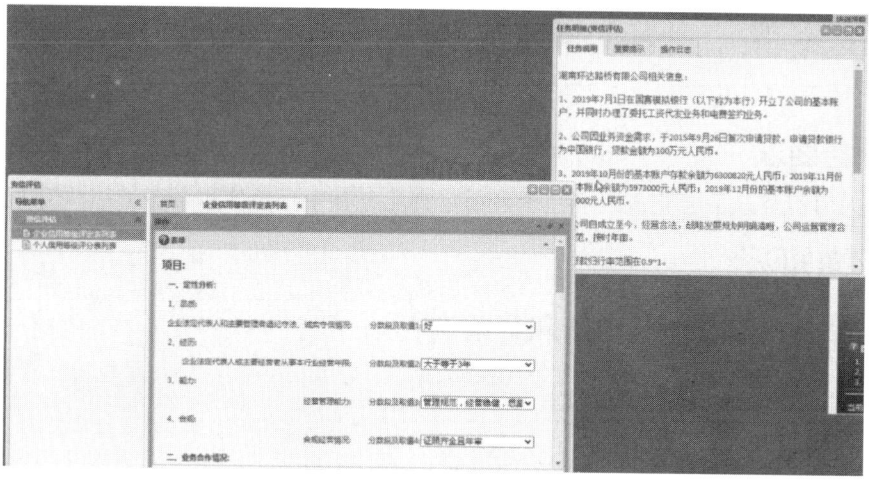

图 8－16　企业信用等级评分信息填写

第五步，保函申请。

开启第四个任务“资信评估”，阅读任务说明并完成客户资信评估。

## 三、任务评价

实训任务评价见表 8－10。

表 8－10　实训任务评价表

| 考核项目 | 考核标准 | 得分 |
| --- | --- | --- |
| 职业素养（20 分） | 1. 按时出勤，课堂表现好（5 分） | |
| | 2. 仪容仪表规范（5 分） | |
| | 3. 具备一定的组织协调能力（5 分） | |
| | 4. 具备良好的团队合作精神（5 分） | |
| 思政建设（20 分） | 1. 具备吃苦耐劳的精神（10 分） | |
| | 2. 具备严谨科学、求真求实的学习态度和工作作风（10 分） | |
| 技能要求（60 分） | 熟悉银行公司信贷的概述、基本要素以及公司信贷产品的种类，熟练掌握公司信贷业务的贷前环节业务操作流程，完成对客户公司信用等级评分（60 分） | |
| 合计 | | |

### 任务小结

本任务主要是公司信贷业务的贷前环节。必备知识部分介绍了公司信贷的概述和公司信贷类型。公司信贷概述包括公司信贷的概念、公司信贷基本要素。本任务实训环节主要是贷前环节实操，要注意认真仔细，准确无误的将客户基本信息、担保品信息输入平台，完成对客户公司信用等级评分。

# 任务 5　公司信贷业务贷中环节

### 任务要求

请同学们登录平台完成客户经理公司信贷业务贷中环节实训任务。

### 必备知识

## 一、公司信贷业务申请和贷前调查

### （一）公司信贷业务申请材料

**1. 借款申请书**

客户需要向银行提供一份正式的借款申请书。业务人员应要求客户在拟定借款申请书时写明：借款人概况、申请借款金额、借款币别、借款期限、借款用途、借款利息、还款来源、还款保证、用款计划、还款计划及其他事项。此外业务人员还应要求法定代表人或其授权人在借款申请书上签字并加盖借款人公章。

**2. 借款人提供其他材料**

为了获取客户进一步的信息，除借款申请书外，业务人员要求客户提供的基本材料包括：

（1）注册登记或批准成立的有关文件及其最新年检证明。

（2）技术监督局合法的组织机构代码证书及最新年检证明。

（3）借款人税务登记证。

（4）借款人的验资证明。

（5）借款近三年和最近一期的财务报表。

（6）借款人贷款卡及最新年检证明。

（7）借款人预留印鉴卡及开户证明。

（8）法人代表或负责人身份证明及其必要的个人信息。

（9）借款人自有资金、其他资金来源到位或能够计划到位的证明文件。

（10）有关交易合同、协议。

**3. 根据贷款类型，借款人还需提供的其他材料**

贷款类型为保证形式或抵（质）押形式需要提交的材料都不同，如为流动资金贷款或固定资产贷款需要提交材料也根据文件要求提供。

### （二）贷前调查

**1. 贷前调查的定义**

贷前调查是银行发放贷款前最重要的一环，也是贷款发放后能否如期收回的关键。

贷前调查是银行受理借款人申请后，对借款人的信用等级以及借款的合法性、安全性、营利性等情况进行调查，核实抵（质）押物、保证人情况，测定贷款风险度。

**2. 贷前调查的方法**

贷前调查的方法包括现场调研和非现场调研。现场调研的形式有现场会议和实地考察两种，非现场调研的形式有搜寻调查、委托调查、其他方法等。

注：现场调研是贷前调查中最常用、最重要的一种方法。在实务操作中，建议采用突击检查方式进行现场调研，并通过其他调查方法对考察结果加以证实。

**3. 贷前调查的内容**

（1）贷款合规性调查

贷款的合规性是指银行业务人员对借款人和担保人的资格合乎法律和监管要求的行为进行调查、认定。

（2）贷款安全性调查

贷款的安全性是指银行应当尽量避免各种不确定因素对其资产和贷款等方面的影响，保证银行稳健经营和发展。

## 二、贷款审批

### （一）贷款审查

贷款审查事项是指在贷款审查过程中应特别关注的事项，关注审查事项有助于保证贷款审查的有效性，保证审查结果的合理性。

银行业金融机构根据“了解你的客户”“了解你客户的业务”“了解你客户的风险”原则进行贷款审查，在全面论证、平衡风险收益的基础上，提出审查结论。

在贷款审查审批过程中重点把握以下几方面：资料完整性及调查工作与申报流程的合规性审查、借款人主体资格及基本情况审查、信贷业务政策符合性审查、财务因素审查、非财务因素审查、担保审查、充分揭示信贷风险、提出授信方案及结论。

### （二）贷款审批

贷款审批的审定要素包括授信对象、贷款用途、贷款品种、贷款金额、贷款期限、贷款币种、贷款利率、担保方式、发放条件与支付方式、还款计划安排及贷后管理要素等。

## 三、贷款合同签订与发放支付

### （一）贷款合同签订

贷款合同是指可以作为贷款人的银行业金融机构与法人、其他组织之间就贷款的发放与收回等相关事宜签订的规范借贷双方权利义务的书面法律文件。

在签（预签）有关合同文本前，应履行充分告知义务，告诉借款人（包括共同借款人）、保证人等合同签约方关于合同内容、权利义务、还款方式以及还款过程中应注意的问题等。

借款人、保证人为自然人的应在当面核实签约人身份证明之后由签约人当场签字；如果签约人委托他人代替签字，签字人必须出具委托人委托其签字并经公证的委托授权书。对保证人为法人的，保证方签字人应为其法定代表人或其授权代理人，授权代理人必须提供有效的书面授权文件。对采取抵押担保方式的，应要求抵押物共有人在相关合同文本上签字。

借款人、担保人等签字后，贷款发放人应将有关合同文本、贷款调查审批表和合同文本复核记录等材料送交银行有权签字人审查，有权签字人审查通过后在合同上签字或加盖按个人签字笔迹制作的个人名章，之后按照用印管理规定负责加盖银行贷款合同专用章。

银行可根据实际情况决定是否办理合同公正。

### （二）贷款发放

贷款发放是指贷款审批通过后，由银行通过审核，经符合放款条件的贷款发放或支付出去的业务环节。

### （三）贷款支付

贷款支付的类型有实贷实付、受托支付、自主支付。

**1. 实贷实付**

实贷实付指银行业金融机构根据贷款项目进度和有效贷款需求，在借款人需要对外支付贷款资金时，根据借款人的提款申请以及支付委托，将贷款资金主要通过贷款人受托支付的方式，支付给符合合同约定的借款人交易对象的过程。

**2. 受托支付**

受托支付是指贷款人在确认借款人满足贷款合同约定的提款条件后，根据借款人的提款申请和支付委托，将贷款资金通过借款人账户支付给符合合同约定用途的借款人交易对象。

**3. 自主支付**

自主支付是指贷款人在确认借款人满足合同约定的提款条件后，根据借款人的提款申请将贷款资金发放至借款人账户后，由借款人自主支付给符合合同约定用途的借款人交易对象。

## 任务实训

## 一、任务说明

公司信贷业务贷中环节需要完成信贷相关业务和放贷管理业务。信贷业务包括业务申请、业务调查、业务审查、业务审批。放贷管理包括合同登记、放贷审核、贷款发放和贷款归档工作。要按步骤开启任务并完成业务。

## 二、任务实操

### （一）信贷业务处理

第一步，业务申请。

阅读任务说明并完成任务。双击“信贷业务处理”进入“业务申请”栏目。根据题目要求进行对应业务申请。本案例要完成保函申请，点击保存和提交完成业务申请，见图 8－17。

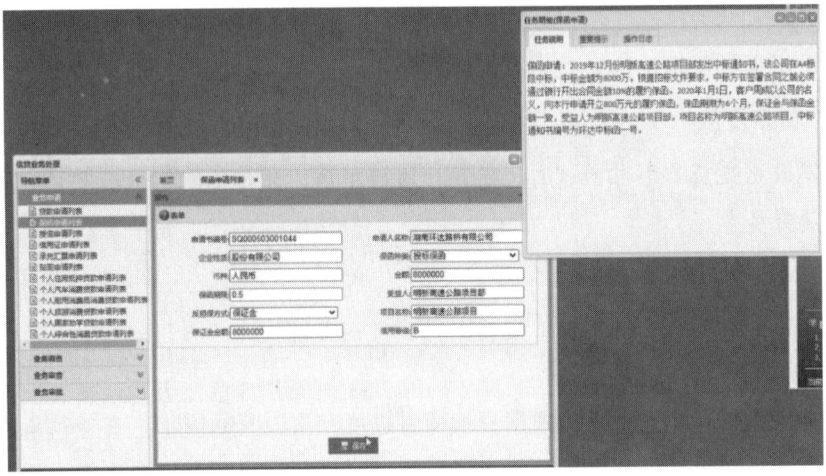


图 8－17　保函申请列表

第二步，业务调查。

完成业务申请后，进入下一环节“业务调查”。从“业务调查”菜单中找到“保函调查”，完成“业务调查”操作。在业务意见部分填写调查结论和结论理由即可。见图 8－18。

图 8－18　保函调查列表

第三步，业务审查。

开启“业务审查”任务。本案例需要完成“保函审查”。按任务要求完成即可。见图 8－19。

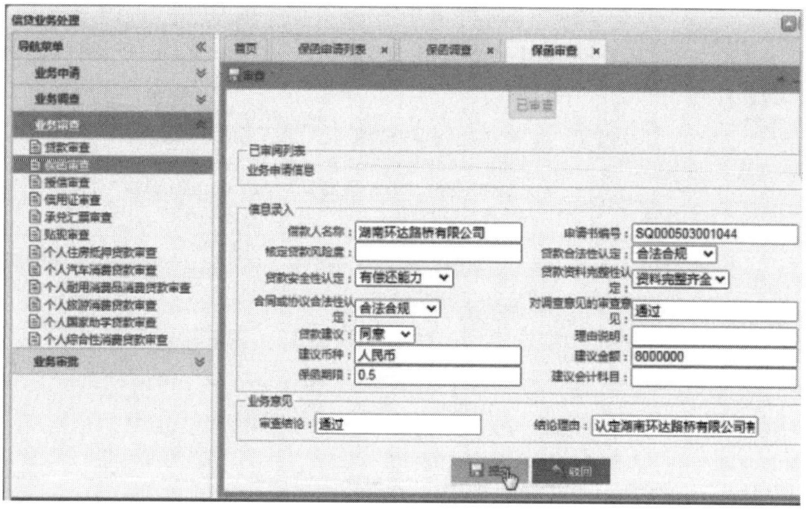


图 8-19 保函审查列表

第四步，业务审批。

开启“业务审批”任务。本案例需要完成“保函业务审批”。按任务要求完成即可。注意：审批录入信息要准确无误完整，给出业务意见要符合任务说明，最后记得提交。见图8 20。

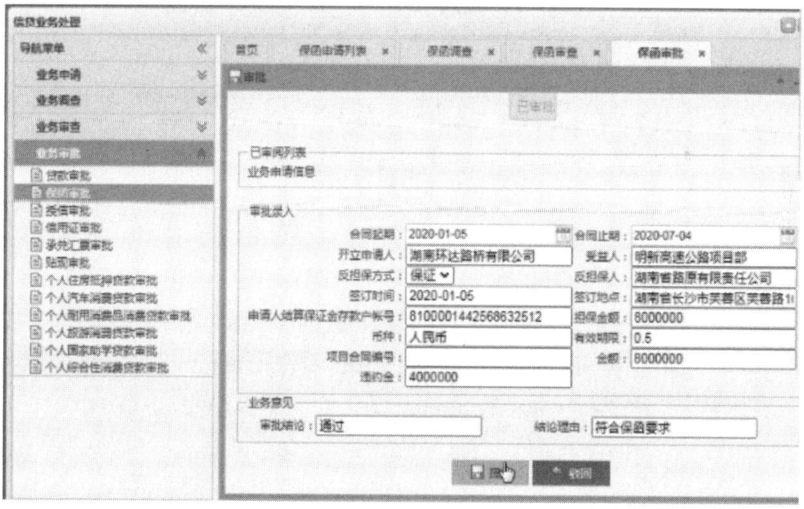


图 8-20 保函审批任务填写列表

### （二）放贷管理

第一步，合同登记。

开启“合同登记”任务，根据客户信息和任务提示，完成合同登记，最后提交完成。主合同登记和担保合同登记见图 8-21 和图 8-22。

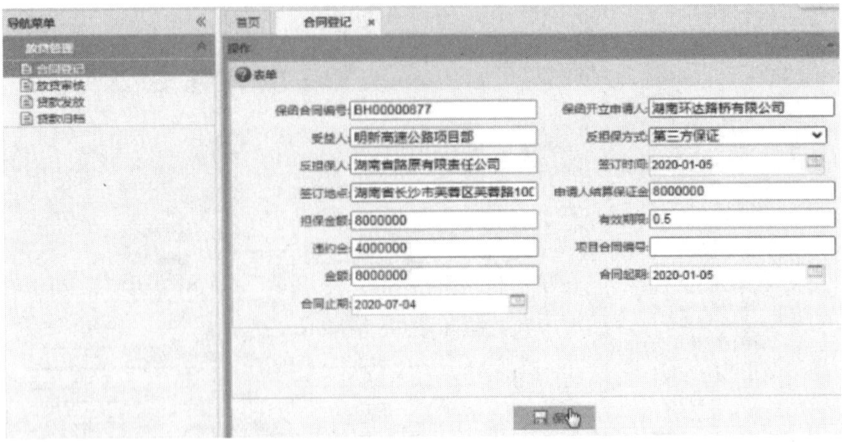


图 8－21　主合同登记

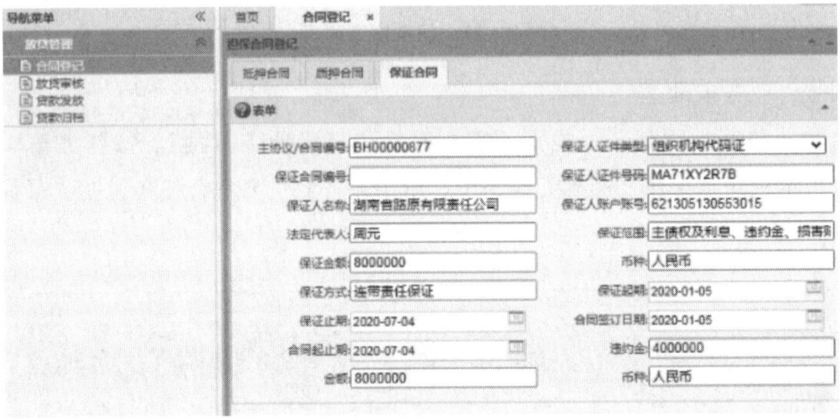


图 8－22　担保合同登记

第二步，放贷审核。

完成信息录入并给出放贷审核意见（见图 8－23）。

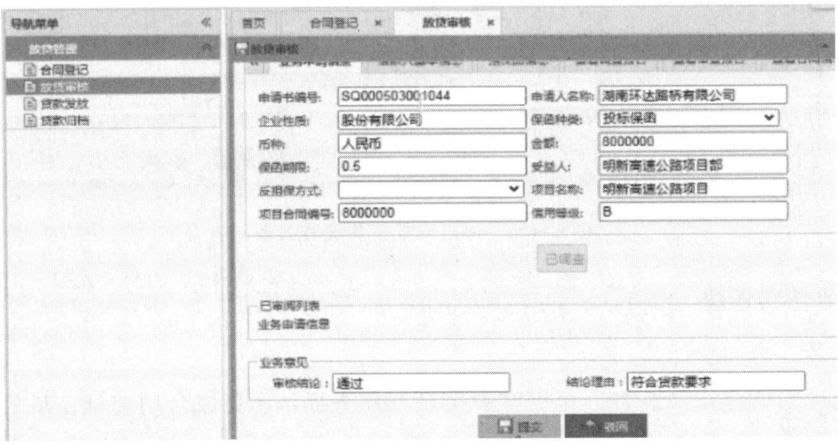


图 8－23　放贷审核

第三步，贷款发放。

开启“贷款发放”任务，完成信息录入，同时给出业务发放意见。

第四步，贷款归档。

根据业务要求，完成业务归档工作。

## 三、任务评价

实训任务评价见表8-11。

表8-11　　实训任务评价表

| 考核项目 | 考核标准 | 得分 |
| --- | --- | --- |
| 职业素养（20分） | 1. 按时出勤，课堂表现好（5分） | |
| | 2. 仪容仪表规范（5分） | |
| | 3. 具备一定的组织协调能力（5分） | |
| | 4. 具备良好的团队合作精神（5分） | |
| 思政建设（20分） | 1. 具备吃苦耐劳的精神（10分） | |
| | 2. 具备严谨科学、求真求实的学习态度和工作作风（10分） | |
| 技能要求（60分） | 熟悉公司信贷业务申请和贷前调查、贷款审批、贷款合同签订与发放支付的定义和流程，能熟练掌握公司信贷业务的贷中环节业务操作流程，完成对公司信贷中的业务申请、业务调查、业务审查、业务审批工作和放贷管理工作（60分） | |
| 合计 | | |

### 任务小结

本任务主要介绍的是公司信贷业务的贷中环节。必备知识部分介绍了公司信贷业务申请和贷前调查、贷款审批、贷款合同签订与发放支付。本任务实训环节主要是贷中环节实操，涉及信贷相关业务和放贷管理业务。

# 任务6　公司信贷业务贷后环节

### 任务要求

请同学们登录平台完成客户经理公司信贷业务贷后环节实训任务。

### 必备知识

公司信贷业务的贷后管理是信贷管理的最终环节，对于确保银行贷款安全和风险防控具有至关重要的作用。

公司信贷的贷后管理要做好借款人贷后监控工作、风险预警处置工作、信贷业务到期处理工作、档案管理工作以及资产保全管理工作。

## 一、借款人贷后监控工作

借款人贷后监控主要包括经营状况监控、管理状况监控、财务状况监控、还款账户监控以及与银行往来情况监控。

### （一）经营状况监控

公司信贷业务人员应注意企业在日常的商务活动中是否出现不讲诚信的行为，是否出现隐瞒经营情况的现象及其他各种异常情况；对异常的经营情况和财务变动一定要进行调查和分析，找出问题根源。

### （二）管理状况监控

管理状况监控是对企业整体运营的系统情况调查，尤其是对不利变化情况的调查。管理状况监控方面重点关注借款人的组织架构、公司治理、内部控制及法定代表人和经营管理团队的资信等情况，包括：客户管理者的人品、诚信度、授信动机、盈利能力以及道德水准等。

### （三）财务状况监控

财务状况变化是企业还款能力变化的直接反映。银行应定期收集符合会计制度要求的企业财务报表，关注并分析异常的财务变动和不合理的财务数据，还可对贷款存续期间借款人的资产负债率、流动比率、速动比率、销售收入增减幅度、利润率、分红比率等财务指标提出控制要求，加强企业财务数据的纵横向比较和数据之间的勾稽关系，防止企业篡改财务信息的现象。

### （四）还款账户监控

为引导银行业金融机构加强对借款人现金流的跟踪分析，贷款新规特别强调了对借款人还款账户的动态监测分析，并针对固定资产贷款、项目融资、流动资金贷款的不同特点，分别提出了对专门的还款准备金账户、项目收入账户和资金回笼账户的管理要求。其中，“专门账户”并不特指《人民币结算账户管理办法》中的“专用账户”，可以是一般结算户或基本结算户。

### （五）与银行往来情况监控

与银行往来情况监控目的是及时发现借款人的异常行为，其中异常情况包括：借款人在银行的存款有较大幅度下降，在多家银行开户公司开户数明显超过其经营需要，对短期贷款依赖较多，要求贷款展期，还款来源没有落实或还款资金主要为非销售回教，贷款超过了借款人的合理支付能力，借款人有抽逃资金的现象，同时仍在申请新增贷款，借款人在资金回笼后，在还款期限未到的情况下挪作他用，增加贷款风险。

银行应及时整理、更新有关企业信息，对重大情况应及时报告，并形成文字材料存档，如贷款人受托支付完成后应详细记录资金流向，归集保存相关凭证。除从银行本身获取信息外，也应努力从企业的外部机构，如其合作单位、监管部、咨询机构、政府管理部，新闻媒介等渠道收集企业的信息，注意信息来源的广泛性、全面性，权威性和可靠性，以便对企业变化情况进行全方位的把握。

## 二、风险预警处置工作

### （一）风险预警程序

**1. 信用信息的收集和传递**

收集与商业银行有关的内外部信息，包括信贷人员提供的信息和外部渠道获得的信息，并通过商业银行信用风险信息系统进行储存。

**2. 风险分析**

信息通过适当的分层处理、甄别和判断后，进入预测系统或预警指标体系中。预测系统运用预测方法对未来内外部环境进行预测，使用预警指标估计未来市场和客户的风险状况，并将所输出的结果与预警参数进行比较，以便做出是否发出警报，以及发出何种程度警报的判断。

**3. 风险处置**

风险处置是在风险警报的基础上，为控制和最大限度地消除商业银行风险而采取的一系列措施。按照阶段划分，风险处置可以划分为预控性处置与全面性处置。

预控性处置是在风险预警报告已经形成，而决策部门尚未采取相应措施之前，由风险预警部门或决策部门对尚未爆发的潜在风险提前采取控制措施，避免风险继续扩大对商业银行造成不利影响；预控性处置也可以由商业银行的预控对策系统来完成，根据风险警报的类型和性质调用对策集合进行辅助决策。

全面性处置是商业银行对风险的类型、性质和程度进行系统详细的分析后，从内部组织管理、业务经营活动等方面采取措施来控制、转移或化解风险，使风险预警信号回到正常范围。

**4. 后评价**

后评价是指经过风险预警及风险处置过程中，对风险预警的结果进行科学的评价。

### （二）风险预警方法

根据运作机制将风险预警方法分为黑色预警法、蓝色预警法和红色预警法。具体见表 8 – 12。

表 8－12　　风险预警方法

<table>
<tr><th>方法</th><th colspan="2">内容</th></tr>
<tr><td>黑色预警法</td><td colspan="2">这种预警方法不引进警兆自变量，只考察警素指标的时间序列变化规律，即循环波动特征各种商情指数、预期合成指数、商业循环指数、经济扩散指数、经济波动图等都可以看作是黑色预警法的应用</td></tr>
<tr><td rowspan="2">蓝色预警法</td><td>指数预警法</td><td>即利用警兆指标合成的风险指数进行预警。其中，应用范围最广的是扩散指数，是指全部警兆指数中个数处于上升的警兆指数所占比重<br>当这一指数大于 0.5 时，表示警兆指数中有超过半数处于上升，即风险整体呈现上升趋势<br>当这一指数小于 0.5，则表示半数以上警兆指数收缩或下降，即风险整体呈下降趋势</td></tr>
<tr><td>统计预警法</td><td>是对警兆与警素之间的关系进行相关性分析，确定其先导长度和先导强度，再根据警兆变动情况，确定各警兆的警级，结合警兆的重要性进行警级综合，最后预报警度</td></tr>
<tr><td>红色预警法</td><td colspan="2">该方法重视定量分析与定性分析相结合，其流程为：<br>对影响警素变动的有利因素与不利因素进行全面分析<br>进行不同时期的对比<br>结合风险分析专家的直觉和经验进行预警</td></tr>
</table>

### （三）风险预警指标体系

合理选择预警指标是建立预警体系的关键。贷款风险的预警信号系统通常包含以下几方面：

**1. 有关财务状况的预警信号**

主要包括：存货激增；存货周转速度放慢；现金状况恶化；应收账款余额或比例激增；流动资产占总资产的比例下降；流动资产状况恶化；固定资产迅速变化；除固定资产外的非流动资产集中；长期债务大量增加；短期债务增加失当；资本与债务的比例降低；销售额下降；成本上升、收益减少；销售上升、利润减少；相对于销售额（利润）而言，总资产增加过快等。

**2. 有关经营者的信号**

主要包括：关键人物的态度变化尤其是缺乏合作态度；董事会、所有权变化或重要的人事变动；还款意愿降低；财务报表呈报不及时；各部门职责分裂；冒险兼并其他公司；冒险投资于其他新业务、新产品以及新市场等。

**3. 有关经营状况的信号**

主要包括：丧失一个或多个财力雄厚的客户；关系到企业生产能力的某一客户的订

货变化无常；投机于存货，使存货超出正常水平；工厂或设备维修不善，推迟更新过时的设备等。

## 三、信贷业务到期处理工作

借款人有义务按照借款合同的约定及时清偿贷款本息，银行有权利依照合同约定从借款人账户上划收贷款本金和利息；借款方不按合同规定归还贷款的，应当承担违约责任并加付利息。

贷款逾期后，银行不仅对贷款的本金计收利息，而且对应收未收的利息也要计收利息，即计复利。在催收的同时，对不能按借款合同约定期限归还的贷款，应当按规定加罚利息，加罚的利率应在贷款协议中明确规定；应收未收的罚息也要计复利。对不能归还或不能落实还本付息事宜的，应督促归还或依法起诉。同时，银行应按照国家有关规定提取准备金，并按照核销的条件和程序核销呆账贷款及应收款项。

## 四、档案管理工作

信贷档案是确定借贷双方法律关系和权利义务的重要凭证，是贷款管理情况的重要记录。科学地记录、保管和使用信贷档案，是加强贷款管理、保护贷款安全的重要基础。

档案管理的原则有：管理制度健全、人员职责明确、档案门类齐全、信息利用充分、提供有效服务。一般信贷档案实行集中统一管理原则，采取分段管理、专人负责、按时交接、定期检查的管理模式。

### （一）档案文件的管理

信贷文件是指正在执行中的、尚未结清信贷的文件资料。按其重要程度及涵盖内容不同划分为一级文件（押品）和二级信贷文件。

一级文件（押品）主要是指信贷抵（质）押契约证和有价证券及押品契约证资料收据和信贷结清通知书。其中押品主要包括：银行开出的本、外部存单、银行本票、银行承兑汇票，上市公司股票、政府和公司债券、保险批单、提货单、产权证或其他项权益证书及抵（质）押物的物权凭证、抵债物资的物权凭证等。

二级信贷文件主要是指法律文件和贷前审批及贷后管理的有关文件。

### （二）贷款档案的管理

是指已结清贷款的文件材料，经过整理立卷形成的档案。

### （三）客户档案的管理

业务经办部门应按客户分别建立客户档案卷，移交贷款档案员集中保管。业务经办部门应设置专门的档案柜集中存放档案，该档案柜应与贷款文件、档案分开存放。

# 任务实训

## 一、任务说明

公司信贷业务贷后环节需要完成风险管理、资产保全管理业务。

## 二、任务实操

第一步，风险管理。

有的项目有“风险管理”任务，查看任务说明，按要求完成任务即可。

第二步，资产保全管理。

有的项目增加了资产保全管理业务，按要求完成催收管理、不良资产管理以及呆账核销等业务即可。本案例项目需要完成“不良资产管理”任务，见图 8－24。

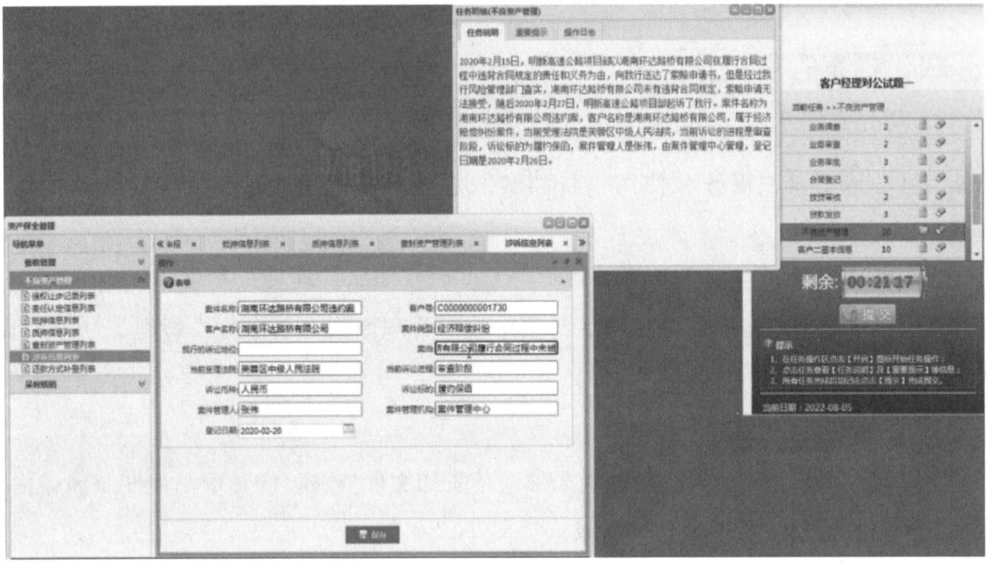


**图 8－24　不良资产管理**

## 三、任务评价

实训任务评价见表 8－13。

**表 8－13**　　　　　　　　　　　　**实训任务评价表**

| 考核项目 | 考核标准 | 得分 |
|---|---|---|
| 职业素养（20 分） | 1. 按时出勤，课堂表现好（5 分） | |
| | 2. 仪容仪表规范（5 分） | |
| | 3. 具备一定的组织协调能力（5 分） | |
| | 4. 具备良好的团队合作精神（5 分） | |

续表

| 考核项目 | 考核标准 | 得分 |
|---|---|---|
| 思政建设<br>（20分） | 1. 具备吃苦耐劳的精神（10分） | |
| | 2. 具备严谨科学、求真求实的学习态度和工作作风（10分） | |
| 技能要求<br>（60分） | 熟悉银行公司信贷的借款人贷后监控工作、风险预警处置工作、信贷业务到期处理工作、档案管理工作以及资产保全管理工作，能熟练掌握公司信贷业务的贷后环节业务操作流程，准确无误的将任务说明及重要提示中的信息填完整准确，不能有遗漏（60分） | |
| 合计 | | |

## 任务小结

本任务主要是公司信贷贷后业务操作。必备知识部分介绍了借款人贷后监控工作、风险预警处置工作、信贷业务到期处理工作、档案管理工作。实训环节要注意认真仔细，准确无误的将任务说明及重要提示中的信息填完整准确，不能有遗漏。

## 课后任务

### 一、多项选择题

1. 个人贷款业务流程包括（　　）。

A. 贷款的受理与调查　　B. 贷款的审查与审批

C. 贷款的签约与发放　　D. 贷款支付

E. 贷后管理

2. 个人贷款的类型包括（　　）。

A. 个人住房贷款　　B. 个人汽车贷款

C. 个人教育贷款　　D. 其他个人消费类贷款

3. 个人汽车贷款的流程包括（　　）。

A. 贷款的受理与调查　　B. 贷款的审查与审批

C. 贷款的签约与发放　　D. 支付管理以及贷后管理

4. 贷款风险分类包括（　　）。

A. 正常　　B. 关注　　C. 次级

D. 可疑　　E. 损失

5. 公司信贷业务的贷前环节包括（　　）。

A. 客户基本信息管理　　B. 担保品信息管理

C. 资信评估

6. 借款人贷后监控主要负责（　　）。

A. 经营状况监控　　B. 管理状况监控

C. 财务状况监控　　D. 还款账户监控

E. 与银行往来情况监控

**二、判断题**

1. 个人贷款是指贷款人向符合条件的自然人发放的用于个人消费、生产经营等用途的本外币贷款。（　　）

2. 贷后检查是以借款人、抵（质）押物、担保保证人、担保物为对象，通过客户提供、访谈、实地检查、行内资源查询等途径获取信息，对影响贷款资产质量的因素进行持续跟踪调查、分析，并采取相应补救措施的过程。（　　）

3. 公司信贷的贷后管理要做好借款人贷后监控工作、风险预警处置工作、信贷业务到期处理工作、档案管理工作以及资产保全管理工作。（　　）

4. 公司信贷的基本要素主要包括交易对象、信贷产品、信贷金额、信贷期限、贷款利率和费率、清偿计划、担保方式和约束条件。（　　）

# 项目 9 理财经理业务实务

## 学习目标

【知识目标】

1. 掌握理财经理客户信息导入的操作；
2. 掌握理财客户分析的方法；
3. 掌握客户理财的相关知识。

【能力目标】

1. 能应用所学知识完成理财专员岗位业务处理；
2. 能完成客户信息导入、客户分析、客户业务受理等业务。

【素质目标】

1. 提高学生的洞察力与沟通能力；
2. 提高学生的业务处理能力与计算能力；
3. 提高学生理性的分析与解决问题的能力。

【思政目标】

1. 提升学生的职业责任感；
2. 树立良好的道德操守和风险意识；
3. 培养严谨科学、求真求实的学习态度和工作作风。

## 课程思维导图

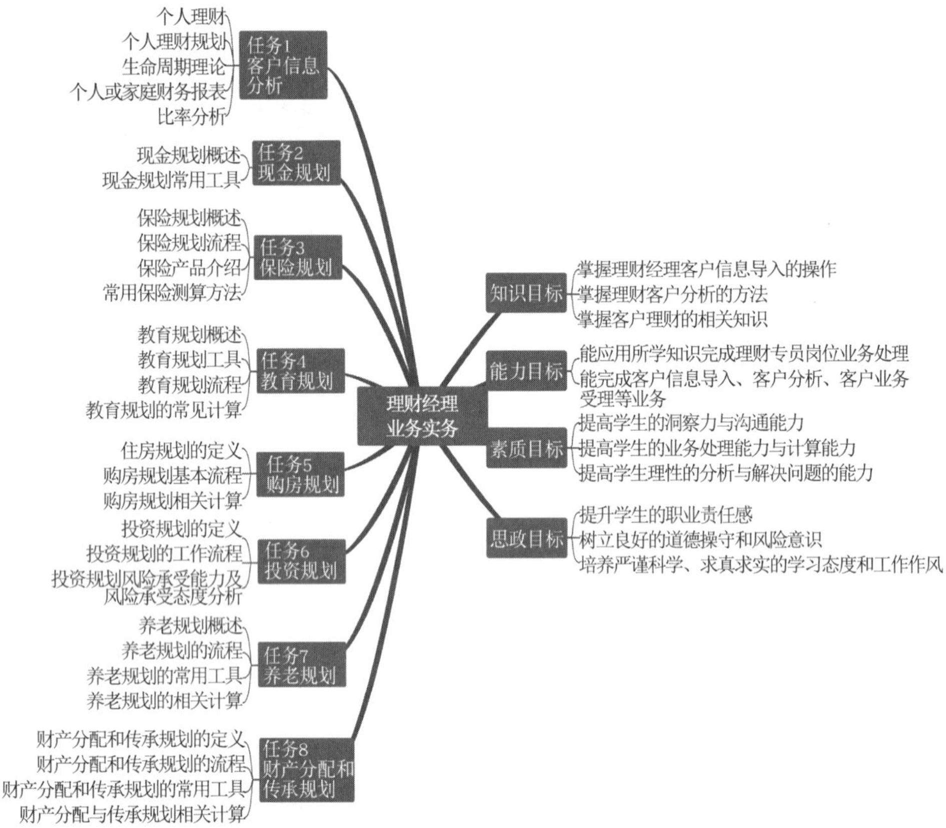


# 任务1　客户信息分析

## 任务要求

请同学们登录个人理财实训平台，见图9－1，完成新增客户及客户分析环节实训任务。

图9－1　个人理财实训平台登录界面

## 必备知识

### 一、个人理财

#### （一）个人理财定义

个人理财就是在了解、分析客户情况的基础上，根据其人生、财务目标和风险偏好，通过综合有效地管理其资产、债务、收入和支出，实现理财目标的过程。

#### （二）个人理财目标

个人理财追求两大目标：财务安全和财务自由。理财目标金字塔见图9－2。

财务自由是一个人的资产产生的被动收入满足其日常消费支出。我们一般用财务自由度衡量家庭满足财务自由的能力。

财务自由度＝投资型收入（非工资收入）/日常消费支出×100%

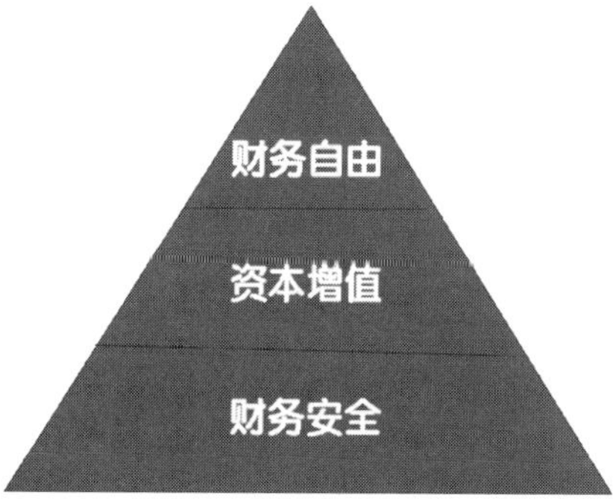


图9－2 理财目标金字塔

从生活理财角度，衡量一个人或家庭的财务安全，主要通过是否有稳定、充足的收入，个人是否有发展潜力，是否有充足的现金准备，是否有适当的住房，是否购买了适当的财产和人身保险，是否有适当、收益稳定的投资，是否享受社会保障，是否有额外的养老保障计划等进行判断。

### 二、个人理财规划

#### （一）个人理财规划含义

个人理财规划是指运用科学的方法和特定的程序为个人制定切合实际、具有可操作性的某方面或综合性的财务方案。

#### （二）个人理财规划内容

个人理财规划主要包括现金规划、保险规划、教育规划、购房规划、税收筹划、投资规划、养老规划、财产分配与传承规划。见表9－1。

表 9－1　理财规划内容

| 现金规划 | 保险规划 |
|---|---|
| 教育规划 | 购房规划 |
| 税收筹划 | 投资规划 |
| 养老规划 | 财产分配与传承规划 |

### （三）个人理财规划工作流程

**1. 收集客户信息**

理财师工作的第一步是确定客户关系并收集客户信息，客户信息主要包括客户的财务信息与非财务信息。财务信息是指结合其他资料，用来表明个人与家庭资金运动的状况及其特征的经济信息，相对于财务信息而言，非财务信息是指以非财务资料形式出现与个人与家庭的生活投资活动有着直接或间接联系的各种信息资料。

**2. 分析客户信息**

客户信息主要包括客户的财务状况和非财务状况。

（1）财务状况分析

理财师主要通过编制客户家庭资产负债表、现金流量表，使用财务比率分析的方法对家庭财务状况进行分析判断。

（2）非财务状况分析

理财师主要通过收集客户个人与家庭基本资料、要求客户完成风险承受能力分析表和风险承受态度分析表的方法对家庭财务状况来进行分析判断。

**3. 确认客户目标**

理财师应引导客户提供其设想的理财目标，并共同分析筛选这些目标，筛选遵循必要性、合理性、可实现性三原则。

**4. 制定理财方案**

针对现金管理规划、消费支出规划、教育规划、风险管理与保险规划、税收筹划、投资规划、退休养老规划、财产分配与传承规划制定理财方案。

**5. 执行理财方案**

为了确保理财规划的执行效果，理财规划师应当遵循三个原则：准确性、有效性和及时性。

**6. 持续理财服务**

## 三、生命周期理论

生命周期理论是由美国经济学家 F·莫迪利安尼、R·布伦贝格和 A·安东共同提出来的。

生命周期理论将个人工作后的生命分为下述5个时期：

单身期指从参加工作到结婚这段时期。

家庭形成期指结婚到新生儿诞生这段时期。

家庭成长期指子女出生到子女完成大学教育这段时期。

家庭成熟期指子女参加工作到个人退休前这段时期。

退休期指退休后的这段时期。

针对各个生命周期阶段的可支配收入、支出、抗风险能力情况，如表9－2所示。

表9－2　　生命周期不同阶段收入、支出、抗风险能力情况

| 生命周期 | 可支配收入 | 支出 | 抗风险能力 |
|---|---|---|---|
| 单身期 | 低 | 高 | 高 |
| 家庭形成期 | 中 | 高 | 中高 |
| 家庭成长期 | 高 | 高 | 中 |
| 家庭形成期 | 高 | 中 | 中低 |
| 退休期 | 低 | 中 | 低 |

## 四、个人或家庭财务报表

个人或家庭的财务报表包括现金流量表和资产负债表。

### （一）现金流量表

现金流量表也称收入支出表，是衡量个人或家庭一段时间收入支出情况的财务报表，是一段时间内收付现金的记录，用于衡量家庭财务状况。图9－3是一张收入支出表。

开始日期*: 2015-01-01　　结束日期*: 2015-12-31

项目:

收入（元）:

工资和薪金:　　自雇收入:

奖金和佣金:　　养老金和年金:

其他收入:　　总收入:

支出（元）:

日常生活支出:　　房屋支出:

汽车支出:　　商业保险费用:

医疗费用:　　其他支出:

总支出:

结余（元）:

结余:

图9－3　收入支出表

## （二）资产负债表

资产负债表表示个人/家庭在一定时点的财务状况（即资产、负债和净资产的状况）的主要财务报表。其中净资产 = 资产 - 负债。资产负债表主要内容有：

**1. 日期：即统计这些信息的时点**

**2. 资产项目**

短期资产项目主要有现金及现金等价物，即现金、存款、货币市场基金；

金融资产项目是个人/家庭持有的金融资产，如股票、债券、基金等；

实物资产项目主要指家庭持有的房屋、车辆在内的一系列实物资产。

**3. 负债项目包含所有的短期和长期负债项目，如信用卡及各类贷款**

短期负债是指必须在短期内偿还的债务，通常为偿还期限短于 1 年的债务。包括应付信用卡透支、医疗欠费、应交公共事业费、应缴税金等。

长期负债指偿还期限在一年以上的债务，包括汽车贷款、住房贷款及教育贷款等。

**4. 净资产**

净资产 = 资产 - 负债

资产负债表样表见图 9 - 4。

日期*: 2015-12-31

**资产（单位为"元"）：**

**金融资产:**

现金与现金等价物:

现金: 活期存款:

定期存款: 其他类型存款:

货币市场基金:

金融资产-其他金融资产:

债券: 股票:

基金: 权证:

期货: 外汇实盘投资:

人民币理财产品: 保险理财产品:

证券理财产品: 信托理财产品:

其他:

**实物资产:**

自住房: 投资房:

机动车: 家具家电:

珠宝和收藏品: 其他个人资产:

资产总计:

**负债（单位为"元"）：**

信用卡透支: 创业贷款:

汽车贷款: 住房贷款:

消费贷款: 其他负债:

负债总计: 净资产:

**图 9 - 4　资产负债表**

## 五、比率分析

### （一）结余比率

结余比率指家庭在一定时期内（一年）结余和收入的比值，是资产增值的重要指标，反映出家庭控制支出的能力和储蓄意识，是未来投资理财的基础，一般高比较好。结余比率 = 每月结余/每月税后收入，常见范围为 30% ~ 50% 。

### （二）投资净资产比

投资净资产比指家庭在某一时点的投资与净资产的比值，反映家庭资产投资的比例，一般高比较好。投资净资产比 = 投资资产/净资产，常见范围为 50% ~ 70% 。

### （三）清偿比率

清偿比率是指家庭在某一时点的净资产与总资产的比值，反映家庭净资产的比例，需维持在一定水平之上。清偿比率 = 净资产/总资产，常见范围为 60% ~ 70% 。

### （四）资产负债比

资产负债比是指家庭在某一时点的负债与总资产的比值，反映家庭负债的比例，需维持在一定水平之下。资产负债率 = 总负债/总资产，常见范围为 30% ~ 40% ，资产负债率 + 清偿比率 = 1。

### （五）负债收入比

负债收入比是指家庭负债与收入的比值，反映家庭偿债能力，一般需维持在某个范围。负债收入比 = 当年负债/当年税后收入，常见范围为 30% ~ 40% 。

### （六）即付比率

即付比率是指家庭流动资产与负债的比值，反映家庭偿债能力，一般需维持在某个范围。即付比率 = 流动资产/负债总额，常见范围为 60% ~ 70% 。

### （七）流动性比率

流动性比率是指家庭流动性资产与每月支出的比值，反映家庭应对短期问题的能力，一般需维持在某个范围。流动性比率 = 流动性资产/每月支出，参考数值为 3 – 6。

# 任务实训

## 一、任务说明

客户信息分析环节需要完成客户基本信息管理、生命周期分析、家庭现金流量表及资产负债表、财务比率分析业务。

## 二、任务实操

第一步，客户基本信息管理。

登录个人理财实训系统，首先查阅信息公告，开启第一个任务“客户基本信息”，阅读任务说明和重要提示。

双击“客户档案管理”，点击“个人客户”，依次双击“锁定客户”和“个人基本信息列表”完成任务。

点击“锁定客户”后，点击“新增客户”完成新增客户后，点击“锁定客户”。见图9－5。

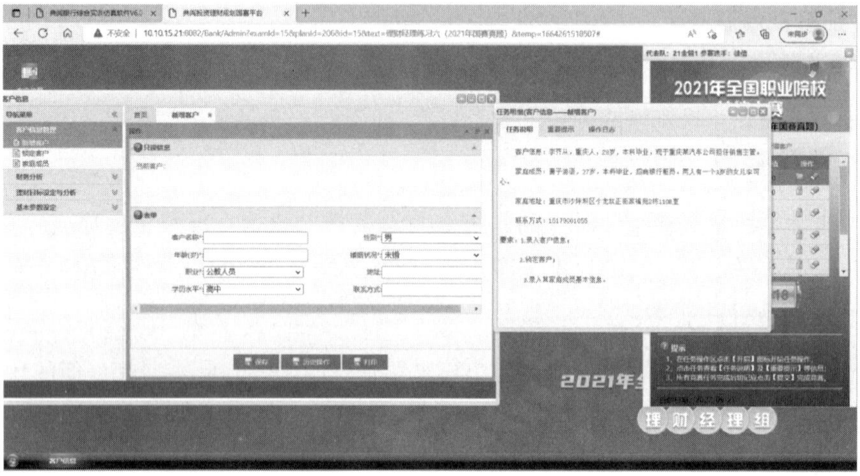


图9－5 客户基本信息新增

双击“家人基本成员”，根据任务说明完成信息新增。主要包括个人及配偶、孩子等基本信息，直系亲属信息和个人重大事项信息，新增完毕后“保存”即可。

第二步，生命周期分析。

根据客户信息确定客户属于生命周期的哪个阶段。见图9－6。

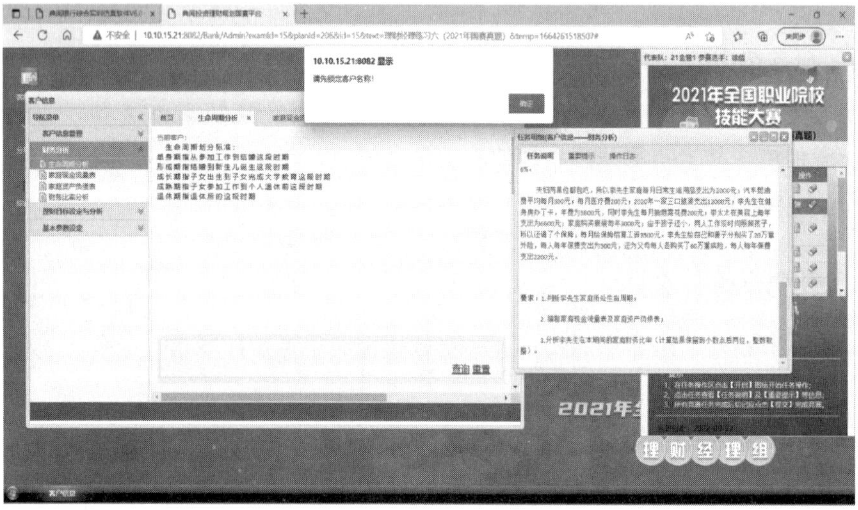


图9－6 生命周期分析

第三步，家庭现金流量表及资产负债表、财务比率分析。

填写现金流量表和资产负债表要认真，一旦填错，容易影响后续理财规划的准确性。易错之一是现金流量表中房屋支出部分和资产负债表的房屋贷款。以下述案例对易错部分进行分析。

**案例：** 杨哲宜每月税后工资16130元，年终奖税后50000元。杨太太林昕每年税后工资114000元，年终奖税后20000元。房子2012年购买的，现价750000元。轿车现价310000元。1年前150000元购买的10000股A股票，现金额减少了20%，3年前90000元购买的国债，现金额增加了15%。现金5500，活期存款35000元，年前购买的5年期定期存款60000元。2012年1月购房上涨了25%。首付3成，贷款利率5.5%期限10年，等额本息还款，当月开始还。年日常生活支出50400元，每月医疗费700元，每年置装费400元，每年汽车费3000元，每年台球费6000元，每年烹饪费4500元，每年托管费17000元，每年保险费5400元。

任务要求：需要将报表中相关数据进行正确分类，编入现金流量表（见表9－3）。

解析：

表9－3 现金流量表

| 项目 | | 金额（元） |
|---|---|---|
| 收入 | 工资和薪金 | 307560（16130×12＋114000＝307560） |
| | 自雇收入 | |
| | 奖金和佣金 | 70000（50000＋20000＝70000） |
| | 养老金和年金 | |
| | 其他收入 | |
| 总收入 | | 377560.00 |
| 支出 | 日常生活支出 | 50400 |
| | 房屋支出 | 54697.20 |
| | 汽车支出 | 3000 |
| | 商业保险费用 | 5400 |
| | 医疗费用 | 8400 |
| | 其他支出 | 31500 |
| 总支出 | | 173397.20 |
| 结余 | | 224162.80 |

难点解析1：房屋支出需要先计算月供，再求房屋支出。

求房贷总额：购买房子时房屋价格＝750000/（1＋25%）＝600000元，房子的贷款金额＝600000×（1－30%）＝600000×70%＝420000元。

求月供：一年12个月，N＝10×12＝120，I＝5.5，PV＝420000，求PMT。

理财计算器输入

①复位 2ND，RESET（+/-），SET/ENTER，CE/C；

②设置期数 2ND，P/Y（I/Y），12，SET/ENTER，CE/C，CE/C；

③计算月供 120，N；5.5，I/Y；420000，PV；CPT，PMT；求得 PMT = -4558.10

求房屋支出房屋支出 =4558.10×12 =54697.20

难点解析 2：资产负债表中住房贷款额计算

对于资产负债表中，负债项目下的住房贷款指还未还清的房子贷款金额。解析思路为：根据记账日期和购买日期，确定房贷已还款期数，假设已经还款 2 年，即 48 个月，贷款利率 5.5%。计算还剩余未还的本金。

理财计算器输入：

①复位 2ND，RESET（+/-），SET/ENTER，CE/C；

②设置期数 2ND，P/Y（I/Y），12，SET/ENTER，CE/C，CE/C；

③计算月供 120，N；5.5，I/Y；420000，PV；CPT，PMT；

④计算住房贷款 2ND，AMORT，↓，48，ENTER，↓，BAL =278989.99。

住房贷款为 278989.99 元。

## 三、任务评价

实训任务评价见表 9-4。

表 9-4　　实训任务评价表

| 考核项目 | 考核标准 | 得分 |
|---|---|---|
| 职业素养（20 分） | 1. 按时出勤，课堂表现好（5 分） | |
| | 2. 仪容仪表规范（5 分） | |
| | 3. 具备一定的组织协调能力（5 分） | |
| | 4. 具备良好的团队合作精神（5 分） | |
| 思政建设（20 分） | 1. 具备吃苦耐劳的精神（10 分） | |
| | 2. 具备严谨科学、求真求实的学习态度和工作作风（10 分） | |
| 技能要求（60 分） | 熟悉个人理财定义、个人理财目标、个人理财规划含义、个人理财规划内容，能熟练掌握银行个人理财业务中客户信息分析环节操作流程，准确无误的将任务说明及重要提示中的信息填完整准确，不能有遗漏（60 分） | |
| 合计 | | |

## 任务小结

本任务首先了解了理财经理的业务流程，在充分了解客户的基本信息后，为客户编制适宜的相关现金流量表与资产负债表。报表编制的准确性是计算客户财务指标的基础，对于房屋支出与住房贷款的疑难问题，进行充分复盘，掌握分析的过程与思路。

# 任务2 现金规划

## 任务要求

请同学们登录个人理财实训平台，完成现金规划环节实训任务。

## 必备知识

### 一、现金规划概述

#### （一）现金规划定义

现金规划是个人或家庭理财规划中最重要的部分，现金规划是为满足个人或家庭短期需求而进行管理日常的现金等价物和短期融资活动。

#### （二）现金规划流程

现金规划包括收集客户相关信息、分析客户信息、确认客户现金规划目标、制定现金规划方案、执行现金规划方案、持续理财服务六步。其主要目标是基于资产负债表、收入支出表编制的资产负债表与收入支出表的基础上，合理调整所需的现金，进而准备充足的紧急备用金以应对特殊情况带来的资金问题。现金规划的核心就是紧急备用金的规划。

收集客户相关信息用以确定客户关系、收集方式、信息分类。

分析客户信息，分析客户财务状况和非财务状况分析并列出资产负债表与现金流量表。最常用的现金财务比率指标是流动性比率。流动性比率是指家庭流动性资产与每月支出的比值，反映家庭应对短期问题的能力，一般需维持在某个范围。流动性比率 = 流动性资产/每月支出，我们通常认为流动性比率应该在 3 ~ 6 之间，取决于客户收入是否稳定，若收入稳定，那么他的紧急备用金应准备 3 ~ 4 个月，若不稳定，则应准备 5 ~ 6 个月。通常情况下，流动比率应保持在 3 左右，即流动性资产可以满足三个月的开支，说明客户资产结构流动性较好。但收入稳定的人，该比率可适当降低。

确认客户现金规划目标。现金规划的目标是保障家庭基本的紧急备用金。紧急备用金常用于失业、失能及医疗与意外灾变的应对，往往需要搭配保险来使用。紧急备用金往往使用流动性比率来衡量。

制定现金规划方案即针对现金管理规划，制定紧急备用金方案。

执行现金规划方案。为了确保理财规划的执行效果，理财规划师应当遵循三个原则：准确性、有效性和及时性。

确定好现金规划方案后，监控现金规划方案正常实施。

## 二、现金规划常用工具

现金规划常用工具有一般工具和融资工具两类。现金规划的一般工具包括现金、储蓄、货币市场基金。融资工具包括信用卡、质押融资、典当融资。

# 任务实训

## 一、任务说明

现金规划任务需要掌握客户的现金需求，根据客户的现金需求选择合适的现金规划产品。

## 二、任务实操

客户信息：马超，烟台人，45 岁，研究生毕业，现于烟台某建筑公司担任建筑工程师。

家庭成员：妻子王思思，40 岁，研究生毕业，摄影师。两人忙于工作有孩子较晚，现有一个 5 岁的女儿马小童，一个 4 岁的儿子马小霖。

目前马先生家中有 40000 元现金，活期存款 70000 元；3 年前存入 5 年期定期存款 100000 元。于 1 年前购买了债券型基金 40000 元，平均年化收益率 4.9%。马先生 1 年前购买了 A 股票 60000 元、B 股票 30000 元。马先生结婚时送给李太太的黄金首饰用来收藏，共 88 克，买的时候 340 元每克，现在涨到了 360 元每克。

家庭每月日常生活用品支出为 4000 元；汽车燃油费平均每月 700 元；每月医疗费 300 元；每年一家四口旅游支出 14000 元；马先生在健身房办了卡，年费为 4500 元；马太太在美容上每年支出为 4600 元；家庭置装费每年 5500 元；每月给双方父母各 3000 元赡养费；由于两个孩子还小，两人工作较忙，没时间照顾孩子，所以请了个保姆，每月给保姆结算工资 3500 元；儿子每年幼儿园费用 10000 元，女儿课外补习班每年 10000 元。马先生给自己和妻子分别买了 20 万元意外险，每人每年保费支出为 1000 元。

这次疫情带来的经验使得马先生意识到，要重视家庭的现金流管理。他担心如果出什么意外的话，家庭无法抵御风险。因此，在向理财规划师咨询后，决定将现金、银行活期存款、银行定期存款、货币市场基金、信用卡融资和国债作为现金规划工具。

请完成：为马先生家庭进行现金需求分析。

解析：列出家庭支出表，见表 9－5。

表 9－5　　支出表

| 项目 | 金额（元/年） |
|---|---|
| 日常支出 | 48000 |
| 汽车燃油费 | 8400 |

续表

| 项目 | 金额（元/年） |
|---|---|
| 医疗费 | 3600 |
| 旅游支出 | 14000 |
| 健身 | 4500 |
| 美容 | 4600 |
| 家庭置装费 | 5500 |
| 赡养费 | 72000 |
| 保姆工资 | 42000 |
| 儿子幼儿园费用 | 10000 |
| 女儿补习费 | 10000 |
| 夫妻保费 | 2000 |
| 合计 | 224600 |

家庭流动资产为现金 40000 元，活期存款 70000 元，合计 110000 元。

因此可以算得：流动性比率 $=110000/224600\times12=5.877$，在 3～6 之间，满足要求。

马先生使用现金、银行活期存款、银行定期存款、货币市场基金、信用卡融资和国债作为其现金规划融资工具。

马先生流动资产主要集中在现金与活期存款上，虽然流动性较为充分，但资产保值增值率偏低，且难以对抗通货膨胀，现阶段马先生可以尝试将部分流动资产以及定期存款换成货币市场基金以及国债，并通过信用卡应对短期资金需求，以最大限度的实现资金的保值增值。

## 三、任务评价

实训任务评价见表 9－6。

**表 9－6　实训任务评价表**

| 考核项目 | 考核标准 | 得分 |
|---|---|---|
| 职业素养（20 分） | 1. 按时出勤，课堂表现好（5 分） | |
| | 2. 仪容仪表规范（5 分） | |
| | 3. 具备一定的组织协调能力（5 分） | |
| | 4. 具备良好的团队合作精神（5 分） | |
| 思政建设（20 分） | 1. 具备吃苦耐劳的精神（10 分） | |
| | 2. 具备严谨科学、求真求实的学习态度和工作作风（10 分） | |
| 技能要求（60 分） | 熟悉现金规划定义、现金规划流程、现金规划常用工具，能熟练掌握根据客户的现金需求选择合适的现金规划产品的能力，准确无误的将任务说明及重要提示中的信息填完整准确，不能有遗漏（60 分） | |
| 合计 | | |

### 任务小结

本任务主要根据客户的资产负债表分析当前客户的流动资产为多少，根据客户的流动资产计算流动比率，分析客户当前的需求状况，根据计算结果得出适合客户的规划方案。

## 任务3　保险规划

### 任务要求

请同学们登录个人理财实训平台，完成保险规划环节实训任务。

### 必备知识

#### 一、保险规划概述

##### （一）保险规划定义

保险规划是指为了规避、管理个人面临的人身风险、财产风险和责任风险，所需要制定的保险规划，并通过办理和购买不同品种、金额、期限的保险来实现对风险的规避和管理。

##### （二）保险规划原则

优先家庭顶梁柱投保，然后再考虑老人与孩子。这是因为家庭顶梁柱承担了家庭的主要收入，一旦他们出现问题，家庭经济情况也很容易出问题。

大多数情况下，保险的购买顺序是意外险、健康险、寿险，意外险保费相对更低、保额更高，适用范围相对更广泛；健康险主要针对各类疾病，费率相对较高。寿险更着重于死后给亲属留下一笔资金，但前期保险必要性不高，后期费率则相对较高，因此排在最后。

保险购买费用一般在5%~7%，非必要不超过10%。前期保险应以消费型为主，储蓄型为辅。这主要因为储蓄型费率相对较高，而前期家庭收入往往不高。

#### 二、保险规划流程

收集客户相关信息，确定客户关系、收集方式、信息分类。

分析客户信息，分析客户财务状况和非财务状况并列出资产负债表与现金流量表。

确认客户理财目标，现金规划的目标是在保障家庭基本的紧急备用金。

制定保险规划方案。通过分析客户的家庭成员状况、收支状况、子女状况、赡养状况等，制定家庭的整体保险规划方案。

执行保险规划方案。为了确保理财规划的执行效果，理财规划师应当遵循三个原则：准确性、有效性和及时性。

监控保险规划方案实施。

## 三、保险产品介绍

常用的保险险种有意外险、健康险（医疗险、重疾险）、人寿险等。

### （一）意外伤害保险

意外伤害保险是以被保险人的身体为保险标的，当被保险人遭受意外伤害导致身故、残疾时，保险人按照合同约定给付保险金的人身保险。

意外伤害保险保费低、保额高，可以作为刚参加工作的年轻人购买的第一份保险。

### （二）医疗保险

医疗保险是指以保险合同约定的医疗行为发生为给付保险金条件，为被保险人接受诊疗期间医疗费用支出提供保障的保险。

医疗保险包括普通医疗保险、住院保险、手术保险、综合医疗保险等类型，最常见的是百万医疗险。

### （三）重大疾病保险

重大疾病保险简称重疾险，是健康保险的一种，于1983年出现在南非，1995年引入我国。重大疾病保险，是指由保险公司经办的以特定重大疾病为风险发生时，当被保人达到保险条款所约定的重大疾病状态后，由保险公司根据保险合同约定支付保险金的商业保险行为。

2007年8月1日，中国保险行业协会与中国医师协会共同制定了《重大疾病保险的疾病定义使用规范》，其中定义的重大疾病有25种，这25种重疾的发病率达到了95%。

保险期间主要为成年人阶段的重疾保险，其保障范围必须包括25种重疾中发生率最高的6种（恶心肿瘤、急性心肌梗死、脑中风后遗症、重大器官移植术或造血干细胞移植术、冠状动脉搭桥术、终末期肾病）。

重疾险是一种给付型保险，即风险事故发生后，保险公司会针对情况进行给付，在实际操作中，有不同的给付金额，如平安的给付分为重症/中症/轻症，赔付按照重症100%，中症50%，轻症20%的方式赔付，各公司有各自赔偿规定，因此在办理保险时需要详细了解相关情况。

重疾险有定期重疾险与终身重疾险两类，定期重疾险往往规定时间（如10年）或者按照被保险人年龄确定（如60岁）；终身重疾保障终身。

### （四）人寿保险

人寿保险常见形式有定期寿险与终身寿险。定期寿险一般为长期保险，保障期限为规定时间或者到规定年龄；终身寿险保障终身，但到100岁如果人未死亡则给付保险金。

一般而言，定期寿险是年轻人的一个好选择。人寿保险的分类见图9-7。

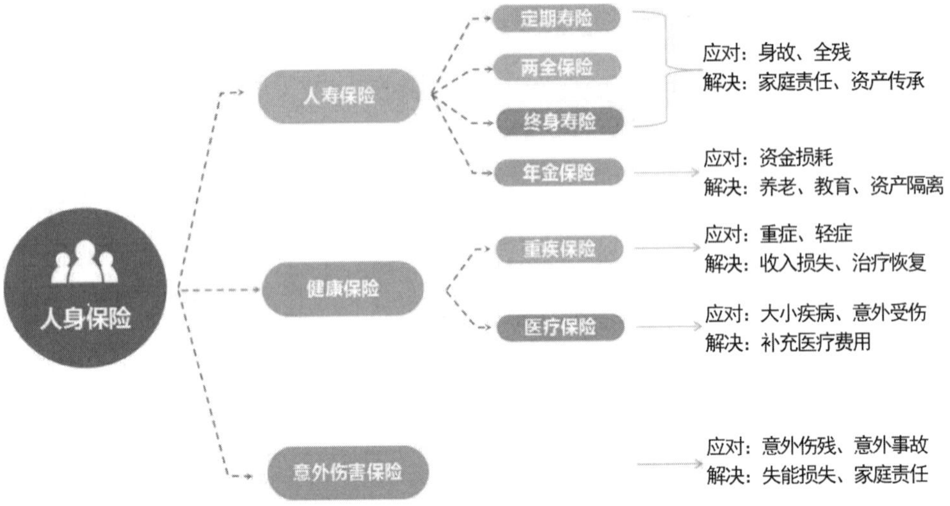


**图9-7 常见人身保险类型**

## 四、常用保险测算方法

### （一）双十原则

保险的双十原则中，第一个“十”是指家庭/个人的年缴保费，占家庭/个人年收入的10%左右；第二个“十”是指家庭/个人购买的保额，要达到家庭/个人年收入的10倍。

### （二）经济需求法

经济需求法的出发点是当事故发生时，可确保至亲的生活准备金总额。此项方法常用于计算寿险和意外险保额。

主要包括如下内容：

1. 五年的“净生活费”（评估标准：衣食住行、娱乐休闲、水电等，不包括子女费用）每月______元×12个月×5年=__________元。

2. 子女生活教育费用（评估标准：你的子女从现在到长大成人，一共需要多少费用）子女______人，分别______万元，________万元，________万元，一共________元

3. 房屋贷款（评估标准：尚未偿还的贷款本金）________元。

4. 五年的亲属抚养金（评估标准：当你的收入来源中断，而且没有其他人代替你抚养时）每月________元×12个月×5=________元。

5. 生意资金：______元（个别规划）各项税金__________元（个别规划）。

6. 其他费用（评估标准：其他方面的未偿贷款或者负债、其他必需缴付的费用）

即车贷______元，信用卡______元，保费______元，其他______元，共______元。

7. 寿险总额应为以上各项相加。

在以上数值算出总额后，需要进一步根据夫妻收入占家庭经常性收入的比例来计算夫妻投保额的比例，计算方式：

丈夫收入比例 = 丈夫收入/（丈夫收入 + 妻子收入）

妻子收入比例 = 妻子收入/（丈夫收入 + 妻子收入）

考虑到当夫妻一方去世，则家庭将丧失他/她的未来收入，以此来确定保额，即：

丈夫寿险保额 = 寿险总额 × 丈夫收入比例

妻子寿险保额 = 寿险总额 × 妻子收入比例

另：意外险保额应为寿险的 2 倍。

### （三）保费测算难点解析

学生在计算保费支出时容易出错，计算过程解析：

计算原理

双十原则：保额是个人年收入的 10 倍，保费是个人年收入的 1/10；

保险费率：以 30 岁男性为例，寿险及重大疾病保险每 10 万元保险金额的保费为 3300 元，年龄每增减 1 岁，相应保费增减 100 元；以 30 岁女性为例，寿险及重大疾病保险每 10 万元保险金额的保费为 3000 元，年龄每增减 1 岁，相应保费增减 100 元。个人普通意外伤害保险每 10 万元保险金额保费为 200 元。

根据上述两个条件列二元一次方程，求解算出保额和保费。

计算过程

假设购买 X 份寿险及重大疾病保险，Y 份意外伤害险。

杨先生今年 32 岁，年收入 243560 元。假设购买寿险 X 份，购买意外险 Y 份。（注意：计算结果保留到小数点后两位，整数取整）

$100000\ (X+Y)=243560\times 10$

$(3300+200)(X+200Y)=243560/10$

得出 $X=5.90\approx 5.9$，$Y=18.46\approx 18.5$（注意：此处计算结果两位小数要记得保留成 2 位小数）

寿险保额 $=5.9\times 10$ 万 $=59$ 万

意外险保额 $=18.5\times 10$ 万 $\approx 185$ 万

寿险保费 $=59$ 万/10 万 $\times 3500=20650$ 元，意外险保费 $=185$ 万/10 万 $\times 200=3700$ 元。

## 任务实训

## 一、任务说明

保险规划中需要完成以下两个步骤：优先被保险人的确定和保险金额的确定。

## 二、任务实操

第一步，优先被保险人的确定。

查阅信息公告，开启第一个任务“优先被保险人的确定”，填写被保险人信息。见图 9－8。

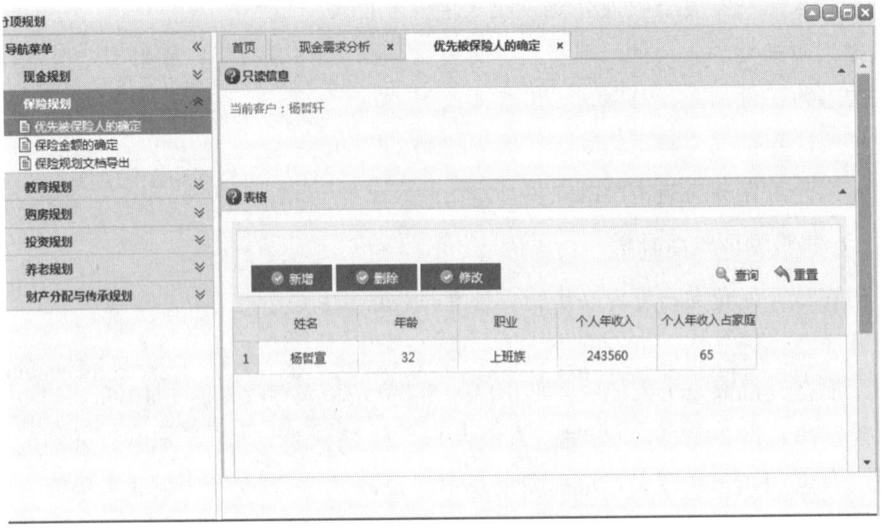


图 9－8　优先被保险人确定

第二步，根据双十原则确定保险金额。见图 9－9。

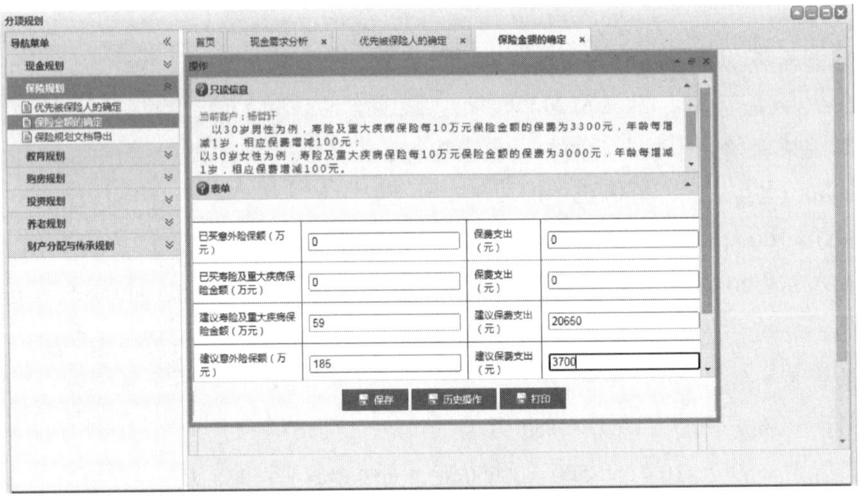


图 9－9　保险金额确定

## 三、任务评价

实训任务评价见表 9－7。

表 9－7 实训任务评价表

| 考核项目 | 考核标准 | 得分 |
|---|---|---|
| 职业素养（20分） | 1. 按时出勤，课堂表现好（5分） | |
| | 2. 仪容仪表规范（5分） | |
| | 3. 具备一定的组织协调能力（5分） | |
| | 4. 具备良好的团队合作精神（5分） | |
| 思政建设（20分） | 1. 具备吃苦耐劳的精神（10分） | |
| | 2. 具备严谨科学、求真求实的学习态度和工作作风（10分） | |
| 技能要求（60分） | 熟悉保险规划的定义、原则，保险规划流程，常见的保险险种以及常用保险测算方法，能熟练掌握保险规划中优先被保险人的确定和保险金额的确定的能力，准确无误的将任务说明及重要提示中的信息填完整准确，不能有遗漏（60分） | |
| 合计 | | |

## 任务小结

本任务主要介绍了保险规划的定义、原则，保险规划流程，保险产品介绍以及常用保险测算方法，任务实训环节按流程完成了保险规划。需要注意的地方就是根据保险计算的双十原则，确定保费，同学们需要根据客户的基本信息判断当前客户的年龄，调整基准保费的数值。

# 任务4 教育规划

## 任务要求

请同学们登录个人理财实训平台，完成教育规划环节实训任务。

## 必备知识

### 一、教育规划概述

#### （一）教育规划定义

教育规划即教育投资规划，是指为实现家庭成员不同阶段的教育期望，对家庭成员教育事项支出的测算、筹集和运用等一系列资金管理活动。教育规划一种人力资本投资，可以提升家庭成员的文化素质和生活质量，增强其在劳动市场的竞争力。

教育规划包括个人教育投资与子女教育投资规划。个人教育投资是指对客户本身的教育投资；子女教育投资规划是指为子女将来的教育费用进行策划和投资。由于子女教育规划往往拥有持续时间长、资金需求大等特征，故成为教育规划的主要种类。

### （二）教育规划的特征及原则

**1. 教育投资规划的特征**

（1）持续时间长，需求量大

（2）不可协商性

（3）教育支出增加快，并且教育积蓄可能会受通货膨胀等因素的影响。

（4）无法准确预计性

**2. 教育规划的原则**

教育规划的原则主要有：目标合理原则、提早规划原则、资金充裕原则、稳健投资原则。

## 二、教育规划工具

常用的教育规划工具主要包括融资类教育规划工具和一般教育规划工具两大类。

### （一）融资类教育规划工具

融资类教育规划工具主要指各类教育贷款，包括学校贷款、政府贷款、资助性机构贷款、银行贷款等，目前应用最广泛的是银行贷款中的国家助学贷款和留学贷款。

### （二）一般教育规划工具

一般教育规划工具主要包括教育储蓄、教育保险、教育信托等。

## 三、教育规划流程

教育规划流程包括：明确子女教育目标、估算子女教育费用、计算教育金缺口、规划教育金投资组合、教育规划的反馈和调整。

### （一）明确子女教育目标

在进行教育规划时，可以通过以下问题来向目标客户了解其子女教育的具体需求，从而确定子女的教育目标，如：

您子女目前的年龄多大？

子女的兴趣爱好和学习能力如何？

希望子女完成哪个级别的教育？

希望子女在何地完成教育？

希望子女在何种类型的学校完成教育？

您是否希望子女出国留学？

您希望子女选择什么专业方向？

### （二）估算子女教育费用

在已有的教育目标前提下，测算完成教育目标当前所需的费用，并根据通货膨胀情况设定合理的教育费用增长率，从而估算未来所需的教育费用。此外，根据资金充裕原则，当教育费用增长不确定性较大时，应适当调高教育费用增长率。

这可以参考浮动利率的设计原理，即教育金年增长率 = 通货膨胀率% + 增长率净值%，增长率净值可以视为一个固定的常数，如 2%，2016 ~ 2023 年均通货膨胀率 1.98%，则学费年均增长 3.98%。

### （三）计算教育金缺口

教育金缺口是指已有的家庭教育金储备与实现教育目标所需资金的差额。计算公式为

教育金缺口 = 教育金需求 - 教育金供给

例：王先生的儿子目前 10 岁，18 岁上大学本科，当前可投资资产 10 万元，计划每年年末投资 1 万元，直到女儿上大学为止。预计 4 年大学共需 20 万元。假设教育费用增长率为 6%，年投资回报率 4%。请问王先生是否可以实现预期目标，若不能，教育金缺口为多少？

分析：

第一，步计算 8 年后大学的教育费用。

现在估计 4 年大学费用是 20 万元，教育费用年增长率为 6%，8 年后大学的教育费用其实质就是求复利终值。

$FV = PV \times (F/P, i, n) = 20 \times (F/P, 6\%, 8) = 31.88$

第二步，计算王先生 8 年后的投资收益总额。

当前投资 10 万元，以后每年年末投 1 万元，8 年后的投资收益总额实质是求利率 4%、期限 8 年、本金 10 万元的复利终值和利率 4%、期限 8 年、年金 1 万元的复利终值。

$10 \times (F/P, 4\%, 8) + 1 \times (F/A, 4\%, 8) = 22.90$

教育金缺口：31.88 - 22.90 = 8.98（万元）

可见，当前王先生的投资方式不能实现预期的儿子教育目标，教育金缺口高达 8.98 万元。可以通过提高投资回报率、增加储蓄或两者结合方式实现。

### （四）规划教育金投资组合

在估算出未来教育费用后，可以根据各个时期所需的资金量选择相应的教育规划工具为客户进行合理的教育规划设计。教育金投资组合即可以选择一次性投入资金，通过复利方式积累资金，也可以选择使用年金方式，定期投入一定的合理金额，或者将以上两种方式结合。教育投资工具的选择要注重稳健和安全，如果越接近教育金的使用时间，对投资工具的安全性要求就越高。

在教育金组合计算中，可以套用公式：FV = PV ×（F/P，I%，n）+ A ×（F/A，I%，n）

这里 PV 是一次性投入的金额，A 是年金金额，我们可以按时间长短确定合适的预期投资收益率，然后选择与其相适应的教育规划工具，并决定一次性和定期投入的金额，进而设计适合该家庭的教育规划方案。

### （五）教育规划的反馈和调整

由于教育规划是一项长期规划，期间规划执行的影响因素比较多，如家庭收入、支出以及家长工作职业岗位等变化，还有子女的学习能力、兴趣、成绩、职业规划等变化，这些都将带来教育规划调整需求。教育规划方案要定期（一般为 1 年）进行反馈，且需要根据教育对象的教育阶段与家庭或资产的变化及时做出调整。考虑到教育规划一般期限较长，在前期可以采取较为积极的投资策略，后期随着子女年龄增大，越来越接近教育金的使用时间，应采取稳健保守的投资策略。

## 四、教育规划的常见计算

教育规划的最常见的计算是在已知年需教育金的金额 A、教育金增长速度 k%、通货膨胀率 i%、教育期限 n，已有教育金 M，投资收益率 r%，距离教育开始年数 N，求月积累教育金。

### （一）Excel 计算教育资金需求

#### 1. 条件中没有教育资金增长速度

如果条件中不给出教育金增长速度，那么此时收益率 = 通货膨胀率 i%，我们需计算的教育金为初始所需教育金。此阶段在 Excel 表上，计算表示为：Rate = i%，Nper = n，PMT = A，FV = 0，Type（如果是月初，则是 1，月末是 0）。Excel 计算教育金需求见图 9 – 10。

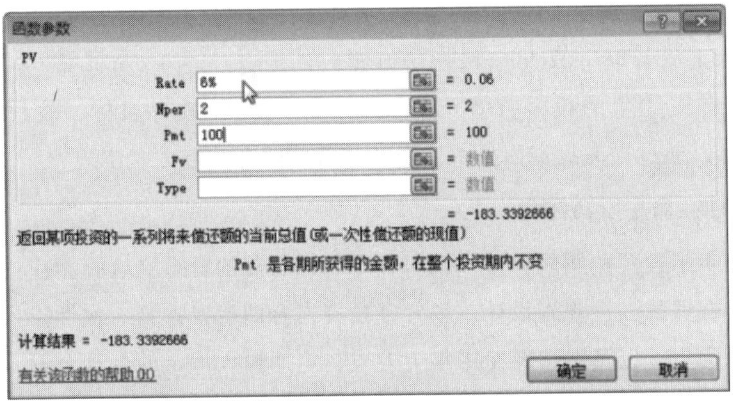


图 9 – 10 Excel 计算教育金需求

**2. 条件中给出教育金增长速度 k%**

教育金比例 = (1 + k%)/(1 + i%),可以算得教育金年衰减比例 = (1 + i%)/(1 + k%),进而 rate = (1 + i%)/(1 + k%) − 1 = (i% ~ k%)/(1 + k%),其他和上面数值相同。

以上计算结果（PV）为所需教育金，进而教育金缺口 E = PV − M。

计算月积累教育金：

由第一步已经算得教育金缺口 E，此时进一步计算 PMT。

Rate = r%（如果按月则为 r%/12）；Nper = N；FV = E；Type = 0。

最终可以得到 PMT 即为我们的需求。

### （二）理财计算器计算教育资金需求

第一步，复位，按键顺序为 2ND，RESET，ENTER，CE/C。

第二步，赋值。

已知目前距离上大学的时间为 n 年，学费增长率为 i%，目前一年学费 A，计算上大学当年一年学费，计算器输入：n，N；i，I/Y；A，PV；CPT：FV。

**1. 计算教育资金总需求**

测算准备大学四年的学费总和为筹集教育资金总需求，即在大学初期的现值（采用期初模式）。

**2. 设置期初模式， 即输入： 2ND，BGN，2ND，ENTER，CE | C**

赋值计算教育资金总需求。常见情况是大学几年学费不变，相当于普通年金的现值计算。将上一步计算出来的上大学当年一年学费作为普通年金计算，即输入：B（上大学当年一年学费），PMT；n（上大学的年数），N；i（投资收益率），I/Y；CPT：PV。

特别说明：如果有通货膨胀率，则用投资收益率减去通货膨胀率作为 I/Y 来计算，另外%不用输入计算器。

# 任务实训

## 一、任务说明

查阅教育规划的任务说明和重要提示，开启任务“教育资金缺口”。首先根据任务明细，填写目前学费水平、筹集资金年限、教育费用增长率，已储备教育基金、教育资金总需求。

然后根据教育资金缺口 = 教育资金总需求 − 已储备教育金，计算教育资金缺口。

最后计算每月需要定投金额。

教育规划重难点是需要利用 BA Plus 计算器计算客户的教育资金缺口。操作界面见图 9 − 11。

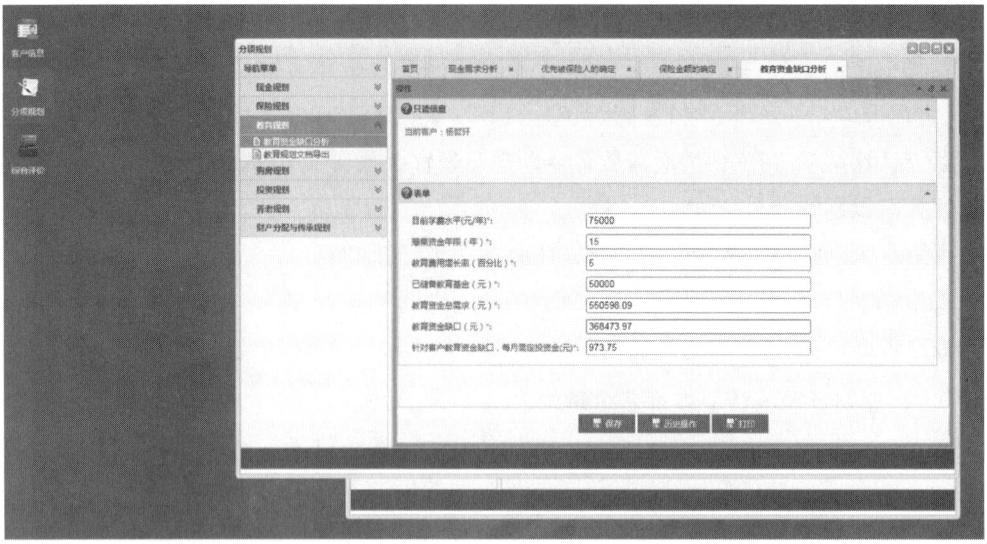


**图 9－11　教育规划实训界面**

## 二、任务实操

第一步，计算上大学当年学费。

假设目前学费：75000；离上大学时间：15 年；学费增长利率：5%；求上大学当年的学费。

理财计算器输入：

①复位：2ND，RESET，ENTER，CE/C；

②赋值：15，N：5，I/Y；75000，PV；CPT：FV－－155919.61。

第二步，计算教育资金总需求。

测算客户大学四年学费总和为筹集教育资金总需求，即在大学初期的现值（采用期初模式）。

理财计算器输入：

①复位：2ND，RESET，ENTER，CE/C；

②设置期初付款：2ND，BGN，2ND，ENTER，CE/C；

③赋值：155919.61，PMT；4，n；9，i；CPT；PV－550598.09。

即教育资金总需求为：550598.09 元。

第三步，计算已储备教育金。

已储备教育金即为现有准备金在上大学时的终值。

理财计算器输入：

①复位：2ND，RESET，ENTER，CE/C；

②赋值：5000，PV：15，N；9，i；CPT；FV =－182124.12；

③现有准备金在上大学时的终值：182124.12 元。

第四步，计算教育金缺口。

教育金缺口 = 教育资金总需求 - 准备金终值 = 550598.09 - 182124.12 = 368473.97 元。

第五步，计算每月定投额。

理财计算器输入：

①复位：2ND，RESET，ENTER，CE/C；

②赋值：368473.97，FV：15×12，N；12，P/Y；9，i；CPT；PMT 即可求出每月定投额 973.75。

第六步，填写至表格。

## 三、任务评价

实训任务评价见表 9-8。

表 9-8 实训任务评价表

| 考核项目 | 考核标准 | 得分 |
|---|---|---|
| 职业素养（20 分） | 1. 按时出勤，课堂表现好（5 分） | |
| | 2. 仪容仪表规范（5 分） | |
| | 3. 具备一定的组织协调能力（5 分） | |
| | 4. 具备良好的团队合作精神（5 分） | |
| 思政建设（20 分） | 1. 具备吃苦耐劳的精神（10 分） | |
| | 2. 具备严谨科学、求真求实的学习态度和工作作风（10 分） | |
| 技能要求（60 分） | 熟悉教育规划定义、特征、原则，教育规划常用工具以及教育规划流程，能熟练掌握教育规划中根据客户信息计算教育资金缺口的能力，准确无误的将任务说明及重要提示中的信息填完整准确，不能有遗漏（60 分） | |
| 合计 | | |

## 任务小结

本任务介绍了教育规划定义、特征、原则，教育规划常用工具以及教育规划流程。为客户制定教育规划，最重要的是计算教育总需求与资金缺口。在计算过程中需要识别题目是否有教育准备金，先计算上大学当年的学费，以及大学四年的学费的现值求解出教育的总需求，根据准备金，得出教育的资金缺口。

# 任务5 购房规划

## 任务要求

请同学们登录个人理财实训平台，完成购房规划环节实训任务。

## 必备知识

### 一、住房规划的定义

住房规划包括买房、租房、换房、建房、买房的规划，规划是否得当会影响资产负债状况和资金流量的方向。

合理的住房规划是既能满足不同时期的居住需求，又不会背上沉重的债务负担；既能满足居住需求，又能满足其他生活需求；既能使家庭财务平稳，又能使生活水平稳步上升。

### 二、购房规划基本流程

理财规划师在给客户制定住房消费支出规划时，可以遵从以下步骤：

第一步，跟客户进行充分交流，确定客户有购房意愿，并了解客户购房目标。

第二步，收集客户的财务及非财务信息，包括家庭成员构成、家庭收入、支出情况以及家庭现有的资产等。

第三步，分析客户的信息，对其现状进行分析，列出家庭资产负债表和收入支出表。

第四步，帮助客户制定购房目标，具体化客户住房需求，明确购房目的。

第五步，帮助客户进行贷款规划，如选择何种贷款方式、还款方式及还款期限等，并运用相关税及法律知识，为客户提供必要的支持。

理财规划师在确定客户的住房目标后，应对客户的财务状况进行分析，在保障客户一定财务弹性下，以储蓄及缴息能力估算负担得起的房屋总价以及每月能承担的费用。

### 三、购房规划相关计算

绝大多数的购房者购买房屋往往选择贷款的方式，因此购房资金往往由两部分组成：一部分资金由自己提供，即为首付，另一部分资金则可以从银行贷款或者公积金贷款或者组合贷。

首付资金需要自己筹措，一般是由已经积累的资金（自有资金投资获得）和收入提供的资金两部分组成。另外如果是缴纳了五险一金的家庭，往往也有公积金能够用于买房。

贷款则是由银行提供的，会由银行提供年化利率，而还贷时则需要按月还贷，所以一般而言，月利率 = 年化利率/12，贷款支付期数则是贷款月数。缴纳五险一金的购房者也往往可以使用公积金进行贷款，利率比同期银行利率相对较低。

另外还需注意的是，我国规定了首付占房款的最低比例，一般而言，一套房首付为三成，二套房则是 4 ~5 成，三套房甚至需要 6 ~7 成的首付比例。

计算公式如下：

首付总额 = 已有资金 + 新积累资金 = 已积累资金 × F/P（投资收益率%，距离购房年限） + 收入 × 收入负担首付比例 × F/A（投资收益率%，距离购房年限）

贷款年金 = 收入 × 收入负担房贷比例 × F/P（收入年增长率%，距离购房年限）

另外判断贷款 < = 首付（1 – 首付比例）/首付比例，如果大于，则总房价 = 首付/首付比例

贷款总额 = 贷款年金 × F/A（贷款利率%，贷款期限），购房总房价 = 首付总额 + 贷款总额，房价 = 现房价 × F/P（房价年增长率%，距离购房年限）

## 任务实训

### 一、任务说明

购房规划任务中需要完成两个部分，分别为购房资金总需求与还款方式。

### 二、任务实操

#### （一）购房资金总需求

查阅信息公告，开启第一个任务“购房资金总需求”，根据任务说明填写信息。见图 9 – 12。

图 9 – 12 购房资金总需求

**1. 购房准备金**

根据客户情况分析确定购房准备金，假设购房准备金金额为客户的活期存款金额，即购房准备金应该为购房时候的活期存款终值。若客户目前活期存款余额 35000 元，准备 3 年后购房，那购房准备金就是 35000 元在 3 年后的终值。

理财计算器输入：

复位：2ND，RESET（+/-），SET/ENTER，CE/C；

赋值：3，N；9.5，I/Y；35000，PV：CPT：FV = -45952.63，则购房准备金 45952.63 元。

**2. 年结余在 3 年后的终值**

年结余为家庭现金流量表中的结余金额，假设为 224162.80 元。计算购房时 3 年后结余终值。

理财计算器输入：

复位：2ND，RESET（+/-），SET/ENTER，CE/C；

赋值：3，N；9.5，I/Y；224162.80，PMT；CPT：FV = -738397.87。

年结余在 3 年后的终值为 738397.87 元。

**3. 可负担首付**

可负担首付 = 购房准备金终值 + 年结余终值 = 45952.63 + 738397.87 = 784350.50 元。

**4. 月供金额**

月供/月税后收入 ≤ 25%，N = 20 × 12 = 240

月供金额 = 年税后收入/12 × 25% = 377560.00/12 × 25% = 7865.83 元

**5. 可负担房屋贷款额**

假设购房需贷款 20 年，利率水平为 7%，可负担月供 7865.83 元，计算可负担房屋贷款额。

理财计算器输入：

复位：2ND，RESET，ENTER，CE/C；

设置期数：2ND，I/Y，12，ENTER，CE/C，CE/C；

赋值：240，N；7，I/Y；7865.83，PMT；CPT：PV. 1014554.47。

可负担房屋贷款额 = 1014554.47 元

**6. 可负担买房总价**

可负担买房总价 = 可负担首付 + 可负担房屋贷款额 = 784350.50 + 1014554.47 = 1798904.97 元

房屋贷款占总价成数 = B/C = 1014554.47/1798904.97 ≈ 56%

**（二）还款方式**

还款方式根据任务说明选择即可。

## 三、任务评价

表9－9　实训任务评价表

| 考核项目 | 考核标准 | 得分 |
| --- | --- | --- |
| 职业素养（20分） | 1. 按时出勤，课堂表现好（5分） | |
| | 2. 仪容仪表规范（5分） | |
| | 3. 具备一定的组织协调能力（5分） | |
| | 4. 具备良好的团队合作精神（5分） | |
| 思政建设（20分） | 1. 具备吃苦耐劳的精神（10分） | |
| | 2. 具备严谨科学、求真求实的学习态度和工作作风（10分） | |
| 技能要求（60分） | 熟悉购房规划的基本流程和相关计算，能熟练掌握购房规划中根据客户信息分析购房资金总需求与还款方式的能力，准确无误的将任务说明及重要提示中的信息填完整准确，不能有遗漏（60分） | |
| 合计 | | |

### 任务小结

本任务围绕住房规划，主要介绍了购房规划的基本流程和相关计算，重难点是掌握住房贷款的计算以及金融计算器的使用。注意期末与期初模式的调整与改变，防止出现计算结果的偏差。根据购房总需求判断投资人的还款方式。

# 任务6　投资规划

### 任务要求

请同学们登录个人理财实训平台，完成投资规划环节实训任务。

### 必备知识

## 一、投资规划的定义

投资规划就是有计划、有目的、有规则的投资。具体而言，它是指理财规划师为客户的一生或某一特定阶段或某一特定事项的现金流进行配置以获取与风险相匹配的最优收益的过程。

## 二、投资规划的工作流程

### （一）客户财务与风险分析

在对客户进行投资规划之前需要对客户的财务信息做出各种分析，包括编制家庭资产负债表、收入支出表，并运用一定的财务比率加以分析，以判断整体家庭的财务状况是否健康，或者存在哪些可以改进的空间，这是进行财务规划的必要准备工作。

在对财务信息进行分析的基础上，风险分析也是不可或缺的。这部分主要包括客户的风险承受能力分析和风险偏好分析，确定客户风险属性的类型，这是选择适合客户的投资产品的重要前提。

### （二）客户投资需求分析

根据客户的生命周期、财务特征、风险属性，可以运用理财目标配置法，再结合客户自身的投资要求来确定客户最终的投资需求。理财规划师往往是从专业的角度进行投资规划与建议，但对于客户自身而言，他们有着自己的投资偏好，同时也需要考虑客户自身的知识层次、可利用的投资时间、家庭成员状况等情况。

### （三）投资组合建议

在确定客户的投资需求后，可以结合当前金融市场的实际变化趋势，选择具体的投资工具类型以及数量。即便是同一个客户，在不同的时期，其投资组合也需实时变化。例如，在宏观经济发展状况良好时，相对而言，同一投资工具发生收益损失的概率相对就小，但若发生金融危机时，即便是债券、基金等投资工具也可能发生亏损。

### （四）投资组合的管理

为了更加明确投资组合对家庭理财带来的变化，在投资组合建议完成后，需要对投资组合结构进行分析：高风险、中等风险以及低风险的投资工具的比例，投资组合在未来一定时期内预期可达到的收益水平，投资组合在未来一定时期内预期风险状况以及相应的调整策略。

### （五）投资方案的追溯与调整

指导客户正确实施投资计划，并实时监控投资计划，根据市场变化实时调整。

## 三、投资规划风险承受能力及风险承受态度分析

风险属性评分法是针对客户的风险承受能力和风险承受态度进行评分，进而根据评分进行资产配置的方法，是日常生活中较为常用的方法之一。

风险承受能力可以理解为一个人有多大能力承担风险，也就是你能承受多大的投资损失而不至于影响你的正常生活。衡量风险承受能力的常用指标有年龄、就业情况、家庭负担、置产状况、投资经验、投资知识等。风险承受能力评分见表 9－10。

风险承受态度又称风险态度（Risk appetite），是指人对风险所采取的态度。是基于对目标有影响之正面或负面的不确定性所选择的一种心智状态。衡量风险承受态度的常用指标有忍受亏损、投资目标、获利动机、认赔程度、赔钱心理、最重要特性、避险工具等。风险承受态度评分见表 9－11。

表 9－10　　风险承受能力评分表

| | 10 分 | 8 分 | 6 分 | 4 分 | 2 分 | 客户得分 |
|---|---|---|---|---|---|---|
| 年龄 | 总计 50 分，25 岁以下 50 分，每多 1 岁减 1 分，75 岁及以上 0 分 | | | | | |
| 就业情况 | 公职人员 | 上班族 | 佣金收入者 | 自营职业者 | 失业 | |
| 家庭负担 | 未婚 | 双薪无子女 | 双薪有子女 | 单薪有子女 | 单薪养三代 | |
| 置产状况 | 投资不动产 | 自宅无房贷 | 房贷 <50% | 房贷 >50% | 无自宅 | |
| 投资经验 | 10 年 | 6－10 年 | 2－5 年 | 1 年 | 无经验 | |
| 投资知识 | 有专业证照 | 财经专业 | 自修有心得 | 懂一些 | 一片空白 | |
| 总分 | | | | | | |

表 9－11　　风险承受态度评分表

| | 10 分 | 8 分 | 6 分 | 4 分 | 2 分 | 客户得分 |
|---|---|---|---|---|---|---|
| 忍受亏损 | 不能忍受 0 分，每增加 1% 增加 2 分，可容忍 25% 以上得 50 分 | | | | | |
| 投资目标 | 赚短期差价 | 长期利得 | 年现金收益 | 抗通胀保值 | 保本保息 | |
| 获利动机 | 25% 以上 | 20%～25% | 15%～20% | 5%～10% | 5%～10% | |
| 认赔程度 | 默认停损点 | 事后停损 | 部分认赔 | 持有待回升 | 加码摊平 | |
| 赔钱心理 | 学习经验 | 照常过日子 | 影响情绪小 | 影响情绪大 | 难以成眠 | |
| 最重要特性 | 获利性 | 收益兼成长 | 收益性 | 流动性 | 安全性 | |
| 避险工具 | 无 | 期货 | 股票 | 外汇 | 不动产 | |
| 总分 | | | | | | |

一般会按照表 9－12 进行资产配置。

表 9－12　　风险矩阵下资产配置　　单位：%

| 风险态度 | 工具 | 低能力 | 中低能力 | 中能力 | 中高能力 | 高能力 |
|---|---|---|---|---|---|---|
| | | 0－19 分 | 20－39 分 | 40－59 分 | 60－79 分 | 80－99 分 |
| 低态度 10－19 分 | 货币 | 70 | 50 | 40 | 20 | 0 |
| | 债券 | 20 | 40 | 40 | 50 | 50 |
| | 股票 | 10 | 10 | 20 | 30 | 50 |
| | 预期报酬率 | 3.4 | 4 | 4.8 | 5.9 | 7.5 |
| | 标准差 | 4.2 | 5.5 | 8.2 | 11.7 | 17.5 |
| 中低态度 20－39 分 | 货币 | 50 | 40 | 20 | 0 | 0 |
| | 债券 | 40 | 40 | 50 | 50 | 40 |
| | 股票 | 10 | 20 | 30 | 50 | 60 |
| | 预期报酬率 | 4 | 4.8 | 5.9 | 7.5 | 8 |
| | 标准差 | 5.5 | 8.2 | 11.7 | 17.5 | 20 |

续表

| 风险态度 | 工具 | 低能力 | 中低能力 | 中能力 | 中高能力 | 高能力 |
|---|---|---|---|---|---|---|
| | | 0－19 分 | 20－39 分 | 40－59 分 | 60－79 分 | 80－99 分 |
| 中态度 40－59 分 | 货币 | 40 | 20 | 0 | 0 | 0 |
| | 债券 | 40 | 50 | 50 | 40 | 30 |
| | 股票 | 20 | 30 | 50 | 60 | 70 |
| | 预期报酬率 | 4.8 | 5.9 | 7.5 | 8 | 8.5 |
| | 标准差 | 8.2 | 11.7 | 17.5 | 20 | 22.4 |
| 中高态度 60－79 分 | 货币 | 20 | 0 | 0 | 0 | 0 |
| | 债券 | 50 | 50 | 40 | 30 | 20 |
| | 股票 | 30 | 50 | 60 | 70 | 80 |
| | 预期报酬率 | 5.9 | 7.5 | 8 | 8.5 | 9 |
| | 标准差 | 11.7 | 17.5 | 20 | 22.4 | 24.9 |
| 高态度 80－99 分 | 货币 | 0 | 0 | 0 | 0 | 0 |
| | 债券 | 50 | 40 | 30 | 20 | 10 |
| | 股票 | 50 | 60 | 70 | 80 | 90 |
| | 预期报酬率 | 7.5 | 8 | 8.5 | 9 | 9.5 |
| | 标准差 | 17.5 | 20 | 22.4 | 24.9 | 27.5 |

例如：张先生完成表格后，风险承受能力为 67 分，风险承受态度为 59 分，则属于中高能力中态度，因此资产配置为股票 60%、债券 40%。

市场上不同金融机构的风险等级测评方式并不相同，但主要类型可以归结为 R1（保守型）、R2（稳健型）、R3（平衡型）、R4（成长型）、R5（进取型）。与这五种投资类型相对应，将客户的风险承受度由低到高排列，分为 C1（低风险）、C2（中低风险）、C3（中等风险）、C4（中高风险）、C5（高风险）等五个等级。如表 9－13 所示。

**表 9－13　　客户风险属性的类型划分**

| | R1 保守型 | R2 稳健型 | R3 平衡型 | R4 成长型 | R5 进取型 |
|---|---|---|---|---|---|
| C1 低风险 | √ | | | | |
| C2 中低风险 | | √ | | | |
| C3 中等风险 | | | √ | | |
| C4 中高风险 | | | | √ | |
| C5 高风险 | | | | | √ |

# 任务实训

## 一、任务说明

投资规划中主要判别投资者的风险承受能力，根据客户的风险承受能力进行评估，设计其投资组合与相关的理财方案。

## 二、任务实操

第一步，风险承受能力评分表。

首先查阅信息公告，开启第一个任务“风险承受能力评分表”。完成相关填写，注意查阅相关的重要提示，进行操作。

第二步，风险承受能力评估结果。

对照图 9－13 风险承受能力测评表为客户打分，判断当前客户的风险承受能力。

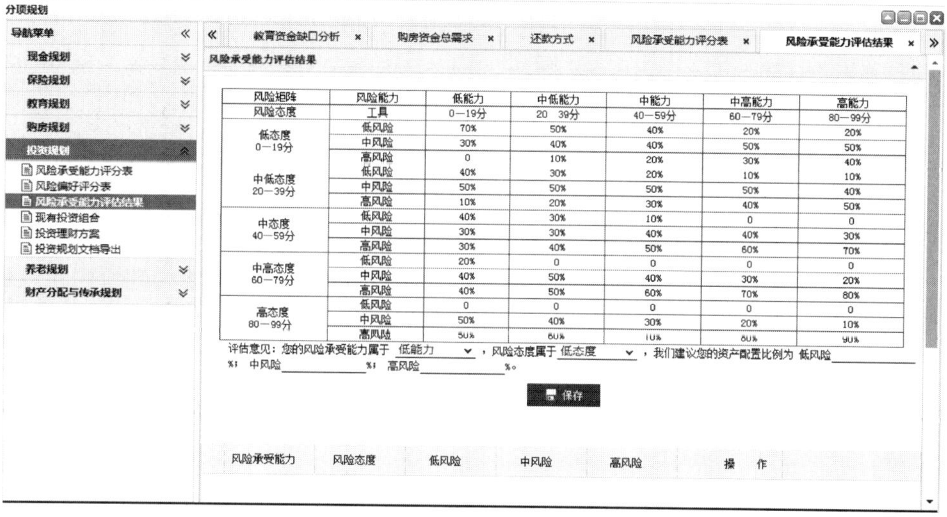


| 风险矩阵 | 风险能力 | 低能力 | 中低能力 | 中能力 | 中高能力 | 高能力 |
|---|---|---|---|---|---|---|
| 风险态度 | 工具 | 0—19分 | 20 39分 | 40—59分 | 60—79分 | 80—99分 |
| 低态度<br>0—19分 | 低风险 | 70% | 50% | 40% | 20% | 20% |
| | 中风险 | 30% | 40% | 40% | 50% | 50% |
| | 高风险 | 0 | 10% | 20% | 30% | 40% |
| 中低态度<br>20—39分 | 低风险 | 40% | 30% | 20% | 10% | 10% |
| | 中风险 | 50% | 50% | 50% | 50% | 40% |
| | 高风险 | 10% | 20% | 30% | 40% | 50% |
| 中态度<br>40—59分 | 低风险 | 40% | 30% | 10% | 0 | 0 |
| | 中风险 | 30% | 30% | 40% | 40% | 30% |
| | 高风险 | 30% | 40% | 50% | 60% | 70% |
| 中高态度<br>60—79分 | 低风险 | 20% | 0 | 0 | 0 | 0 |
| | 中风险 | 40% | 50% | 40% | 30% | 20% |
| | 高风险 | 40% | 50% | 60% | 70% | 80% |
| 高态度<br>80—99分 | 低风险 | 0 | 0 | 0 | 0 | 0 |
| | 中风险 | 50% | 40% | 30% | 20% | 10% |
| | 高风险 | 50% | 60% | 10% | 80% | 90% |

**图 9－13　风险承受能力测评**

第三步，构建投资组合。

第四步，制定投资理财方案。

## 三、任务评价

实训任务评价见表 9－14。

表 9－14　实训任务评价表

| 考核项目 | 考核标准 | 得分 |
| --- | --- | --- |
| 职业素养（20 分） | 1. 按时出勤，课堂表现好（5 分） | |
| | 2. 仪容仪表规范（5 分） | |
| | 3. 具备一定的组织协调能力（5 分） | |
| | 4. 具备良好的团队合作精神（5 分） | |
| 思政建设（20 分） | 1. 树立正确的投资理念和投资目标（10 分） | |
| | 2. 具备严谨科学、风险防范、求真求实的学习态度和工作作风（10 分） | |
| 技能要求（60 分） | 熟悉投资规划的定义、投资规划的工作流程，能熟练掌握根据客户的风险承受能力进行评估，设计其投资组合与相关的理财方案的能力，准确无误的将任务说明及重要提示中的信息填完整准确，不能有遗漏（60 分） | |
| 合计 | | |

## 任务小结

本任务分析了投资规划的定义、投资规划的工作流程。为客户进行投资规划最主要是判别投资者的风险承受能力，根据客户的风险承受能力进行评估，设计其投资组合与相关的理财方案。根据投资者的风险承受能力对于投资组合进行调整，进而构建最优的投资组合。

# 任务 7　养老规划

## 任务要求

请同学们登录个人理财实训平台完成养老规划环节实训任务。

## 必备知识

### 一、养老规划概述

养老规划是指为了保证客户将来有一个自立、有尊严、高品质的退休生活，而积极实施的理财方案。

## 二、养老规划的流程

养老规划的流程包含：确定养老目标、估算退休后养老支出、估算退休后的收入、估算养老金缺口、制定理财规划弥补资金缺口。

### （一）确定养老目标

养老目标是家庭成员退休后所希望实现的生活状况。在确定养老目标时，要充分考虑与财务目标相关的一些事项，主要包括：退休年龄、退休生活年数、退休后的生活费用、预期年化投资收益率、通货膨胀率、可能得到的养老保险金等。

### （二）估算退休后养老支出

估算退休后养老支出时应注意：确定退休后第一年的生活费用和退休养老时间；要考虑通货膨胀率因素；估算出退休后养老费用的总需求；将计算出的总养老金结果折现到退休时间点，进而得到退休时点需要准备的资金。

### （三）估算退休后的收入

退休后的收入来源主要包括基本养老保险金、家庭储蓄、企业年金或职业年金、商业养老保险、养老投资收益、子女赡养费、兼职工作收入等，稳定的现金流是维持退休后养老生活品质的重要手段。将退休养老期间的全部收入折现到退休时点的现值。可以用“养老金替代率”衡量退休前后的养老保障水平差异。

### （四）估算养老金缺口

将上述计算出的退休后的养老支出减去所有收入，如果差额大于零就存在养老金缺口，否则不存在。养老资金缺口 = 养老金总需求（折现值）－退休收入。

退休收入 > 退休生活费用，收入足以满足实现退休目标；

退休收入 < 退休所需费用，存在缺口，需要制定计划赚取收入弥补缺口，自筹退休金。

### （五）制定理财规划弥补资金缺口

选择合适的养老规划工具并进行合理投资，弥补资金缺口。用于养老金的投资以稳健为主，可以通过一次性投资或定期定额投资方式，选定合适的投资回报率进行养老规划设计。

## 三、养老规划的常用工具

养老规划常用工具主要有存款、保险、债券、股票、基金、房产、黄金、收藏品等。

## 四、养老规划的相关计算

养老规划的计算步骤包含：确定退休年龄、退休后的生存时间和选取退休生活方式，进而确定退休后的月/年开支、预测退休收入、计算退休资金缺口、制定理财规划弥补资金缺口。

### （一）确定退休年龄，进而确定退休后的生存时间

案例一般给定，实际情况下可以结合中国平均寿命来计算退休后生存时间。

### （二）选取退休生活方式，进而确定退休后的月/年开支

退休之后个人生活费用将会出现变化，一部分开支增加、一部分开支减少，退休后的开支情况和满意程度将决定退休后的支出金额。退休后的开支越多，所需准备的资金量也就越大。

### （三）预测退休收入

1997 年我国执行了养老金体制改革，将养老金人群划分为新人、中人、老人三部分，实行新人新制度、老人老办法、中人逐步过渡政策，确定了我国养老金的支付政策。

### （四）计算退休资金缺口

月/年养老金缺口 = 月/年支出水平 - 经常性养老金（注：经常性养老金是除个人账户养老金外的养老金部分，即新人的基础养老金和中人的基础养老金 + 过渡性养老金）

总养老金缺口 = 月/年养老金缺口 × 退休后生存时间 - 储蓄性养老金（如个人账户养老金）

### （五）制定理财规划弥补资金缺口

一种常见的理财规划方法是初始积累一部分养老金，且从某一年份开始，每月或每年固定投入一份年金，直到退休，以用于养老。

# 任务实训

## 一、任务说明

养老规划需要先计算退休时的养老金费用，然后利用 BA Plus 计算器求出养老金的现值。

## 二、任务实操

阅读任务说明，根据任务提示完成“养老规划”。养老规划任务提示见图 9 - 14。

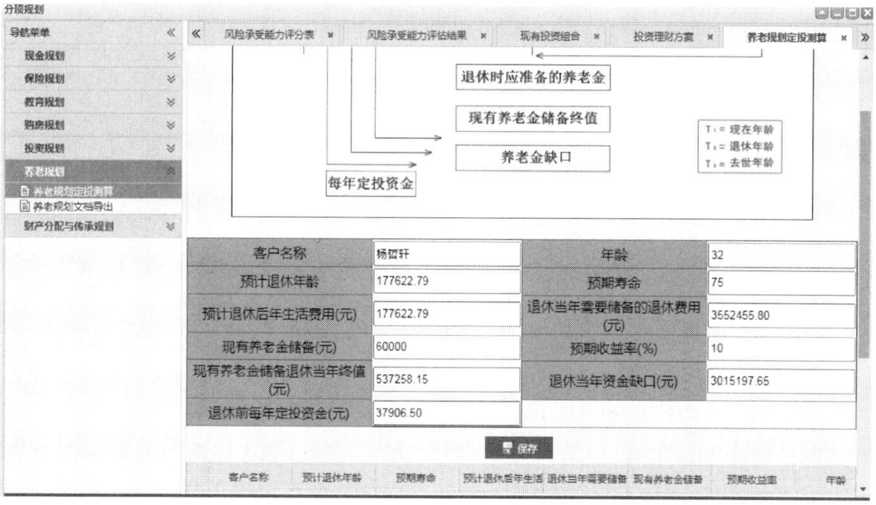


**图 9-14 养老规划定投测算**

第一步，假设客户目前32岁，打算55岁退休，预期寿命75岁，通胀率3%，距离退休年数N=55-32=23，计算退休后的年生活费用。

理财计算器输入：

①复位：2ND，RESET，ENTER，CE/C；

②赋值：23，N；3，I/Y；90000，+|-，PV；CPT，FV=177622.79。

退休后年生活费177622.79元，退休后的总生活费用：177622.79×（75-55）=3552455.80元。

第二步，假定客户现有养老金储备60000元，预期收益率10%，计算现有养老准备金在退休当年的终值。

理财计算器输入：

①复位：2ND，RESET，ENTER，CE/C；

②赋值：23，N；10，I/Y；60000，PV；CPT，FV=-537258.15。

第三步，计算养老金缺口。

养老金缺口：3552455.80-537258.15=3015197.65（元）

第四步，计算退休前每年定投资金。

理财计算器输入：

①复位：2ND，RESET；ENTER，CE/C；

②赋值：23，N；10，I/Y；3015197.65，FV；CPT；PMT=-37906.50。

退休前每年定投资金：37906.50元

## 三、任务评价

实训任务评价见表9-15。

表 9-15　实训任务评价表

| 考核项目 | 考核标准 | 得分 |
|---|---|---|
| 职业素养（20 分） | 1. 按时出勤，课堂表现好（5 分） | |
| | 2. 仪容仪表规范（5 分） | |
| | 3. 具备一定的组织协调能力（5 分） | |
| | 4. 具备良好的团队合作精神（5 分） | |
| 思政建设（20 分） | 1. 具备吃苦耐劳的精神（10 分） | |
| | 2. 具备严谨科学、求真求实的学习态度和工作作风（10 分） | |
| 技能要求（60 分） | 熟悉养老规划概述、养老规划的流程、养老规划的常用工具，能熟练掌握根据客户的信息和需求计算出退休时的养老金费用及现值的能力，准确无误的将任务说明及重要提示中的信息填完整准确，不能有遗漏（60 分） | |
| 合计 | | |

## 任务小结

本任务分析了养老规划概述、养老规划的流程、养老规划的常用工具、养老规划的相关计算和养老规划案例分析，重点针对养老规划实训难点进行解析。

# 任务 8　财产分配和传承规划

## 任务要求

请同学们登录个人理财平台完成财产分配与传承规划环节实训任务。

## 必备知识

### 一、财产分配和传承规划的定义

财产分配是指为了将家庭财产在家庭成员之间进行合理分配而制定的财务计划。

财产传承规划是指当事人在其健在时，通过选择遗产管理工具和制定遗产计划，将拥有或控制的各种资产或负债进行安排，确保在自己去世或丧失行为能力时能够实现一定目标的规划。

### 二、财产分配和传承规划的流程

财产分配和传承规划的流程包含：计算和评估客户的财产价值、确定财产分配和传承的规划目标、制定财产分配与传承规划方案、定期检查和修改。

### （一）计算和评估客户的财产价值

通过财产清点、资产负债表等手段计算和评估客户的财产价值，注意不要遗漏。

### （二）确定财产分配和传承的规划目标

这一块主要会涉及：家庭财产如何分割、当事人是否有特殊需要保有的资产（如股权、房产）、家庭财产传承给谁、如何订立遗嘱等，由于此内容的特殊性，建议进行私人谈话。

### （三）制定财产分配与传承规划方案

### （四）定期检查和修改

财产分配与传承往往也会涉及一系列需要调整的情况，具体有：子女的出生或死亡，配偶或其他继承人的死亡，本人或亲友身患重病，家庭成员成年，遗产继承，结婚或离异，财富的变化，有关税制和遗产法的变化以及房地产的出售等。

## 三、财产分配和传承规划的常用工具

财产分配和传承规划的常用工具包含：遗嘱、人寿保险、遗嘱信托、赠予。

### （一）遗嘱

遗嘱是遗嘱人生前在法律允许的范围内，按照法律规定的方式对其遗产或其他事物做出个人处分，并于遗嘱人死亡时才发生法律效力的法律行为。

遗嘱的形式有：公证遗嘱、自书遗嘱、代书遗嘱、录音遗嘱、口头遗嘱五类。

### （二）人寿保险

客户购买人寿保险，并指定继承人为受益人情况下，在其去世时就可获得相应的保险赔偿金，由于保险金是合同提供的，因此不受客户本身的债务状况影响，但需要注意的是，人寿保险需要写明受益人，否则将按照遗产来处理。

### （三）遗嘱信托

遗嘱信托也就是委托人预先以立遗嘱方式，将财产的规划内容，包括交付信托后遗产的管理、分配、运用及给付等，详定于遗嘱中。等到遗嘱生效时，再将信托财产转移给受托人，由受托人依据信托的内容，管理处分信托财产的一种方式。

### （四）赠予

赠予是指委托人将某项财产作为礼物赠送给受益人的行为。赠予的优势在于使用通常较低的赠予税替代遗产税，其缺点在于如果委托人本身存在债务问题，则赠予资产将被追回。

## 四、财产分配与传承规划相关计算

### （一）我国财产制度

我国现行的夫妻财产关系有两类：法定夫妻财产制与约定夫妻财产制。

在法定夫妻财产制下，我国现行《婚姻法》第 17 条规定“夫妻在婚姻关系存续期间所得的下列财产，归夫妻共同所有：工资、奖金、生产经营的收益、知识产权的收益、继承或赠予所得的财产、其他应当归共同所有的财产。主要包括婚后住房补贴、住房公积金；一方以个人财产投资的收益；养老保障金、破产安置补助。”《婚姻法》第 18 条则明确夫妻一方所有的财产范围，包括：一方的婚前财产；一方因身体受到伤害获得的医疗费、残疾人生活补助费等费用；遗嘱或赠予合同中确定只归夫妻一方所有的财产；一方专用的生活用品；其他应当归一方的财产。

约定夫妻财产制指夫妻双方通过协商对婚前、婚后取得的财产的归属、处分以及在婚姻关系解除后的财产分割达成协议，并优先于法定夫妻财产制适用的夫妻财产制度，又称有契约财产制度。在约定夫妻财产制下，上述财产归各自所有、共同所有或部分各自所有部分共同所有。

### （二）财产分配与步骤和计算

财产分配与传承规划的计算步骤包含：确定个人财产、确定共同财产、确定遗产继承人及分割比例、制定遗产分配方案。

## 任务实训

### 一、任务说明

遗产传承与分配规划任务首先需要了解遗产的继承人，其次是各种遗产与价值计算，进而根据种类与金额进行分配。

### 二、任务实操

第一步，填写遗产继承人，根据要求填写遗产的继承人。见图 9－15。

图 9－15　遗传继承人

第二步，确定遗产种类与价值。

根据任务要求，将遗产进行分类，确定其价值，进而分配具体遗产给继承人。见图 9－16。

图 9　16　遗产种类与价值

第三步，制定遗产分配方案。

## 三、任务评价

实训任务评价见表 9－16。

**表 9－16　　实训任务评价表**

| 考核项目 | 考核标准 | 得分 |
|---|---|---|
| 职业素养（20 分） | 1. 按时出勤，课堂表现好（5 分） | |
| | 2. 仪容仪表规范（5 分） | |
| | 3. 具备一定的组织协调能力（5 分） | |
| | 4. 具备良好的团队合作精神（5 分） | |
| 思政建设（20 分） | 1. 具备吃苦耐劳的精神（10 分） | |
| | 2. 具备严谨科学、求真求实的学习态度和工作作风（10 分） | |
| 技能要求（60 分） | 熟悉财产分配与传承规划的定义、流程、常用工具，能熟练掌握根据继承人以及遗产的种类与价值进行遗产的合理分的能力，准确无误的将任务说明及重要提示中的信息填完整准确，不能有遗漏（60 分） | |
| 合计 | | |

## 任务小结

本任务分析了财产分配与传承规划的定义、流程、常用工具以及相关计算，需要注意要根据继承人以及遗产的种类与价值进行遗产的合理分配。

## 课后任务

**一、单项选择题**

1. 流动性比率指合适流动性资产可以满足（　　）个月的开支，说明客户资产结构流动性较好。

A. 1　　B. 3　　C. 6　　D. 9

2. 李女士在确定子女教育理财目标时，充分考虑了子女要根据大学时的家庭情况及教育金准备情况来选择是就读普通大学还是艺术院校，是在国内上学，还是在国外留学，出国留学是去公立大学还是私立大学等，这符合以下（　　）原则。

A. 理财目标的设定要切合实际，适度宽松

B. 提前规划，适量积累

C. 充分利用定期定额计划来实现子女教育基金的储蓄

D. 投资时注意以稳健投资为主，不要冒风险

3. 小王年收入为 10 万元，目前净资产 15 万元，40% 为储蓄自备款与负担房贷的上限，打算 5 年后购屋，投资报酬率 10%，贷款年限 20 年，利率以 6% 计，可负担房价为（　　）。

A. 94.5 万元　　B. 100.3 万元

C. 101.8 万元　　D. 108 万元

4. 退休养老规划中首先要考虑的问题是（　　）。

A. 家庭结构　　B. 退休年龄

C. 影响退休养老规划其他因素　　D. 预期寿命

5. （　　）是整个个人财务规划中不可缺少的部分，是为了退休后能够享受自立、尊严、高品质的生活。

A. 投资规划　　B. 退休养老规划

C. 风险管理规划　　D. 银行储蓄存款规划

**二、多项选择题**

1. 根据生命周期理论，个人工作后的生命时期包含（　　）。

A. 单身期　　B. 家庭形成期　　C. 家庭成长期

D. 家庭成熟期　　E. 退休期

2. 现金规划工具有（　　）。

A. 储蓄　　B. 货币市场基金

C. 现金　　D. 股票

3. 人身保险需求优先顺序取决于诸多因素。其中最基本的是。（　　）

A. 生命周期　　B. 收入水平　　C. 教育水平　　D. 执业风险

4. 家庭保险需求分析的步骤包括（　　）。

A. 确定家庭健康水平　　B. 确定家庭保险需求组合

C. 确定家庭保险需求优先顺序　　D. 确定保险缺口

5. 教育支出最主要的资金来源是客户自身的收入和资产，此外，教育资金来源还有（　　）。

A. 政府教育资助　　B. 奖学金

C. 工读收入　　D. 教育贷款

6. 投资规划的工作流程包含（　　）。

A. 客户财务与风险分析　　B. 客户投资需求分析

C. 投资组合建议　　D. 投资组合的管理

E. 投资方案的追溯与调整

**三、判断题**

1. 知道了身份证号就能知道此人年龄。（　　）

2. 双十原则指的是保费是年收入的10%，保障是年收入的10倍。（　　）

3. 衡量风险承受能力的常用指标有年龄、就业情况、家庭负担、置产状况、投资经验、投资知识等。（　　）

4. 按照法定继承，张明的第一顺序继承人包括他兄弟、父母和孩子。（　　）

5. 遗产分割应先清偿债务后分割遗产。（　　）

# 项目10 金融风控岗业务实务

## 学习目标

【知识目标】

1. 掌握商业银行信贷风险控制制度和流程规范；
2. 掌握商业银行风险管理章程；
3. 掌握商业银行信贷尽职调查方法；
4. 掌握信贷初审意见报告撰写；
5. 掌握不同风险类别客户业务模式识别方法；
6. 掌握商业银行信贷风险策略模型。

【能力目标】

1. 能识别信贷资料的真实性；
2. 能独立完成初审意见报告撰写工作；
3. 能熟练掌握商业银行信贷风险控制制度；
4. 能熟练掌握业务模式识别方法；
5. 能完成信贷风险策略模型调整。

【素质目标】

1. 提高学生信贷审查报告撰写能力；
2. 提高学生应对不同风险类别客户的识别能力；
3. 树立良好的金融风险管理意识。

【思政目标】

1. 提升学生细致认真、吃苦耐劳的职业精神；
2. 树立良好的职业道德操守和风险防范意识；
3. 培养严谨科学、求真求实的学习态度和工作作风。

## 课程思维导图

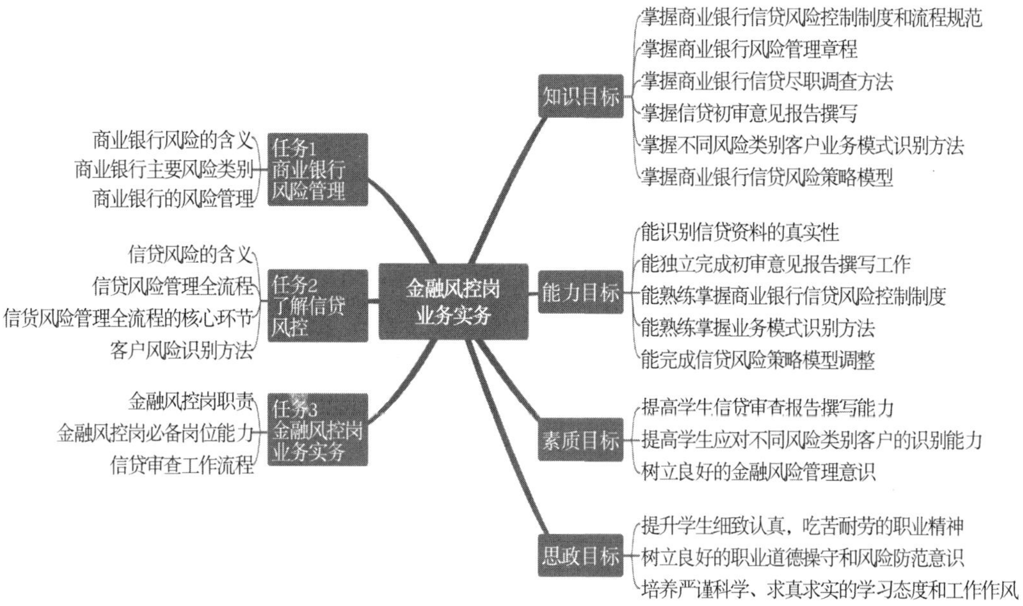


# 任务1 商业银行风险管理

## 任务要求

2023年，从美国的硅谷银行、签名银行以及加密银行巨头之一的Silvergate Capital，到欧洲“百年老店”瑞士信贷银行，欧美多家银行接连陷入严重的风险事件。银行风险管理很重要。请同学们以小组为单位，针对欧美银行风险事件进行剖析，阐述。

## 必备知识

### 一、商业银行风险的含义

#### （一）商业银行风险的定义

商业银行风险是指商业银行在经营管理过程中由于主观、客观因素影响导致资金、财产、信誉等有遭受影响的一种可能性。

#### （二）商业银行风险的特征

商业银行所面临的各类风险均会以货币资金的损失作为直接表现。这是因为从商业银行经营的对象来看，其经营的是货币资金。商业银行风险与其客户的风险紧密相连。这是因为商业银行的主要风险是来源于银行客户和交易对手的违约。

商业银行的各项业务都面临风险。一般认为，商业银行的资产和负债业务面临较大风险，实际上其中间业务也具有操作风险，日益发展的表外业务更是蕴含巨大风险。

商业银行的风险不能消失。商业银行所有的业务都面临风险，任何管理方法都不能完全消除风险。同时，风险与收益紧密相连，商业银行进行风险管理的过程也就是获取收益的过程，如果风险没有了，也就表示业务不存在了。

商业银行的风险是全员的、全过程的。商业银行的所有业务条线、所有工作环节都充满风险。同时，商业银行风险又是全员的，每一个业务人员及管理人员的失误和错误都会给其经营带来影响。

商业银行风险具有很强的传染性。由于商业银行的特殊地位和功能，当一家银行出现危机时，人们会对所有银行产生恐慌心理，纷纷退出银行业务，给银行带来流动性危机，正是因为这样，各个国家的监管部门对银行的经营安全都有很高的要求。

商业银行风险具有很强的外部负效应，由于银行与社会各界联系密切，一旦发生危机，就会很快影响其他经济体，进而影响整个经济体。

## 二、商业银行主要风险类别

银行风险种类繁多，包括信用风险、市场风险、流动性风险、操作风险、声誉风险等。

### （一）信用风险

信用风险是商业银行面临的最主要的风险之一。信用风险是指由于信用活动中存在的不确定性而导致银行遭受损失的可能性，确切地说，是因客户违约而引起的风险。比如资产业务中借款人无法偿还债务引起的资产质量恶化；负债业务中的存款人大量提取现款形成挤兑等。

信用风险产生于信用关系，在信贷业务的全流程中，都可能出现信用风险。

### （二）市场风险

商业银行市场风险是指因市场价格，即利率、汇率、股票价格和商品价格的不利变动而造成银行资产负债表业务损失。市场风险是最常见的风险之一，通常是由银行资产的价格变化而产生的。市场风险一般又可分为利率风险、汇率风险等。

### （三）流动性风险

商业银行的流动性是指银行能够随时满足存款者的提现需求和借款者的正当贷款需求的能力，包括资产的流动性和负债的流动性。前者指的是商业银行在资产不蒙受损失的情况下迅速变现的能力，后者指的是商业银行能以较低的筹资成本随时获得所需资金的能力。

### （四）操作风险

根据巴塞尔委员会的定义，操作风险是指由于内部程序、人员、系统不充足或者运行失当，以及因为外部事件的冲击等导致直接或间接损失的可能性的风险。随着银行经营趋于综合化，复杂金融交易工具的普遍使用，金融创新日益频繁，银行操作风险有不断增大的趋势。

### （五）声誉风险

声誉风险是指由商业银行经营、管理及其他行为或外部事件导致利益相关方对商业银行负面评价的风险。和其他风险不同，声誉风险难以预测，并且难以与其他风险分割进行独立处理。商业银行面对任何影响自身声誉的风险时，应及时做出处理，在日常经营时注重提高信息透明度，增强客户和公众对银行的信赖感。

### （六）其他风险

商业银行风险还包括国别风险、银行账户利率风险、战略风险、信息科技风险以及其他风险等。商业银行建立全面的风险管理体系，应当充分考虑各类风险之间的关联性，审慎评估风险之间的互相影响。

## 三、商业银行的风险管理

### （一）风险管理的基本概念

风险管理是指商业银行通过风险识别、风险估价、风险评估、风险处理等环节，预防、回避、分散或转移经营中的风险，从而减少或避免损失，保证银行安全的行为过程。

### （二）风险管理的主要流程

商业银行风险管理部门承担了风险识别、风险计算、风险监测的重要职责，而各级风险管理委员会承担风险控制、管理决策的最终责任。

**1. 风险识别**

适时、准确地识别风险是风险管理的最基本要求，风险识别应在银行未对发生的风险采取任何措施之前进行。风险识别包括感知风险和分析风险两个环节。感知风险是通过系统化的方法发现商业银行所面临的风险种类、性质；分析风险是深入理解各种风险内在的风险因素。

制作风险清单是商业银行识别风险的最基本，最常用的方法。此外，常用的风险识别方法还有。专家调查列举法、资产财务状况分析法，情景分析法，分解分析法和失误树分析法。

**2. 风险计量**

风险计量是全面风险管理、资本监管和经济资本配置得以有效实施的基础。准确的风险计量结果是建立在卓越的风险模型基础上的，商业银行应当根据不同的业务性质、规模和复杂程度，对不同类别的风险选择适当的计量方法，基于合理的假设前提和参数，计量承担的所有风险。

**3. 风险监测**

风险监测包括两方面：一是监测各种可量化的关键风险指标以及不可量化的风险因素的变化和发展趋势；二是及时报告商业银行所有风险的定性和定量评估结果，并随时关注所采取的风险管理措施的实施效果。

**4. 风险控制**

风险控制就是对经过识别和计量的风险采取分散、对冲、转移、规避和补偿等措施，进行有效管理和控制的过程。风险控制措施应当实现以下目标：一是风险管理战略和策略符合经营目标的要求。二是所采取的具体措施符合风险管理战略和策略的要求，并在考虑成本与收益的基础上保持有效性。三是通过对风险诱因的分析，发现管理中存在的问题，以完善风险管理程序。

按照国际实践，在日常风险管理操作中，具体的风险控制措施可以采取从基层业务单位到业务领域风险管理委员会，最终到达高级管理层的三级管理方式。

### （三）商业银行风险管理组织架构

在商业银行组织架构中，各部门及岗位人员的职责：

董事会及最高风险管理委员会：拟定风险管理政策、指导原则；保持与风险管理部门、业务部门、信息技术部门联系，获取信息；定期对所有单位及整体风险状态评估。

监事会：内部尽职监督；财务监督；内部控制监督。

高级管理层：执行管理政策；制定程序和规程；了解风险状况；配备资源；建立业务档案。

风险管理部门：掌握整体市场信用操作风险状况；协助财务控制人员进行价格评估；核准金融产品风险定价；监控各类风险限额。

财务部门：提供重要信息协助完成监管报告；合理进行风险资本储备和经济资本分配；衡量风险调整后收益率。

内审部门：审评机构运营业绩和管理人员履职；风险相关资本评估系统的情况；会计记录和财务报告的准确性和可靠性；信息系统规划设计、开发、运行、管理维护情况；风险识别、计量、监测、控制的有效性适用性；内部控制健全性和有效性；经营合规情况。

法律合规部门：参与产品研发提供合规支持；参与商业银行流程再造；关注监管新动向；开展合规培训教育；协助制定法规政策。

外部监督机构：监督董事会和高级管理层对风险是否有效监督；是否制定有效政策措施管理业务；风险识别、计量、监测和控制系统是否有效；内控机制和审计能否及时识别内控缺陷。

### （四）风险管理基本原则

根据《银行业金融机构全面风险管理指引》中的规定，商业银行风险管理应当遵循四条基本原则：匹配性原则、全覆盖原则、独立性原则、有效性原则。

### （五）风险管理的主要策略

商业银行风险管理的主要策略包括风险预防、风险回避、风险分散、风险转嫁和风险补偿。

**1. 风险预防**

风险预防是商业银行采取各种预防措施来防范可能发生的风险。如向中央银行缴纳法定存款准备金、提取贷款损失准备金和呆账准备金、保持充足的资本金比率、加强内部管理等。

**2. 风险回避**

风险回避是商业银行对一些明显存在风险的业务采取回避的方式，主动放弃某些高风险或银行不了解且没有把握的业务。例如，商业银行回避一些风险较大、难以收回的货款。

**3. 风险分散**

风险分散是商业银行通过多元化的投资组合来避免风险过于集中的方式，即银行选取不同种类且彼此关联程度较小的资产进行组合以降低组合资产的风险，做到“不把鸡蛋放在一个篮子里”。如商业银行避免将大额资金发放给同一客户或投资于某一项有价证券。

**4. 风险转嫁**

风险转嫁是指银行通过使用某些合法的交易方式和业务手段，将可能发生风险的全部或部分转移给他人承担，以保证其自身资金安全的行为。例如，将风险资产转售给他人、发放担保贷款、购买保险等。

**5. 风险补偿**

前面所涉及的几种风险管理策略都是事前措施，只能尽量防范和减少风险，但无法避免风险的发生，这也需要商业银行使用事后措施去控制风险。风险补偿是商业银行利用资本、利润、担保品处理收入等资金来补偿其所遭受的损失。如依法处置抵押品或质押品、按规定比例提取各种损失准备金（贷款损失准备金和证券损失准备金等）、保持充足的资本金比率等。

# 任务实训

## 一、任务说明

将学生分成若干小组，以组为单位并设置组长，搜寻银行风险管理案例（正反面均可）谈启发，例如分析2023年美国硅谷银行破产的原因及影响，尤其关注银行风险管理状况。

## 二、任务评价

实训任务评价见表 10－1。

表 10－1　实训任务评价表

| 考核项目 | 考核标准 | 得分 |
|---|---|---|
| 职业素养（20 分） | 1. 按时出勤，课堂表现好（5 分） | |
| | 2. 仪容仪表规范（5 分） | |
| | 3. 具备一定的组织协调能力（5 分） | |
| | 4. 具备良好的团队合作精神（5 分） | |
| 思政建设（20 分） | 1. 具备吃苦耐劳的精神（10 分） | |
| | 2. 具备严谨科学、求真求实的学习态度和工作作风（10 分） | |
| 技能要求（60 分） | 熟悉商业银行风险的基本概念，掌握商业银行风险管理流程，具备风险识别和风险管理意识（60 分） | |
| 合计 | | |

### 任务小结

本任务帮助同学们了解了商业银行风险及商业银行风险管理知识，掌握金融风控人员在审核信贷业务的工作中所需要的专业知识和素养。

# 任务 2　了解信贷风控

### 任务要求

请各小组同学调研分析现有我国银行基本情况并学习了解现有信贷模式的优缺点，能够准确分析现有信贷模式的运行机制。

### 必备知识

## 一、信贷风险的含义

信贷风险的含义有广义和狭义两大类。广义的信贷风险是指商业银行在各种信贷业务经营活动，因为事先不可预测的不确定性的影响在未来或实际情况改变不符合预期，导致实际收益和预期收益的差异，引起商业银行利润或经济产生损失，失去了获取额外收入的可能性。狭义的银行信贷风险是指商业银行信贷资产由某些客观或主观因素的变化而造成的损失，最终甚至可能导致整个银行信贷资产价值的贬值，借款人由于各种原因不能按时偿还贷款的，造成商业银行可能产生经济损失或者声誉损失。

## 二、信贷风险管理全流程

### （一）传统信贷风险管理

信贷风险管理全流程涵盖信贷运行的整个流程，包括贷前、贷中和贷后的各个环节，主要作用对象是信贷运行的三个基本要素，通过对这些基本要素的管理，达到有效控制风险的目的。

一是对银行员工及其行为管理。员工是信贷作业的主体，也是风险管理的重点对象。信贷业务操作中既要避免出现道德风险，也要防止发生能力风险，需要在员工履职水平、执行能力、专业水准三方面实施有效管理，使信贷人员的规范操作意识和能力符合信贷风险管理的要求。

二是对借款人的管理。首先是对借款人作为社会人主要特征的衡量，对照信贷条件，从人品、能力、修养、操守等各方面予以全面评价，从源头把控准入风险；其次是对借款人经济行为的管理，保持对其经营管理活动的持续观察，从有利于信贷资产安全的角度对借款人的不当行为予以约束和规范；再次是对借款人担保物的动态估值和管理，对担保人和押品的变化予以持续关注，确保担保足值、合法、有效。

三是对资金的管理。跟踪信贷资金的流向、流量，加强对资金用途的贷后监管，使信贷资金使用符合法律规定，符合监管要求，符合贷款人利益。

### （二）金融科技赋能信贷风险管理

2021年12月，中国人民银行发布《金融科技发展规划（2022年~2025年)》，规划指出加快金融机构数字化转型、强化金融科技审慎监管为主线。显然，数据已成为金融企业最重要的生产要素和战略资本，而不良贷款率高是银行面临的严峻挑战。大数据等先进技术将融入银行信贷的贷前、贷中、贷后三个环节风险防控，提高银行风控能力。

**1. 贷前风险评估**

在客户申请信贷时，金融科技赋能代替人工审核对客户资信状况进行评估，提高审批效率。系统对企业和个人的基础信息、账户信息、征信情况、个人学历、个人资产、电商交易等数据进行全面的审核及调查。对申领人、保证人的资信情况做出综合分析和评估。根据其资信情况和评估结果进行授信审查，结合欺诈侦测模型和征信审批模型。通过分析信贷申请人可能存在的风险，实现潜在的欺诈客户自动筛选识别，降低银行信贷风险。对客户风险进行甄别及审核后，按照不同的风险等级，银行可以选择拒绝贷款或设置不同的贷款额度等。

**2. 贷中检测预警**

贷中检测通过交易监测系统对客户行为进行跟踪监测，分析客户及贷款项目的财务、信用等情况，更新个人画像或企业画像。个人画像包括客户基本信息、信用属性、社保数据、人物关系图、产品持有动作、资产构成变迁、交易行为动作、交易行为分类、航空铁路等出行信息、外部风险名单（诉讼名单、黑名单、处分名单、被执行人名单）、多头借贷、联系人风险等信息。企业画像可以从“人、企、链、图”四个维度刻画。“人”包含企业主风险、董监高风险、人事招聘情况和薪酬发放等信息；“企”包含企业资产负债、经营流水、税务、征信等信息；“链”包括企业上下游供应链客户，汇聚了客户日常之间的交易信息；“图”则整合企业投融资关系、担保关系、贸易关系等，构建了多维异构的企业关系图谱。

通过对客户画像的监控，发现隐患及时预警，为银行采取额度调整、利率调整、止付等措施提供依据。同时，资产分类可以联动调整，客户风险等级不仅与自身交易行为、资信状况相关，而且与其关系网络中其他客户的资信状况息息相关。

**3. 贷后款项催收**

贷后管理通过建立逾期催收管理模型，对信贷客户进行分类，包括正常类（正常 +、正常和正常 -）、关注类（关注 +、关注、关注 -）、次级类（次级 + 和次级 -）、可疑类和损失类。

不同类别客户按照其互联网行为偏好、逾期金额、逾期天数、征信状况、位置变动等信息可采取不同的催收方式，如电话、短信、上门催收、移交律所、外包公司等。

此外，对不良贷款进行归因分析，通过授信复评对智能风控模型进行不断修正和优化，为日后信贷业务的开展提供更多经验性支持。

### （三）信贷风险管理全流程的核心环节

从信贷的实际业务场景中来看，贷款准入管理、抵质押品管理、授信执行管理、贷款资金管理、到期收回管理是信贷全流程风险管理的五个核心环节，这五个环节紧密联系、互为依托。

**1. 贷款准入管理**

贷款准入管理是信贷对象的“筛选器”。贷款准入管理是商业银行在信贷审批前，按照自身的发展战略和经营定位，对有贷款需求的客户和项目进行初选、评估、立项等前期准备工作。贷款准入管理直接决定什么样的客户和项目能够获得银行的信贷资源，其既是信贷流程的起始环节，也是信贷风险防控的第一道防线。贷款准入管理的目标是从源头上控制风险，对不符合准入条件的客户，无论面临多大的压力，都要敢于说不；对基本符合准入条件的客户要多方审视，慎之又慎；对符合准入条件、各项指标优秀的客户和项目，要尽可能优先受理。

**2. 抵质押品管理**

抵质押品管理是客户风险的“缓冲器”。抵质押品作为银行贷款的第二还款来源，是第一还款来源的重要补充。抵质押品管理从强化第二还款来源管理着手，对抵质押品分类、价值评估、抵（质）押担保设立与变更、押品和权属证书保管、押品返还与处置等环节实施针对性管理，为银行债权提供有效的安全保障。

**3. 授信执行管理**

授信执行管理是信贷运行的“控制器”。授信执行管理是商业银行基于信贷决策与执行相统一的要求，在信贷业务审批通过直至以非清收处置方式收回信贷资金本息的信贷运行过程中，对借款合同签订、履行用信条件、资金支付审核、资金支付方式等环节进行监督和控制，是从执行层面确保信贷审批方案有效落实的重要手段。

**4. 贷款资金管理**

贷款资金管理是资金流动的“监测器”。贷款资金管理是商业银行采取账户监管的手段，对客户获得贷款以后的资金流向和用途等情况进行跟踪监测，通过及时准确地掌握贷款资金的运动轨迹，对客户风险提前进行识别和判断，这是降低银行资金损失风险的有效手段。

**5. 到期收回管理**

到期回收管理是贷款资金的“回收器”。贷款到期收回是一个完整的信贷业务循环周期实现完美收官的关键环节，也是商业银行信贷资金价值创造的兑现阶段。贷款到期收回管理通过对到期信贷业务的资金回收方式、抵质押关系处理、贷款展期或周转等信贷事项进行规范处理，既能够有效减少银行资金沉淀、防止不良贷款产生，又能够保证信贷资金在取得经营收益的基础上再次投入新的信贷循环周期。

### （四）客户风险识别方法

做好信贷审批工作，识别客户的风险是最基础的工作，识别水平的高低在一定意义上决定了信贷审批质量的高低。通过经营管理分析公司类客户主要的日常活动，深入探索研究客户风险识别路径，有助于商业银行在贷款审批中有效规避风险。

公司经营活动体现了企业的基本生命特征，公司财务报表能够以自己特有的方式全面展示企业的生产经营情况，是反映企业生产经营活动的特殊语言，因此读懂企业财务报表，往往是信贷审批工作的重点切入口。

**1. 通过分析货币资金识别风险**

货币资金代表了企业的短期偿债能力特别是瞬间支付能力，合理的货币资金余额体现了企业经营的稳健性特征。企业货币资金的多少应与企业的销售收入、待清偿债务相匹配，即应保持合理的余额，过多或过少都是不正常现象。例如一些企业报表反映的货币资金十分充裕，但是这些资金绝大部分被关联企业占用，实际上企业并没有这么多的货币资金可供支配。此外还需注意，个别财务管理不规范的客户，因为存在民间融资，实行两套账目，部分资金参与体外循环，所以虽然报表反映的货币资金与销售收入、待清偿债务相匹配，但实际已资不抵债。

**2. 通过分析应收账款识别风险**

如果应收账款增长幅度超过销售收入增长幅度，且一年以上应收账款部分占比较高，就意味着企业的利润没有现金流支撑，实现的利润不是真实的，可能引发企业财务资金链断裂问题。

**3. 通过分析存货识别风险**

如果公司大量囤积原材料或产品，有可能因市场价格急剧波动导致巨额损失。比如某纺织企业因为大量囤积棉花而蒙受巨额损失，银行信贷人员需要留心。

**4. 通过所有者权益识别风险**

观察企业的净资产，主要是评估其真实性。最常见的问题是虚增净资产，其目的无非是欺骗金融机构或沽名钓誉。客户虚增净资产的手段主要有四种：一是企业为骗取银行贷款而刻意虚增资产和利润，通过各种方式来粉饰报表。二是通过资产评估溢价，虚增净资产。三是对收购中资产公允价值的确定采用重置成本法而不用收益现值法，往往会带来虚增资产的问题。四是不按规定提取固定资产折旧，刻意压低经营成本，虚增客户利润。

**5. 通过分析现金流识别风险**

企业的经营现金流代表的是企业造血能力，银行信贷人员应重点看企业的经营净现金流量与企业当年的销售收入、净利润联系起来是否合理，如果出现异常现象应及时了解经营净现金流量过多或过少的原因，识别企业的经营风险点；对于企业投资净现金流量，银行要重点看企业的投资对象是什么，是不是存在不合理的问题，投资的规模是否超过其自身的承受能力，有没有“小马拉大车”“蛇吞象”的嫌疑，对企业的资金财务产生的影响是什么；对于筹资现金流，要注意评估企业获取股东投资和金融机构融资的能力，是否有金融机构大量退出的现象。

## 任务实训

### 一、任务说明

将学生分成若干小组，以组为单位并设置组长，自主选择银行等金融机构，分析其信贷风控方案，了解数字技术赋能下信贷风控新趋势，进行 PPT 汇报展示。

### 二、任务评价

实训任务评价见表 10 – 2。

表 10－2　实训任务评价表

| 考核项目 | 考核标准 | 得分 |
|---|---|---|
| 职业素养（20 分） | 1. 按时出勤，课堂表现好（5 分） | |
| | 2. 仪容仪表规范（5 分） | |
| | 3. 具备一定的组织协调能力（5 分） | |
| | 4. 具备良好的团队合作精神（5 分） | |
| 思政建设（20 分） | 1. 具备吃苦耐劳的精神（10 分） | |
| | 2. 具备严谨科学、求真求实的学习态度和工作作风（10 分） | |
| 技能要求（60 分） | 熟悉信贷风险管理全流程，能熟练掌握贷前尽职调查报告内容（60 分） | |
| 合计 | | |

## 任务小结

本任务介绍了信贷风险含义及信贷风险管理流程和识别办法，帮助同学们了解了金融风控人员在审核信贷业务的工作中所需要的专业知识和素养。在掌握理论知识的前提下，可以通过小组讨论、自主学习的方式掌握银行金融风控人员相关的信贷风控知识和综合素质要求。

# 任务 3　金融风控岗业务实务

## 任务要求

请同学们登录金融风控岗实训平台（见图 10－1）完成金融风控岗环节实训任务，了解风控审核、贷后产品管理工作环节。

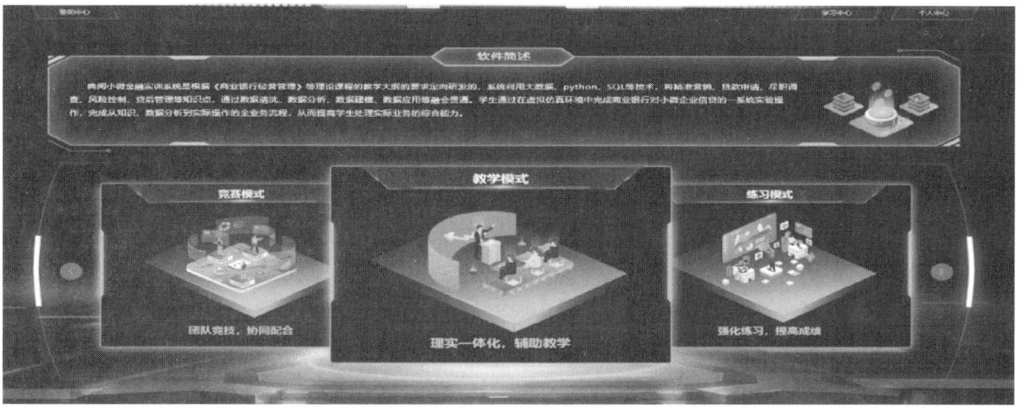


图 10－1　金融风控岗登录界面

## 必备知识

### 一、金融风控岗职责

金融风控岗的重要性主要表现在审核识别信贷业务风险，为公司的资产业务发展保驾护航。

具体而言，金融风控岗的岗位职责主要包括以下内容：

审核借款或其他金融业务申请人资料是否齐全和真实，以及金融业务的真实情况，出具初审意见。

协助处理商户风险相关的审核需求，对不同风险类型商户业务模式识别和分析，推动策略模型优化，为系统开发工程师提供基础数据。

从业务角度出发，针对业务流程、工作流程，独立完成工作并对审核工作中的要点提出合理化建议。

高效及时收集、梳理、反馈商户异常数据，跟进处理结果。

负责对业务操作中可能出现的风险点进行提示。

### 二、金融风控岗必备岗位能力

专业知识能力：熟悉贷款申请资料清单及真实性审核方法、不同风险类别客户业务模式识别方法和风险策略模型、风险管理章程。

风险管理能力：能独立出具初审意见报告。

数据分析能力：收集和分析商户异常数据。

业务流程操作能力：熟悉风险审核操作流程。

### 三、信贷审查工作流程

审查人员的工作主要包括：一是在权限内审查各类授信、用信事项以及对需要呈报上级行的业务进行初审，确保业务合法合规、风险可控、综合收益适当，要充分揭示风险，并提出具有针对性和操作性的风险控制措施建议。二是对业务涉及的行业进行持续监测和分析，撰写行业分析报告，确保信贷策略、准入标准符合行业发展，信审的行业分析属于买方分析，重结论不重形式。三是对审查过的个别信贷项目回访，市场调研，确保审查条件符合产业特性、客户需求和同业竞争形势。四是对下级行信贷事项开展解答释疑、培训指导，提升下级行业务能力。

调查工作做得扎实，审查的风险就小得多。审查的工作表现为在办公室翻资料，但是在翻资料之前首先要思考：这些资料是如何报来的？是哪些经办人员收集的？该调查人员工作能力如何？诚信度如何？收集的方法和渠道是什么？第一次报审还是再次报审？老客户还是新客户？当这些问题搞清楚以后，才不会犯方向性错误。如果说调查报告是调查工作的结果，那么调查工作的过程就是调查程序，审查工作首先就是对前期调查工作的程序进行审查，然后再审查报告内容。

### （一）调查程序审查

调查程序审查就是判断调查人员是否按照规定的程序开展调查工作。主要涉及以下几方面：对于新增客户、增量授信业务，是否至少有两名信贷人员参与调查；对于大额贷款、集团客户，大型项目，是否有多个条线和部门组成联合调查组进行调查；对于专业性较强的项目，是否有第三方专家参与。通过询问，比对两名参与调查人员对同一调查内容的表述是否一致？表述与调查报告是否一致？表述与客户原始资料是否一致？调查报告内容是否与客户撰写的资料（例如项目贷款中的可行性研究报告、企业简介等）完全雷同？是否属于简单粘贴复制？是否对生产经营情况、抵押物现状没有详细表述或者表述不清？这些情况不到现场是编不出来的。审查人员可以调阅借款申请、调查报告、面谈记录、员工考勤记录等，查看多份面谈记录内容是否雷同，侧面了解调查人员在调查、面谈期间是否休假、外出培训或参加会议；客户资料复印件上“与原件核对一致”签名与调查人员是否一致。

### （二）贷前调查资料的检查

调查程序审查没有问题后，接着对贷前调查收集的资料进行初步检查，注意是否完整、是否真实、是否有效。完整性主要是对照资料目录，查看有无资料缺失。资料的有效性，前面也提到过了，就是关注各种证照的有效期。资料的真实性只能做到“未发现虚假”，对表面上的真实性和合理性要进行审查。剩下的就是让借款人对所提供资料的真实性、完整性、有效性进行书面承诺，实地调查人员在资料复印件上加盖“与原件核对相符”章并签字确认。贷前调查合规性审查不过关，就需要补充调查或者补充资料。

### （三）审查调查报告

审核调查报告是否规范、真实，主要包括：一是调查报告内容是否完整。调查报告载入的内容要关注，调查报告应该包括却没有包括的就更要关注。二是报告前后内容要一致，财务数据不能出现错误。三是风险揭示要全面，提出有效的风险缓释和防范措施，并有事实和相关数据充分支撑。四是调查人员要对调查情况进行综合分析并提出明确的调查意见和结论，调查结论不能存在歧义、表述不全、模棱两可，包含“经领导同意”“为了……”等，这些词往往暗示调查结论不独立、不客观。

### （四）对客户的实质性审查

最终要对客户的实质性进行审查，是好客户还是坏客户？如何评价？主体、财务、经营、担保、授信方案，逐一审查，方法与贷前调查时基本一致，每个方面都有具体的细节，贷前报告中一般都会有描述，所以在审查流程中可以更加精练，更加侧重风险，提炼风险点和风控措施。信贷决策是个复杂的思维过程，不是一项不合格就否定，一部分指标优秀，一部分差，如何决策？有硬伤的肯定不行，有弹性的就要靠经验判断。随着机器学习的运用，自动化审查应该会替代大部分审查人员的工作。

### （五）形成审查报告

审查完毕以后，要形成审查报告，其基本要求是内容完整、规范，结论客观、明确。审查报告更应该如实反映重要资料、数据的瑕疵，不能隐瞒审查发现的重大问题和风险。信贷审查报告应当包括以下几方面的内容：申请人情况、项目基本情况、经营分析、财务分析、授信方案分析、风险分析、审查结论，核心是审查意见。

# 任务实训

## 一、任务说明

金融风控岗审核环节需要完成贷款风控审批、贷后产品管理等工作。要按步骤开启任务并完成业务流程操作。

## 二、任务实操

第一步，根据准入条件对贷款申请进行筛选，贷款申请准入清洗结果。见图10－2。

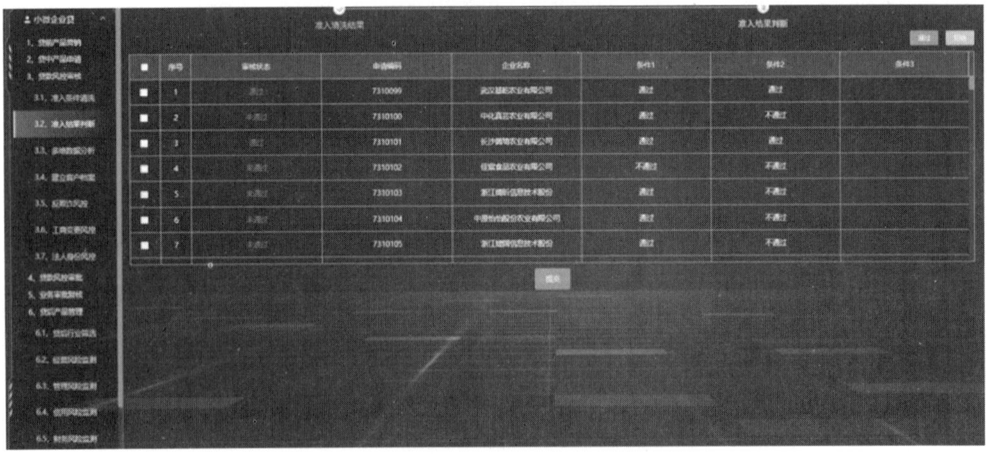

图10－2　贷款申请准入清洗结果

第二步，通过外部API调取企业的工商数据、司法数据、税务数据、海关数据。见图10－3。

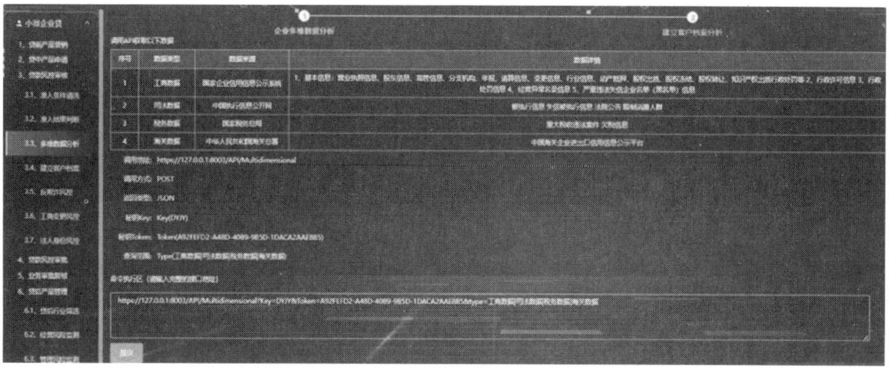


图 10－3　企业工商、司法、税务、海关数据调取

第三步，建立贷款申请企业信息档案。

第四步，进行企业反欺诈风控，企业反欺诈风控模型筛选结果。见图 10－4。

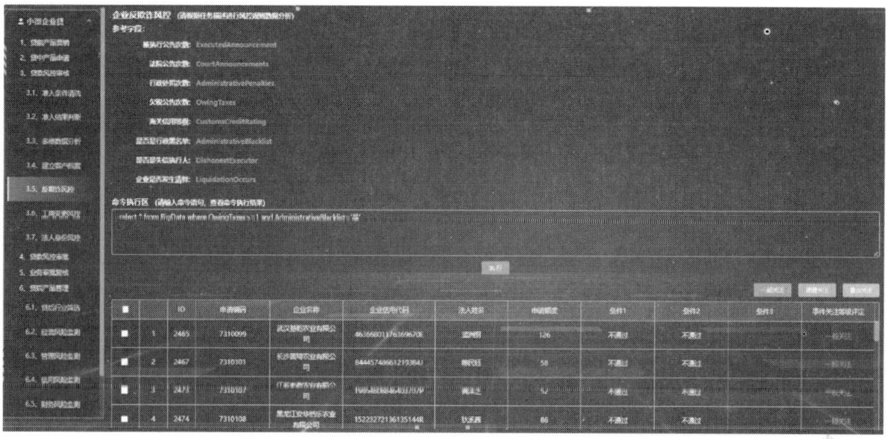


图 10－4　企业反欺诈风控模型筛选结果

第五步，工商变更风控、法人身份风控筛查，企业工商变更风控模型筛选结果。见图 10－5。

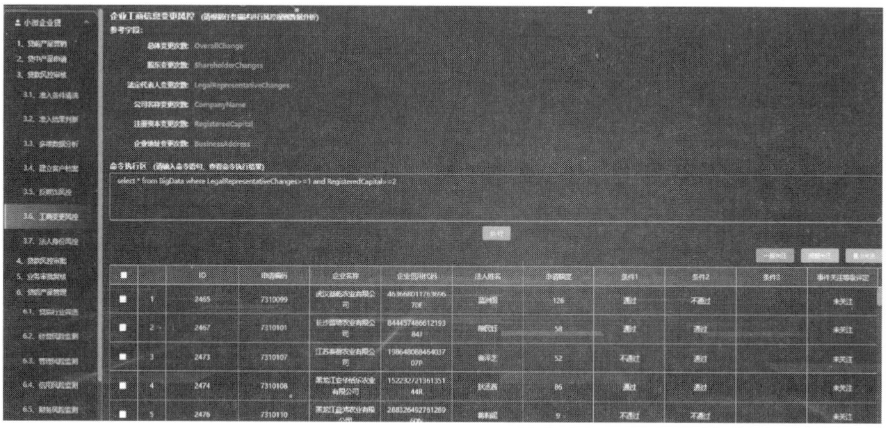


图 10－5　企业工商变更风控模型筛选结果

第六步，获取风险策略模型筛选贷款申请企业名。见图 10-6。

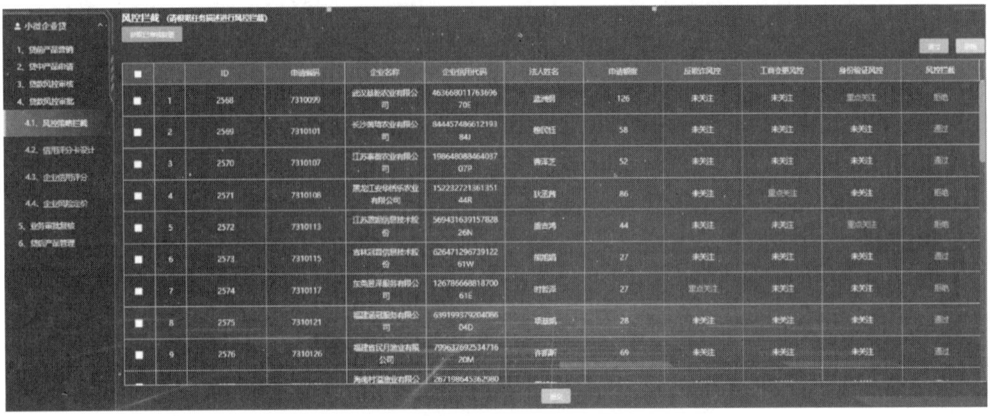

图 10-6　风险策略模型筛选贷款申请企业名单

第七步，设计信用评分卡分值，获取企业信用评分。见图10-7。

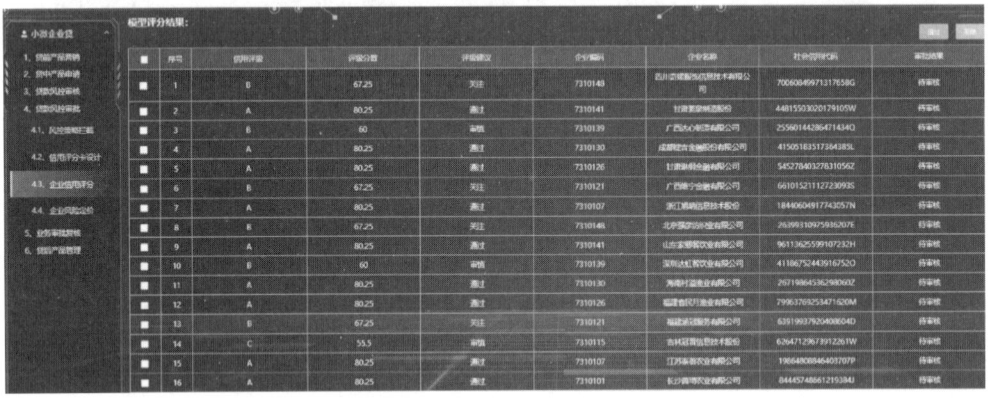

图 10-7　企业信用评分卡模型评分结果

第八步，制定风险定价策略，获取企业贷款定价清单。见图 10-8。

图 10-8　企业贷款定价清单

第九步，贷后行业筛选。

第十步，分别对贷后企业经营风险、管理风险、信用风险、财务风险进行监测。

第十一步，风险指标预警，贷后风险指标预警结果。见图 10－9。

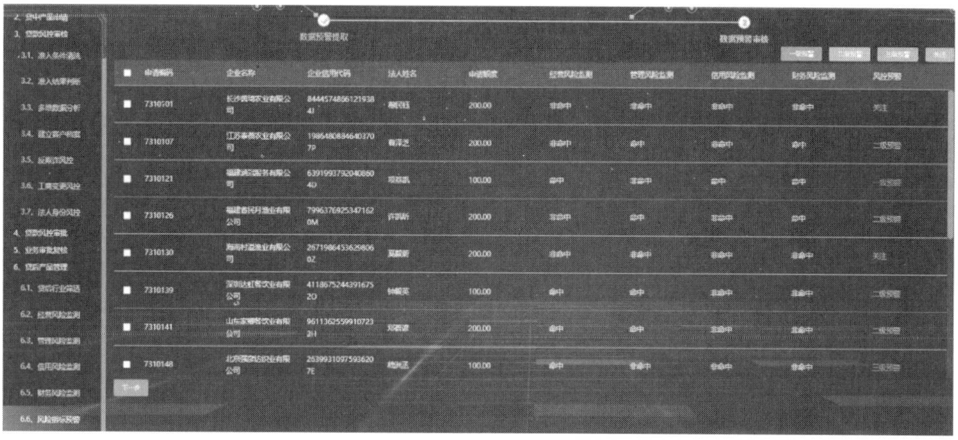

图 10－9 贷后风险指标预警结果

第十二步，对企业贷后风险进行管理。

## 三、实训评价

实训任务评价见表 10－3。

表 10－3 实训任务评价表

| 考核项目 | 考核标准 | 得分 |
|---|---|---|
| 职业素养（20 分） | 1. 按时出勤，课堂表现好（5 分） | |
| | 2. 仪容仪表规范（5 分） | |
| | 3. 具备一定的组织协调能力（5 分） | |
| | 4. 具备良好的团队合作精神（5 分） | |
| 思政建设（20 分） | 1. 具备吃苦耐劳的精神（10 分） | |
| | 2. 具备严谨科学、求真求实的学习态度和工作作风（10 分） | |
| 技能要求（60 分） | 熟悉信贷风控审核的基本原则，能熟练掌握金融风控人员审核信贷业务的实操流程（60 分） | |
| 合计 | | |

## 任务小结

本任务帮助同学们了解了金融风控人员审核信贷业务的工作流程及该环节所需要的专业知识和素养，课后同学们在掌握理论知识的前提下，掌握贷款风控审批、贷后产品管理等审核信贷业务流程。

## 课后任务

### 一、单项选择题

贷前调查资料上的调查人与客户面谈期间正处于休假期间，风控人员对于该笔业务进行审核时应该（　　）。

A. 退回，不予审批通过　　B. 询问调查人员是否签错署名

C. 小问题，不用关注　　D. 直接审批通过

### 二、多项选择题

1. 商业银行主要风险种类包括（　　）。

A. 市场风险　　B. 信用风险　　C. 操作风险

D. 声誉风险　　E. 流动性风险

2. 商业银行风险管理的主要策略包括（　　）。

A. 风险回避　　B. 风险预防　　C. 风险分散　　D. 风险转嫁

3. 信贷风险管理全流程的核心环节包括哪些（　　）。

A. 贷款准入管理　　B. 抵质押品管理

C. 授信执行管理　　D. 贷款资金管理

E. 到期收回管理

4. 贷后风险管理措施有哪些（　　）。

A. 下调评级　　B. 额度调整　　C. 追加担保　　D. 暂停放贷

# 项目11 金融客服岗业务实务

## 学习目标

【知识目标】

1. 掌握金融客户服务礼仪；
2. 掌握金融客服与客户有效沟通的技巧；
3. 掌握金融客服应对客户投诉的处理方式；
4. 掌握金融服务营销方法；
5. 掌握金融客服心理调节技巧；
6. 掌握客户信息采集与需求分析方法。

【能力目标】

1. 能与客户进行有效沟通；
2. 能完成营销转介绍业务受理等工作；
3. 能熟练处理客户投诉；
4. 能熟练收集客户信息并提炼出客户需求；
5. 能完成自我心理调节。

【素质目标】

1. 提高学生沟通交流能力；
2. 提高学生应对异常工作环境的能力；
3. 树立良好的客户服务意识。

【思政目标】

1. 提升学生吃苦耐劳的劳模精神；
2. 树立良好的职业道德操守和爱岗敬业意识；
3. 培养严谨科学、求真求实的学习态度和工作作风。

## 课程思维导图

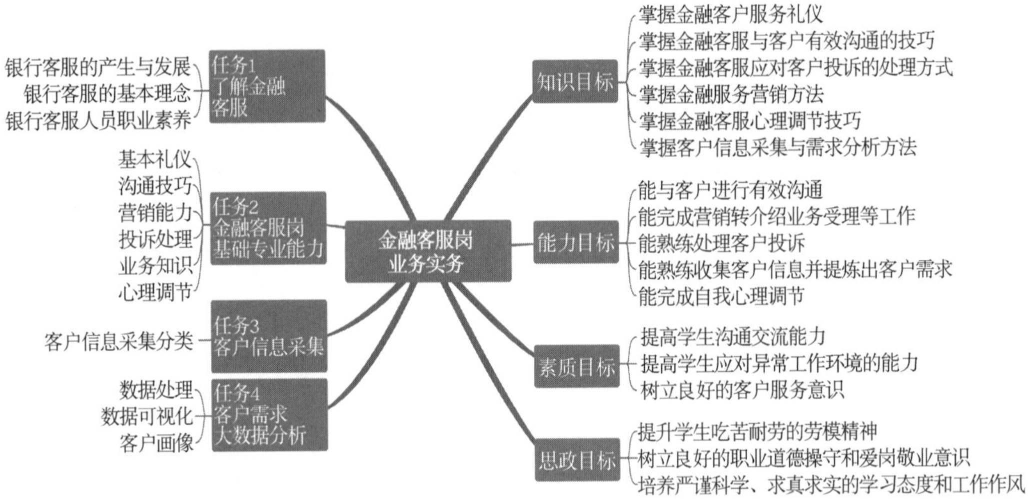


# 任务1　了解金融客服

## 任务要求

通过本环节内容学习，了解银行客服的产生与发展、服务理念以及金融客服人员的岗位职责、工作内容。小组间 PK，互相扮演客户，根据金融客户岗位同学实际表现进行评价。培养学生具备金融客服的职业素养和能力。

## 必备知识

### 一、银行客服的产生与发展

#### （一）客服中心的含义

银行客服中心是通过电话、手机、传真、视频、网络等多媒体，以自动、人工语音、网络等多种方式为客户提供咨询、交易、交叉销售等售前售后综合化服务的联络中心。

#### （二）客服的发展历程

中国银行业的发展正迈入智能银行时代，客户服务中心作为业务流程和服务模式转型的前沿部门，正在向 4.0 全职能智能化模式转变。从最初的银行客服 1.0 时代到如今的银行客服 4.0 时代，人工智能、大数据、云计算等新兴技术正在推动着商业银行的客服中心发生内在变革。

在最初的银行客服1.0时代，商业银行基本是依托传统的呼叫中心来服务客户，即电话客服。到了银行客服2.0时代，商业银行开始借助呼叫中心IVR、基于移动互联网的人工在线等方式服务客户。对于客服常见问题，不再需要人工服务，而是通过系统语音播放、DTMF（双音多频）按键交互解决。到了银行客服3.0时代，商业银行客服中心开始向数字营销、移动服务的方向发展，通过引入智能客服来服务客户。而到了如今的银行客服4.0时代，商业银行借助人工智能、大数据、云计算等新兴技术，通过智能机器人来实现全天24小时的无间断客户服务工作。并且通过大数据分析来塑造客户画像，从而实现精准营销，覆盖业务类型更是达到全智能业务联动。

### （三）客服中心转型——远程银行

伴随大数据、人工智能、云计算等新兴互联网技术蓬勃发展以及普惠金融理念下，对于银行服务渠道多元融通的需求，新一代远程银行成为传统客户服务中心的必然发展趋势。2019年11月21日，中国银行业协会发布了银行业第一个远程银行标准，将远程银行定义为“单独组建或由客户服务中心转型而成，具有阻止和运营银行业务职能，借助现代化科技手段，通过远程方式开展客户服务、客户经营的综合金融服务中心”。客户服务中心向远程银行转型后，可以加强金融科技赋能，实现银行远程服务、线下网点运营相结合以及数字化的营销管理，为广大客户提供普惠、智能、安全、便利、综合化的服务体验。

## 二、银行客服的基本理念

银行客户服务工作主要是指以满足银行客户需求为日的，以客户满意为导向，为客户提供优质、便捷、安全以及匹配的金融产品和服务。银行客服既需要满足现有客户的服务体验要求，也要对潜在客户拓展经营，获客活客，创造营销价值。

## 三、银行客服人员职业素养

### （一）客服岗位职责

银行客服人员的主要职责就是根据客户需求提供服务，具体包括银行业务咨询、线上业务处理、投诉纠纷处理、维护客户关系、营销推介以及采集客户信息并进行客户画像等。现代客服不再局限于接打电话，而是通过电话、视频、网络等多媒介为客户提供全方位综合性的服务。

### （二）客服素质要求

**1. 业务技能要求**

（1）银行客服从业人员需要具备丰富的业务知识及法律法规知识储备。

（2）银行客服从业人员需要具备良好的沟通和表达能力，善于倾听客户需求。

（3）银行客服从业人员需要具备随机应变的能力，能够根据客户具体情况灵活处理。

（4）银行客服从业人员需要具备主动营销的能力，掌握相应的营销技巧。

（5）银行客服从业人员需要具备基本的信息采集和数据分析能力。客服代表在服务过程中需要将所获取的客户信息进行采集记录，事中或事后进行分析画像，充实客户信息资源。

**2. 素质修养要求**

（1）银行客服从业人员需要保持心态积极乐观，这一岗位经常需要处理投诉抱怨等情况，面对情绪激动的客户，需要有较高的心理素质才能安抚客户并控制自身的情绪。

（2）银行客服从业人员需要遵守职业道德，坚守原则，树立风险意识。

## 任务实训

### 一、任务说明

将学生分成若干小组进行角色扮演，设置老、弱、病、残、孕、幼等特殊群体至银行柜台办理业务场景。提升“我为群众办实事”能力，深刻践行“以客户为中心”的服务理念。

### 二、任务评价

实训任务评价见表 11－1。

**表 11－1　　实训任务评价表**

| 考核项目 | 考核标准 | 得分 |
|---|---|---|
| 职业素养（20 分） | 1. 按时出勤，课堂表现好（5 分） | |
| | 2. 仪容仪表规范（5 分） | |
| | 3. 具备一定的组织协调能力（5 分） | |
| | 4. 具备良好的团队合作精神（5 分） | |
| 思政建设（20 分） | 1. 具备吃苦耐劳的精神（10 分） | |
| | 2. 具备严谨科学、求真求实的学习态度和工作作风（10 分） | |
| 技能要求（60 分） | 熟悉客服人员综合素养要求，能熟练掌握客服人员常用有效沟通技巧和心理压力调节方法（60 分） | |
| 合计 | | |

## 任务小结

本任务帮助同学们了解了客服人员在工作场景中所需要掌握的专业知识和素养。

# 任务2 金融客服岗基础专业能力

## 任务要求

通过本环节内容学习，让同学们快速了解掌握金融客服岗从业人员需具备的基础专业能力。登录实训平台进行操作，为客户答疑解惑，处理客户问题。

## 必备知识

### 一、基本礼仪

在商务场合中，商务礼仪对于提高商业伙伴满意度和维持良好的客户关系非常重要。而在银行服务场景中，客服人员的礼仪同样是提高客户满意度的重要因素。如果客服人员掌握基本的礼仪规范，客户将会感到舒适和被尊重，从而有利于建立客户与银行之间的良好关系。

#### （一）客户服务礼仪的3T原则

客户服务礼仪的3T原则包括：Tact—机智、Timing—时间的选择和Tolerence—宽恕。

#### （二）客户服务礼仪的内容

**1. 应答礼仪**

从客服人员接听电话第一声开始，就要力求给客户留下良好的第一印象。从心理学角度来说，初次接触产生的即刻印象对于之后的发展有直接影响，称为“首因效应”。

（1）快速应答，交流中使用礼貌用语并报上姓名或工号，例如：“晚上好，××银行客服中心工号×××为您服务，请问有什么可以帮到您?”

（2）主动询问客户。例如：“先生/女士，请问怎么称呼您?”

（3）礼貌称呼客户并正确回答客户相关问题。例如：“X女士您好，关于您提出的这个问题，是这样的……”。

（4）如未正确领会客户意图须主动与其确认。例如：“X先生，您好，您的意思是……”。

**2. 等待礼仪**

（1）需要让客户等待时，要告诉客户“为什么需要等待”；使用询问句征得客户的同意；给到客户一个明确的等待时限。

（2）在客户等待过程中，要谨记客户在听，如果等待时间过长，每隔一段时间需要告诉客户“请稍等，我还在为您查询”。

**3. 转接礼仪**

（1）电话转接前，需要向客户解释为什么需要转接，并通过询问句征得客户同意。

（2）转接电话挂断之前需确保转接电话处有人接听。

（3）被转接人接听电话后应对客户的等待表示感谢。

**4. 结束礼仪**

（1）一次性电话解决客户问题。在这种情况下，对客户咨询的产品服务问题要完整准确表达，对客户提出的相应要求要予以准确的回复，主动询问客户是否还有其他问题需要帮助，最后感谢客户来电并欢迎客户随时致电。

（2）需要再跟踪联系给予答复的客户问题。首先向客户真诚致歉，并告知客户回复时间，最后感谢客户的来电。在结束通话前，需要重复客服人员要做的事情，确保和客户达成一致，并记录下谈话内容、客户特殊需求等重要信息。

**5. 呼出礼仪**

银行客服中心设有呼出中心，客服人员需要注意呼出的礼仪。

（1）在电话呼出前，客服人员应保持积极的态度，准备好通话内容并力求高效处理电话内容。具体来说，首先，要明确拨打客户电话的目的，熟悉需要与客户沟通的内容；其次，对客户的基本资料要大致了解，确保接通后准确称呼。最后还要做设备的检查，保持电话设备正常运行。

（2）选择合适的时间和环境。时间上避免过早或过晚，影响客户的正常休息。在接通电话后应主动告知身份以及大概需要的通话时长，询问客户是否方便，客户同意方可展开对话，如客户不方便，则另约时间。

## 二、沟通技巧

### （一）学会倾听

认真倾听客户的说话内容，集中注意力，准确捕捉客户的讲话重点并在需要的情况下进行记录。注意客户的语气、语调，从中了解到客户的情绪、态度。如果是视频客服，还需要注意客户的表情、肢体动作，从中获得客户的内心讯息。尽量不打断客户讲话，适当回应，如果确需打断，应告知客户理由并真诚致歉。

### （二）真情实感

不要阿谀奉承，也不要敷衍了事。对于客户的问题要保持热情积极的态度，给予情绪上的安抚以及可靠的问题解决方案，切勿空洞回复，比如说“规定就是这样的”。适当赞美对方，注意把握尺度，不要让客户认为谄媚。

### （三）态度柔和

避免语气的攻击性，尤其是在面对情绪激动的客户时。保持心态平和，语言温和，尽量使用委婉易被接受的语气。

### （四）禁止恶语

避免说出脏话、谎话，严禁使用服务禁语。比如“喂”“啧”“我不知道”“你没长耳朵啊”等。禁止和客户吵架。

### （五）精准提问

需要通过提问向客户获取信息时，需要分析客户的真实需求，引导客户表达，不要提出无意义的问题或是使客户感到冒犯的问题。

### （六）针对具体情况进行沟通

客户类型不同，咨询情况不同，沟通方式也需要适时调整。比如，面对年老客户，客服代表应降低语速，尽量减少专业术语的使用；面对脾气火爆的年轻客户，客服代表应简明扼要，抓住客户需求的重点；面对情绪激动的客户，应使用安抚性的语言等。

## 三、营销能力

### （一）呼入式营销

由于客服人员每天接听拨打人工客服咨询电话的客户络绎不绝，若能够对拨打人工客服咨询的海量客户进行识别和价值判断，就可以帮助金融客服人员挖掘客户的潜在需求，进行精准主动的产品营销，将营销嵌入服务过程中。

### （二）呼出式营销

银行客服除呼入式营销外，还会设有专门的岗位进行呼出式营销。外呼营销客服代表可以通过大数据分析等金融科技手段对客户进行筛选，从而实施精准营销，对特定的客户群体采取针对性的营销技巧，推介与之匹配的金融产品及服务，满足客户的个性化需求。

### （三）互联网营销

在数智化时代，不少银行已经开始尝试通过大数据等金融科技来驱动营销，通过分析客户的消费能力、兴趣、风险偏好等数据，准确地绘制客户画像，并在客户画像的基础上展开精准营销。互联网时代的客户定义、分类已经发生改变，这对银行的服务方式和获客渠道也提出了新要求。金融客服营销人员也要不断创新工作方式，运用各类互联网平台，如微信、微博、抖音、知乎、贴吧、小红书等，拓展获客渠道，创造客户价值。

## 四、投诉处理

客户投诉处理要秉承积极、尊重、诚信、及时的基本原则。妥善处理客户投诉对于客户满意度有显著的积极影响。如果投诉得到妥善的解决，客户就会对银行服务再次感到满意，从而继续选择银行的产品及服务。

### （一）客户投诉处理流程

客户投诉处理流程包含：投诉受理、调查核实、依据处理、答复反馈、分类归档。

**1. 投诉受理**

对于客户投诉的问题，要认真倾听并全面详细地记录下时间、地点、事件始末、当事人、客户诉求及联系方式等关键要素。部分情况下，客户现场投诉情绪激动的，首先要进行隔离处理，请客户到专门的区域进行讨论解决，避开公众场合，避免事态恶化产生不良影响。

**2. 调查核实**

采用询问当事人、查看监控等方式进行调查核实，确定客户所投诉的内容是否属实。如果是由其他部门转手的投诉，可能还需要作进一步的调查。

**3. 依据处理**

根据调查核实的结果确定责任归属。如果确属银行方面的责任，则应马上向客户真诚致歉并提出解决方案，必要时需要对客户进行补偿；如责任在客户方，可向客户进行劝解，尽量让其接受；如客户情绪激动需要发泄，应采取合适的沟通技巧安抚客户。

**4. 答复反馈**

投诉处理完毕后，应向客户及时反馈，告知客户处理结果并询问客户的意见，确保客户满意。如果客户不满意，还应进行后续跟进，进一步协调处理。

**5. 分类归档**

结束全部流程后，将本次投诉处理事件进行分类归档。对于一定时间内的投诉处理报告组织统计、分析与报告。

### （二）处理客户投诉的技巧

**1. 倾听客诉**

处理客户投诉，首先要学会倾听。通过倾听弄清客户投诉的原因、场景以及客户的真实诉求，同时注意客户的语调语气和音量，了解客户目前的情绪状态。如果客户表达不清晰或者情绪不稳定，需要先将客户安抚稳定，再进行解释澄清或询问，以确保了解到客户的真正意图。

**2. 运用同理心**

富有同理心是银行客服人员处理投诉必须具备的品质。同理心指的是能够换位思考，感同身受地站在客户的角度来思考问题，理解客户的想法并表达情感关怀。同理心贵于真情实感。

**3. 提出解决方案**

处理客户投诉的核心在于给出让客户满意的解决方案。首先要对客户真诚致歉，保持尊重的态度。然后针对客户的问题，银行客服主动给出对应的解决方案，并询问客户是否接收，解决方案包括对于原本问题的解决和对客户的补偿方案。对于不确定可以解决的问题以及可以提供的补偿，不可轻易对客户做出承诺。

## 五、业务知识

银行客服人员在呼入咨询场景中，面对的绝大部分是客户对于银行业务或者相关知识的不了解所产生的疑问，由于客户体量大，所涉及的业务种类非常广泛，业务内容呈现也复杂多样。这就要求银行客服人员必须具备强大的业务知识储备，包括金融法律法规、银行业务知识、投资理财知识、风险合规知识等。

### （一）常见金融相关法律法规

《中华人民共和国中国人民银行法》《中华人民共和国商业银行法》《中华人民共和国银行业监督管理法》《中华人民共和国票据法》《中华人民共和国证券法》《中华人民共和国反洗钱法》《中华人民共和国担保法》等。

### （二）常见银行业务基础知识

**1. 负债业务**

主要包括银行存款业务、同业拆借、向中央银行借款等。

**2. 资产业务**

主要包括信贷业务和投资业务等。

**3. 中间业务**

主要包括支付结算类中间业务、银行卡业务、代理类中间业务、担保类中间业务等。

## 六、心理调节

银行客服工作以服务为核心，以客户需求为导向，要具备一定业务能力以及工作热情。银行客服人员需要长时间保持高度紧绷的工作状态，工作强度较大，因此心理调节能力不容忽视。

### （一）客服人员学习自我调节

**1. 选择合适的压力出口**

作为客服人员，切勿将工作压力和情绪体现在客户服务过程中，应选择合适的压力宣泄途径，比如运动、听音乐、写日记等，不宜通过熬夜打游戏、泡吧等不健康的方式发泄压力。

**2. 向家人朋友寻求安慰**

客服人员的工作压力大，工作时间也较长，需要家人的支持与理解。在情绪低落时，可以向家人朋友倾诉、寻求安慰。

**3. 提高专业水平**

工作压力一般来源于工作过程中的障碍与麻烦，这往往和客服人员自身专业水平欠缺有关。及时给自己充电，提高自己的业务水平，增强心理素质，有利于工作压力的减少。

### （二）建立科学的客服管理制度

客服中心需要制定人性化的客服管理制度，关注客服工作人员的心理健康，采取有效措施为客服人员降压，比如开设心理减压室、邀请心理医生进行辅导、举办员工保健活动等。

## 任务实训

### 一、任务说明

银行客服从业人员在工作过程中需要掌握并运用的基础专业能力，按任务要求完成业务。

### 二、任务实操

在系统与客户沟通交流，为客户答疑解惑，处理客户问题，见图 11－1。

**图 11－1　客户对话**

### 三、任务评价

实训任务评价见表 11－2。

表 11－2 实训任务评价表

| 考核项目 | 考核标准 | 得分 |
| --- | --- | --- |
| 职业素养（20分） | 1. 按时出勤，课堂表现好（5分） | |
| | 2. 仪容仪表规范（5分） | |
| | 3. 具备一定的组织协调能力（5分） | |
| | 4. 具备良好的团队合作精神（5分） | |
| 思政建设（20分） | 1. 具备吃苦耐劳的精神（10分） | |
| | 2. 具备严谨科学、求真求实的学习态度和工作作风（10分） | |
| 技能要求（60分） | 了解掌握金融客服岗从业人员需具备的基础专业能力（60分） | |
| 合计 | | |

## 任务小结

本任务帮助同学们掌握金融客服岗从业人员需具备的基础专业能力，了解了银行客服人员处理客户投诉的工作流程及该环节所需要的专业知识和素养。

# 任务3　客户信息采集

## 任务要求

请同学们登录数据处理系统完成金融客服环节实训任务，完成客户信息收集工作任务。

## 必备知识

在对银行客户需求进行分析之前，需要采集客户的信息数据，客户信息采集主要包含个人用户基本数据、个人资产数据、个人支付数据、用户行为数据等。

### （一）个人用户基本数据

个人用户基本数据是用来识别自然人身份和描述背景处境特征的信息。常见的个人用户基本数据包括：身份信息数据、背景信息数据、经济能力信息数据。

身份信息数据是可以识别客户身份唯一性的信息数据，如姓名、性别、年龄、婚姻状况、身份证号码等。背景信息数据是指与家庭、职业、教育、宗教信仰等相关的地理信息数据。例如居住地址、工作单位、工作地点、省份、教育情况、职业等。经济能力信息数据是与客户现有资产、收入水平相关的信息数据，如年收入水平、房产、固定资产等。

个人用户基本信息容易获取和应用，并且一般情况下变动较少，所以普遍应用于客户画像中。但由于个人用户基本信息，包括身份识别、联系方式、住址、联系方式、工作等属于个人隐私，被泄露后会带来很多潜在的风险，产生恶劣影响，所以政府、法律方面对于这类信息的采集使用具有严格限制和保护。

### （二）用户行为数据

用户行为数据是记录用户行为和描述用户行为特征相关的信息，包括使用设备信息、联络信息、浏览点击、内容偏好、位置记录、兴趣爱好、生活方式等与个人行为相关的信息。

在当下数字化时代，人们习惯于通过网络购买商品、查找咨询、观看视频、社交联络，因此相关的行为都以数据的方式被平台采集记录下来。经常用来描述银行客户行为的数据主要包括：银行 APP 使用率、理财停留时间、活跃度、手机银行使用时长、交易频率。银行掌握客户的行为数据越全面，越有利于了解客户的基本情况和偏好，从而进行精准有效的营销。

### （三）个人支付数据

个人支付数据是客户进行消费的数据，包括购买产品以及服务。客户画像中应用的个人支付数据主要是指静态的交易信息和行为记录，若需要对客户消费特征、趋势变化等更深入的分析，还需要一定时间段内完整和不间断的信息记录。

个人支付数据主要包括：银行卡号、银行卡类型、支付账户类型、交易金额量、交易渠道、交易频率、采购商品类型等。对银行客户个人支付数据进行分析有助于理解客户的消费行为特征、评估客户的消费能力、分析客户后续的消费趋势、深化了解客户需求、对客户偏好的金融产品做出合理的预测。

### （四）个人资产数据

个人资产数据是用来记录银行客户的家庭资产变化情况，通过对客户家庭资产数据进行分析，深度挖掘客户的需求。个人资产数据主要包括：信用卡额度、年收入、车辆价值、车辆品牌、房产价值、房产类型、个人投资类型、社保缴存数据等。

个人资产数据和个人支付数据通常是由银行的结算系统记录的信息，是银行最重要和最有价值的信息资产。

客户画像所需的个人基本信息数据、用户行为特征数据和个人资产数据收集和应用的难度较高，银行一般无法轻易收集到完整的相关信息。与此同时，即使你能够收集到看似丰富的信息，在客户画像应用中仍然可能面临以下三个挑战：信息聚合（将同一用户的行为记录按照目的、接触方式和时间分布等汇总在一起并进行聚合分析）的挑战、信息关联（将用户的行为信息、轨迹旅程与人口属性信息关联起来）的挑战和个性化描述的挑战。

# 任务实训

## 一、任务说明

金融客服接待客户咨询环节需要完成客户信息采集工作。要按步骤开启任务并完成业务。

## 二、任务实操

第一步，选择采集数据维度。见图 11－2。

图 11－2　客户信息数据采集维度分类

第二步，输入代码调取数据库。见图 11－3。

图 11－3　利用大数据技术调取数据库中的客户信息数据

第三步，查看客户信息采集结果。见图 11－4。

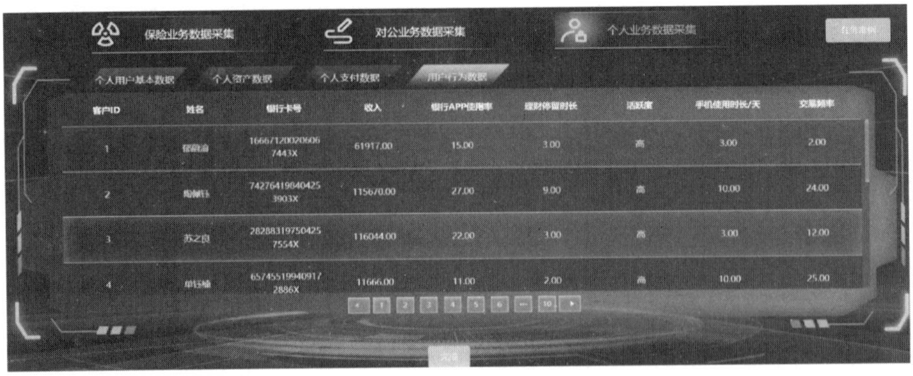


图 11-4　客户信息数据采集结果

## 三、任务评价

实训任务评价见表 11-3。

表 11-3　　实训任务评价表

| 考核项目 | 考核标准 | 得分 |
|---|---|---|
| 职业素养（20 分） | 1. 按时出勤，课堂表现好（5 分） | |
| | 2. 仪容仪表规范（5 分） | |
| | 3. 具备一定的组织协调能力（5 分） | |
| | 4. 具备良好的团队合作精神（5 分） | |
| 思政建设（20 分） | 1. 具备吃苦耐劳的精神（10 分） | |
| | 2. 具备严谨科学、求真求实的学习态度和工作作风（10 分） | |
| 技能要求（60 分） | 熟悉客服人员采集客户数据内容，能熟练掌握客服人员常用采集客户数据的方法（60 分） | |
| 合计 | | |

## 任务小结

本任务帮助同学们了解了客服人员采集客户信息数据工作流程及该环节所需要的专业知识和素养，课后同学们在掌握理论知识的前提下，可以通过实景演练、顶岗实习的方式掌握客服人员采集客户数据业务流程。

# 任务 4　客户需求大数据分析

## 任务要求

通过本环节内容学习，了解数据分析方法，掌握数据分析操作流程要点和注意事项。完成客户需求分析任务。

# 必备知识

## 一、数据处理

### （一）多表关联

有的字段存在于多张表中，有的字段只存在于某张表，为了从不同表取需要的字段就需要通过多表关联的方式实现。

多表关联其实就是将不同表之间的列进行合并。合并后表与表之间的字段取并集在一起，即使两个字段是相同字段，但是在 Python 语言中的 pandas 中，相同的字段会合并成一列，用来连接的表也可以是临时表，其实连接好的表也是一张临时表。

日常，我们进行数据分析最常用的就是通过 Excel 来实现，如果是像金融行业等数据量级非常巨大的行业，则需要通过大数据来进行数据分析。

### （二）数据聚合

数据聚合是收集数据并以汇总形式表示的过程，可用于统计分析。它是一种信息和数据挖掘的程序，其中数据以基于报告的汇总格式进行搜索、收集和呈现，以实现特定的业务目标或流程或进行人工分析。

数据聚合可以手动实现，也可以通过专门的软件实现。数据聚合的目标是根据特定变量（包括年龄、职业或收入）获取有关特定团队的更多数据。然后，有关此类团队的数据可用于网站个性化，以选择可能吸引属于一个或多个已收集记录的团队的个人的内容和广告。

个人数据聚合服务为用户提供来自其他网站的一组个人数据的单点。用户使用个人主个人识别码（PIN）来访问他们的多个账户，包括金融机构、航空公司、图书和音乐俱乐部等的账户。这种类型的数据聚合被定义为“屏幕抓取”。

### （三）数据筛选

在处理大量数据时候，我们需要用到数据筛选，这样可以很快找到有效数据，提高工作效率，另外可以根据设定条件进行筛选，节约时间。

## 二、数据可视化

### （一）数据可视化的概述

数据可视化是指通过将数据或信息编码为图形中包含的可视对象来传达数据或信息的技术。数据可视化工具提供了一种可靠方式来观察和理解数据内部发展的趋势、异常和规律，能向用户清楚有效地传达信息，对于分析海量信息从而做出数据驱动的决策来说至关重要。

## （二）常用的可视化方法

### 1. 区域空间可视化

区域空间可视化是基于数据与其地理位置之间的关系来建立分析。任何位置数据都适用于区域空间可视化。一般情况下，进行区域空间可视化处理会选择地图作为背景。

### 2. 颜色可视化

用颜色的深度来表示索引值的强度和大小，是数据可视化设计的常用方法。典型例子就是点击热力图了。比如图 11 －5 的谷歌点击热力图，可以清楚地看到当用户根据颜色在谷歌中搜索关键字的时候，用户会更加关注哪里。由此可以得出结论：自然搜索结果，用户大概率只会点击前 5 名。所以，网站的 SEO，业务人员都要尽量做到前几名才好。

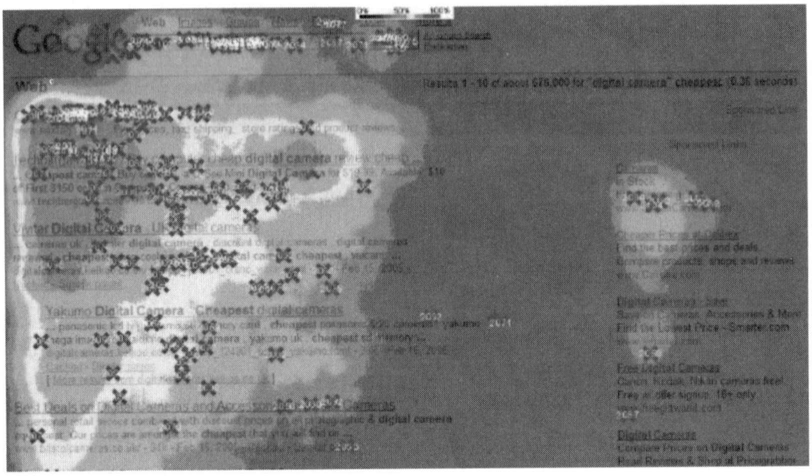

图 11 －5　谷歌搜索点击热力图

### 3. 图形可视化

在设计指标和数据时，使用具有相应实际意义的图形来组合表示，可以让数据图表显示得更加生动，用户也更容易理解图表所表达的主题。

比如图 11 －6，显示了冰、水、体温和火的温度。用温度计来了解这四种温度是比较直观的。利用不同事物的代表性标记，这是更生动的数据呈现方式。

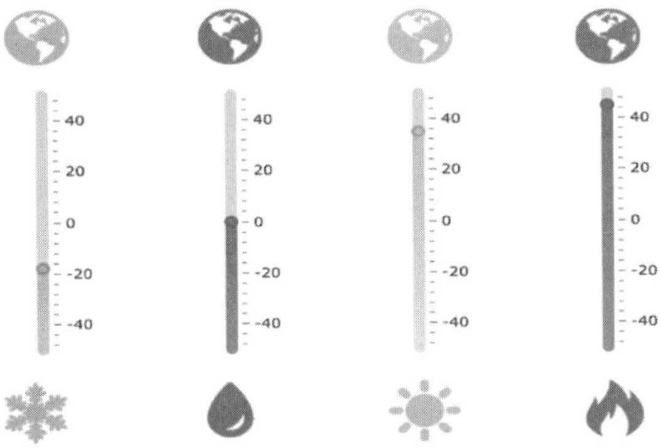


图 11 －6　温度分布

**4. 面积及尺寸可视化**

面积及尺寸可视化，是指区分同类型图形的长度、高度或面积（如列、圈、蜘蛛等），以明确表示不同指标对应的索引值之间的对比。通过这种方法，可以让受众视觉上一眼看到数据与数据的对比。比如利用数据分析工具做的签到城市班级直方图，可以清晰地显示不同地区学生的比例，可以一眼看出北京、广州和上海学生的绝对比例。用数据分析工具做的预算图中，资金的流动，会以不同的货币流动和各金额的比例来明确表示。用数据分析工具还可以做蜘蛛图表，可以直截了当地看出公司的盈利能力和风险控制能力。

**5. 抽象概念可视化**

抽象概念可视化是将数据由抽象的、普通人难以理解的转化为常人所熟悉的、容易感知的，帮助受众更高效地理解图形的含义。举个例子，在解释非结构化数据的时候，可以进行概念的转化，用海面的冰山代表结构化数据，海平面以下隐藏的冰山代表非结构化数据。这样看到的人就能明白，冰山的绝大部分其实隐藏于海平面之下，海上的只是冰山一角罢了。通过这种方式对数据量进行对比，能生动形象地展示非结构化数据的特征，让理解未知的概念变得更为简单。

另外，信息图是概念可视化最广泛的表现形式，如图 11 -7 Coffee 信息图所示。

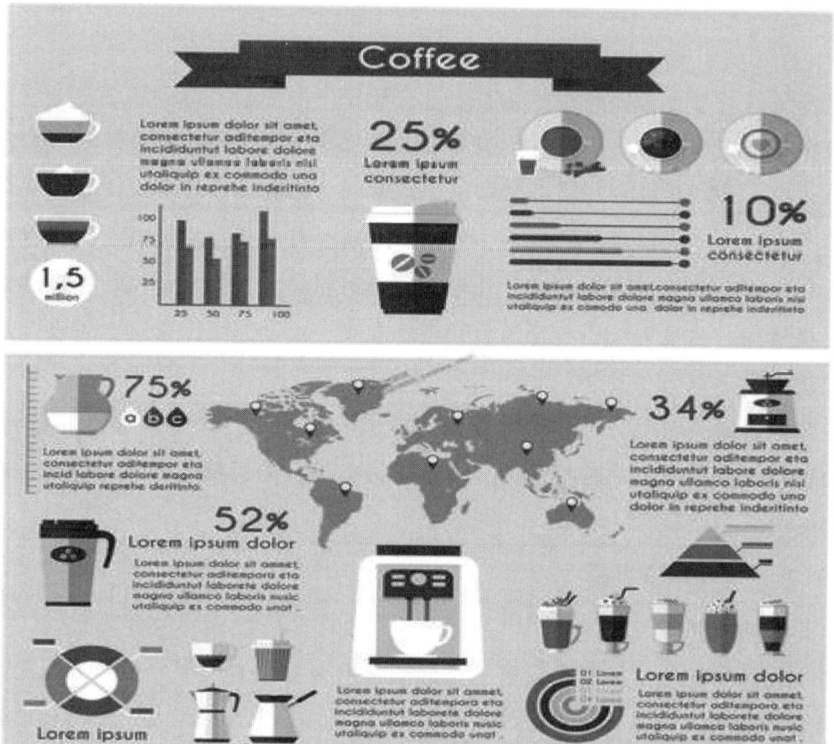


**图 11 -7 Coffee 信息图**

## 三、客户画像

### （一）客户画像的概述

客户画像，也称用户画像，即客户信息标签化和数据化。企业通过采集、整理和分析客户的个人基本属性、行为特征、消费偏好等多维度的数据，刻画客户属性，形成清晰直观的客户信息全貌，以此来定位目标客户群体和了解满足客户需求。这种技术一般用于强化对客户群体的了解。如图 11－8 所示，企业运用大数据进行客户画像，作为定向广告投放和个性化精准营销的前置条件，为数据驱动运营奠定了基础。由此看来，如何从海量数据中挖掘出有价值的信息越发重要。

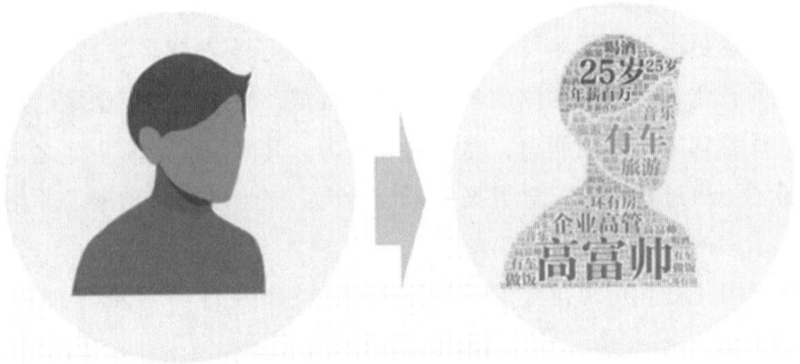


**图 11－8　客户标签化**

互联网公司对于大数据的应用并不少见，相反已经成为不可或缺的部分，主要包括数据平台搭建及运维管理、数据仓库开发、上层应用的统计分析、报表生成及可视化、客户画像建模、个性化推荐与精准营销等应用方向。多数企业投入了大量资源用于大数据的建设，也输出了一定数量的报表，但是在现实业务中，这类大数据应用并没有发挥新的价值和作用，看起来毫无意义。其根本原因可能是大数据建设仅仅停留在对数据仓库进行收集整理，并没有将采集到的数据应用起来、流动起来，这种数据仓库就像一潭死水，无法推动企业业务发展。

而在客户画像系统中，大数据可以真正应用流动起来，转变为有价值的数据资源。针对客户进行个性化推荐、精准营销、个性化服务等多样化服务，是大数据落地应用的一个重要方向。

### （二）客户画像标签类型

客户画像建模其实就是对客户“打标签”，从对客户打标签的方式来看，一般分为三种类型．统计类标签、规则类标签、机器学习挖掘类标签。

**1. 统计类标签**

这类标签是最为基础也最为常见的类型，例如，对于某个客户来说，其性别、年龄、城市、星座、近 7 日活跃时长、近 7 日活跃天数、近 7 日活跃次数等字段可以从用户注册数据、用户访问、消费数据中统计得出。该类型标签构成了用户画像的基础。

**2. 规则类标签**

该类标签基于用户行为及确定的规则产生。例如，对平台上“消费活跃”用户这一口径的定义为“近30天交易次数≥2”。在实际开发画像的过程中，由于运营人员对业务更为熟悉，而数据人员对数据的结构、分布、特征更为熟悉，因此规则类标签的规则由运营人员和数据人员共同协商确定。

**3. 机器学挖掘类标签**

该类标签通过机器学习挖掘产生，用于用户的某些属性或某些行为进行预测判断。例如，根据一个用户的行为习惯判断该用户是男性还是女性，根据一个用户的消费习惯判断其对某商品的偏好程度。该类标签需要通过算法挖掘产生。

## （三）客户画像应用

客户画像产品化后就成为业务人员分析客户、触达客户的有效工具，客户画像的应用场景主要为企业经营分析、精准营销、个性化推荐等。

**1. 经营分析**

客户画像系统可帮助业务人员从多个方面进行经营分析，如商品分析、用户分析、渠道分析、漏斗分析、客服话术、人群特征分析。

（1）商品分析

借助客户画像对商品的销量进行分析。比如可以快速定位到爆款品类，进一步分析购买爆款品类的用户在各个维度上的特征。

如图11－9所示，运营人员可以直观地看出男装三级品类的销量情况，发现裤子和套装销量最高。当然，运营人员想进一步分析购买这两种三级品类的用户在其他维度上的特征（如年龄、职业、地域等）以便精准营销时，可以使用透视分析功能来分析该用户群在各个维度上的特征。

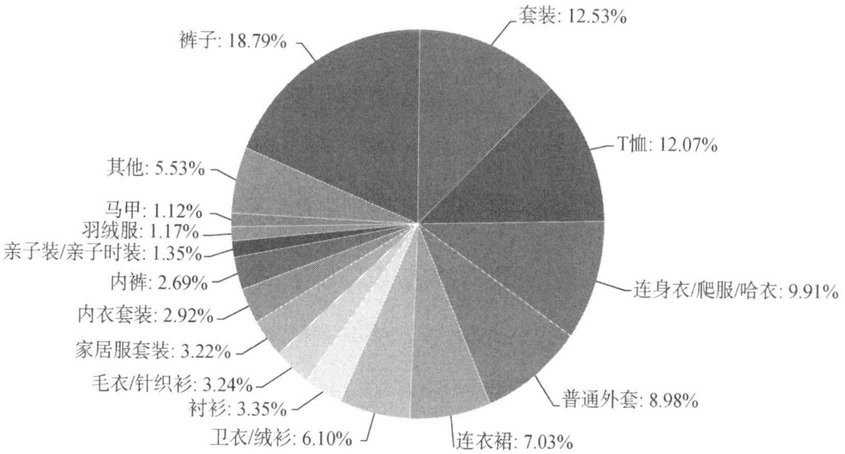


**图11－9　某女装三级品类日销量**

（2）用户分析

借助画像产品可以了解平台用户的性别、年龄、职业等各维度特征的用户量分布特征。

（3）渠道分析

根据增长黑客理论（AARRR）模型，如图 11－10 所示，将产品的营收路径拆分为获客—激活—留存—变现—传播，其中获客主要是流量运营在负责；用户运营会贯穿接下来的流程；内容运营主要负责生产优质的内容来提高用户的黏性，从而提高留存率；主线运营主要负责主营业务的产品路径，优化转化节点，提高转化率。

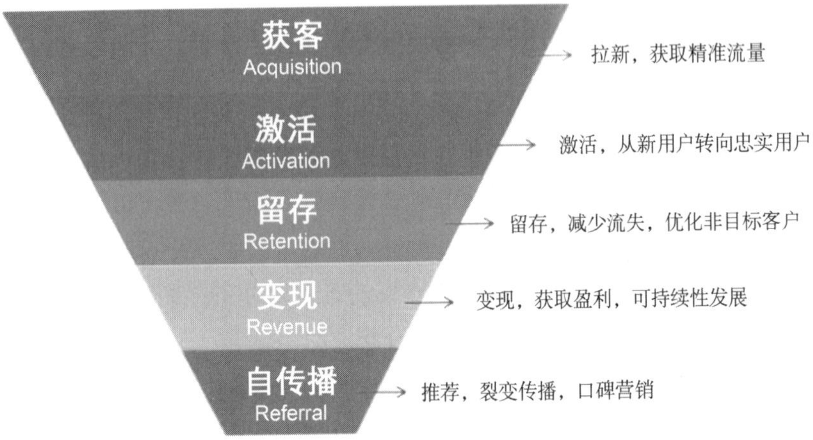


**图 11－10　AARRR 模型及运营要点**

下面对 AARRR 模型中各渠道的定义及运营方式进行详细讲解。

①获客。对用户进行有效转化的前提是要有足够数量的用户进入平台，因此，获客是吸引客户的第一步。在互联网上，新鲜客户的获客成本并不低，尤其是在对于渠道引流质量缺乏了解的情况下，大概率花钱引流来的是比较低质难以转化的客户。这样来说的话，对用户来源的渠道进行分析是不可或缺的，抛开对自然流量的考虑，进行高效率的获客，我们需要分析对于自己的产品或服务哪些合作、投放渠道是更合适、性价比更高的。

②激活。新客获取只是第一步，如果引流来的新用户只是点击进入平台即离开，并没有更多的行为，那么就只是无效流量。怎样激活新客，让新用户转化为忠实用户呢？最重要的就是要向客户呈现优质的内容以及与客户需求相匹配的产品功能。这样，新用户就会产生进一步了解产品的想法。利用合适的渠道引入客户只是前提条件，还需要对用户进一步激活转化。

③留存。考虑到成本问题，长时间一味花钱引流新客户是不现实的，所以维系老客户，让现存的客户对产品或服务产生黏合，增加忠诚度是十分重要的。这样可以让被引

流过来的客户对产品形成依赖，持续进行使用或消费。往往维系老客户比引流新客户的成本更低。留存客户，首先需要提供的产品满足用户需求，然后还需要优化用户体验。在向用户推介产品时，需要根据用户基本属性、特征、偏好等进行分类，向特定的客户群体进行精准化营销，推送其可能会感兴趣的内容。分析追踪客户行为的数据，有助于研究哪些行为可以促使用户对产品持续访问或使用以及如何激发这类行为的发生。通过了解用户生命周期，识别出睡眠用户，并通过有针对性的运营手段唤醒这类用户。此外，还可以标记流失用户，通过发放优惠等吸引用户回流。

④变现。用户是实现收入的前提。只有产品服务完全满足用户的需求，用户认同产品的价值，才会促使用户向付费转化。而要让产品持续稳定地运营下去，就需要通过一系列运营手段让新用户持续向付费转化，让老用户持续付费。而用户运营的基础就是对用户足够了解、足够熟悉，数据能做的是帮助运营了解用户的所有属性，让用户不断地向付费进行转化。

⑤传播。只有用户对产品或服务高度认可以及对产品功能高度依赖，才会愿意将产品分享或推荐给其他人。而在分享或推荐的过程中，又扩大了流量的来源，形成了良性的循环，最终源源不断地将用户往付费变现用户进行转化，达到价值翻倍的目的。

（4）漏斗分析

漏斗分析用于分析产品流程或关键节点的转化效率，常借助漏斗图展现转化效果。漏斗图是一种外形类似漏斗的可视化图表，使用该方法可以直观地追踪产品的整体流程、追踪业务的转化路径、追踪不同生命周期阶段下的用户群体表现。通过一系列转化率的分析，可以迅速定位问题，方便运营人员及时调整运营策略。

转化漏斗帮助业务人员分析每天来访用户在详情页访问、加购点击、下单点击、支付结算等各关键环节的转化情况，从而帮助业务人员不断优化产品路径。

（5）客服话术

用户标签在客服系统中也有广泛应用。生活中经常遇到这样的场景：当我们在向某平台上的客服部门投诉、咨询或反馈意见时，客服人员可以准确地说出我们在该平台的历史购买情况，上一次咨询的问题和处理结果等信息，这也是画像标签应用的场景之一。客服人员可以根据来电用户的画像针对性地提出解决方法，以及对于高价值用户提供 VIP 客服通道等专项服务。

（6）人群特征分析

前面介绍都是从单一维度分析用户特征，而用户人群特征分析可以通过组合标签来定义人群，然后对自定义人群从各个维度进行透视分析或建立对照组人群做人群对比分析。

根据分析经验，在做人群分析时一定要去对比，单纯看单个人群的分布没有太多信息含量，不对比看不出差异，借助画像产品形态，可以分析圈定的用户群在各个维度上的特征情况。

**2. 精准营销**

（1）短信/邮件/电话营销

日常生活中我们经常会从许多渠道收到营销发来的信息。一条关于红包到账的短信推送可能会促使用户打开已经很久没访问的 APP，一条关于心愿单里面图书降价的邮件消息推送可能会刺激用户打开推送链接直接下单购买。

这些营销信息是如何借助画像系统实现的呢?

当画像系统做成产品形态后，业务人员可以根据业务规则组合标签圈定相应人群，将该批人群推送到对应的业务系统中进行运营。

如果公司处于初创阶段，没有太多人力投入产品、接口层面的开发时，也可以通过数据分析师编写 Hive SQL 语句，组合用户标签筛选出对应的用户群数据。而后将该批用户群相关数据给到对应业务人员，将数据导入第三方平台以短信、邮件等方式进行营销。

（2）效果分析

精准营销作为数据价值的重要输出，但是怎样评价效果的优劣，不同业务条线上的人，侧重点是不一样的。整体上可以划分为流量提升导向与 GMV 提升导向两种情形。

有的业务人员背的 KPI 指标是流量，关注的重点是流量提升，如负责 Push 业务线的人员。这种情况下，效果分析通常将使用圈定人群进行精准推送方式带来的点击率，与没有使用用户画像进行无差别普通推送带来的点击率相比较，分析是否有所提升，提升了多少个百分点。

有的业务人员背的 KPI 指标是 GMV，关注的重点是 ROI（销售额/投入额）的转化，如短信营销、外呼营销的业务人员。这种情况下，对效果的分析会关注营销活动中营销了多少用户、实际触达了多少用户、有多少用户实际付费以及带来的 GMV，对比实际销售成本（短信、外呼电话的成本）分析营销的 ROI。下面通过一个案例进行说明。

**案例：**针对对象的短信营销，带来营业收入的提升。大促活动过程中，一家电商公司的渠道运营人员为短信营销用户申请财务经费，其目的在于召回用户到访 APP，并转换订单成交。

运营人员根据活动的目标营销人群，使用画像系统组合用户标签圈定人群后推送到短信发送平台。在短信发送后的几日内，通过 BI 报表每天检测营销用户的访问、下单情况，活动结束后统计发现本次短信精准营销给 GMV 带来了显著提升。

**3. 个性化推荐与服务**

在用户画像的开发过程中，不仅开发用户标签维度数据，用户行为特征库也会被构建起来、商品特征库、商家特征库等有关信息。为算法开发人员做用户相关商品、对内容进行个性化推荐，提供底层数据支持。此外，基于画像的标签系统还能支持用户个性化服务。比如面向优质用户的 VIP 专人客服，能够使这部分头部用户能够享受到优质的服务，切实提高用户体验。

## 任务实训

### 一、任务说明

银行客服人员进行客户需求分析环节需要完成数据处理、数据可视化、客户画像、精准营销工作环节。要按步骤开启任务并完成业务。

### 二、任务实操

第一步，数据处理（客户条件筛选见图 11－11、客户信息聚合分析见图 11－12）。

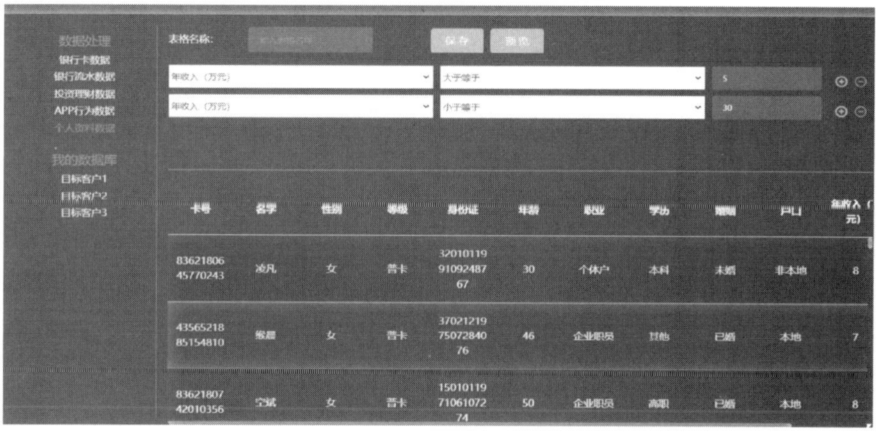

图 11－11 数据处理——客户条件筛选

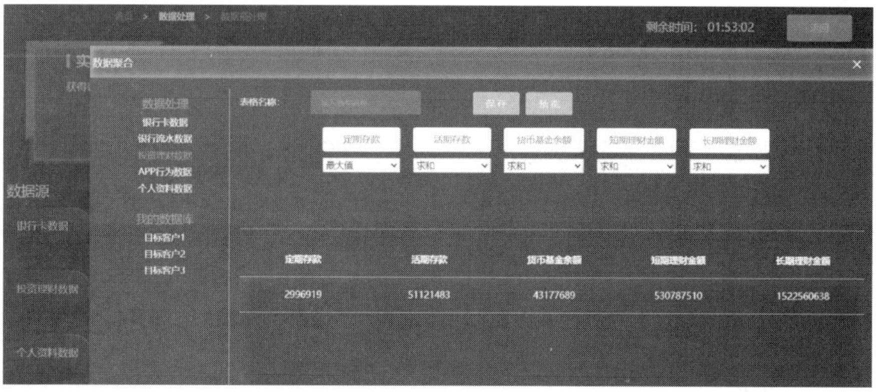

图 11－12 数据处理——客户信息数据聚合

第二步，数据可视化。见图 11－13。

图 11 - 13　数据可视化——客户婚姻状况可视化

第三步，客户画像。见图 11 - 14。

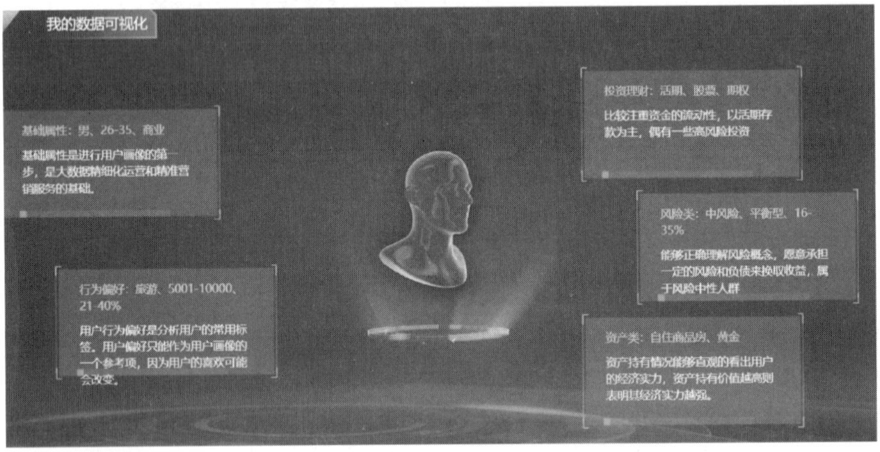


图 11 - 14　客户画像——寿险目标客户画像

第四步，精准营销，完成目标人群选择、推送渠道选择、营销话术设置、推送方式设置。见图 11 - 15。

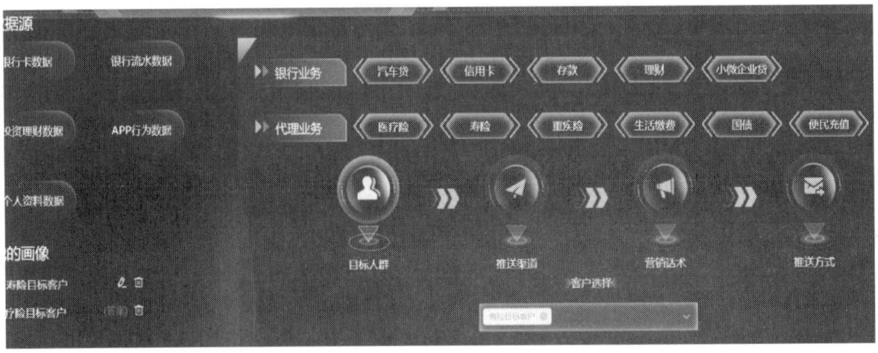


图 11 - 15　精准营销——目标人群选择

## 三、任务评价

实训任务评价见表 11－4。

表 11－4 实训任务评价表

| 考核项目 | 考核标准 | 得分 |
|---|---|---|
| 职业素养（20 分） | 1. 按时出勤，课堂表现好（5 分） | |
| | 2. 仪容仪表规范（5 分） | |
| | 3. 具备一定的组织协调能力（5 分） | |
| | 4. 具备良好的团队合作精神（5 分） | |
| 思政建设（20 分） | 1. 具备吃苦耐劳的精神（10 分） | |
| | 2. 具备严谨科学、求真求实的学习态度和工作作风（10 分） | |
| 技能要求（60 分） | 熟悉客服人员进行客户需求分析工作流程及该环节所需要的专业知识和素养，能熟练掌握根据客户需求分析的相关数据处理、数据可视化、客户画像、精准营销的能力（60 分） | |
| 合计 | | |

## 任务小结

本任务帮助同学们了解了客服人员进行客户需求分析工作流程及该环节所需要的专业知识和素养，课后同学们在掌握理论知识的前提下，可以通过实训练习的方式掌握客服人员进行客户需求分析的相关数据处理、数据可视化、客户画像、精准营销实操流程。

## 课后任务

### 一、单项选择题

1. 金融客服应建立以（　　）为中心的服务理念。

A. 客户需求　　B. 银行制度　　C. 绩效管理　　D. 业务第一

2. 以下哪一项不属于银行客服人员的主要岗位职责？（　　）

A. 银行业务咨询　　B. 柜面业务处理

C. 投诉纠纷处理　　D. 营销推介

3. 以下标签不属于统计类标签的是（　　）。

A. 性别　　B 年龄

C. 城市　　D. 近 30 天交易次数≥2

### 二、多项选择题

1. 处理客户投诉的原则包括（　　）。

A. 积极　　B. 尊重　　C. 诚信　　D. 及时

2. 银行客服的服务禁语包括（　　）。

A. 喂　　B. 啧　　C. 你急什么　　D. 请稍等

3. 客户信息采集信息数据包含哪些（　　）。

A. 个人基本数据　　B. 个人资产数据

C. 个人支付数据　　D. 用户行为数据

4. 个人支付数据包括（　　）。

A. 银行卡号　　B. 交易金额量　　C. 交易渠道　　D. 交易频率

# 模块三　商业银行业务展望

# 项目 12 大数据普惠金融

## 学习目标

【知识目标】

1. 掌握大数据的内涵与特征；
2. 掌握大数据的价值与应用领域；
3. 掌握大数据金融的内涵特点；
4. 掌握大数据金融相对传统金融的优势；
5. 掌握大数据给金融业带来的变革；

【能力目标】

1. 能熟练掌握大数据技术的内涵与特征；
2. 能熟练掌握大数据在金融业的应用领域；
3. 能独立运用大数据技术进行精准营销；
4. 能独立运用大数据技术进行客户画像；
5. 能独立运用大数据技术进行金融风控。

【素质目标】

1. 提高学生大数据技术运用能力；
2. 提高学生应对不同风险类别客户的客户画像设计能力；
3. 树立良好的金融风险管理意识。

【思政目标】

1. 提升学生吃苦耐劳的劳模精神；
2. 树立良好的职业道德操守和爱岗敬业意识；
3. 培养严谨科学、求真求实的学习态度和工作作风。

## 课程思维导图

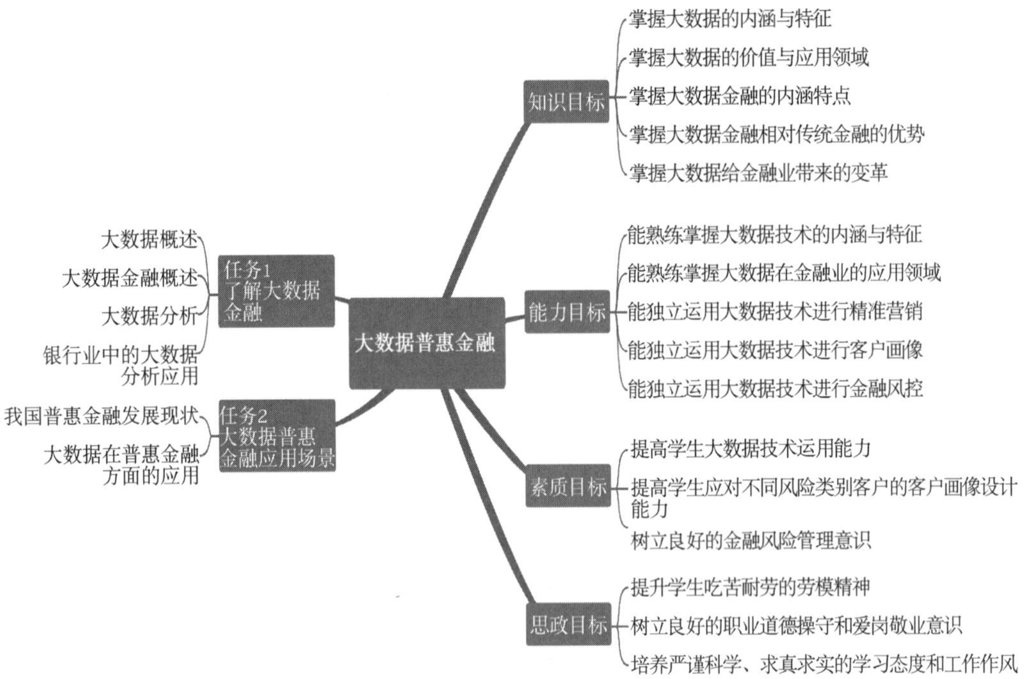


# 任务1　了解大数据金融

## 任务要求

通过本环节内容学习，了解大数据金融相关理论以及大数据在银行业中的应用。将学生分成若干小组，以组为单位并设置组长，分析大数据在金融业的具体应用案例并尝试编写应用案例解决方案。

## 必备知识

### 一、大数据概述

#### （一）大数据的概念

大数据的定义首先是由 Garnter 于 2001 年提出，后来在 2012 年进行了更新。大数据最初被 Gartner 定义为一种大容量、高速和多样化的信息资产，需要具有成本效益的创新信息处理形式，以增强洞察力发现、决策制定和流程优化。Navint（2012）将其视为一个术语，指数据集或数据集的组合，其大小（数量）、复杂性（可变性）和增长率（速度）使它们难以被捕获、处理和管理或在使它们有用所需的时间内通过传统技术和工具进行分析。

### （二）大数据的特征

**1. 数据容量大**

数据分析的规模超过了传统分析和统计建模工具的能力。大数据本身与庞大的规模有关，因此规模与确定数据的价值密切相关。全球最大的硬盘、磁盘制造商捷希科技（Seagate Technology）预测到2025年全球数据总量将达到175ZB。

**2. 时效性**

时效性是指访问数据的速度。传统的商业智能（BI）应用程序使用可追溯到数周、数月或数个季度的历史数据，而大数据则依赖实时信息来提供快速洞察。

**3. 多样性**

大数据包括各种格式和形态的数据。数据可以分为结构化、半结构化和非结构化数据。结构化数据被描述为按行和列分组的数据，便于查询和获取组织运营要求的信息。半结构化数据是结构化数据和非结构化数据的混合体。目前，我国商业银行业务发展相关数据类型已从结构化数据扩展到非结构化数据。

**4. 准确性**

大数据的准确性是指保证处理的结果具有一定的准确性。结果准确性涉及数据的可信度、偏差、噪声、异常等质量问题，原始数据的输入错误、缺失以及数据预处理系统的失效等会导致数据的不准确，进而分析得出一些错误的结论。

**5. 价值性**

大数据价值性是指将海量数据转化为业务产生商业价值的能力。有关客户和请求的数据与GPS设备生成的数据具有不同的价值。数据可以是事务性的、描述性的、统计性的、假设性的或历史性的。它们每个都有不同的价值，隐藏不同的信息。

## 二、大数据金融概述

### （一）大数据金融的概念

大数据金融是指运用大数据技术和大数据平台开展金融活动和金融服务，对金融行业积累的大数据以及外部数据进行云计算等信息化处理，结合传统金融，开展资金融通、创新金融服务。

根据金融行业的分类，可以将大数据金融细分为大数据银行、大数据保险和大数据证券。差异化车险定价是典型的大数据保险形式之一；信用卡自动授信是典型的大数据银行的应用；机器人投资是大数据证券的创新模式之一，证券公司根据股价的影响因素建立模型，自动选择股票或寻找交易时机，在适当的风控模型下建立机器人投资云交易模式。

### （二）大数据金融的特征

**1. 呈现方式网络化**

在大数据金融时代，大量的金融产品和服务通过网络呈现，如支付结算、互联网金融、众筹融资、资产管理、现金管理、产品销售、金融咨询等。

**2. 风险管理有所调整**

在风险管理理念上，财务分析（第一还款来源）、可抵押财产或其他保证（第二还款来源）重要性将有所降低。交易行为的真实性、信用的可信度通过数据的呈现方式将会更加重要，风险定价方式将会出现革命性变化。对客户的评价将是全方位、立体的、鲜活的，而不再是一个抽象的、模糊的客户构图。基于数据挖掘的客户识别和分类将成为风险管理的主要手段，动态、实时的监测而非事后的回顾式评价将成为风险管理的常态性内容。

**3. 信息不对称降低**

在大数据金融时代，金融产品和服务的消费者和提供者之间的信息不对称程度会大大降低。对某项金融产品（服务）的支持和评价，消费者也可实时获知。

**4. 金融业务效率提高**

大数据金融的许多流程和动作都是在线上发起和完成的，有些动作是自动实现的。在合适的时间、合适的地点，把合适的产品以合适的方式提供给合适的消费者。同时，强大的数据分析能力可以将金融业务做到极高的效率，交易成本也会大幅降低。

**5. 金融企业服务边界扩大**

首先，对于单个金融企业，最适合扩大经营规模，由于效率提升，其经营成本必然随之下降。金融企业的成本曲线形态也会发生变化，长期平均成本曲线的底部会更快来临，也会更平坦、更宽。其次，基于大数据技术，金融从业人员个体服务对象会更多，即单个金融企业从业人员会有减少的趋势，或至少其市场人员有降低的趋势。

**6. 产品是可控的、可接受的**

产品可控是指在消费者看来，其风险是可控的。产品可接受是指在消费者看来，首先其收益或成本是可以接受的；其次，产品的流动性是可以接受的；最后，基于金融市场的数据信息，消费者认为其产品也是可以接受的。

**7. 普惠性**

大数据金融的高效率性及扩展的服务边界，使金融服务的对象和范围也大大扩展，金融服务也更接地气。例如，极小金额的理财服务、存款服务、支付结算服务等普通老百姓都可以享受到，甚至极小金额的融资服务也会普遍发展起来，金融深化在大数据金融时代可以完全实现。

### （三）大数据金融相对于传统金融的优势

**1. 放贷快捷，精准营销个性化服务**

大数据金融根据企业不同的生产流程和信用评分进行放贷，不受时空限制，较好地匹配了企业的期限管理，解决了企业的流动性问题。此外，大数据金融还可以针对每一家企业的个性化融资需求做出不同的金融服务且快速、准确、高效。

**2. 客户群体大，运营成本低**

传统金融主要是以人工为主体参与审批，大数据金融是以大数据云计算为基础，以大数据自动计算为主，不需要大量人工，成本较低，不仅可以针对小微企业提供金融服务，还可以根据企业生产周期灵活调整贷款期限。大数据金融整合了碎片化的需求和供给，将服务领域拓展至更多的中小企业和中小客户，更大程度地降低了大数据金融的运营成本和交易成本。

**3. 科学决策，有效风控**

网络借贷平台或供应链聚集了信息流、物流和资金流，其借贷信息都累积在大数据金融库持久闭环的产业上下游内部，贷款方对产业运作和风险点比较熟悉且容易掌控，有利于风险的防范和预警。大数据金融可以根据这些交易借贷行为的违约率等相关指标估计信用评分，运用分布式计算做出风险评估模型，解决信用分配、风险评估、授权实施以及欺诈识别等问题。通过以大数据金融为基础的风控科学决策，有效地降低了不良贷款率。

大数据金融相比于传统金融有无可比拟的优势。企业可以通过大数据金融对商业模式和盈利模式加以创新，获得在产业链中的核心地位。大数据金融带来的技术革新和金融创新不仅能支持中小企业的发展，还能促进我国经济结构调整和转型升级。

## 三、大数据分析

大数据分析通常使用专门的软件工具和应用程序进行预测分析、数据挖掘、文本挖掘、预测和数据优化。通过数据挖掘技术揭示大数据中的隐藏信息已成为新兴趋势和最终目标。常见的大数据分析方式有大数据精准营销。

随着大数据时代的兴起，线上渠道所具备的营销能力、价值创造能力不可小觑，如何将渠道虚拟到社交网络中，实现线上线下一体化地获客、留客、粘客，进行精准营销，直接挑战着商业银行传统的营销思维。

下面将介绍银行业利用大数据进行精准营销的策略。一个结构清晰的精准营销系统包含的流程为信息收集与清洗、客户画像提取、个性化推荐、推荐结果展示以及推荐结果评估。

**1. 信息收集与清洗**

在数据层面，根据互联网上采集的数据和开户提供的各种原始数据、客户大量的历史行为数据进行汇总，然后通过数据的整合、统计、变换，经过数据流相应的清洗、自然语言处理，处理得到持久化储存和客户静动态模型等手段形成基本的结构化全景用户画像。

**2. 客户画像提取**

在客户画像层面，多维度数据经过算法进行特征提取，获取标签特征、偏好进行客户识别与价值匹配。只有准确把握客户兴趣，构建多维度、多属性的客户图片，如客户基本属性维度的图片、心理感知维度图片、行为偏好维度的图片，并设计出针对客户个性化推荐算法，进而提升客户体验，提升客户满意度，所以客户画像提取是个性化推荐的关键因素。

在进行客户画像前我们需要建立的客户标签库，要对包括行内客户数据、银行内金融产品数据以及行外数据在内的源数据进行全面的整合分析，对每个客户的个体特征进行标注，再通过组合不同的客户标签，最终形成全方位的用户画像。

建立客户标签库的最基本原则是客户标签的全面性、真实性。客户的标签分为以下几类：

（1）基本信息类标签，包含客户的年龄、性别等；

（2）社会关系类标签，包含工作情况、家庭状况等；

（3）资产水平类标签，包含职业薪酬、存款余额、贷款余额等；

（3）消费偏好类标签，包含购物渠道、购物时间、购物品类、消费记录等；

（4）金融偏好类标签，包含金融产品交易记录、浏览记录等；

（5）客户风险类标签，包含贷款还款状态、贷款逾期记录、是否属于失信人、是否属于政府黑名单、是否有官司纠纷等。

**3. 个性化推荐**

在个性化推荐层面，通过把客户画像中客户需求信息和产品的信息特征匹配，实现位置偏好、购买偏好、兴趣偏好等数据挖掘、统计建模，发现潜在客户价值，找到客户可能感兴趣的产品，与之匹配合适的推荐算法，经过计算然后完成对客户的推送。同时通过分析产品的一些潜在客户，针对这些潜在客户进行相关的推广宣传营销等活动；然后数据挖掘，构建推荐系统，在产品之间、客户之间进行关联推荐；设计个性化的推荐模型与服务，实现客群分类的个性化定制。根据全景用户画像和模型预测结果实施价值匹配、规则判定，然后与客户进行交互，实现个性化推荐，辅助决策。

## 四、银行业中的大数据分析应用

大数据分析已成为金融领域创新的关键驱动力。银行业进行大数据分析有助于改善银行获取、细分、定位和留住客户的方式。此外，预测分析可以帮助客户管理他们的账户并轻松完成金融交易。银行还可以通过大数据分析最小化风险和降低成本获得收益。

尽管大数据分析对银行的重要性是巨大的，但大数据在银行业的最大前景仍有待发掘利用。以下是银行业如何使用大数据的众多示例中的一些示例：

### （一）自动化营销

借助海量可用数据，银行可以收集以前难以想象的有关每位客户的信息，这有助于更好地了解客户的需求，并有助于主动满足这些需求。它还允许银行内的不同部门（例如运营、销售和IT）协作以获得最佳绩效。

### （二）产品创新和绩效评估

银行使用商业智能评估银行业务和员工绩效，然后根据过去的成绩来制定分支机构预算和员工目标。大数据解决方案允许银行可以跨部门实时收集、分析和共享分行、个人的绩效指标，这意味着银行能拥有更好的日常运营方案和主动解决任何问题的卓越能力。此外，他们还可以计划员工在非高峰时段的教育和培训，并实时监控目标的实现进度。银行还可以使用有关产品功能和服务的性能数据来生产围绕现代客户需求设计的新产品。

### （三）风险管理和预防欺诈

在风险管理领域，大数据分析工具支持银行业务人员更深入地了解客户，通过分析信贷申请人的信用报告、消费习惯和还款率等信息来了解他们的行为。大数据软件能计算出个人在贷款或到期持续履行付款义务违约的可能性。

在防止金融欺诈方面，由于犯罪分子利用多渠道漏洞破坏技术系统所使用的攻击方法不断变化，大数据分析已成为帮助检测和预防金融犯罪的战略的重要组成部分。例如，花旗银行战略投资了Feedzai公司，这是一家数据应用实时机器学习和预测建模来探索大数据以识别欺诈行为并最大程度降低在线银行提供商的财务风险的科学公司。

### （四）强化需求评估

银行在获取不同客户需求的海量数据后进行分析，有助于准确地为客户提供需要的信息。

### （五）个性化理财产品

银行渴望通过用增值服务取代通用服务，为客户提供新的账户概念和量身定制的产品。银行使用大数据分析有助于检测客户模式和行为，为客户提供个性化、定制的金融产品和服务。

### （六）银行流程和资源优化

通过对银行流程和资源的数据收集和分析帮助他们发现迄今为止未知的模式和行为，可以最大限度地提高银行的收益，最大限度地减少支出，从而改进银行的流程。

## 任务实训

### 一、任务说明

将学生分成若干小组，以组为单位并设置组长，通过自主学习和观看视频，能够准确快速大数据在金融业的具体应用案例并尝试编写应用案例解决方案。

### 二、任务评价

实训任务评价见表12－1。

表12－1　　实训任务评价表

| 考核项目 | 考核标准 | 得分 |
| --- | --- | --- |
| 职业素养（20分） | 1. 按时出勤，课堂表现好（5分） | |
| | 2. 仪容仪表规范（5分） | |
| | 3. 具备一定的组织协调能力（5分） | |
| | 4. 具备良好的团队合作精神（5分） | |
| 思政建设（20分） | 1. 具备吃苦耐劳的精神（10分） | |
| | 2. 具备严谨科学、求真求实的学习态度和工作作风（10分） | |
| 技能要求（60分） | 熟悉大数据金融的内涵和特征，能熟练掌握大数据在银行业中的各种应用（60分） | |
| 合计 | | |

## 任务小结

本任务帮助同学们了解了大数据金融的内涵和特征，课后同学们在掌握理论知识的前提下，可以通过小组讨论、自主学习的方式掌握大数据在普惠金融中的应用。

# 任务2　大数据普惠金融应用场景

## 任务要求

请同学们登录平台完成大数据小微金融实训任务，完成大数据小微企业贷的各个操作环节。

## 必备知识

### 一、我国普惠金融发展现状

2005年，普惠金融概念被提出，引起了党和国家的高度重视，一直到2013年，中国普惠金融开始进入快速发展的阶段，普惠金融借助互联网、借助大数据等，实现了数字普惠金融模式的尝试和探索，在2011—2015年属于其发展的跨越式阶段，普惠金融指数不断提升，并且这样的增长趋势一直在延续。再者在我国数字技术不断发展的背景下，普惠金融的地区差异性开始慢慢缩小，继而使得普惠金融的发展环境得以优化。

国家大力号召普惠金融发展的相关政策不断出台，各家商业银行也积极投身其中，使得普惠金融业务板块得以拓展，在网点覆盖方面，物理网点开始不断向县城，甚至乡镇地区蔓延。尤其是最近几年，普惠金融商业持续发展的态势良好，各家银行也积极将互联网技术融入实际普惠金融业务中去，其目的就是确保实际普惠金融发展能够进入更加理想的格局，无论是渠道的优化，还是支付的优化，或者是征信体系的重塑，都使得普惠金融的发展进入更加理想的状态。

中国农业银行的普惠金融服务体系包含三方面。第一方面是“三农”金融事业部模式，“三农”金融事业部改革将县域支部全部以事业部的方式来进行优化，并且纳入统一管理的范畴，生成了针对“三农”业务的机构，这样可以对普惠金融进行单独的资源配给，核算，考评和激励，在制度上还结合城市和农村的差异性，实现了专门机构、专门人员、专门政策的设定，以确保“三农”服务体系得以构建。第二方面是五位一体的县域农村渠道体系，就是将人工网点、自主渠道、电子机具、互联网金融平台、流动服务融合起来，形成的针对农村的金融服务渠道。第三方面是差异化三农产品和信贷体系。结合三农产品和信贷的特点和诉求，来生成实际的金融服务业务，更好地服务农户。第四个方面就是与外部机构合作的模式。比如银行与企业实现合作，与同行业实现合作，这样可以更好地为解决“三农”问题提供金融服务。

平安银行在普惠性服务体系构建的过程中采取的措施主要有：其一，使用现代农业金融事业部模式，成立现代农业金融事业部，建立规划营销管理部门、投资银行部门、风险管理部门和综合管理部门，以确保成为现代农业金融服务的组织架构。其二，积极设定现代农业产业基金，积极与政府、金融机构和企业实现合作，各自发挥优势，建立对应的现代农业产业基金，依靠这样的方式为农业产业发展提供驱动力量，继而满足农业产业现代化的资金诉求。其三，实现农业产业链的不断整合。以农业核心厂商作为对象，不断地向上下游农户、合作社蔓延，确保他们的资金可以更好地融通，引导农业产业链能够朝着更加持续性的方向进展。其四，积极采取措施实现农业俱乐部平台的构建，更好的实现金融优势的整合，确保金融优势与产品可以有效地交互，继而使得农业产融结合，农业产业一体化能够步入更高质量的发展状态。

## 二、大数据在普惠金融方面的应用

新时代要求新金融，新金融以技术属性为核心特征，以普惠金融为旗帜，解决弱势群体融资难问题，突破传统金融“二八定律”。大数据金融的应用将扎根和整合大众市场，服务长尾客户，服务洼地及亟需金融服务的小微企业及个人，尽量公平和体面的获得金融资源，增强社会成员金融服务总体获得感，为破解金融排斥这一世界性问题提供了“药方”。

（一）创新信用贷款产品，研发符合中小企业需求的金融产品

“抵押难”“担保难”一直是银行及小微企业面临的难题，怎样把客户的信息和数据变成信用，是破解小微企业资金难题的关键所在。对于小微企业资信失真、信息不对称，不完整等问题，建行探讨替代性数据的应用，整合和发掘结算流水等银行内部信息、和工商税务外部数据，为企业提供立体式全息画像，通过负面清单＋正面清单，向小微企业提供全流程线上信用贷款。建行建设了内容丰富的“小微快贷”产品体系，涵盖了企业整个生命周期的融资需求。

（二）促进经营重心下沉和服务触角延伸

作为传统金融发展演变的基础载体，网点在银行对长尾客户服务中处于最前沿，就是对大众市场最为敏感的感知触角。夯实传统金融优势，改变网点服务的内涵助力普慧发展。建设银行近1.5万个网点均能开展小微企业服务，确实做到普惠性和下沉性，对各种顾客进行面对面服务、有温度金融服务。普惠金融服务的客户群由原来的小型客户开始、大行业的客户群体已逐步转向微型客户、覆盖小行业的客户群体。

（三）促进农村服务点发展，实现金融服务的全方位覆盖

普惠金融发展的一方面是现代“三农”金融——进入农村，贴近农民，扶持农业，为国民经济持续发展打好“三农”基础。建行同供销社，卫生所、小卖部与其他农村合作机构联合布局县域市场，启动“裕农通”服务点，对传统物理渠道不能涵盖的基层农民提供“存钱，拿钱，汇钱，交钱，投钱”基础金融服务，利用金融力量，拓展服务网络，充实服务内涵。建设银行“裕农通”服务网点突破60万个，基本涵盖了全国的乡镇和行政村，使广大农户足不出村，即可享受与网点同等的金融服务。

（四）通过大数据技术，推动大数据征信平台建设

要积极加快普惠金融征信平台建设，加强与外部机构的合作，利用其他机构在数据采集、数据挖掘、评分模型、征信报告等方面的优势，为银行的普惠金融征信平台提供更多的数据信息支持，通过对大数据信息的分析和整合，能够准确找到目标潜在客户，以此进一步推动产品和服务过程的创新，以及推动普惠金融资产业务创新和审批大有裨益，后期在此基础上探索银行内部的普惠金融征信平台。积极创新普惠金融资产类产品种类，对于需求越来越多样化的目标客户，在现有征信平台的基础上，加快研发普惠金融信贷产品体系，以培养新的营收增长极。同时，还需要结合实际情况，与目前所推出的其他金融产品进行对比分析，对普惠金融市场产品的利率、金额等要素进行设置，提升普惠金融产品等市场竞争力。

### （五）运用大数据技术提升普惠金融客户关系管理效率

商业银行基于大数据技术，对金融客户的金融交易行为、交互行为等指标进行分析，能够帮助银行对客户群体的兴趣偏好进行分析，对预期的消费趋势进行判断，进而能够针对性地设计和推出个性化的金融产品，满足客户的需求，提高客户关系效率。

### （六）运用大数据技术进行有效风险控制

在开展风险管理活动中获取到足够的信息数据，能够有效避免由于信息不对称、数据获取维度窄、效率低下等问题。银行等金融机构通过整合客户交易行为数据、社交数据、教育数据等各项数据，对客户进行信用风险分析和评估，并生成资信报告，筛选出优质客户。同时对于借款的客户，通过设计定好催收模型和对客户账户资金变动的实时监控，在整个的授信决策、贷后管理等环节都能够发挥出重要作用。大数据技术的应用可以覆盖到信贷的全过程，从贷前的调查、贷中审批到贷后管理全过程，有了大数据技术的应用，可以实现更有效的风险管控，对银行防范经营风险大有裨益。对不同客户的风险特征进行大数据识别，对存在较大的风险隐患绩效跟踪和预警，能够第一时间消除风险隐患，确保普惠金融资产业务的有效风控。

## 任务实训

### 一、任务说明

大数据小微企业贷需要完成客户经理、客户、风控专员、风控主管、部门总经理五个角色的工作，要按步骤开启任务并完成业务流程操作。

### 二、任务实操

第一步，选择对应的案例开始任务，进入小微企业贷首页。选择当前角色为“客户经理”，根据任务描述，选定数据库，进行可视化分析；选定数据库按要求进行数据处理，为客户画像；然后进行精准营销。见图 12－1。

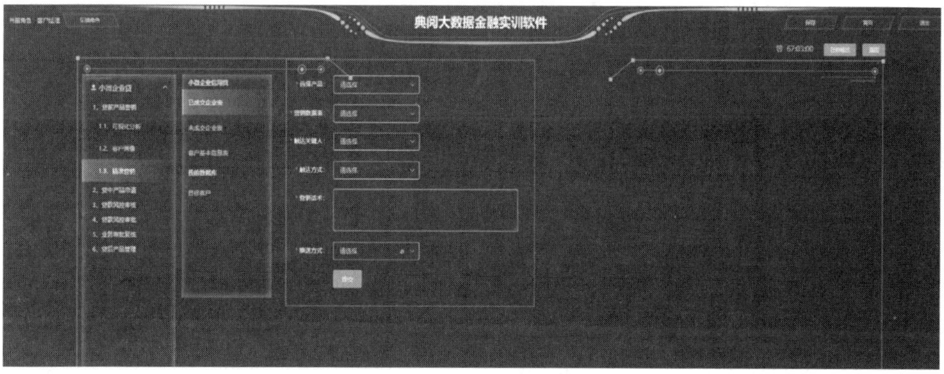


**图 12－1　精准营销**

第二步，切换当前角色为客户，根据任务描述选择对应的产品，进行贷款申请。根据任务描述，填写企业申请信息，点击下一步，提交贷款信息，最后选择提交。

第三步，切换当前角色为风控专员，在命令执行区内按任务描述的要求填入 SQL 语句，对数据进行清洗；对数据进行准入结果判断，按要求进行数据处理，最后选择提交；运用 API 语句调取企业数据，根据任务描述在命令执行区填入 API 语句，点击提交；建立客户档案。见图 12 -2。

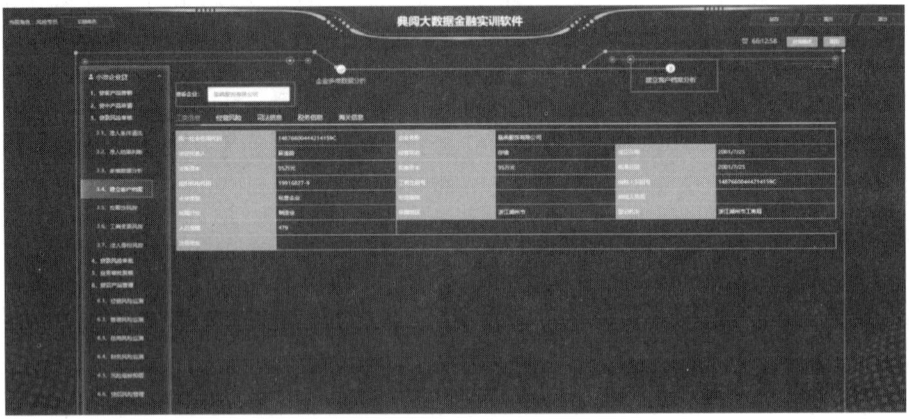


**图 12 -2　建立客户档案**

第四步，反欺诈风控。根据任务描述的要求，在命令执行区填入 API 语句，点击查询，会得出对应筛选出来的结果。然后按照要求筛选符合条件的企业进行处理，最后点击右下角提交。同样步骤进行工商变更风控、法人身份风控。

第五步，切换当前角色为风控主管，获取已审核的数据，根据任务描述的要求进行数据处理，点击提交；然后进行评分卡设计组合，完成后点击提交；选择模型测试评级，对设计好的评分卡模型进行验证与评估，最后点击模型评分，模型评分见图 12 -3；对企业进行评分，根据任务描述筛选符合条件的企业进行审核，下拉至页面底部，点击下一步，按照任务描述的要求制定企业的风险定价门槛，最后点击提交。

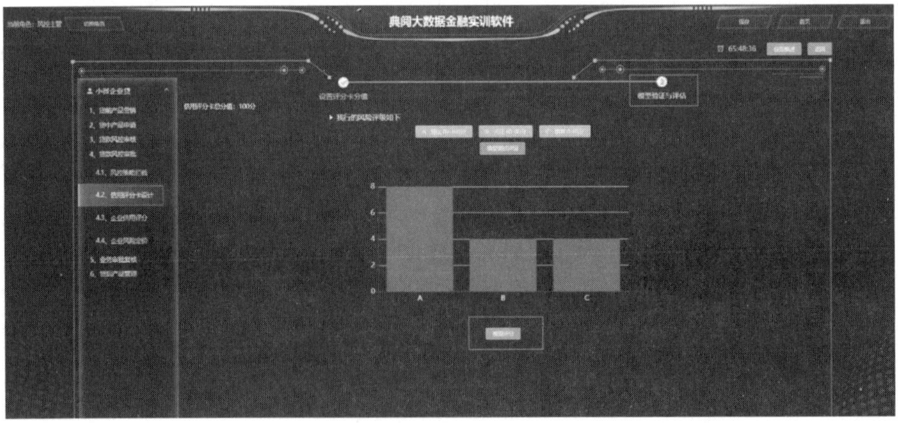


**图 12 -3　模型评分**

第六步，切换当前角色为部门总经理，根据任务的要求，对符合条件的企业最终审核处理。

第七步，切换当前角色为风控专员，根据任务描述的要求，在命令执行区填入 SQL 语句，依次完成经营风险预测、管理风险、信用风险、财务风险；根据任务要求对表中的企业进行风险等级划分，对不同风险等级的企业进行对应风险策略调整，最后单击保存。

## 三、任务评价

实训任务评价见表 12－2。

表 12－2 实训任务评价表

| 考核项目 | 考核标准 | 得分 |
|---|---|---|
| 职业素养（20 分） | 1. 按时出勤，课堂表现好（5 分） | |
| | 2. 仪容仪表规范（5 分） | |
| | 3. 具备一定的组织协调能力（5 分） | |
| | 4. 具备良好的团队合作精神（5 分） | |
| 思政建设（20 分） | 1. 具备吃苦耐劳的精神（10 分） | |
| | 2. 具备严谨科学、求真求实的学习态度和工作作风（10 分） | |
| 技能要求（60 分） | 熟悉大数据在普惠金融中的应用，能熟练掌握大数据小微企业贷的业务流程（60 分） | |
| 合计 | | |

## 任务小结

本任务帮助同学们了解了金融科技在普惠金融方面的应用和大数据小微企业贷的业务流程，课后同学们在掌握理论知识的前提下，可以通过角色扮演、实景演练、实训练习的方式掌握银行大数据小微企业贷的业务流程。

## 课后任务

### 一、多项选择题

1. 大数据的特征包括（　　）。

A. 数据量巨大　　B. 计算速度快

C. 数据类型多样　　D. 数据来源准确

2. 大数据在金融业中的应用有（　　）。

A. 自动营销　　B. 银行流程和资源优化

C. 强化需求评估和产品创新　　D. 风险管理和预防欺诈

### 二、判断题

1. “抵押难”“担保难”是长期以来困扰银行和小微企业的问题，如何将客户信息与数据转化为信用，是解决小微企业融资问题的关键。（　）

2. 新金融融合科技属性、普惠属性和社会属性，能够促进金融资源公平有效配置，形成科技赋能金融、金融赋能社会的良性市场循环，助力脱贫攻坚、更好满足人民对美好生活的向往。（　）

# 项目13 区块链金融应用

## 学习目标

【知识目标】

1. 掌握区块链的定义和特征；
2. 掌握哈希运算的内涵和特征；
3. 掌握数字签名的原理；
4. 掌握共识算法内涵和特征；
5. 掌握智能合约的特征；
6. 掌握区块链的应用场景。

【能力目标】

1. 能熟练掌握区块链技术的内涵与特征；
2. 能熟练掌握区块链在金融业的应用领域；
3. 能熟练掌握数字签名的流程；
4. 能熟练掌握智能合约在区块链中的运行逻辑。

【素质目标】

1. 提高学生自主学习能力；
2. 提高学生理论知识应用能力；
3. 树立良好的活学活用的学习意识。

【思政目标】

1. 提升学生吃苦耐劳的劳模精神；
2. 树立良好的职业道德操守和爱岗敬业意识；
3. 培养严谨科学、求真求实的学习态度和工作作风。

## 课程思维导图

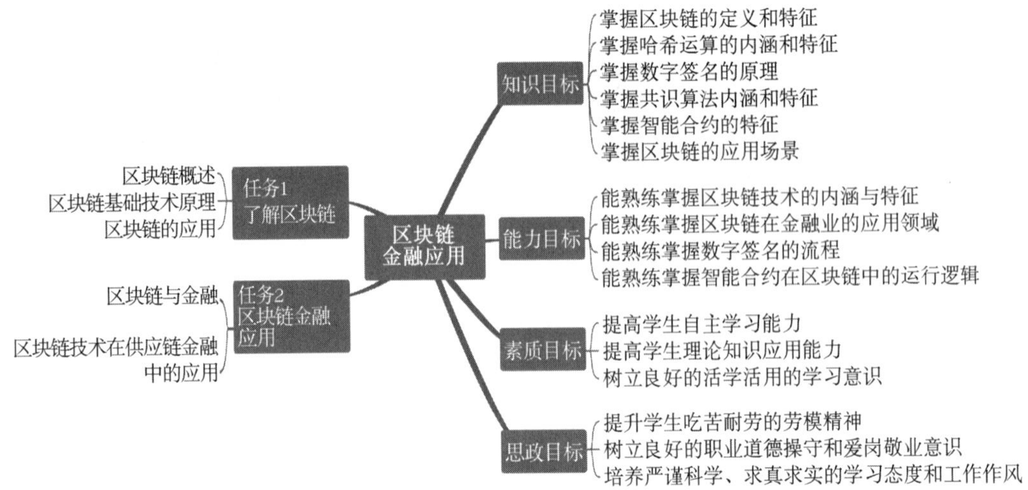


# 任务1　了解区块链

## 任务要求

通过本环节内容学习，掌握区块链的相关理论、区块链基础技术原理，熟悉区块链的应用领域。将学生以组为单位，搜集区块链在金融尤其是银行领域的应用案例，小组展示、评价。

## 必备知识

### 一、区块链概述

区块链技术在经济、政治、人道主义和法律制度方面的益处开始表明，这是一种潜在的极具颠覆性的技术，有能力重新配置社会及其运作的各个方面。为了管理和便捷，区块链革命中现有和潜在的不同类型的活动被分为三类：区块链 1.0、区块链 2.0、区块链 3.0。区块链 1.0 是货币，在与现金相关的应用过程中部署加密货币，如货币转移、汇款和数字支付系统。区块链 2.0 是合约，整个经济、市场和金融在运用区块链的过程中，要比简单的现金交易应用的场景更为广泛，包含如股票、债券、期货、贷款、抵押贷款、所有权、智能财产和智能合约等都是区块链的应用场景。区块链 3.0 是区块链在货币、金融和市场之外的应用，特别是在政府、健康、科学、读写、文化和艺术领域。

#### （一）比特币的介绍

比特币是数字现金。他是一种数字货币和在线支付系统，在该系统中，加密技术被用于规范货币单位的生成和验证资金的转移，独立于中央银行运作。术语可能会令人困惑，因为比特币和区块链这两个词可能用于指代概念的任何三个部分：底层区块链技术，交易通过的协议和客户端，以及实际的加密货币；或者更广泛地指加密货币的整个概念。这就好像 Paypal 把互联网称为“Paypal”，在 Paypal 协议运行的基础上，转移 Paypal 货币。区块链行业有时会互换使用这些术语，因为它仍将自己塑造成可能成为技术堆栈中既定层的过程中。

比特币是由一个名为中本聪（Satoshi Nakamoto）的个体在 2009 年 1 月 9 日创建的。比特币的概念和操作细节在一份简明易懂的白皮书《比特币：点对点电子现金系统》中进行了描述。使用这种去中心化虚拟货币的交易明细被记录在一个公共账本中，该账本存储在非常多的比特币用户的计算机上，并在互联网上持续可见。

比特币是第一个最大的去中心化加密货币，还有数百种其他“替代币”——加密货币，如莱特币（Litecoin）、狗币（Dogecoin），但是比特币占所有加密货币市值的 90%，是事实上的标准。比特币是假的（不是匿名的），因为公钥地址（27－32 个字母数字字符串；功能类似电子邮件地址）被用于发送和接收比特币以及接收交易，而不是个人识别信息。

### （二）区块链的概念

工信部指导发布的《区块链技术和应用发展白皮书 2016》中对于区块链的解释为：区块链是一种按照时间顺序将数据区块以顺序相连的方式组合成的一种链式数据结构，并以密码学方式保证的不可篡改和不可伪造的分布式账本。区块链技术是利用块链式数据结构来验证和存储数据、利用分布式节点共识算法来生成和更新数据、利用密码学的方式保证数据传输和访问的安全性、利用由自动化脚本代码组成的智能合约来编程和操作数据的一种全新的分布式基础架构与计算范式。

顾名思义，区块链（blockchain）是一种数据以区块（block）为单位产生和存储，并按照时间顺序首尾相连形成链式（chain）结构，同时通过密码学保证不可篡改、不可伪造及数据传输访问安全的去中心化分布式账本。区块链中所谓的账本，其作用和现实生活中的账本基本一致，按照一定的格式记录流水等交易信息。特别是在各种数字货币中，交易内容就是各种转账信息。只是随着区块链的发展，记录的交易内容由各种转账记录扩展至各个领域的数据。比如，在供应链溯源应用中，区块中记录了供应链各个环节中物品所处的责任方、位置等信息。

区块链是所有已经执行的比特币交易的公共分类账。随着矿工（每 10 分钟）添加新区块以及记录最近的交易，区块链不断增长。这些区块以线性、时间顺序添加到区块链中。每个完整节点（即使用执行验证和中继交易任务的客户端连接到比特币网络的每台计算机）都有一个区块链的副本，当矿工加入比特币网络时，该副本就会自动下载。区块链拥有从起源区块（有史以来执行的第一笔交易）到最近完成的区块的地址和余额的完整信息。区块链作为公共分类账意味着可以很容易地查询与特定比特币相关的任何区块资源管理器（如 https：//blockchain. info/），你可以查看自己的钱包地址，查看你收到第一个比特币的交易记录。

区块链被视为比特币的主要技术创新，因为它是网络上所有交易的“不可信”证明机制。用户可以信任由“矿工会计师”维护的存储在全球许多不同去中心化节点上的公共账本系统，而不必与交易对手（另一个人）或第三方中介（如银行）建立和维护信任。区块链作为去中心化无信任交易新系统的架构是关键的创新。区块链允许在全球范围内对各方之间任何类型的所有交易进行去中介化和去中心化。

区块链就像运行在现有互联网协议上的另一个应用层，为互联网添加了一个全新的层，以实现经济交易，即即时数字货币支付（以普遍可用的加密货币）和更长期、更复杂的金融合约。任何货币、金融合约、硬资产或软资产都可以通过区块链这样的系统进行交易。此外，区块链不仅可以用于交易，还可以用于作为记录、追踪、监视和交易所有资产的注册和库存系统。从字面上看，区块链就像一个巨大的电子表格，用于注册所有资产，以及一个在全球范围内进行交易的会计系统，可以包括全球各方持有的所有形式的资产。因此，区块链用于任何形式的资产等级、清查和交换，包括金融、经济和货币的各个应用领域；硬资产（实物资产）；以及无形资产（选票、想法、声誉、意向、健康数据等）。

### （三）区块链的运行机制

区块链技术遵循的五个基本原则为：分布式数据库、点对点传输、匿名透明、记录的不可逆性、计算逻辑。

#### 1. 分布式数据库

区块链上的每一方都可以访问整个数据库及其完整的历史记录。没有任何一方控制数据或信息，每一方都可以直接验证其交易伙伴的记录，无需中介。

#### 2. 点对点传输

通信直接发生在对等点之间，而不是通过中央节点。每个节点存储信息并将信息转发给所有其他节点。

#### 3. 匿名透明

任何有权访问系统的人都可以看到每笔交易及其相关价值。区块链上的每个节点或用户都有一个唯一的 30 多个字符的字母数字地址来标识它。用户可以选择保持匿名或向他人提供身份证明。交易发生在区块链地址之间。

#### 4. 记录的不可逆性

一旦将交易输入数据库并更新账户，记录就无法更改，因为它们与之前的每笔交易记录相关联（因此称为“链”）。部署各种计算算法和方法，以确保数据库上的记录是永久的、按时间顺序排列的，并且可供网络上的所有其他人使用。

**5. 计算逻辑**

分类账的数字性质意味着区块链交易可以与计算逻辑相关联，并且本质上是可以编程的。因此用户可以设置自动触发节点间交易的算法和规则。

## （四）区块链的基本特征

结合区块链的定义，区块链突出四个主要的特性：去中心化（decentralized）、去信任（trustless）、集体维护（collectively maintain）、可靠数据库（reliable database）。并且由以上四个特征会引申出另外 2 个特征。开源（open source）、隐私保护（anonymity）。如果一个系统不具备这些特征，将不能视其为基于区块链技术的应用。

**1. 去中心化**

去中心化是整个网络没有中心化的硬件或者管理机构，任意节点之间的权利和义务都是均等的，且任意节点的损坏或者失去都不会影响整个系统的运作。去中心化系统中的每个节点都可以完整观察系统中节点的全部行为，并将观察到的这些行为在各个节点进行记录，即维护本地账本，整个系统对于每个节点都具有透明性。这与中心化的系统是不同的，中心化的系统中不同节点之间存在信息不对称的问题。中心节点通常可以接收到更多信息，而且中心节点也通常被设计为具有绝对的话语权，这使得中心节点成为一个不透明的黑盒，而其可信性也只能借由中心化系统之外的机制来保证。网络架构对比见图 13－1。

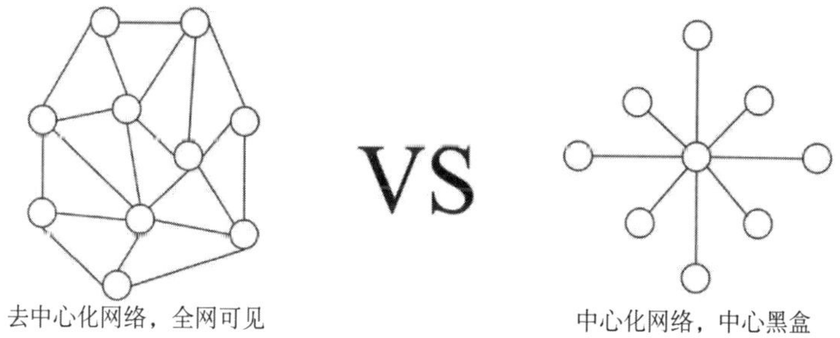


图 13－1　网络架构对比

**2. 去信任**

参与整个系统中的每个节点之间进行数据交换是无须互相信任的，整个系统的运作规则是公开透明的，所有的数据内容也是公开的。因此在系统制定的规则范围和时间范围内，节点之间是不能也无法欺骗其他节点。

**3. 集体维护**

系统中的数据块由整个系统所有具有维护功能的节点来共同维护的，而这些具有维护功能的节点是任何人都可以参与的。

**4. 可靠数据库**

整个系统将通过分数据库的形式，让每个参与节点都能获得一份完整数据库的拷贝。除非能够同时控制整个系统中超过 51% 的节点，否则单个节点上对数据库的修改是无效的，也无法影响其他节点上的数据内容。因此参与系统中的节点越多和计算能力越强，该系统中的数据安全性越高。

**5. 开源**

由于整个系统的运作规则必须是公开的，所以对于程序而言，整个系统必定是开源的。

**6. 隐私保护**

由于节点和节点之间无须互相信任的，因此节点和节点之间无须公开身份，在系统的每个参与节点的隐私都会受到保护。

## 二、区块链基础技术原理

### （一）哈希运算

区块链账本数据主要通过父区块哈希值组成链式结构来保证不可篡改性。下面我们分别看什么是哈希运算、哈希运算的特性以及哈希运算在区块链系统中的作用。

**1. 哈希运算的定义**

哈希算法（Hash Algorithm）即散列算法的直接音译。它的基本功能概括来说，就是把任意长度的输入（如文本等信息）通过一定的计算，生成一个固定长度的字符串，输出的字符串称为该输入的哈希值。

**2. 哈希运算的特性**

一个优秀的哈希算法要具备正向快速、输入敏感、逆向困难、强抗碰撞等特征。

**3. 通过哈希构建区块链的链式结构，可实现防篡改**

每个区块头包含了上一个区块数据的哈希值，这些哈希层层嵌套，最终将所有区块串联起来，形成区块链。区块链里包含了自该链诞生以来发生的所有交易。因此，要篡改一笔交易，意味着它之后的所有区块的父区块哈希全部要篡改一遍，这需要进行大量的运算。如果想要篡改数据，必须靠伪造交易链实现，即保证在正确的区块产生之前能快速地运算出伪造的区块。同时在以比特币为代表的区块链系统要求连续产生一定数量的区块之后，交易才会得到确认，即需要保证连续伪造多个区块。只要网络中节点足够多，连续伪造的区块运算速度都超过其他节点几乎是不可能实现的。另一种可行的篡改区块链的方式是，某一利益方拥有全网超过50%的算力，利用区块链中少数服从多数的特点，篡改历史交易。然而在区块链网络中，只要有足够多的节点参与，控制网络中50%的算力也是不可能做到的。即使某一利益方拥有了全网超过50%的算力，那已经是既得利益者，肯定会更坚定地维护区块链网络的稳定性。

### （二）数字签名

**1. 数字签名的作用**

日常生活中我们手写的签名相信大家都不陌生，作为确定身份、责任认定的重要手段，各种重要文件、合同等均需要签名确认。同一个字，不同的人写出来虽然含义完全相同，但是字迹这种附加值是完全不同的，刻意模仿也能通过专业的手段进行鉴别。因为签名具有唯一性，所以可以通过签名来确定身份及定责。

区块链网络中包含大量的节点，不同节点的权限不同。举个简单的例子，就像现实生活中只能将自己的钱转给他人，而不能将别人的钱转给自己，区块链中的转账操作，必须要由转出方发起。区块链主要使用数字签名来实现权限控制，识别交易发起者的合法身份，防止恶意节点身份冒充。

**2. 数字签名的效力**

数字签名也称作电子签名，是通过一定算法实现类似传统物理签名的效果。目前已经有包括欧盟、美国和中国等在内的20多个国家和地区认可数字签名的法律效力。2000年，中国新的《合同法》首次确认了电子合同、数字签名的法律效力。2005年4月1日，中国首部《电子签名法》正式实施。数字签名在ISO 7498－2标准中定义为："附加在数据单元上的一些数据，或是对数据单元所做的密码变换，这种数据和变换允许数据单元的接收者用以确认数据单元来源和数据单元的完整性，并保护数据，防止被人（例如接收者）进行伪造。"

**3. 数字签名的原理**

这里要澄清一个误区，即数字签名并不是指通过图像扫描、电子板录入等方式获取物理签名的电子版，而是通过密码学领域相关算法对签名内容进行处理，获取一段用于表示签名的字符。在密码学领域，一套数字签名算法一般包含签名和验签两种运算，数据经过签名后，非常容易验证完整性，并且不可抵赖。只需要使用配套的验签方法验证即可，不必像传统物理签名一样需要专业手段鉴别。数字签名通常采用非对称加密算法，即每个节点需要一对私钥、公钥密钥对。所谓私钥即只有本人可以拥有的密钥，签名时需要使用私钥。不同的私钥对同一段数据的签名是完全不同的，类似物理签名的字迹。数字签名一般作为额外信息附加在原消息中，以此证明消息发送者的身份。公钥即所有人都可以获取的密钥，验签时需要使用公钥。因为公钥人人可以获取，所以所有节点均可以校验身份的合法性。

### （三）共识算法

**1. 为什么要达成共识**

区块链通过全民记账来解决信任问题，但是所有节点都参与记录数据，那么最终以谁的记录为准？或者说，怎么保证所有节点最终都记录一份相同的正确数据，即达成共识？在传统的中心化系统中，因为有权威的中心节点背书，因此可以以中心节点记录的数据为准，其他节点仅简单复制中心节点的数据即可，很容易达成共识。然而在区块链这样的去中心化系统中，并不存在中心权威节点，所有节点对等地参与到共识过程之中。由于参与的各个节点的自身状态和所处网络环境不尽相同，而交易信息的传递又需要时间，并且消息传递本身不可靠。因此，每个节点接收到的需要记录的交易内容和顺序也难以保持一致。更不用说，由于区块链中参与的节点的身份难以控制，还可能会出现恶意节点故意阻碍消息传递或者发送不一致的信息给不同节点，以干扰整个区块链系统的记账一致性，从而从中获利的情况。因此，区块链系统的记账一致性问题，或者说共识问题，是一个十分关键的问题，它关系着整个区块链系统的正确性和安全性。

**2. 有哪些共识算法**

当前区块链系统的共识算法有许多种，主要可以归类为如下四大类：（1）工作量证明（Proof of Work，PoW）类的共识算法；（2）Po * 的凭证类共识算法；（3）拜占庭容错（Byzantine Fault Tolerance，BFT）类算法；（4）结合可信执行环境的共识算法。

## 三、区块链的应用

在本节中，我们将对区块链的应用进行回顾，以了解这项新兴技术如何在金融业发挥主导作用，以及在未来几年中我们将看到它获得越来越多的相关空间。

### （一）国际支付

一般来说，国际支付往往依赖于中介清算公司的处理，涉及记账、交易对账、余额对账、支付发起等一系列复杂的流程。三天完成，具体取决于相关国家或地区的清算程序，它会阻塞大量资金并导致效率低下。因此，跨境支付总是成本高昂且速度缓慢。此外，有时追踪交易的来源并不容易，这为洗钱提供了机会。区块链有可能加快这一过程，还可以显著降低交易成本。

### （二）降低欺诈

货币以物理和虚拟形式参与所有经济交易。金钱的介入增加了欺诈活动的机会，金融行业目前的欺诈率很高。今天，金融机构正在使用集中式数据库系统进行交易和资金管理。集中式数据库极易受到攻击，如果系统的任何单点出现故障，都可能遭到黑客攻击。因此，金融机构需要更安全的系统。区块链技术可能是一种潜在的解决方案，由于区块链是分布式的，因此不会出现单点故障。每笔交易都存储在具有加密机制的块中，该块是极难腐败。区块链使用非接触式接口卡运行，这提供了更高级别的安全性。硬件用于帮助使用智能卡保护私钥，它允许访问不受限制的加密密钥。尽管是市场上的一项新技术，但区块链可以减少金融领域的欺诈行为。

### （三）智能合约

区块链技术最有前途的应用之一是智能合约。它可以自动执行金融交易和合同。它还强制执行合同中各方的义务，而无须增加中间人的费用。复杂的国际贸易交易和贸易条款可以上传到区块链网络。然后，该区块链会在单一分布式账本上与进口商、出口商和银行等相关方共享。一旦满足协议的某些特定条件，智能合约将自动执行。相关方可以查看所有已执行的交易。一家总部位于以色列的初创公司和巴克莱银行使用区块链技术成功完成了通常需要7天到10天的贸易交易，仅用了4小时。在现有基础设施中，使用区块链可以显著降低与许可、票务以及其他管理费用相关的成本，并有助于提高速度并简化复杂的流程。这也将确保准确的信息传输，因为只有满足所有代码的书面条件，交易才会被批准。最后，交易涉及的所有各方都可以获得信息，执行时出错的机会从根本上减少了。

### （四）了解客户

印度的金融机构有责任遵守和报告印度储备银行和其他监管机构的多项要求。制定该法规是为了最大限度地减少洗钱活动和金融犯罪。银行和金融机构非常关注他们为遵守反洗钱和了解客户规范而必须承担的不断增加的成本。所有这些过程都会耗费大量时间，并且必须由所有银行和货币机构单独执行。

了解您的客户（KYC）是这里的一项基本要求，但该过程非常耗时，并且需要自动客户识别技术才能高效且有效。区块链技术将使开户流程自动化，并通过数字单一来源ID与所有参与者共享KYC文件。这不仅可以减少资源和成本，还可以维护数据的隐私。

### （五）保险理赔处理

当今的保险业在理赔过程中面临的挑战，主要是由于欺诈性索赔、手动流程、遗留承保模型和分散的数据源，导致客户满意度低。可以创建将区块链上的智能合约作为保险的理想使用案例的保单。这将确保所有保单都得到适当记录，并更透明地与索赔相关联。区块链技术可以追溯房屋和汽车等资产的所有权来源，从而防止支付欺诈性索赔。它可以通过比较现有孤岛中的数据来改进该行业的风险建模。

### （六）银行征信系统

当前的信用信息系统效率低下，因为用于判断其信用能力的客户信息稀缺且质量较低。同时，由于隐私和安全问题，很难与其他金融机构共享这些信息。当前的信用信息系统对于所主张的资产所有权并非百分百准确。这些问题的潜在解决方案是区块链技术，因为它是一个分布式数据库，可以为解决这些问题提供一些帮助。

### （七）金融交易中的分布式创新

供应链金融涉及大量人工检查和纸质交易。该过程中间商众多，非法交易风险大，成本高，效率低。区块链技术可以大大减少人工干预，并使用智能合约将严重依赖文书工作的程序数字化。这将大大提高供应链金融的效率，降低人工操作风险。以供应商、采购商、银行为主要交易方，以及在去中心化分布式账本上共享合同信息，智能合约可以确保一旦达到预定时间和结果就自动付款。

## 任务实训

### 一、任务说明

将学生分成若干小组，以组为单位并设置组长，通过自主学习和观看视频，能够准确快速说出区块链的基本技术原理和区块链的应用领域。

### 二、任务评价

实训任务评价见表13－1。

表13－1　实训任务评价表

| 考核项目 | 考核标准 | 得分 |
|---|---|---|
| 职业素养（20分） | 1. 按时出勤，课堂表现好（5分） | |
| | 2. 仪容仪表规范（5分） | |
| | 3. 具备一定的组织协调能力（5分） | |
| | 4. 具备良好的团队合作精神（5分） | |
| 思政建设（20分） | 1. 具备吃苦耐劳的精神（10分） | |
| | 2. 具备严谨科学、求真求实的学习态度和工作作风（10分） | |
| 技能要求（60分） | 熟悉区块链技术的内涵和特征，能熟练掌握大数据的各种应用（60分） | |
| 合计 | | |

## 任务小结

本节任务帮助同学们了解了大数据金融的内涵和特征，课后同学们在掌握理论知识的前提下，可以通过小组讨论、自主学习的方式掌握区块链的应用。

# 任务2　区块链金融应用

## 任务要求

请同学们登录平台完成区块链金融应用实训任务，完成区块链在供应链金融的实训任务。

## 必备知识

### 一、区块链与金融

#### （一）区块链与金融的适配性

区块链技术因其自身特点与金融业发展需要相匹配，在帮助金融行业方方面面的改进上都具有很大的空间。

**1. 结构特性**

区块链系统中的每个节点的权利和义务都是对等的，在大力发展普惠金融的当下，这种离散的特质与金融行业发展的趋势具有一致性。

**2. 信息传递效率**

区块链系统在信息传递效率方面具有优势，尤其是其数据透明、开放，除了属于隐私或者法律不允许公布的信息之外，都可以通过数据接口提供给各类业务来调用。

**3. 用户隐私保护**

区块链系统的信息是以加密后的形态予以存储的，用户的隐私可以在法定的范围内得到较好的保护。

**4. 数据安全**

区块链系统不易被篡改的特点，以及分布式保存、密码学的运用，可以提升数据安全性。

**5. 成本优势**

区块链系统的软硬件成本、信任成本等较低。

### （二）区块链在金融的应用

目前国内一部分银行已尝试使用区块链技术应用于信贷、清算、供应链金融领域。

**1. 票据融通**

票据作为市场经济发展的产物，实际上是当前资金流通过程中的一个重要环节。用户可以相应地将票据贴现给银行。银行识别票据的真实性后，将票据相应的金额支付给用户。票据本身的融资功能对于银行和企业来说了，现在已成为一种经济的代表产品。搜索种子的短期资金周转优势，对于资本监管本身来说，是一种融资控股的表现，但从法律角度来看，该票据本身是一种没有实质性的交易。在法律法规中，这种行为是被禁止的。但其在社会经济体系中的作用有利于市场经济的稳定发展，间接扩大了票据融资的使用范围。在上述设计融资中，很明显在转换行为中，由于自身监管机制的缺失，不法分子利用票据本身的复制来多卖一张票。比如两家公司上下有联系，上游公司可以通过伪造票据的方式去银行退票，下游公司就可以把票据兑现。

在区块链技术的应用下，可以对票据进行唯一处理。通过对票据进行加密，使票据本身具有单向功能，从而实现票据的身份识别。在信息平台上，票据本身会呈现出对接的特点。当公司持有票据与银行兑换时，银行会通过信息系统自动鉴别票据的真伪，同时可以查出票据信息对应的各种关联。此外，在信息平台中，企业存储的信息不可更改。某一类数据结构中的信息节点一旦定性，将伴随企业终生。这是对企业的一种规范和约束，是完善社会系统稳定运行的基本保障。

**2. 信贷融资**

信用融资是指企业在发展过程中，以自身的经济发展、资本持有量、在社会体系中的影响力为基准，从银行取得资金的过程。银行通过资本支出来维持企业的经营发展。一般来说，在信贷融资过程中，企业、中介机构和银行是三个变现载体，企业通过向银行推荐中介机构，再以货物作为资金输出点，为银行提供相应的保障。这种信用融资具有周期长、各类业务相对复杂的特点，一旦资金流转的某个环节出现问题，将导致贷款效率下降，严重的会造成业务链条断裂。

在区块链技术的融合下，可以为信贷融资建立独特的信贷渠道，特别是对中小企业而言。通过融资渠道与信用渠道来建立信用保障。银行在实际放贷过程中，只有征信记录才能有效查询企业的各项经营信息，及时核实企业的违规经营行为。此外，在提供资金时，资金输出行为可同时记录在官方信用证上，剩余的授信额度可根据平台对标信息的校验计算，对于资金短缺的中小企业，可快速填补相应的资金缺口，维持企业的正常运转。

## 二、区块链技术在供应链金融中的应用

### （一）供应链金融模式简介

**1. 供应链金融的定义**

供应链金融，就是依托核心企业，以供应链交易过程中的应收账款、预付账款、存货作为质押，为供应链中的中小企业提供融资服务。基于区块链技术，可以使供应链金融体系内的核心企业、供应商、分销商、物流公司、仓储公司等产业链上下游参与者的信息实现共享，并且可保证数据的准确性，把这些信息反馈给金融机构并实现金融风险的把控。供应链金融是基于供应链的中小企业重要融资渠道，也是商业银行授信业务的一个专业领域。

**2. 供应链金融的基本模式**

（1）预付账款融资

预付账款融资指在上游企业承诺回购的前提下，由第三方物流企业提供信用担保，中小企业以金融机构指定仓库的既定仓单向银行等金融机构申请质押贷款来缓解预付货款压力，同时由金融机构控制其提货权的融资业务。预付款融资的主要类型有先票/款后货授信、担保提货（保兑仓）授信、进口信用证项下未来货权质押授信、国内信用证和附保贴函的商业承兑汇票。

（2）存货融资

存货融资又称库存融资，它是中小企业以银行认可的存货作为质押物向金融机构申请授信的行为。存货融资能加快库存中占用资金的周转速度，降低库存资金的占用成本。目前我国存货融资的形态主要方式有：静态抵质押授信、动态抵质押授信和仓单质

押授信。

（3）应收账款融资

应收账款融资是指企业为取得运营资金，以卖方与买方签订真实贸易合同产生的应收账款为基础，为卖方提供的，并以合同项下的应收账款作为还款来源的融资业务。供应商首先与供应链下游达成交易，下游厂商发出应收账款单据。供应商将应收账款单据转让给金融机构，同时供应链下游厂商也对金融机构做出付款承诺。金融机构此时给供应商提供信用贷款，缓解供应商的资金流压力。一段时间后，当下游厂商销货得到资金以后再将应付账款支付给金融机构。应收账款融资的主要方式有：保理、保理池融资、反向保理、票据池授信、出口应收账款池融资和出口信用险项下的贸易融资。

### （二）区块链技术在供应链金融的运用

**1. 供应链金融现存主要问题**

（1）核心企业无法掌握充足的上下游企业信息，导致信任无法有效传递，中小企业融资难问题依然突出。由于银行依赖的是核心企业的控货能力和调节销售能力，通常只愿意对核心企业的一级上下游链内成员提供保理业务，大量中小企业往往就会因为难以得到及时融资而导致严重的经营问题。

（2）过于依赖核心企业的信用外溢。在应收账款融资模式和预付账款融资模式下，中小企业高度依赖于核心企业的信用水平来获得商业银行的贷款。但是，在经济下行或大企业所处行业发展低迷时，核心企业自身的担保能力、兑付能力就需要重新评估，这将大大降低中小企业从金融机构取得贷款的可行性。这种过于依赖核心企业的现象使得供应链金融授信的发放出现了从以交易为基础到以核心企业资质评估为基础的不良转变，加大了供应链金融模式的不稳定性。

（3）缺少综合性的风险评估分析，供应链上存在信息孤岛。虽然供应链金融在中国已经实现了“线上化”（即每一笔交易均通过互联网传递来交换信息），但是供应链中商流、物流、资金流和信息流这四个维度的信息并未得到系统综合的分析，各信息仍然由链上的不同主体分别掌握。企业间信息割裂，全链条信息没有充分融会贯通。这对于信贷提供方金融机构而言，大大增加了供应链信息的不透明性，使得其难以有效针对融资方进行综合风险评估，进而难以发放贷款。

（4）履约风险较难有效控制。供应商与购买方、融资方和金融机构之间的支付和约定结算受到各参与主体的契约精神和履约意愿的限制，特别是当交易涉及多级供应商结算时，不确定因素很多，故存在资金挪用、恶意违约或其他操作风险。

（5）缺少必要的仓储货物风控监管手段，供应链交易环节信息获取难度大。由于生产制造企业缺乏强有力的仓储货物风控监管手段，金融机构也因为缺失交易环节所产生的贸易信息而难以进行风险判定，进一步加剧了中小企业融资难的问题。

**2. 区块链技术在供应链金融的应用方式**

供应链金融存在核心企业信用无法有效传递、供应链上存在信息孤岛、过分依赖核心企业信用外溢等缺点，而区块链以其数据难以篡改、数据可溯源等技术特性，在融资的便利性与融资成本方面具有创新突破的潜力。区块链技术的特性与供应链金融的特性具有天然的匹配性。

（1）基于加密数据的交易确权

即借助区块链的时间戳技术与难篡改的特点，实现实时的各类有形、无形资产的确权、授权与交易监管。以应收账款权利为例说明，就是通过核心企业 ERP 系统数据上链，来实现实时性的数字化确权。

（2）基于存证的真实性证明

即在虚拟环境下从交易网络中取得各类实时交易信息，利用区块链技术进行“信息交叉验证”来检验交易真实性。这种信息交叉验证是通过算法遍历验证交易网络中的各级数据，验证方式主要有三种：链上交易节点的数据遍历、交易网络中的数据遍历、针对时序关系的数据遍历。具体来说，利用区块链技术进行交易真实证明的场景主要有将采购数据与物流数据相匹配、检验库存与销售数据是否一致、检验核心企业数据与上下游供应链条上的数据是否可靠等。

（3）基于共享账本的信用拆解

即利用区块链技术，建立共享账本，将核心企业的信用拆解并传递给整个供应链上的各级供应商和经销商。核心企业在区块链平台上登记其与供应商之间的债权债务关系，并将相关记账凭证顺链条逐级传递。

（4）基于智能合约的合约执行

即以自动化操作的方式，准确、自动地执行交易合约。以物权融资这一交易场景为例，该场景中的智能合约在完成交货后立刻向银行发送支付指令，进而完成资金支付、清算和财务对账的业务。截至 2019 年 6 月 1 日，行业中主要的智能合约开发平台有区块链智能合约系统（IBM）、Corda 智能合约平台（R3 联盟）、超级账本 Hyperledger（Linux）、以太坊智能合约平台等。

### （三）区块链应用于供应链金融的意义

（1）提高信息真实性和共享度

区块链技术能够在供应链之中建立供应链联盟，利用区块链分布式账本和共识机制，将供应链中各项交易真实记录于区块链账本之中，所有交易信息和数据只有通过区块链各个节点的核实和确认之后，才能被完整地写入区块链之中，有助于保证数据的真实性和完整性。区块链技术具有去中心化和分布式结构的特点，交易信息由参与个体直接发送至区块链中的各个节点。每个个体在记录本次交易的同时，需要下载并翻阅此前的账本记录，使得所有历史信息分别储存于各个参与主体，降低了数据篡改的可能性，提高了信息共享度。

（2）维护数据安全

在区块链技术中，基于电子账簿的原理，不同区块之间类似于账本页码一样连续不断，前面区块的信息会被后续的区块所存储，因此无法随意篡改某一区块的信息，大大提高了数据安全程度，我国存在大量的第三方服务平台，仅仅提供撮合服务而不承担借贷风险。区块链技术与供应链金融的结合，有助于缓解第三方平台的风控风险，推动行业内数据的分享和标准的建立，从而打造一个更为良性的行业生态圈，实现参与各方共享和互利共赢。

（3）缓解中小企业“融资难、融资贵”的问题

中小企业在我国的金融环境中存在风险评级低、融资成本高且难度大的问题，在缺乏相应完善的政策支持体系中，中小企业融资往往因为信息不对称而遭到金融机构的“惜贷”，造成逆向选择问题。利用区块链技术，以类似于比特币的方式生成数字票据，记录企业供应链的基本数据，并且可以在公开透明、多方见证的环境中任意拆分或转让，使得中小企业的信用可溯源性大大提高，降低了金融机构与中小企业之间的信息不对称情况，以机器信用代替第三方信用，改善信用环境，增强金融机构对核心企业与上下游交易真实性的信心，使融资效率大大提升，解决企业融资难的问题。

不论传统供应链融资还是“互联网＋供应链金融”融资，其人工成本是十分高昂的，主要是因为资产和票据确权业务流程十分烦琐，且用时较长，导致企业和银行需投入大量成本核实票据和交易的真实性。对于很多中小企业，除核实信息成本以外，还要加上担保机构的担保费率、风险保证金等一系列支出，可能陷入“雪上加霜”的局面。而基于区块链技术的供应链金融平台，核心企业可以在平台上发布数字资产并上传相关文件，平台通过区块链共识机制与交易对手方进行相关交易和票据确认，线下工作人员与相关方进行核实和确认，提高工作效率，降低人工成本。

## 任务实训

### 一、任务说明

供应链金融需要完成创建区块链、存货融资、应收账款融资、预付票/款融资四个模块内容，要按步骤开启任务并完成业务流程操作。

### 二、任务实操

第一步，在首页中点击“供应链案例实训”，完成“创建区块链”。点击核心企业中的“创建区块链”，依次完成服务器配置、区块链程序安装、创建账户和启动区块链。见图13－2。

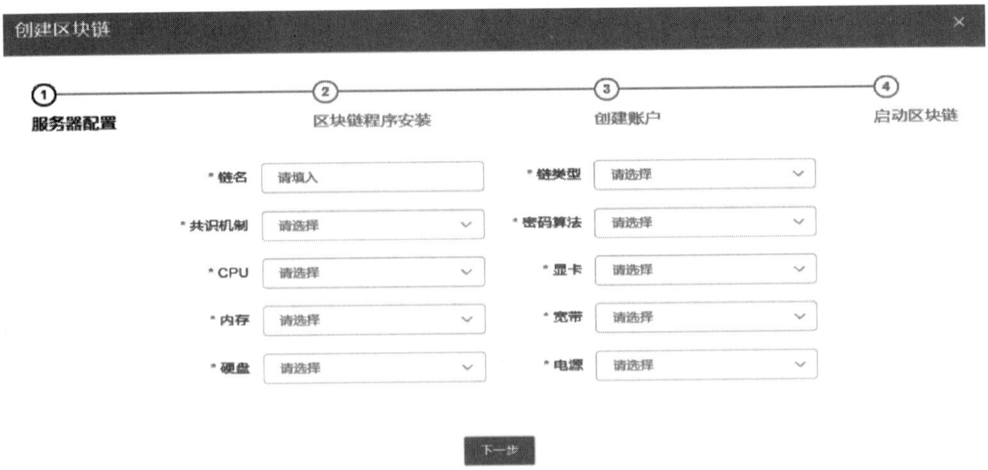


图 13－2　创建区块链

第二步，点击核心企业中的“机构备案”，依次完成申请主体信息、负责人信息、服务信息、提交完成四个步骤。

第三步，点击核心企业中的“智能合约设置”，设置自动放款和自动还款的触发条件。

第四步，分别在金融机构、第三方物流公司和融资企业中添加节点，并且连接区块链和运行智能合约，如图 13－3 所示。

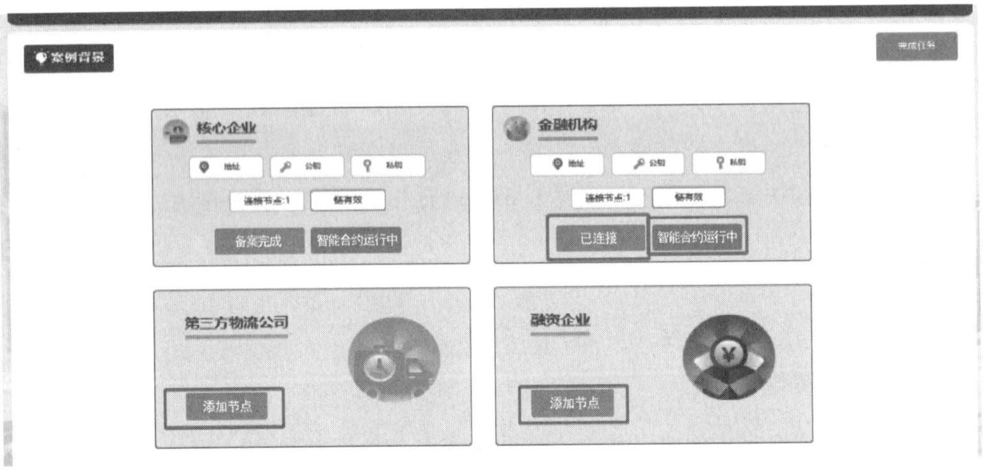


图 13－3　添加节点

第五步，点击“存货融资”，提示操作流程，如图 13－4 所示。

第六步，点击“存货质押”，根据案例描述依次完成授信申请书、材料采购单、货物出库证明、货运明细单、货物投保证明、货权转移证明和上传区块的相应的操作。见图 13－5。

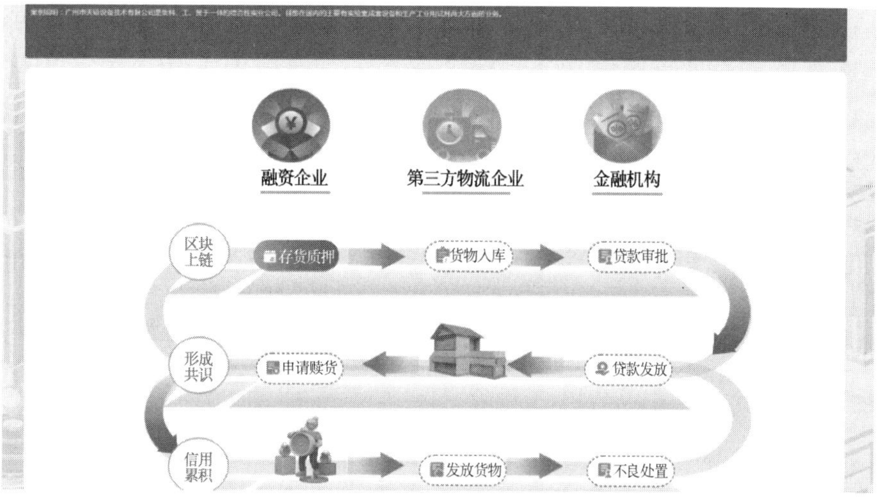


图 13－4 存货融资任务流程

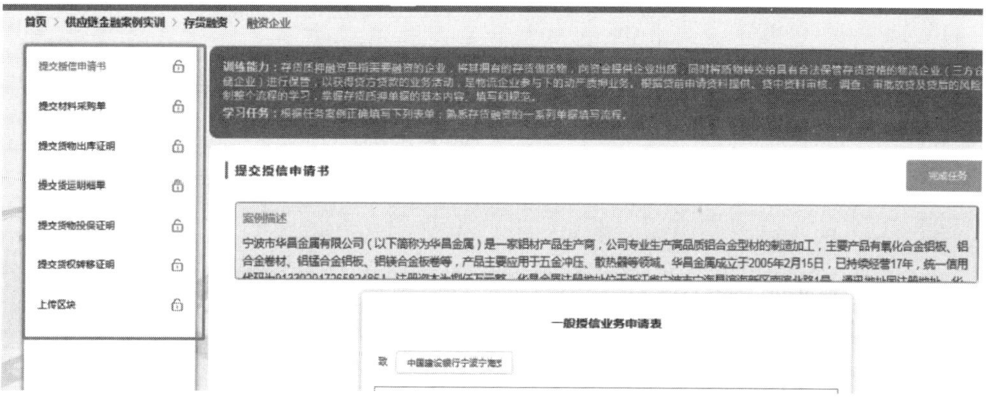


图 13－5 存货质押任务

第七步，点击“货物入库”，根据案例描述依次完成抵（质）押物出入库单、货物检验报告、存货仓单的相应的操作。见图 13－6。

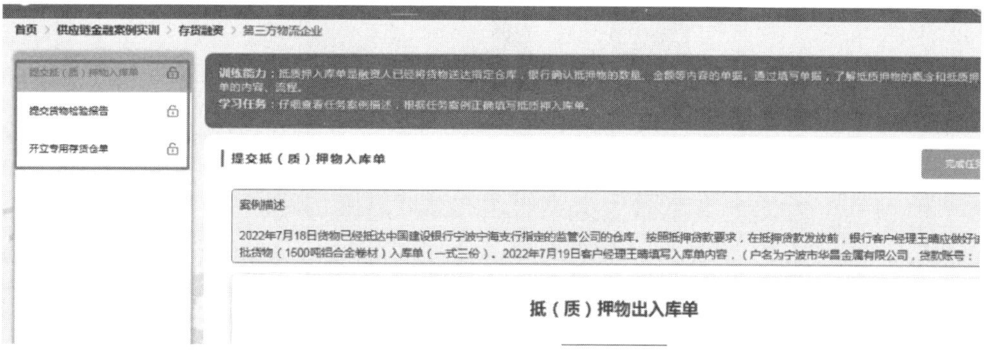


图 13－6 货物入库任务

第八步，点击“贷款审批”，根据案例描述依次完成单证确认和贷款审批的相应的操作。

第九步，点击“贷款发放”，根据案例描述依次完成银企合作协议、不可撤销的协助行使质押权保证书、仓储合作协议、存货质押贷款合同、签名存和贷款发放的相应操作。见图 13－7。

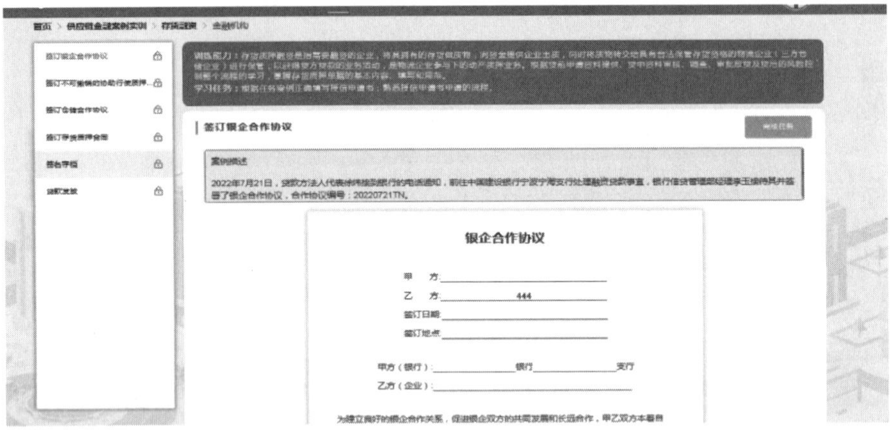


图 13－7　贷款发放任务

第十步，点击“申请赎货”，根据案例描述依次完成保证金赎货和放货申请书的相应操作。

第十一步，点击“发放货物”，根据案例描述依次完成放货及货权转移通知书、货权转移证明及抵（质）押物出入库单的相应操作。

第十二步，点击“不良处置”，完成不良处置的相应填写。

第十三步，点击“应收账款融资”，显示任务流程如图 13－8 所示。

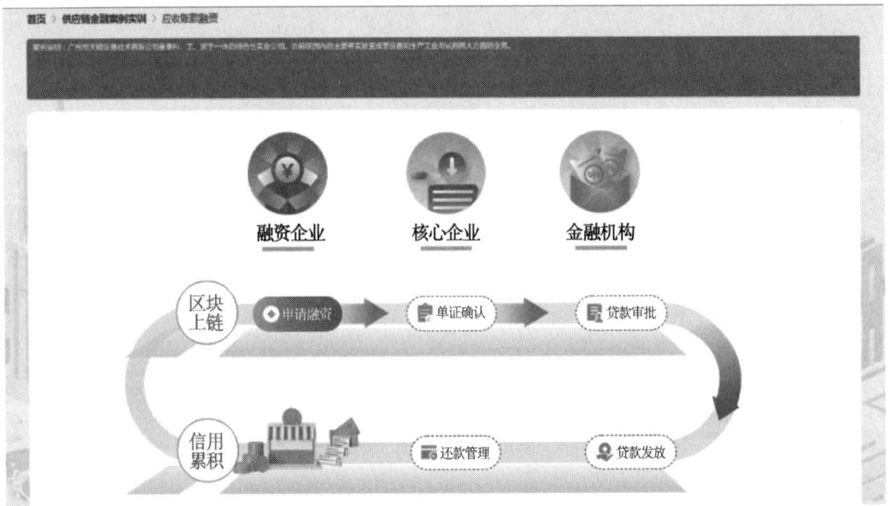


图 13－8　应收账款融资任务流程

第十四步，点击“申请融资”，根据案例描述完成核心企业推荐书、授信申请书、应收账款的支持性文件、营业执照、公司章程、法人身份证及证明、纳税申请表、审计报告、对公账户流水、上下游客户情况、征信查阅授权书、上传区块的相应操作。

第十五步，点击“单证确认”，根据案例描述完成单证确认的相应操作。

第十六步，点击“贷款审批”，根据案例描述完成单证确认和贷款审批的相应操作。贷款审批见图 13 – 9。

**图 13 – 9　贷款审批**

第十七步，点击“贷款发放”，根据案例完成签订应收账款融资贷款合同、签名存单和贷款发放。

第十八步，点击“还款管理”，根据案例描述完成如期还款和展期申请的相应操作。见图 13 – 10。

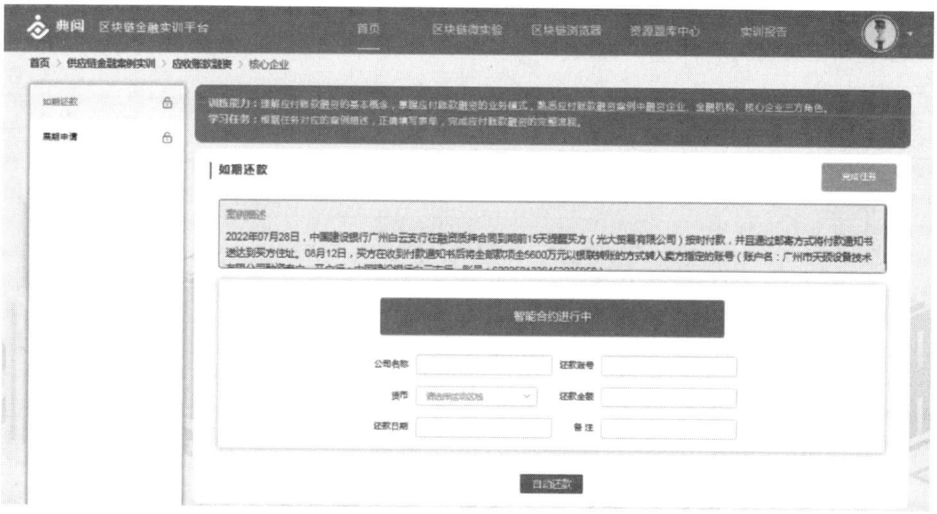


**图 13 – 10　还款管理操作**

第十九步，点击“预付票/款融资”，显示如图 13－11 所示。

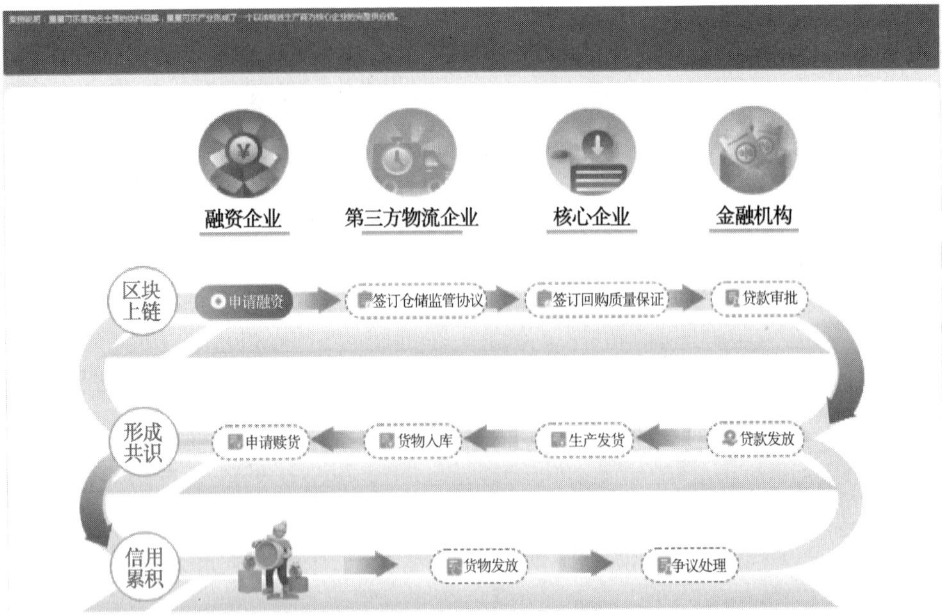


图 13－11　预付票/款融资任务流程

第二十步，点击“申请融资”，根据案例描述完成信贷业务申请书、购销合同、对公账单流水、纳税申请表、征信查阅授权书、提交保证金和上传区块的相应操作。信贷申请书填写见图 13－12。

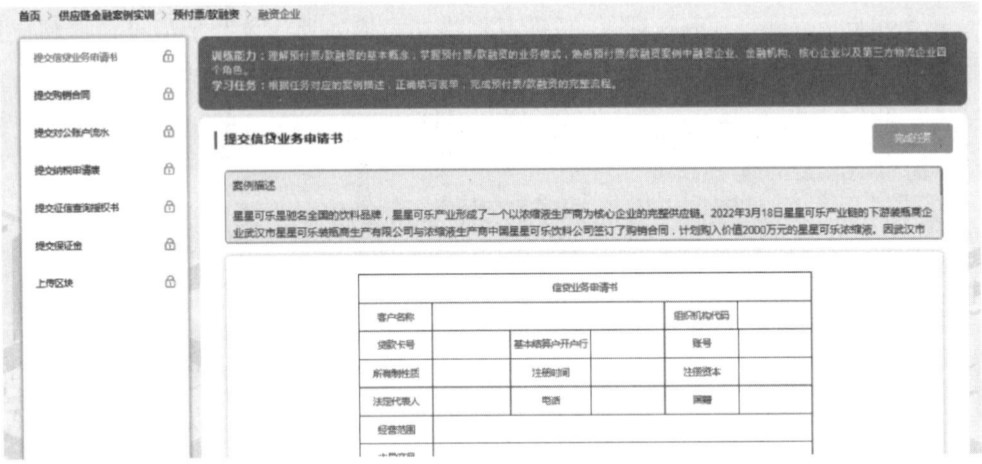


图 13－12　信贷业务申请书填写

第二十一步，点击“签订仓储监管协议”，根据案例描述完成签订仓储监管协议。

第二十二步，点击“签订回购”“质量保证协议”，根据案例描述完成签订回购、质量保证协议。

第二十三步，点击“贷款审批”，根据案例描述完成单证确认和贷款审批的相应操作。见图 13 - 13。

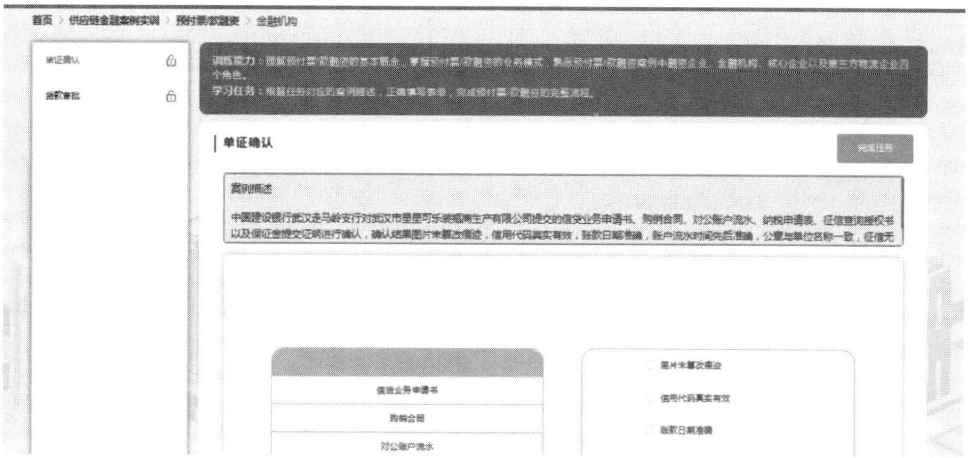


图 13 - 13　单证确认操作

第二十四步，点击“贷款发放”，根据案例描述完成签订先票后货合作协议、签名存档和贷款发放的相应操作。

第二十五步，点击“生产发货”，根据案例描述完成银行承兑汇票接收函、材料采购单、生产加工、货权转移证明及货运明细单的相应操作。

第二十六步，点击“货物入库”，根据案例描述完成提交货物入库单和提交货物检验报告。

第二十七步，点击“申请赎货”，根据案例描述完成保证金赎货和提交放货申请书的相应操作。保证金赎货见图 13 - 14。

图 13 - 14　保证金申请书赎货

第二十八步，点击“货物发放”，根据案例描述完成放货及货权转移通知书、接收货权转移证明和提交货物出库单的相应操作。见图 13－15。

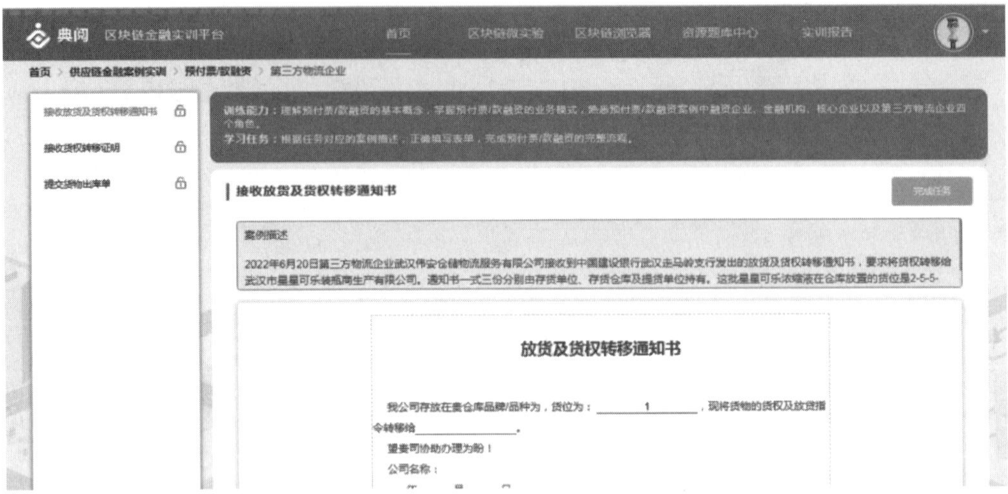


图 13－15　放货及货权转移通知书操作

第二十九步，点击“争议处理”，根据案例描述完成保险理赔和货物补发的相应操作。见图 13－16。

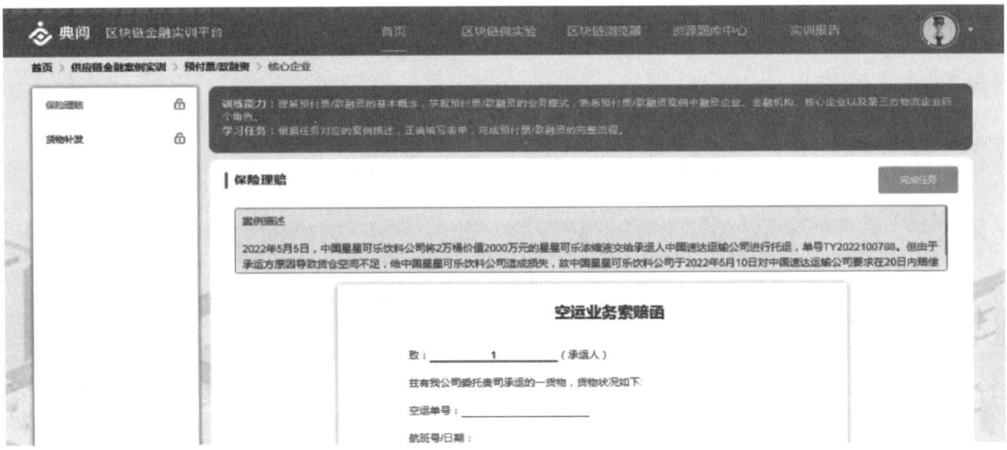


图 13－16　空运业务索赔函操作

## 三、任务评价

实训任务评价见表 13－2。

表 13－2　实训任务评价表

| 考核项目 | 考核标准 | 得分 |
|---|---|---|
| 职业素养（20 分） | 1. 按时出勤，课堂表现好（5 分） | |
| | 2. 仪容仪表规范（5 分） | |
| | 3. 具备一定的组织协调能力（5 分） | |
| | 4. 具备良好的团队合作精神（5 分） | |
| 思政建设（20 分） | 1. 具备吃苦耐劳的精神（10 分） | |
| | 2. 具备严谨科学、求真求实的学习态度和工作作风（10 分） | |
| 技能要求（60 分） | 熟悉区块链应用能力，具备金融科技业务创新方面的应用能力及数字供应链金融应用能力，获得使用金融领域基本数字化工具的能力（60 分） | |
| 合计 | | |

## 任务小结

本任务帮助同学们了解了我国供应链金融发展面临的瓶颈以及介绍了区块链在供应链金融中的应用方案，课后同学们在掌握理论知识的前提下，可以通过实景演练、实训练习的方式掌握区块链在供应链金融中应用的业务流程。

## 课后任务

### 一、多项选择题

1. 我国供应链金融现存主要问题包括（　　）。

A. 核心企业无法掌握充足的上下游企业信息

B. 过于依赖核心企业的信用外溢

C. 存在信息孤岛

D. 履约风险较难有效控制

E. 缺少必要的仓储货物风控监管手段

2. 区块链技术的特征包括哪些（　　）。

A. 透明可信　　B. 防篡改可追溯

C. 隐私安全保障　　D. 系统高可靠

3. 区块链在金融业中的应用场景有哪些（　　）。

A. 支付结算　　B. 供应链金融

C. 票据流转　　D. 证券发行与交易

### 二、判断题

1. 区块链技术的特性与供应链金融的特性具有天然的匹配性。（　　）

2. 比特币是数字现金。（　　）

# 项目 14 数字人民币

## 学习目标

【知识目标】

1. 掌握数字人民币的诞生的背景；
2. 掌握央行数字货币的定义和特征；
3. 掌握央行数字货币的表现形式；
4. 掌握数字人民币发展的大事件；
5. 掌握数字人民币的定义和模式；
6. 掌握数字人民币的应用场景。

【能力目标】

1. 能熟练掌握央行数字货币的定义和特征；
2. 能熟练掌握数字人民币的定义和模式；
3. 能熟练掌握数字人民币发展的大事件；
4. 能熟练掌握数字人民币的应用场景。

【素质目标】

1. 提高学生自主学习能力；
2. 提高学生理论知识应用能力；
3. 树立良好的活学活用的学习意识。

【思政目标】

1. 提升学生励学敦行、一丝不苟的研学精神；
2. 树立良好的爱岗敬业意识和积极的创新意识；
3. 培养严谨科学、求真求实的学习态度和工作作风。

## 课程思维导图

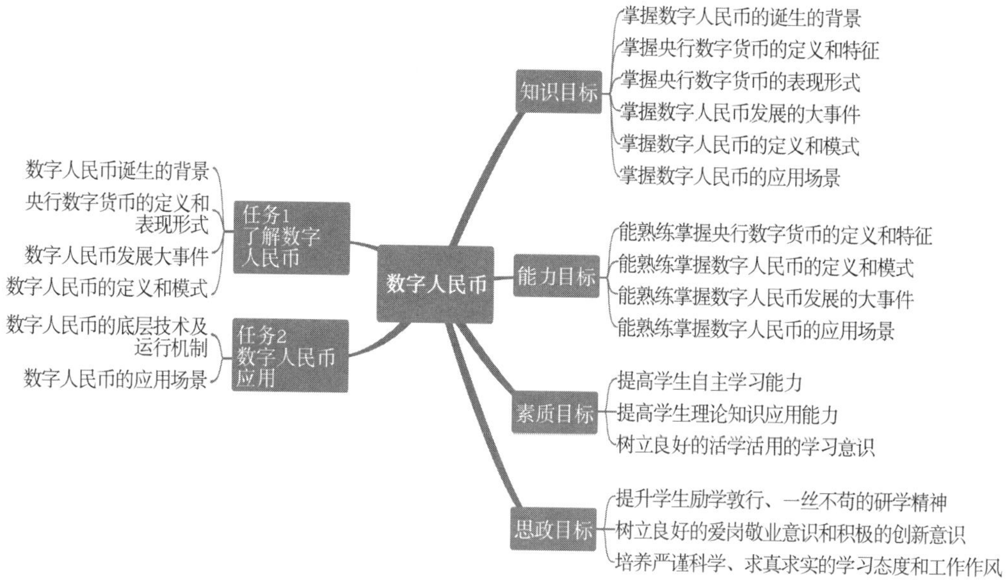


# 任务1 了解数字人民币

## 任务要求

通过本环节内容学习，了解数字人民币诞生的背景、央行数字货币的定义和表现形式、数字人民币的定义和模式、应用场景，让同学们快速了解数字人民币的相关理论知识。此外，请同学们结合数字人民币的应用场景分析：1. 数字人民币对政务服务、民生应用、文旅消费、生活带来哪些影响？2. 数字人民币与微信、支付宝、传统人民币有什么区别？

## 必备知识

### 一、数字人民币诞生的背景

#### （一）数字人民币的发展环境

**1. 数字化的货币体系发展趋势**

从实物货币到金属货币再到信用货币、电子货币，在漫长的货币体系演变中，法定货币的数字化必然是未来的发展方向。数字货币是各国央行必须考虑的下一金融基础设施。

**2. 现金的功能和使用环境正在发生变化**

目前人民币的货币总量已突破230万亿元，M0仅有8万多亿元，而且随着移动支付的广泛使用，真正用于支付的现金规模更小。数字化经济时代，现金管理成本较高，其设计、印制、调运、存取、鉴别、清分、回笼、销毁以及防伪反假等诸多环节耗费了大量人力、物力、财力。而数字化货币除了能节约一定的管理成本，且在反洗钱、反恐怖融资、反腐败等方面具备天然优势，有利于发挥货币的监督作用。因此，数字化的现金形态成为央行需要考虑研发的目标对象。一方面能够和现金相辅相成行使货币职能，另一方面能够弥补现金在使用上的功能性不足。

### （二）数字人民币的国际发展环境

#### 1. 加密货币特别是全球性稳定币发展迅速

近年来，私人部门数字货币兴起，比特币、全球性稳定币等加密资产试图发挥货币职能，开始了新一轮私铸货币、外来货币与法定货币的博弈。

比特币等加密货币采用区块链和加密技术，宣称“去中心化”“完全匿名”，但缺乏价值支撑、价格波动举动、交易效率低下、能源消耗巨大等限制导致其难以在日常经济活动中发挥货币职能。同时，加密货币多用于投机，存在威胁金融安全和社会稳定的潜在风险，并成为洗钱等非法经济活动的支付工具。

针对加密货币价格波动较大的缺陷，一些商业机构推出所谓“稳定币”，试图通过与主权货币或相关资产锚定来维持币值稳定。

2019 年，全球社交巨头 Facebook 宣布计划发行数字货币 Libra，其与一篮子货币的存款或政府债券挂钩的设想最初被定义为一种全球稳定的数字货币。尽管 Libra 白皮书 2.0 向监管大幅妥协，并在后续改名为“Diem”，弱化了其超主权特性，将使命从无国界货币更改为全球支付系统，并对储备设计、合规管理框架等进行补充完善。在解决一系列的监管与合规问题之前，Libra 的前景并不乐观，但其构想仍具备超主权货币雏形，这将对国际货币体系产生巨大影响。

因此，私人部门数字化货币兴起与之伴随而来的一系列潜在威胁，使我国加快了对央行数字货币的研究。

#### 2. 各国正在积极考虑或推进央行数字货币研发

目前，在数字经济的推动下，全球各个国家都在积极考虑或加速推进央行数字货币的研发。根据国际清算银行（BIS）发布的 2021 年央行数字货币调查结果显示，81 个国家或经济体的中央银行中约 90% 正在探索央行数字货币，这一比例创下了历史新高。各国央行对数字货币的研发也正迈向更深入的阶段。该调查结果显示，超过一半的央行正在开发或进行具体试验。

我国作为研发央行数字货币最早的国家之一，正在积极推行数字人民币的试点。而在全球央行数字货币竞争日益激烈的发展趋势下，还需要更加积极主动地推动数字人民币的发展，争取先发优势获得更多的国际金融话语权。

## 二、央行数字货币的定义和表现形式

### （一）央行数字货币的定义

央行数字货币 Center Bank Digital Currency，简称 CBDC。国际货币基金组织称之为“价值的数字表达”，认为央行数字货币是一种新型的货币形式，由中央银行以数字方式发行的、有法定支付能力的货币。

国际清算银行提出的“货币之花”模型见图 14－1，从四个方面对数字货币进行分类与定义，分别为货币的发行人（央行发行还是其他机构发行）、货币的形态（有形的还是数字形态）、货币的通用性（普遍通用还是获取使用受限）、货币的价值形式（是基于代币还是基于账户）。

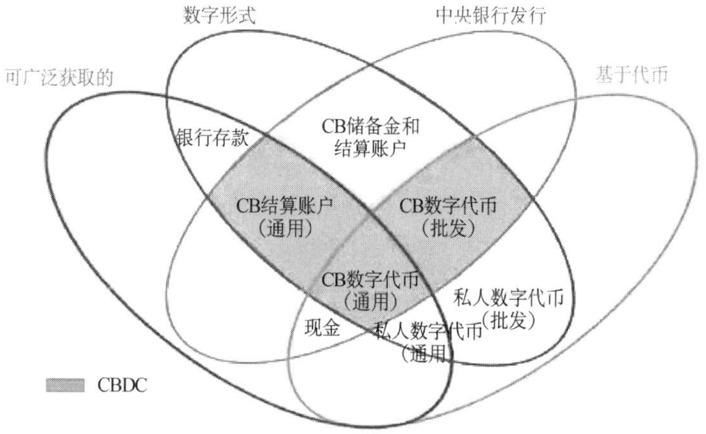


注：CB代表中央银行，CBDC代表中央银行数字货币。

**图 14－1 “货币之花”数字货币模型**

最终明确央行数字货币的概念，即央行数字货币是一种数字形式的中央银行货币，且区别于传统金融机构在中央银行准备金和结算账户存放的数字资金。

### （二）央行数字货币的基本原则与核心特征

2020 年 10 月，美联储、欧洲央行、日本央行、英格兰央行、加拿大央行、瑞士央行、瑞典央行与国际清算银行共同发布了报告《央行数字货币：基本原则与核心特征》。报告认为各国央行在发行 CBDC 时有三个基本原则：中央银行不应该通过发行 CBDC 而损害货币或金融稳定；CBDC 需要与现有货币形式共存和互补 CBDC 应促进创新和效率。

报告中对 CBDC 的核心特征主要概括为三类：从技术特征来看，CBDC 必须是可转换的、方便的、可接近和可使用的以及低成本的；从底层系统来看，CBDC 系统应该具备安全性、即时性、弹性、7 天 24 小时可用、吞吐量大、可扩展性、灵活性和可适应性，以及可操作等特性；从制度特性来看，CBDC 的发行应有健全的法律框架，以明确中央银行有权利来支持其发行 CBDC。

### （三）央行数字货币的表现形式

根据不同的表现形式，CBDC 可以分为不同的类型。从适用对象来看，CBDC 可以分为零售型和批发型；从运营架构来看，则可以分为间接型、直接型、混合型；从价值范式可以分为基于账户形式和基于通证形式等。

其中间接型 CBDC 也就是所谓的和成型 CBDC，其与现有的货币运营架构相似，但间接型 CBDC 是消费者对中介索偿，中央银行只追踪批发账户，中介机构被授权通过其在央行持有的 CBDC 完全支持消费者每笔间接 CBDC 负债。就像如今的系统一样，中介处理与零售客户的所有通信、净额支付，还包括向其他中介发送付款信息，并将批发付款指令发送给央行。

直接型 CBDC，账户将由中央银行管理，即消费者对中央银行直接索偿，每笔交易都会在账户中记录、更新。在这种结构中，KYC 和客户尽职调查可以由私人部门、央行或其他公共部门机构进行。但是，央行将是唯一处理服务的机构。直接型 CBDC 消除了对中介的依赖，但是这会让支付系统的可靠性、速度和效率有所折中。

混合型 CBDC 则是目前的主流趋势，也是最符合现实需求的一种设计模型，这种模式将对中央银行的直接索偿与私人部门信息传递结合在一起，既满足了央行数字货币的设计诉求（央行作为最终债务人），又能满足零售支付中对速度、效率的需求。

目前，可以确定的是数字人民币是一种零售型 CBDC，是央行的负债，采用的中心化管理和双层运营体系，主要定位于现金类支付凭证（M0），不计付利息。

## 三、数字人民币发展大事件

央行数字货币计划从 2014 年成立研究小组到现在已八载有余，前期经历了漫长的理论初探、框架建立、研发设计。自 2019 年开始，数字人民币的发展进入了加速发展的阶段，尤其是在 2019 年 6 月 Libra 白皮书发布后，央行的落地推进工作更加紧锣密鼓，目前已经在国内多个主要城市，以及重点场景进行了封闭测试。依照当前推进速度，我国有望成为首发央行数字货币的主要经济体。数字人民币发展大事记如图 14－2 所示。

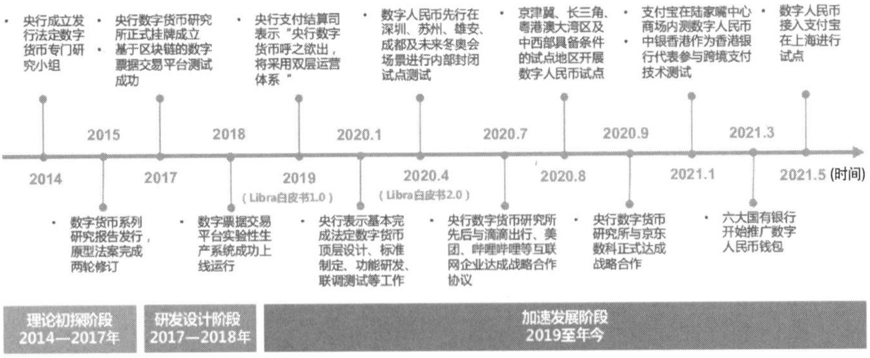


图 14－2　数字人民发展大事记

## 四、数字人民币的定义和模式

### （一）数字人民币的基本定义

《中国数字人民币的研发进展白皮书》（以下简称“《白皮书》”）数字人民币（c－CNY）是由中国人民银行发行的数字形式的法定货币，由指定运营机构参与运营并向公众兑换，以广义账户体系为基础，支持银行账户松耦合功能，与实物人民币等价，具有价值特征和法偿性。其主要含义是：数字人民币是央行发行的法定货币。数字人民币采取中心化管理、双层运营。数字人民币主要定位于现金类支付凭证（MO），将与实物人民币长期并存。数字人民币是一种零售型央行数字货币，主要用于满足国内零售支付需求。在未来的数字化零售支付体系中，数字人民币和指定运营机构的电子账户资金具有通用性，共同构成现金类支付工具。

数字人民币设计兼顾实物人民币和电子支付工具的优势，既具有实物人民币的支付即结算、匿名性等特点，又具有电子支付工具成本低、便携性强、效率高、不易伪造等特点。

### （二）数字人民币的三大模式

数字人民币兼具账户和价值特征。数字人民币兼容基于账户（account－based）、基于准账户（quasi－account－based）和基于价值（value－based）等三种方式，采用可变面额设计，以加密币串形式实现价值转移。下面就三种价值模式进行简单分析。

**1. 账户（account－based）模式**

数字人民币是以广义账户体系为基础，而数字人民币的账户模式实际上就是数字人民币账户体系的体现。其主要表现在运营机构开立的数字人民币钱包，运营机构以账户的形式记载数字人民币的价值，并建立所有者身份与账户中的数字人民币价值间的关联关系，确立所有者对于对应数字人民币价值的所有权。数字人民币APP内开立的各运营银行的钱包采用统一的认知体系和防伪功能，同时采用各自的视觉识别和特色功能。其中每个开立的钱包都会生成唯一的数字人民币钱包编号，这个钱包编号与账户所有人身份进行绑定，也是其账户模式的体现。

钱包编号是用户开立数字人民币钱包的“身份标识”，类似于传统银行账户下的“卡号”，用户可以通过钱包编号进行钱包之间的“转钱”。因此，钱包编号是数字人民币体系下的底层流通标识之一。也因此，在以软件（APP）为载体的数字人民币钱包体系下，无论是否实名，账户模式都是主要表现形式。换言之，账户模式可以理解为数字人民币的软钱包。

**2. 准账户（quasi－account－based）模式**

准账户模式同样是以账户形式记载数字人民币的价值，但不建立使用者身份与账户中数字人民币价值间的关联关系。也就是说，准账户模式的数字人民币产品针对不特定身份使用者发行，发行时是非实名的，发行后可根据用户身份进行绑定实名。

发行时不记名，需要配合用户的数字人民币软钱包来使用。受理准账户模式硬钱包的设备需要“联机”，以实现后台系统的币串信息同步。

准账户模式硬钱包的形态包括标准 IC 卡、可穿戴、SIM 卡等，其与账户模式数字人民币钱包的区别在于一个是“软件”，一个是“硬件”，但其背后实际的受理逻辑仍然是账户形式，需要实时联机同步信息。

另外，值得注意的是，准账户模式的硬钱包在发行时不记名、不挂失，但其通过软钱包进行绑定之后即成了一个“账户模式”的硬钱包，可依托母钱包账户以“子钱包”形式存在。当然，未来不排除会直接发行“账户模式”的硬钱包。

“准账户模式”与“卡式软钱包”在功能上一致，均只支持单离线支付。具体规范细节或有不同，主要表现在“准账户模式”规范由中国银行与中国人民银行数字货币研究所制定，已在冬奥会上商用：“卡式软钱包”规范由工商银行制定，也具备较成熟的商用环境。但据移动支付网了解，目前市面上大部分硬钱包均为“准账户模式”。

**3. 价值（value - based）模式**

价值模式是指数字人民币直接存储于相应的载体中，用户通过占有和控制相应的载体享有数字人民币的所有权。支付时收付双方可直接点对点完成价值转移。

价值模式实际上也是指支持“双离线”支付下的“硬钱包”，同样包括标准 IC 卡、手机终端、可穿戴、SIM 卡、物联网设备等多种形态。

因此，价值模式与准账户模式一样，同属于硬钱包的形态，其区别则在于价值模式的硬钱包币串在本地，而准账户模式硬钱包的币串在服务器后台；价值模式硬钱包支持“双离线”支付，准账户模式硬钱包需要“联机”受理；价值式硬钱包需要预充值之后进行消费，准账户模式硬钱包无须充值操作即可直接绑定账户进行后台扣款。

目前，支持双离线支付的“硬钱包”规范和标准仍然在制定中，并没有正式商用。

# 任务实训

## 一、任务说明

熟悉数字人民币的发展历程和应用场景，以小组为单位分析数字人民币对政务服务、民生应用、文旅消费、生活带来哪些影响？

## 二、任务评价

实训任务评价见表 14 - 1。

表 14－1 实训任务评价表

| 考核项目 | 考核标准 | 得分 |
|---|---|---|
| 职业素养（20 分） | 1. 按时出勤，课堂表现好（5 分） | |
| | 2. 仪容仪表规范（5 分） | |
| | 3. 具备一定的组织协调能力（5 分） | |
| | 4. 具备良好的团队合作精神（5 分） | |
| 思政建设（20 分） | 1. 具备吃苦耐劳的精神（10 分） | |
| | 2. 具备严谨科学、求真求实的学习态度和工作作风（10 分） | |
| 技能要求（60 分） | 了解数字人民币产生背景和发展历程，熟悉掌握数字人民币的相关基础知识，对数字货币有一定的了解（60 分） | |
| 合计 | | |

## 任务小结

本节任务帮助同学们了解了数字人民币的定义和模式，课后同学们在掌握理论知识的前提下，可以通过小组讨论、自主学习的方式掌握数字人民币的应用。

# 任务 2　数字人民币应用

## 任务要求

通过学习课程资源的相关内容，了解数字人民币运行机制及应用场景，根据实训任务的案例操作来运用数字货币技术和编程技术，完成数字人民币实战训练。

## 必备知识

### 一、数字人民币的底层技术及运行机制

#### （一）熟知 DC/EP 的顶层设计

**1. 双层运营模式**

双层运营体系就是上面一层是中国人民银行对商业银行，下面一层是商业银行或商业机构对老百姓。相较于直接对公众发行数字货币的单层运营体系，央行并不与民众直接接触，而是会先把数字货币兑换给商业银行/其他运营机构（商业机构/其他运营机构向央行全额、100% 缴纳准备金），再由商业银行/其他运营机构兑换给公众。双层运营体系与我国现有货币发行体系较为贴合，对现有货币体系的冲击最小，后续进行数字货币系统更新换代的阻力也较小。

**2. 不预设技术路线**

央行在 DC/EP 的研发工作上不预设技术路线，可以在市场上公平竞争，优中选优，

既可以考虑区块链技术，也可采取在现有的电子支付基础上演变出来的新技术，充分调动市场的积极性和创造性，但由于 DC/EP 的目标应用场景是高并发的零售业务领域（每秒交易笔数至少要达到 30 万笔/秒），而当前的区块链技术在性能上无法满足这一目标，因而 DC/EP 在央行这层并未采用区块链技术。对于区块链技术中常见的可以自动执行协议的智能合约功能是可以考虑用于 DC/EP 中的，但对超出货币职能的智能合约应持审慎态度。为保持无限法偿性的法律地位，DC/EP 不应承担除货币应有的四个职能（价值尺度、流通手段、支付手段和价值贮藏）之外的其他任何社会与行政职能。加载除法定货币本身功能外的智能合约，将影响 DC/EP 的法偿功能，甚至使其退化为有价票证，降低我国央行数字货币的可自由使用程度，也将对人民币国际化产生不利影响。

**3. 账户与匿名性**

DC/EP 采用中心化的运营模式，与传统电子支付工具有所不同。电子支付工具的资金转移必须通过账户完成，采用的是账户紧耦合方式。在 DC/EP 采用的松耦合账户体系下，可要求运营机构每日将交易数据异步传输至央行，使交易环节对账户的依赖程度大为降低，既便于央行掌握必要的数据以确保审慎管理和反洗钱等监管目标得以实现，也能减轻商业机构的系统负担。在匿名性上，央行数字货币必须实现可控匿名，只对央行这一第三方披露交易数据。原因是，如果没有实现对交易第三方（除央行之外）匿名，会泄露个人信息和隐私；但如果允许实现完全的第三方匿名，则会助长如逃税、洗钱和恐怖融资等犯罪行为。

**4. DC/EP 的使用限制**

由于 DC/EP 相较于银行存款的安全性更高，可能会导致商业银行的“存款搬家”，而这会影响金融体系的稳定性，为此，央行会对 DC/EP 施加限制，增加银行存款兑换 DC/EP 的成本。另外，为了引导持有人将 DC/EP 用于零售业务场景，央行也可能采取相应措施。这些措施包括

（1）时间、金额限制。央行可能根据 DC/EP 账户的不同级别设定交易限额和余额限制，也可能设置每日及每年累计交易限额，并规定大额预约兑换。

（2）交易费用限制。必要时，央行可能对 DC/EP 的兑换实现分级收费，对于小额、低频的兑换可不收费，对于大额、高频兑换和交易收取较高费用。

### （二）熟知 DC/EP 的流通机制

**1. DC/EP 的发行流程**

DC/EP 的发行采用的是双层运营体系。为保证数字货币不超发，商业银行需要向央行全额缴纳 100% 的准备金，保证 DC/EP 是中央银行负债，由中央银行信用担保，具有无限法偿性。具体的发行流程为：

（1）由 DC/EP 系统接收商业银行数字货币系统的数字货币发行请求；

（2）由认证系统对数字货币发行请求进行业务核查，核查通过后向会计核算系统发送扣减存款准备金的请求；

（3）会计核算系统进行扣减存款准备金操作，并向 DC/EP 系统进行反馈；

（4）接收到会计核算系统发送的扣款成功的应答后，DC/EP 系统通过公钥加密产生数字货币，并将数字货币字符串发送到发出申请的商业银行数字货币系统。

DC/EP 的发行流程如图 14－3 所示。

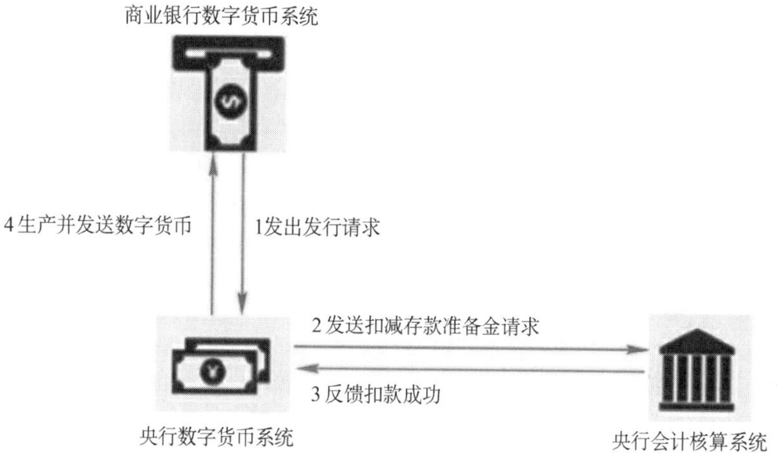


**图 14－3　DC/EP 的发行流程**

**2. DC/EP 的支付流程**

DC/EP 的支付流程需要通过用户、商业银行和中央银行三个层面完成。其基本流程为：

（1）付款用户的终端设备接收付款指令，从付款方的数字钱包中提取金额等于付款金额的数字货币。

（2）付款方或收款方终端将数字货币和收款方地址/标识发送给商业银行数字货币系统。

（3）商业银行数字货币系统将接收到的相关信息发送给中央银行数字货币系统，由中央银行完成对数字货币属主变更的操作，并根据场景决定是否将数字货币发送给收款方。

根据操作方式的不同，DC/EP 可分为终端设备间的支付和由商业银行数字货币系统作为中介的支付。这两种方式的主要区别是 DC/EP 是否在收付款方之间进行直接转移。对终端设备间的支付，DC/EP 可通过近场通信的方式直接发送给付款方，DC/EP 系统仅完成属主信息的更改；而由商业银行数字货币系统作为中介的支付中，收付款方的终端设备无法直接产生交互，数字货币先由付款方终端生成第一请求，将数字货币与收款方标识一起发送给商业银行，再经商业银行生成变更属主信息的第二请求发送给中央银行，由中央银行完成属主信息的变更后发送给收款方。终端设备间的数字货币支付流程如图 14－4 所示。

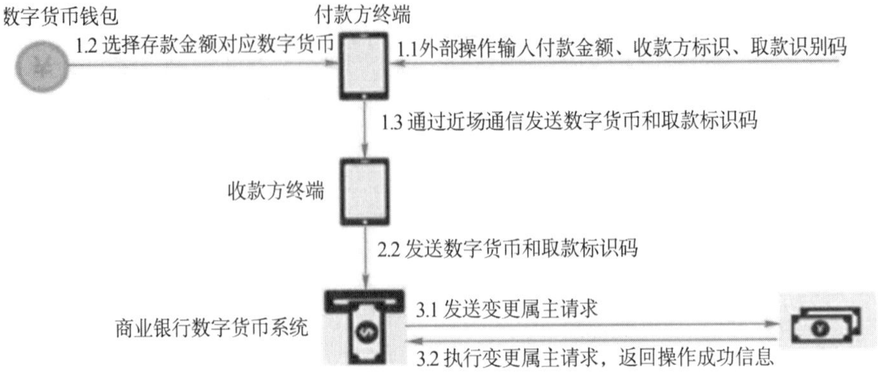


**图 14－4　数字货币支付流程**

由商业银行数字货币系统作为中介的数字货币支付流程如图 14－5 所示。

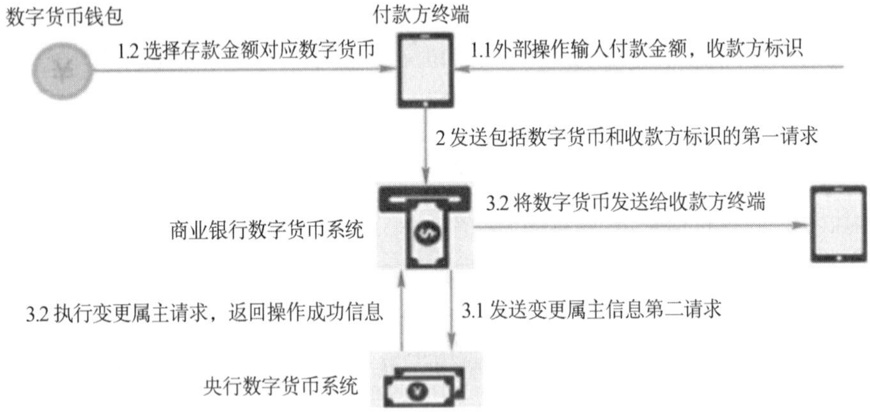


**图 14－5　数字货币支付流程**

**3. DC/EP 的存款流程**

DC/EP 的存款流程与其支付过程类似，只是最终 DC/EP 的去向变为与 DC/EP 存款账户对应的商业银行。其基本流程为：（1）受理终端设备接收外部操作输入的存款信息，并将存款信息发送至商业银行数字货币系统，存款信息包括存款账户信息、数字钱包（数字货币芯片卡）信息以及与存款金额等值的 DC/EP。（2）商业银行数字货币系统在接收到存款信息后，向 DC/EP 系统发送变更属主的请求。（3）最后 DC/EP 系统在接收到请求后，将 DC/EP 的属主变更为商业银行，并对存款账户的金额进行变更。

### （三）了解数字钱包/芯片卡的应用

**1. 数字钱包**

在数字货币研究所提交的 52 项与数字货币相关的专利中，涉及数字货币钱包相关应用的专利数量达21项，可见数字货币研究所十分重视数字货币钱包的研发。

（1）数字钱包的申请与开通

数字钱包的申请与开通有两种方式。一种是由账户行数字货币系统创建数字钱包，用户可以通过银行账户申请开通数字钱包，在开通过程中由用户指定银行账户与数字钱包的绑定关系，开通成功后该银行账户会与数字货币钱包进行绑定，用户通过银行账户即可访问数字钱包。

另一种是由钱包服务商创建数字钱包，具体实施方式如下：①数字钱包终端生成密钥对，并将密钥对中的公钥发送给钱包服务商；②钱包服务商根据接收的公钥生成钱包标识，并将公钥和钱包标识发送给数字货币发行登记机构；③数字货币发行登记机构根据公钥和钱包标识生成数字证书，并将数字证书发送给钱包服务商；④钱包服务商将数字证书、钱包标识和钱包合约代码地址发送至数字钱包终端，并且根据数字钱包终端返回的开通请求，创建数字钱包，同时向数字货币发行登记机构发送注册请求；⑤数字货币发行登记机构根据接收的注册请求对钱包标识、钱包证书进行登记注册。

（2）数字钱包的登录与同步

数字钱包的具体登录步骤如下：①响应用户的登录请求，获取并验证用户的认证信息；②认证信息验证通过后，获取并验证待登录的数字钱包的合约包；③合约包验证通过后，向用户展示数字钱包的功能界面。

如果用户首次登录数字钱包或者数字钱包的相关信息有变化，则需要做信息和数据的同步，具体实施方法如下：①获取并验证用户的认证信息；②验证通过后，向用户展示待登录的数字钱包的可识别信息；③对用户从可识别信息中选择的信息项进行签名从而得到同步指令；④同步指令验证通过后，获取与同步指令对应的待登录的数字钱包的有效数字货币信息和关联账户信息。

（3）数字钱包与银行钱包的绑定和解绑定

数字钱包与银行钱包绑定后，能够通过数字钱包来访问银行钱包，具体步骤如下：①账户行用户访问系统接收用户提供的钱包绑定请求；②根据钱包绑定请求生成银行钱包查询请求，然后发送给账户行应用系统；③账户行应用系统将银行钱包查询请求发送给账户行数字货币系统，账户行数字货币系统根据实名认证信息进行查询，然后将银行钱包信息返回给账户行应用系统；④账户行应用系统将银行钱包信息返回给账户行用户访问系统，账户行用户访问系统返回给用户，然后将用户发来的绑定确认信息发送给账户行钱包访问认证系统；⑤账户行钱包访问认证系统执行应用钱包与银行钱包的绑定操作。

用户也可以解除数字钱包与银行钱包之间的绑定关系，具体步骤如下：①账户行接收用户提交的钱包解绑定请求，然后向用户发送银行账户访问认证入口请求；②账户行接收用户提交的银行账户访问认证要素，并根据银行账户访问认证要素对用户进行身份认证；③在用户身份认证通过的情况下，解除用户的数字货币应用钱包与银行钱包的绑定关系。

（4）与数字钱包相关的查询操作

能够接收用户发起的与数字钱包相关的查询操作的主体有两种，一种是用户的账户行，另一种是数字钱包终端。

在第一种情况下，用户的查询目的是通过自己在账户行的银行账户查询绑定的数字钱包，具体实施方式如下：①账户行用户访问系统将用户的数字钱包查询请求信息发送至账户行钱包访问认证系统，对用户身份进行认证；②账户行用户访问系统在认证通过后，发送数字钱包查询请求信息至账户行应用系统；③账户行应用系统对数字签名进行验证，验证通过后生成钱包查询信息并发送至账户行数字货币系统；④账户行数字货币系统根据钱包查询信息进行查询，得出钱包查询结果信息。

在第二种情况下，用户的查询操作可以得到关联账户、交易详情、DC/EP 明细列表等信息。

**2. DC/EP 芯片卡**

央行数字货币相关技术资料中提到了一种数字货币芯片卡的应用。使用 DC/EP 芯片卡同样可以完成取现、支付和存储等与 DC/EP 相关的基本操作，并且各个基本操作的流程与前述三大类操作基本一致，这种 DC/EP 芯片卡专门用于 DC/EP 交易且需要与终端设备配合（绑定）使用的一种存储介质。这种 DC/EP 芯片卡还有一种可视版本，其与广泛应用于加密货币的“冷钱包”相类似，支持近场通信和显示数字货币相关信息。

## 二、数字人民币的应用场景

在支持数字经济发展的层面，数字人民币已涌现了不少可供探索应用的新场景，有望激发数字经济的全新活力，如协议支付、微支付、产业支付、公益支付。

### （一）协议支付

虽然水电费、话费及信用卡还款等各类传统场景已经支持自动代扣代缴，但我们仍需要借助一个可信第三方进行资金的托管与结算，在此过程中用户数据往往不可避免地被第三方机构所掌握。加载智能合约的数字人民币则能有效替代第三方机构，以公开透明、安全可靠、可控匿名的方式直接实现交易双方的点对点清结算，更好地控制用户数据的收集与利用。

### （二）微支付

数字人民币有望与区块链技术融合确认数字产权，缔造新的业务收入流转模式，实现创作者经济的内容货币化。在过去的互联网平台经济模式之下，分发平台攫取了大量创作者创造的价值。而可编程性将帮助创作者直接与消费者签订合约，减少对分发平台的依赖，使创作者获得更多的利益份额。

### （三）产业支付

过去十年，平台型的消费互联网快速发展，但其本质仍着眼于提升传统经济活动的效率，且目前已呈现出流量红利见顶的展开期尾部特征。随着数字经济时代来临，以万物互联互通为核心的产业互联网有望成为新一轮产业革命的主导力量。产业支付与产业互联网相伴相生，基于产业互联网更高的数量级与更强的机密性，产业支付也需要给出相适配的新型解决方案。数字人民币所带来的支付清结算系统升级，恰好与区块链全程可追溯的特性耦合，有助于打造安全、高效、互信的升维支付环境，激发数字经济的新一代潜能。2021 年 3 月 1 日，北京微芯区块链与边缘计算研究院与中国人民银行数字货币研究所签署战略合作协议。双方将基于我国首个自主可控的区块链软硬件技术体系“长安链”，推进数字人民币的企业应用。基于自主可控的“长安链”推进数字人民币的企业应用，将从根本上解决企业与企业之间的支付与可信问题赋能产业互联网加速进化。

### （四）公益支付

比如在“双碳”出行领域，美团联合中国邮政储蓄银行、中国农业银行、中国建设银行共同发起了“用数字人民币，享低碳骑行季”碳中和公益主题数字人民币试点活动。这一活动将数字人民币的创新功能和场景与碳减排的社会公共价值进行了有机结合，使用者可以通过记录低碳出行行为兑换数字人民币，并用于日常共享单车的支付。统计显示，在同样的时间周期内，用户开立数字人民币个人钱包后的绿色出行频次，比开立前平均要高出 3.34%；同时，开立数字人民币个人钱包用户的绿色出行频次又要比普通用户平均高出 8.14%。

## 任务实训

### 一、任务说明

案例背景：截至 2022 年末，流通中数字人民币存量达 136.1 亿元。数字人民币的 15 个省（直辖市）试点地区累计交易笔数 3.6 亿笔、金额 1000.4 亿元，支持数字人民币的商户门店数量超过 560 万个。数字人民币是我国的法定货币，主要定位于现金类支付凭证（M0），不计付利息。

任务描述：本实训模拟围绕数字人民币的发行流程，涉及发行者、运营机构及用户三个角色，创建一个完整的数字人民币场景应用流程。任务假定中国人民银行近期制定了数字人民币发行的计划，金额为 5 亿元，并经过了国务院审批。现假设中国银行与中国建设银行向中国人民银行分别缴纳 2 亿元和 3 亿元准备金后，随即中国人民银行计划生成数字人民币，根据生成数字人民币的货币量制定发行计划。现按照数字人民币发行与应用流程进行实训操作。

## 二、任务实操

**（一）中国银行与中国建设银行分别缴存足额准备金，准备向中国人民银行兑换数字人民币，并由中国人民银行进行审批**

第一步，选择“准备金缴存”界面，中国银行与中国建设银行分别在准备金缴存金额输入2亿元和3亿元准备金，并点击确认提交。

第二步，中国银行与中国建设银行点击“兑换数字人民币”界面，分别兑换数字人民币，最后点击确认提交。

第三步，选择中国人民银行角色，进入“业务审批”界面，点击查看对应银行申请界面，分别对两家银行进行审批。

**（二）数研所技术人员正在使用JAVA编程技术开发数字人民币智能合约生态服务平台，使数字人民币具有可编程性，创造更多的应用场景，保证可追溯性和合法性**

第一步，选择Java编程语言，点击确定，进入编程模式。

第二步，技术人员对智能合约进行编写，创建智能合约。

**（三）中国银行准备推广数字人民币预付款业务，于是申请预付款智能合约，金额为1亿元，智能合约名称为京东智能合约，并由中国人民银行审核**

第一步，中国银行选择智能合约，并进行业务申请，最后点击确认提交。

第二步，中国人民银行完成预付款智能合约的审核，中国银行可以启用该智能合约。

第三步，中国人民银行选择智能合约管理界面，启用中国银行的预付业务智能合约。

**（四）中国银行（深圳）开放预付款业务，并与鸿星教培等多家机构签署数字人民币合作协议，成立数字人民币教培机构预付式平台**

**1. 鸿星公司携带所需的资料完成线下对公钱包的申请， 并存入500万元数字人民币**

申请信息：法人代表李鸿星准备在线上开通中国银行数字人民币对公钱包的申请。对公钱包类型为二类钱包，证件类型为企业营业执照，企业类型为教育行业，员工58人，月营业收入为100万元，资产总额为350万元，李鸿星45岁，431224197801041832，手机号码17688954666。

第一步，点击右上角对公钱包申请，选择中国银行，最后点击确认。

第二步，输入对应信息，并实时获取验证码××××并输入正确的验证码，点击确认。见图14-6。

图 14－6 对公钱包申请信息填写

第三步，依次进行视频认证，设置密码，依次点击下一步，最后提交，显示操作成功。

**2. 商业银行审批申请，并为企业创建该笔业务的智能合约。**

选择商业银行——中国银行角色，选择对公业务界面，点击申请列表，查看公司的申请资料；商业银行认为符合数字人民币的申请标准，通过鸿星公司的对公钱包的申请。见图 14－7。

图 14－7 银行通过公司申请

（五）鸿星教育有限公司推出使用数字人民币支付享受“冲 **2000** 送 **500**，上一个课时缴费一个课时”特大优惠活动，杨兰收到了鸿星教育公司的活动宣传短信，杨兰的弟弟一直想提升个人的编程能力，为未来就业做准备。于是杨兰前往公司仔细咨询了相关的事项，工作人员告知使用数字人民币支付可以享受此活动，杨女士考虑后决定帮弟弟办理预付充值

**1. 杨女士需要申请个人 4 类钱包， 并下载 APP 注册绑定银行卡。**

申请信息：杨兰，431225198912161422，居住在上海。手机号码 15322226666。

第一步，点击个人用户界面，选择钱包申请，确认开通数字钱包，并设置钱包名称为“美好生活”，最后点击完成。见图 14－8。

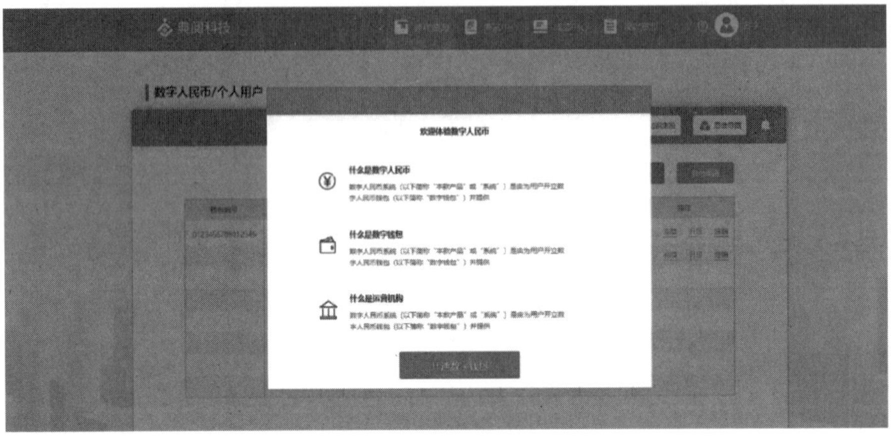


**图 14－8 开通数字钱包**

第二步，点击同意按钮，选择“中国银行”，依次按照界面提示进行操作。

**2. 杨女士向鸿星教育有限公司通过数字人民币 APP 转账 2000 元**

选择个人用户，点击充值 2000 元，向鸿星教育有限公司转账 2000 元，确认转账成功，最终完成预付交易。

综上，数字人民币实训结束。

## 三、任务评价

实训任务评价见表 14－2。

**表 14－2　　实训任务评价表**

| 考核项目 | 考核标准 | 得分 |
|---|---|---|
| 职业素养（20 分） | 1. 按时出勤，课堂表现好（5 分） | |
| | 2. 仪容仪表规范（5 分） | |
| | 3. 具备一定的组织协调能力（5 分） | |
| | 4. 具备良好的团队合作精神（5 分） | |

续表

| 考核项目 | 考核标准 | 得分 |
| --- | --- | --- |
| 思政建设（20分） | 1. 具备吃苦耐劳的精神（10分） | |
| | 2. 具备严谨科学、求真求实的学习态度和工作作风（10分） | |
| 技能要求（60分） | 熟悉数字人民币的底层技术以及运行机制原理，根据数字人民币的应用场景掌握实践操作的能力。（60分） | |
| 合计 | | |

## 任务小结

通过中国人民银行对数字人民币的发行、运营机构对数字人民币的流通等流程的实践操作，使学生具备安全审核与风险控制的能力；依据产业场景的需求，能基于数字货币进行智能合约的编写；通过 DCEP 各模块的数据流转，使学生具备数据确权能力。

## 课后任务

### 一、多项选择题

1. 数字人民币的模式包括（　　）。

A. 账户模式　　B. 准账户模式　　C. 价值模式

2. DC/EP 的支付流程需要通过用户、商业银行和中央银行哪几个层面完成（　　）。

A. 支付宝　　B. 用户　　C. 商业银行　　D. 中央银行

### 二、判断题

DC/EP 采用的是账户紧耦合模式。（　　）

# 参考文献


[1] 杨则文．商业银行综合柜台业务（第4版）[M]．北京：中国财政经济出版社，2022.

[2] 李乔凤，陈双双．计算机应用基础 [M]．北京：北京理工大学出版社，2019.

[3] 胡雯莉，李小金．用微课学点钞与识假技术 [M]．北京：北京师范大学出版社，2018：25.

[4] 张华，孙红．会计基本技能 [M]．天津：天津科学技术出版社，2018.

[5] Mark Haynes Daniell，Karin Sixl daniell. Wealth Wisdom For Everyone：An Easy - to - use Guide To Personal Financial Planning And Wealth Creation [M]. World Scientific Publishing Company，2022.

[6] Robert P. Greenwood. Handbook of Financial Planning and Control [M]. Taylor and Francis：2020 - 10 - 29.

[7] 王雪梅．服务礼仪 [M]．重庆：重庆大学出版社，2020.

[8] 陶薇，孙艳平，孙道勇．商务沟通与礼仪 [M]．武汉：华中科技大学出版社，2021.

[9] 银行业专业人员职业资格考试办公室．个人贷款（初、中级适用）[M]．北京：中国金融出版社，2021.

[10] 银行业专业人员职业资格考试办公室．公司信贷（初、中级适用）[M]．北京：中国金融出版社，2021.

[11] 银行业专业人员职业资格考试办公室．个人理财 [M]．北京：中国金融出版社，2021.

[12] 李洁，张然．家庭理财规划（初级）[M]．西安：西安电子科技大学出版社，2021.

[13] 王德礼．金融学 [M]．上海：上海交通大学出版社，2017.

[14] 高泽龙，吕艳．区块链思维 [M]．北京：北京邮电大学出版社，2021.

[15] 许会斌．商业银行要义 [M]．北京：中国金融出版社，2018.

［16］温红梅．金融风险管理［M］．大连：东北财经大学出版社，2021.

［17］何平平，车云月．大数据金融与征信［M］．北京：清华大学出版社，2017.

［18］辜卢密．区块链技术与应用［M］．北京：高等教育出版社，2022.

［19］朱玉华．客户服务与客户投诉，抱怨处理技巧［M］．北京：民主与建设出版社，2013.

［20］洪燕珊．信息化背景下中职会计教学探讨——以“翻打传票”教学设计为例［J］．教师，2021（29）：81－82.

［21］张丁元．点钞与传票翻打技能实训教学反思［J］．现代教育，2014（Z2）：91.

［22］张瑜．基于“岗课赛证”融通的专业课程内容重构探索与实践——以个人理财规划课程为例［J］．职业，2022（20）：61－63.

［23］张文丑，张卓群．我国商业银行风险管理现状分析及对策建议［J］．经济论坛．2019（01）：99－102.

［24］中国信通院．区块链与供应链金融白皮书（1.0版）［R/OL］．2018.10．http：//www.caict.ac.cn/kxyj/qwfb/bps/201811/t20181101_187987.html.